재해구호복지론

이재은 · 양기근 · 이주호
성기환 · 이은애 · 심성화
한동우 · 류상일 · 변성수
지음

도서출판 대영문화사

머리말

재난은 인류 역사와 더불어 함께해 왔다. 과거 농경사회가 주로 자연재난으로 인한 피해가 컸다면 현대 산업사회와 미래 첨단사회는 인적 재난이나 국가핵심기반 재난 그리고 신종재난 등으로 인한 피해가 대규모로 나타날 것이다. 물론 오늘날에도 기후 변화나 지구온난화 등으로 인해 발생하는 자연재난은 많은 국민의 생명과 재산을 빼앗아 가고 있는 것이 현실이다.

이처럼 각종 재난으로 인한 대규모 피해, 즉 재해가 발생하는 경우 국민들은 모두 상부상조의 정신으로 민간 차원에서 이재민을 돕기 위한 다양한 노력을 기울인다. 재난 피해 현장으로 달려가 이재민의 피해 복구를 돕기 위해 자원봉사 활동을 하는 것은 물론 이재민의 아픔을 위로하기 위한 의연금의 모금활동 등이 그것이다. 이러한 재해구호 활동의 원천은 바로 시민인 것이다. 과거에도 천재지변이나 사회적 문제가 발생하게 되면 각종 구호단체들에 의한 모금 및 지원활동이 국민의 자발성에 기초하여 전개되어 왔다.

또한 국가도 재해를 예방하고 그 위험으로 국민을 보호하기 위해 노력해야 한다. 헌법 제34조 제6항에 규정되어 있는 이 내용은 재난관리와 재해구호에 대한 국가의 책임을 밝히고 있는 것이다.

재난은 연령, 성별, 종교, 학력, 소득, 계급, 지역에 관계 없이 재난 피해자인 이재민을 만들기 때문에 정부의 일관되고 지속적인 복지 혜택을 제공하기가 어려운 실정이다. 따라서 학계의 관심 또한 일반적인 사회경제적 취약계층에 있는 관계로 재난 피해자에 대한 재해구호 복지에 대한 관심은 상대적으로 미흡한 형편이다.

현재 재난 피해자를 구호하기 위한 법적 기반인 재해구호법이 마련되어 있지만 실상은 재난 발생 직후의 임시적이고 단기적인 응급구호에 머무르고 있는 것이 현실이다. 그러나 모든 국민이 기본적인 권리를 구현하고 인간으로서의 존엄성을 지니고 행복과 안전을 확보하기 위해서는 예측 불가능한 재난으로 인한 피해로부터 정상 생활로의 복귀를 가능하게 해 주어야 한다. 이에 좀 더 장기적이고 체계적인 재난 피해자 구호 및 복지를 위한 정책 마련을 위해서는 국민에 대한 복지 차원에서 재해구호 연구가 이뤄지는 것이 필요하다.

이에 저자들은 인간으로서의 존엄성을 구현하기 위한 노력은 각종 재난으로부터 국민의 생명권이 보장될 때 가능한 것으로 이해하고 재난 피해자가 재난 발생 이전의 정상 상태로 복귀할 수 있도록 지원하는 재해구호복지의 필요성을 인식했다. 구호는 재난 등으로 인해 어려움에 처한 사람을 도와 보호하는 것으로 정의될 수 있다. 따라서 재해구호는 각종 재난으로 인한 피해로 말미암아 어려움에 처한 사람을 도와 보호하는 것이라고 정의할 수 있다. 오늘날에는 재난의 피해 규모가 크고 장기간에 걸쳐 나타나기 때문에 단순하게 재난으로 인해 어려움에 처한 사람을 도와 보호하는 것으로 재해구호가 이뤄졌다고 하기 어렵다. 따라서 일상생활에서의 불우이웃돕기와는 다른 재해복지의 관점에서 장기간에 걸쳐 이재민의 기본적인 인권을 보장하기 위한 방안을 마련하고자 노력했다.

아직도 여러모로 부족한 이 책을 계기로 하여 각종 재난으로 인해 가족을 잃거나 부상당한 그리고 재산 피해를 당한 이재민들에게 더 많은 국민이 애정과 관심을 갖고 도와 주고 또한 정부의 재해구호복지 혜택이 주어지기를 기원한다. 이는 궁극적으로 재난으로부터 결코 자유롭지 않은 우리 모두를 위한 것이기도 하다.

마지막으로, 이 책을 내기까지 격려를 아끼지 않으신 대영문화사의 임춘환 사장님께 진심으로 감사드린다. 또한 편집팀의 재촉과 꼼꼼한 교정이 없었으면 이 책이 나올 수 없었을 것이다. 이 자리는 빌려 감사의 말씀을 드린다.

2012년 1월
공저자를 대신하여
이재은 씀

차 례

제 1 장

재해구호복지의 의의

우리나라 헌법 제34조 제6항은 "국가는 재해를 예방하고 그 위험으로부터 국민을 보호하기 위하여 노력하여야 한다"고 규정함으로써 재난에 대한 국가의 관리 책임을 밝히고 있다. 우리나라는 그동안 지리적·기상학적인 특성으로 인한 태풍, 집중호우, 가뭄, 산불 등의 자연재난으로 말미암아 많은 피해가 발생하고 있고 그 피해는 매년 대형화하고 있는 추세다. 예를 들면, 지난 2002년 8월의 집중호우 및 태풍 루사로 인한 피해는 인명 피해 246명, 재산 피해 5조 1,479억 원에 달했다. 특히 8월 30일부터 9월 1일 사이의 태풍 루사로 인한 피해지역은 16개 시도와 203개 시·군·구에 이를 정도로 대규모화되어 있다. 또한 인적재난 역시 끊임없이 발생하고 있으며, 과학기술의 발달과 급속한 도시화 현상 등으로 말미암아 대규모 피해가 지속적으로 나타나고 있다. 2003년 2월 18일 발생한 대구지하철 화재 참사의 경우에는 사망 192명, 부상 148명의 인명 피해를 가져왔다(행정자치부 국가재난관리시스템기획단, 2003: 3-4). 이러한 재난은 크게 자연재난과 인적 재난으로 구분되는데, 우리나라 자연재난은 98% 이상이 홍수 등 물과 관련된 기상재해라는 특성을 지닌다. 이는 반도 국가인 우리나라가 해양성 기후와 대륙성 기후의 영향을 동시에 받기 때문으로 볼 수 있다. 특히 인구 증가와 도시화로 인해 도시 외곽의 저지대나 경사지의 무분별한 토지 이용은 홍수의 유출량과 속도를 증가시키고 또한 최대 홍수량을 증가시키고 있다. 따라서 호우 시 유출량이 증대되며, 지류나 소하천에 대한 홍수 조절 시설이 빈약한 상태에서 하천 주위의 홍수 피해는 각종 개발사업과 도시화의 영향으로 점점 증가하고 있는 실정이다. 이와 함께 인적 재난 역시 우리나라 사회구조와 국민 생활 패턴의 급격한 변화, 도시공간 구조의 복잡화 · 과밀화 등으로 인해 대규모화되고, 파급효과가 광범위하게 미치는 현상을 특징으로 보이고 있다.

우리나라 헌법은 국가로 하여금 이러한 자연재난과 인적 재난으로부터 국민을 보호하기 위한 제반 노력을 기울일 것을 요구하고 있다. 재난으로 인해 국민이 입은 피해를 지원하기 위한 국가의 노력이 규정되어 있다. 우선, 모든 국민은 인간으로서 존엄과 가치를 가지며 행복을 추구할 권리를 지니고 있고, 국가는 개인이 가지는 불가침의 기본적 인권을 확인하고 이를 보장할 의무를 가진다(헌법, §10). 또한 모든 국민은 인간다운 생활을 할 권리를 가진다(헌법, §34①). 즉 우리나라 국민의 '인간으로서의 존엄성'을 구현하기 위한 노력이 다른 무엇보다도 요구되는 것이다. 따라서 인간으로서의 존엄성을 구현하기 위한 노력은 바로 이러한 자연재난과 인적 재난으로부터 국민의 생명권이 보장될 때 가능한 것으로 이해될 수 있다(국가인권위원회, 2004: 618). 또한 재난 및 안전관리기본법은 재난을 예방하고 재난이 발생하는 경우 그 피해를 최소한으로 줄이는 것이 국가 및 지방자치단체의 기본적 의무임을 확인하고, 모든 국민과 국가 · 지방자치단체가 국민의 생명 및 신체의 안전과 재산 보호에 관련된 행위를 하는 때는 안전을 우선적으로 고려함으로써 국민이 재난으로부터 안전한 사회에서 생활할 수 있도록 함을 기본 이념으로 삼고 있다(헌법, §2).

이와 함께 국가는 재난관리의 원활한 실시를 위해 필요한 때는 대통령령이 정하는 바에 따라 그 비용의 전부 또는 일부를 국고에서 부담하거나 지방자치단체, 그 밖의 재난관리 책임자에게 보조할 수 있다(재난 및 안전관리기본법, §66①). 그리고 이에 필요한 재난복구사업의 재원은 대통령령이 정하는 재난의 구호 및 재난의 복구비용 부담 기준에 따라 국고의 부담금 또는 보조금과 지방자치단체의 부담금 · 의연금[1] 등으로 충당하되, 지방자치단체의 부담금 중 시 · 도 및 시 · 군 · 구가 부담하는 기준은 행정안전부령으로 정하게 하고 있으며, 국가 및 지방자치단체는 이재민 구호를 지원할 수 있다(재난 및 안전관리기본법, §66②-③). 이와 함께 재해구호법은 재해가 발생했을 때 피해자에 대한 구호를 실시함으로써 피해자의 보호와 생활 안정에 기여하는 것을 목적으로 하며(재해구호법, §1), 이재민의 거주지를 관할하는 특별시장 · 광

1) 헌법과 재난 및 안전관리기본법 등에서 재난으로부터 국민의 생명과 재산을 보호하기 위한 국가의 책임을 기본 이념적 가치로 명시하고 있는데 반해, 재난 및 안전관리기본법(§66②)에서는 국민이 이재민을 돕기 위해 자발적으로 거두고 있는 재해의연금을 국가의 재난복구사업의 재원으로 사용할 수 있도록 규정함으로써 국가의 책임 수행과 배치되는 법 집행을 하고 있다. 이는 국가의 책임 있는 재난관리 기능 수행의 진정성을 의심하게 하는 조항으로 판단된다.

역시장·도지사 및 시장·군수·구청장이 구호를 하도록 하고 있다(재해구호법, §2).

재해 발생에 따른 구호활동으로는 다음과 같은 것들이 있다(재해구호법, §4). 임시 주거시설의 제공, 급식 또는 식품·의류·침구, 그 밖의 생활필수품의 제공, 의료 서비스의 제공, 전염병 예방 및 방역활동, 위생 지도, 장사(葬事)의 지원, 기타 사항이 그것이다. 그러나 이 같은 구호활동은 공공부조에 대한 법적 규정 사항으로서 국가가 수행하는 활동을 위주로 논의된 것이다. 이와는 달리 재난 발생 시 민간 부문에 의한 자발적인 구호활동이 이뤄지고 있다. 예를 들면, 재난 피해자에 대한 자원봉사 활동, 식량과 식수의 전달 등과 같은 생활필수 서비스의 전달, 재해의연금의 모집 및 지원 등이 그것이다.

특히, 자선이나 공익을 위해 돈을 기부하는 의연금(엣센스국어사전, 1985: 1213)의 모집과 지원에 관한 사항은 우리나라의 재난 피해자에 대한 지원에 커다란 의미를 지녀 왔다. 재해의연금의 모집과 지원은 재해구호법 등에 의한 공공부조[2]와는 다른 사적 부조의 성격을 지니는 것으로서 재난 피해자에 대한 민간의 자발적 원조라고 볼 수 있다.[3] 즉 국가 및 지방자치단체의 책임 하에 생활 유지 능력이 없거나 생활이 어려운 국민의 최저 생활을 보장하고 자립을 지원하는 제도인 공공부조[4]와는 다른

---

2) 공공부조(公共扶助)는 공적 부조(公的 扶助, public assistance), 사회부조(社會扶助, social assistance, sozialhilfe), 국가부조(國家扶助, national assisance), 빈곤구제정책(貧困救濟政策, anti-poverty policy), 무기여소득장정책(non-contributory income maintenance progrom) 등의 이름으로 일컬어졌으나, 우리나라에서는 1995년 12월 30일 사회보장기본법이 제정되면서 공식적으로 그 명칭을 '공공부조'라 칭하게 되었다. 이러한 공공부조는 국민의 권리로서 최저 생활을 보장받는 제도이며, 조세에 의해 그 재원이 조달된다. 우리나라에서 실시되고 있는 공적 부조에는 생활보호, 의료보호, 재해구호, 보훈사업 등이 있다. 우리나라 공공부조는 역사적으로 궁핍한 백성을 국가가 돌보아 주는 궁민진휼의 구빈사업과 풍수재해 등으로 인해 일시적으로 빈곤해진 이재민들을 구제하는 재해구호사업이 주종을 이룬다.

3) 공공부조는 국민의 최저한도의 생활권을 보장하기 위해 빈곤자·장애자·노령자 등 사회적으로 보호해야 할 불우집단에게 정부 등 공공 부문이 제공하는 보조를 말한다(이종수, 2000: 50). 이와는 달리 사적 부조는 민간의 자발성에 기초해 걷는 불우이웃돕기 성금, 재해의연금 등은 민간 부문에서 제공하는 것이다.

4) 공공부조는 빈곤 상태에 있는 자들을 대상으로 하기 때문에 사람들이 빈곤 상태에 있는지 객관적으로 판단하기 위한 자산조사(means test)를 실시하고 있다. 그리고 이들은 자신이 근로 능력으로 독립적으로 살 수 있는지 또는 부양할 친족이 있는지 여부를 판단하는 상태조사(status test)를 실시하고 있다. 자산조사와 상태조사 실시 후 그 결과에 따라 다른 처지에 있는 사람들을 서로 다르게 처분하게 된다. 공공부조는 도움이 필요한 사람에 대해 가족이나 민간에 의한 원조인 사적 부조(私的扶助: private assistance)가 아니라 국가나 지방자치단체와 같은 공공기관에 의한 원조다. 따라서 원조의 주체가 다르다는 것이 가장 큰 차이점이다.

사적 부조로서 재해의연금 제도의 유지와 운영은 민간 부문에 권리와 책임이 있다고 할 수 있다. 따라서 재해의연금의 모집과 지원 체계를 효율화하는 것은 재난 피해자에 대한 사적 부조 제도의 유지·발전을 위해서는 필수적이다. 이는 공공부조가 조세에 의한 정부의 일반회계에 의해 형성되어 운용되는 것이 관례(황진수, 1996: 74)인데 반해 사적 부조로서 재해의연금은 국민의 성금에 기초하고 있다. 이는 국민의 자발성에 기초한 재해의연금 모집의 기반은 이재민에 대한 수혜가 직접적으로 이뤄지고 있다는 신뢰성에 기반하고 있다. 더욱이 우리나라에서는 해마다 태풍, 홍수, 호우 등의 자연재난과 붕괴, 폭발, 대형 화재 등 인적 재난의 발생이 증가하고 있는 실정이다. 이에 따라 과거 그 어느 때보다 재난 피해자가 증가하고 있는 한편 이에 대한 지원의 필요성이 커지고 있다. 이러한 사정을 감안하면 공공부조 못지않게 사적 부조로서의 재해의연금 모집과 지원의 효율화가 절실하게 요구된다. 그럼에도 불구하고 재난 피해자를 위한 재해의연금 모집과 지원 방식은 과거와 동일하게 이뤄지고 있어 이에 대한 개선의 필요성 또한 제기되고 있다.

제 2 장 재해구호복지와 재해의연금

제 1 절 재해구호복지와 공공 · 민간 관계

1 재해구호와 복지의 개념

'재해(災害)'는 재앙으로 말미암아 받는 피해를 의미하는 것으로 지진, 태풍, 홍수, 가뭄, 해일, 화재, 전염병 따위에 의해 받게 되는 피해를 이른다(표준국어대사전, 2005). 그리고 '재앙(災殃)'은 뜻하지 아니하게 생긴 불행한 변고 또는 천재지변으로 인한 불행한 사고를 의미한다(표준국어대사전, 2005). 이러한 맥락에서 보면 재해는 자연적 · 인위적 · 사회적 원인에 의해 뜻하지 않게 발생한 재난[1]으로 인해 받게 되는 피해라고 정의할 수 있다.

구호(救護)는 재해로 인해 어려움에 처한 사람을 도와 보호하는 것을 의미한다(표준국어대사전, 2005). 즉 어려움에 처해 있는 사람, 특히 재난을 당한 사람이나 병자 · 부상자 등을 도와 보호하는 것을 의미한다.[2] 따라서 재해구호(災害救護)는 각종

1) '재난(災難)'은 뜻밖에 일어난 재앙과 고난으로 정의되고 있다(표준국어대사전, 2005).

2) 오늘날의 구호사업은 주로 국가 책임으로 이뤄지는데 공적부조 사업 제도로 발전되었다. 구호사업은 고대국가 때부터 시작되었으나 체계적이며 조직적인 국가의 책임으로서 등장한 것은 1601년 영국의 엘리자베스 1세가 구빈법(救貧法)을 제정한 이후부터다. 한국에서도 옛날부터 구호사업이 실시

재난으로 인한 피해로 말미암아 어려움에 처한 사람을 도와 보호하는 것이라고 정의할 수 있다.

이와는 달리 법적 측면에서 재해구호법은 명확하게 구호를 정의하고 있지 못한 실정이다. 2010년 7월 23일 개정된 「재해구호법」(법률 11038호)에 의하면, "이재민"이란 「재난 및 안전관리기본법」 제3조 제1호 가목에 따른 재해로 인하여 피해를 입은 사람이라고 규정하고 있으며, "구호기관"에 대한 언급은 있으나 "구호"에 대한 용어 정의는 없다. 한편, 「자연재해대책법」 제2조 제1호에서는 "재해"라 함은 「재난 및 안전관리기본법」 제3조 제1호의 규정에 의한 재난으로 인하여 발생하는 피해를 말한다고 규정하고 있다. 그리고 「재난 및 안전관리기본법」 제3조 제1호의 규정에 의한 재난은 다음과 같다. "재난"이라 함은 국민의 생명·신체 및 재산과 국가에 피해를 주거나 줄 수 있는 것으로서 다음 각목의 것을 말한다(재난 및 안전관리기본법, §3①). 가. 태풍·홍수·호우(豪雨)·폭풍·해일(海溢)·폭설·가뭄·지진·황사(黃砂)·적조, 그 밖에 이에 준하는 자연 현상으로 인하여 발생하는 재해, 나. 화재·붕괴·폭발·교통사고·화생방사고·환경오염사고, 그 밖에 이와 유사한 사고로 대통령령이 정하는 규모 이상의 피해, 다. 에너지·통신·교통·금융·의료·수도 등 국가 기반 체계의 마비와 전염병 확산 등으로 인한 피해가 그것이다.

그러나 오늘날에는 재난의 피해 규모가 크고 기간이 장기간에 걸쳐 나타나기 때문에 단순하게 재난으로 인해 어려움에 처한 사람을 일시적으로 도와 보호하는 것이 전부라고 하기 어렵다. 따라서 일상에서의 불우이웃돕기와는 다른 재해복지의 관점에서 장기간에 걸쳐 이재민의 기본적인 인권을 보호하기 위한 방안을 마련해야 한다.

되었으며, 이를 위정자의 중요한 덕치로 삼아왔다. 일제 강점기인 1944년에는 일제가 민심의 동요를 막기 위해 일본 본토에서 실시하던 구호법을 조선구호령(朝鮮救護令)이라는 명칭으로 바꿔 구호사업을 실시한 바 있다. 그 후 최초로 입법화된 구호사업법은 1961년 제정된 생활보호법인데, 이와 함께 군사원호보상법(1961), 재해구호법(1962), 국가유공자특별원호법(1962)이 제정되었고, 1968년 자활지도에 관한 임시조치법이 제정되어 근로 능력이 있는 영세민에 대한 근로구호를 실시하는 제도적 장치를 마련했다. 1978년 의료보호법이 제정되어 생활보호 대상자의 의료보호가 이뤄졌으며, 1982년 생활보호법의 전면 개정을 통해 근로 능력이 없는 자에 대해서는 생계보호로 이들의 최저생계를 보장하고, 근로 능력이 있는 자에 대해서는 자립 지원으로 교육보호·직업훈련·생업자금 융자·취로사업 등을 통해 빈곤에서 벗어나도록 하고 있다.

2 재해구호복지와 재해의연금

현행 보건복지부 등 복지사업을 추진하는 정부기관의 경우에 재해복지를 다루는 법령은 전무하다. 따라서 재해복지의 대상이 되는 이재민의 경우에는 인권 사각지대이자 법적 사각지대에 놓여 있음을 알 수 있다. 따라서 다른 무엇보다도 보건복지부를 비롯한 건강보험공단 등 정부 부문의 기관 및 단체는 이재민을 포함하는 재난 피해자에 대한 재해복지에 관심을 갖고 구호 체계를 구축해야 한다.

또한 현행 「재해구호법」(법률 110838호)에 의하면 "이 법은 이재민의 구호와 의연금품의 모집절차 및 사용 방법 등에 관하여 필요한 사항을 규정함으로써 이재민 보호와 그 생활 안정에 이바지함"을 목적으로 한다(재해구호법, §1). 피해자의 보호와 생활 안정에 기여하기 위해 구호활동으로 임시주거시설의 제공, 급식 또는 식품·의류·침구, 그 밖의 생활필수품의 제공, 의료 서비스의 제공, 전염병 예방 및 방역활동, 위생 지도, 장사(葬事)의 지원 등을 수행한다.

이와 더불어 민간 부문에서는 자발적으로 재해의연금을 지원하고 있다. 의연금(義捐金)은 사회적 공익이나 자선을 위해 내는 돈(표준국어대사전, 2005)으로 정의된다. 즉, 재해의연금은 재난 피해자에 대한 자선의 목적으로 내는 돈으로 그 의미를 파악할 수 있다.

이러한 의연금과 기부금은 의미상 차이점이 있다. '의연금'이 '사회적 공익이나 자선을 위해 내는 돈'으로서 직접적으로 타인을 돕는 행위인데 반해 '기부금'은 '자선사업이나 공공사업을 돕기 위해 대가 없이 내놓은 돈'으로 정의(표준국어대사전, 2005) 되어 타인이나 기관이 수행하는 사업을 도움으로써 간접적으로 타인을 돕는 행위를 의미하는 것으로 이해할 수 있다.

3 재해구호복지 서비스 공급과 공공·민간 관계

1) 우리나라의 사회보장 제도 운영 현황

우리나라에서 사회보장이라 함은 질병·장애·노령·실업·사망 등의 사회적 위험으로부터 모든 국민을 보호하고 빈곤을 해소하며 국민생활의 질을 향상시키기 위해 제공되는 사회보험·공공부조·사회복지 서비스 및 관련 복지 제도를 말한다(사회보장기본법, §2). 이 중에서 사회보험은 국민에게 발생하는 사회적 위험을 보험 방식에 의해 대처함으로써 국민건강과 소득을 보장하는 제도를 말하고, 공공부조는 국가 및 지방자치단체의 책임 하에 생활 유지 능력이 없거나 생활이 어려운 국민의 최저 생활을 보장하고 자립을 지원하는 제도를 말한다(사회보장기본법, §2②-③). 즉 사회보장은 국가 및 사회가 사회적 위험이나 곤궁으로부터 국민 개개인을 제도적으로 보호하는 것으로서 그 목적은 생활 조건의 악화를 예방 및 상쇄하고 생활의 사회적·경제적 기회의 불평등을 축소해 사회 전반적으로 형평과 안전 및 능률을 추구하는 데 있다고 보는 것이다.[3)]

이와 함께 국가는 지방자치단체와 사회보장에 관한 책임과 역할을 합리적으로 조정해야 한다. 그리고 사회보험은 국가의 책임으로 행함을 원칙으로 하며, 공공부조 및 사회복지 서비스는 국가 및 지방자치단체의 책임으로 행함을 원칙으로 하되, 국가 및 지방자치단체의 재정 형편 등을 감안해 이를 조정할 수 있다(사회보장기본법, §25). 또한 국가 및 지방자치단체는 사회보장에 대한 민간 부문의 참여를 조장할 수 있도록 정책을 개발·시행하고 그 여건을 조성해야 한다(사회보장기본법, §26). 이를 위해 국가 및 지방자치단체는 사회보장에 대한 민간 부문의 참여를 조장할 수 있도록 다음 각 호의 사업이 포함된 시책을 수립·시행해야 한다. 여기에는 국가 또는 지방자치단체의 사회보장 행정에 필요한 자원봉사 인력의 활용사업이나 사회보장에 관련된 민간의 자원봉사 활성화를 위한 각종 지원사업, 그 밖에 사회보장에 관련된 민간의 참여를 조장하는 데 필요한 사업 등이 포함된다. 국가 및 지방자치단체는 개인·법인 또는 단체의 사회보장에 대한 참여에 소요되는 경비의 전부 또는 일부를 지원하거나 그 업무 수행에 필요한 지원을 할 수 있다(사회보장기본법, §26③). 사회보장비용의 부담은 각각의 사회보장 제도에 대한 역할 분담에 따라 국가·지방자치단체 및 민간 부문 간에 합리적으로 조정되어야 한다(사회보장기본법, §27①).

---

3) 우리나라에서는 사회보장 제도를 운영하는 데 다음과 같은 주요한 몇 가지 원칙이 있다(사회보장기본법, §24). 첫째, 국가 및 지방자치단체는 사회보장 제도의 급여 수준 및 비용 부담 등에서 형평성을 유지해야 한다. 둘째, 국가 및 지방자치단체는 사회보장 제도의 정책 결정 및 시행 과정에 공익의 대표자 및 이해관계인 등을 참여시켜 민주성을 확보해야 한다. 셋째, 국가 및 지방자치단체는 사회보장 제도를 운영하는 데 국민의 다양한 복지 욕구를 효율적으로 충족시키기 위해 연계성·전문성을 높여야 한다는 것이 그것이다.

2) 복지 서비스 공급 유형 개관

복지 서비스의 공급 유형은 국가의 이념과 정치·경제·사회구조적 성격의 변화에 따라 형성, 전개, 발전되어 왔다. 1601년 엘리자베스 구빈법(The Elizabethan Poor Law) 실시 이후 국가에 의한 구빈 제도가 체계를 갖추기 시작했다고 할 때 사실상 그 이전에도 복지 현상은 왕실의 시혜적 차원에서 혹은 민간 차원에서 비공식적인 사회활동으로 존재했다. 그 형태는 근친, 촌락 단위에서의 상호부조, 종교적 또는 인도적 동기에서 출발한 자선, 박애사업, 그리고 민간사회단체 중심의 자원봉사 등을 들 수 있다(최항순, 1993: 22).

복지 공급은 사회 체제의 성격과 시대 상황의 변화에 따라 민간으로부터 공공의 책임으로, 복지 수혜의 대상은 중세 빈민을 위주로 하는 선별주의에 의한 제한적 공급으로부터 전 국민을 대상으로 하는 보편주의로 확대되어 왔다(<표 2-1> 참조). 특히 19세기 후반 독일을 비롯한 유럽 각국에서 사회보험 제도를 도입하면서 복지국가의 출현은 본격화되었으며, 오늘날 그 형태는 매우 다양하다(강창현, 2001: 23).

이러한 사회복지 서비스는 사회보험, 공공부조와 더불어 사회보장의 한 축을 구성하는 부분으로서 여타에 비해 임상적·기술적·대면적 측면이 강조되는 특성이 있다. 따라서 사회복지 서비스 공급의 실제는 법제도적 규칙이 강조되는 사회보험과 공공부조에 비해 훨씬 더 역동적이며 복잡한 양상이 전개된다. 그렇기 때문에 경직적인 정부관료제에 비해 현장의 개별적인 욕구를 반영하는 데 효율적인 민간 부문의 참여가 요구된다.

이러한 인식을 바탕으로 민간시장 중심의 자유주의 사회정책 제도(레짐, regime)로 분류되는 미국의 경우, 사회복지 서비스 발달 과정에서 공공과 민간의 관계는 다

표 2-1 사회 체제 변화에 따른 복지 형태

사회 체제	시대 상황	사회복지 대상	복지 형태
봉건사회	고대·중세 신분사회	개인 궁핍자	자선·박애
초기 자본주의	절대주의 국가	빈민(pauper)	구빈법
산업자본주의	근대 시민사회	5대 사회악	자선조직협회
독점자본주의	현대 산업사회	전국민의 생활 문제*	사회보장 체계

자료: 김상규 외(1994).

음과 같이 전개되었다(Trattner, 1984). 남북전쟁이 일어나기 전 약 250년간 지역사회를 중심으로 아직 공식화되거나 구조화되지 못한 지역공동체적 시기(communal period)로서, 관습적이고 규범적인 차원에서 비공식적이고 임시방편적인 조치의 성격을 갖는다. 1935년 사회보장법이 통과되기 이전까지 자원 부문 시기(voluntaristic period)로서 자선단체 조직이 결성되어 개별 사회사업이 활발하게 시도되는 등 이른바 민간자원 부문이 널리 사회적으로 공식화되었다. 이후 1935년 사회보장법이 통과되고 이에 따른 다양한 프로그램이 시행되면서 사회복지에 대한 공공적 책임 의식이 확립된다. 그리하여 공공과 민간자원 부문과의 역할이 분담되는 혼합 시기(mixed period)가 전개된 것이다. 하지만 사회복지의 공급 주체로서 민간사회사업에 대해 비판적 인식이 제기되고, 또 한편으로 정부 프로그램에 대한 불신이 고조되면서 지역사회를 기반으로 한 접근법(community based approaches)이 제창되었다. 즉 정부는 보조금이나 세제 혜택, 그리고 계약 등에 의해 민간 부문과의 협동 체제를 구축해 공공 부문의 한계를 극복하려 하고, 민간 부문은 좀 더 안정적인 재원 확보와 광범위한 활동을 위해 공공 부문과의 협동 체제(partnership)에 참여하게 되었다. 이처럼 사회복지 서비스[4]의 공급 체계는 국가와 민간 부문 간에 때로는 상호 경쟁적이고 대체적인 관계를, 때로는 상호 협동적이고 보완적인 관계를 이루면서 발전되어 왔다(이혁구, 1997: 90).

3) 재난관리 체계에서 공공과 민간 부문의 관계

재난관리에서 공공과 민간이 어떤 역할을 수행하는지에 대해 논의하기 전에 재해재난과 관련된 서비스가 어떤 특성을 지니는지에 대해 살펴볼 필요가 있다. 박석희, 노화준 및 안대승(2004: 116-122)은 재난과 관련된 서비스의 특성을 다음과 같이 정리하고 있다.

첫째, 재난과 관련된 서비스는 수요의 불확실성이라는 측면에서 특징지을 수 있다. 재난은 일반적으로 예측 불가능성과 유형의 다양성을 특징으로 하는데, 이러한 점은 재난관리에 대한 수요가 매우 불확실하다는 점을 보여 주는 것이다. 따라서 재난관리에 대한 서비스는 불안정적으로 공급된다는 것이다. 즉, 이를 재난이 발생한 경우에 그 원인은 매우 상이할 뿐만 아니라, 그에 따른 피해 정도 그리고 필요로 하는 서비

4) 재해구호법에 근거해 실시하는 재해구호는 공적 부조 및 사회복지 서비스로 분류되어 논의되고 있다(황진수, 1996: 106).

스에 따라 다양할 수밖에 없기 때문에 국방이나 교육 등과 같이 안정적으로 그리고 동질적으로 제시되는 서비스와는 다른 양상을 지닐 수밖에 없다.

둘째, 재난관리 서비스는 재난의 유형과 정도, 특성 등이 매우 다양해 자산 특정적이고, 개별 서비스 수요자들마다 고객화될 수 있는 특성을 지닌다. 이는 첫 번째 특성에서도 제시한 것과 같이 재해나 재난의 발생은 다양한 원인에 의해 발생될 뿐만 아니라, 동일한 재난이라고 할지라도 피해지역 및 대상이 다를 뿐만 아니라, 피해 규모나 대응 방식이 다를 수밖에 없다는 점이다. 이런 첫 번째와 두 번째 특성은 특히 서비스에 대한 욕구가 이질적일 수밖에 없기 때문에 공공 부문의 노력만으로 이런 다양한 욕구를 충족시킬 수 없기 때문에 민간 부문의 노력이 필요하다는 점과도 밀접하게 관련될 수 있다.

셋째, 재난관리 서비스는 빠른 시간 내에 서비스를 제공해야 하는 높은 시간적 압박을 지니고 있을 뿐만 아니라 업무의 복잡성과 다양성이 매우 높다. 2004년 재난관리를 총괄하는 소방방재청이 설립되고, 법률도 재난 및 안전관리기본법으로 일원화되었다고는 하지만, 여전히 재난의 발생 원인에 따라 우리나라의 재난관리 관련 법령이 13개 소관 부처별로 70여 개에 이르고, 재난 발생 이후의 대응 체계도도 재난의 원인이나 유형별로 다양하게 구성되어 재난관리 체계가 매우 복잡하게 되어 있다.

넷째, 재난이 자주 발생하는 경우 반복적인 상호작용이 필요하다는 특성을 지닌다(박석희 외, 2004). 즉, 점차로 재난의 발생 빈도가 증가되는데, 이러한 잦은 재난의 발생은 재난관리와 관련된 당사자들 간의 거래 빈도 및 반복적인 활동의 수행 가능성이 매우 높아진다는 것을 의미한다.

이러한 특성은 중앙정부, 지방자치단체 및 다양한 유형의 민간조직들이 재난관리 서비스를 제공하는 데 참여한다고 하더라도 이 조직들 간의 관계의 체계화에 대한 필요성을 제시하는 것이다. 박석희 외(2004)는 위에서 제시한 재난관리 서비스의 특성은 공공과 민간을 포함하는 다양한 참여조직 간의 연계성과 통합성을 기반으로 하는 네트워크 구축에 중요한 요소가 된다고 보았다.

그러나 재난관리 서비스가 이런 특성을 지니고 있기는 하지만, 슈나이더(Schneider, 1995)는 재난 상황을 다루는 데 필요한 정책과 절차들은 완벽한 공공재(public goods)의 성격을 지닌다는 관점을 기반으로, 재난관리, 특히 자연재난의 경우에는 민간 영역에 의해 활동이 해결책이 될 수 없다고 주장하기도 한다(이재은, 2000: 95에서 재인용). 그러나 많은 경험적 연구들은 공공 부문뿐만 아니라 민간 부문의 활동 역시 재난관리에 매우 중요한 역할을 수행하고 있음을 제시한다(Bolin & Stanford,

1998; Jalali, 2002; Shaw & Goda, 2004; Sosin, 1984; 이재은, 2000). 또한 일반적으로 재난관리는 재난 발생 이전의 완화·준비 단계와 위기 발생 이후의 대응 및 복구 단계로 구분되어 재해재난의 발생으로 인한 피해를 극복하는 것뿐만 아니라 그 발생을 사전에 예방하는 활동까지 포함되는데, 이런 예방적 활동을 공공 부문에 의해서만 이뤄지기는 어렵고, 정부와 민간 영역의 활동이 통합되어 운영될 때 효과적이라고 지적된다(이성우, 1996; 이재은, 2002에서 재인용).

재난관리 서비스 제공에서 공공과 민간의 역할에 대한 논의들을 보면, 대체로 정부의 역할을 보완하는 형태로서 민간조직들이 관리 체계에 통합되어야 함을 제시한다. 이재은(2002)은 재난의 관리에서는 재난 관련 전문가 집단이 제공하는 것과 그 희생자들이 필요로 하는 도움 사이에 격차가 존재하게 되고, 이런 격차를 메꿔 주는 역할을 민간 부문이 수행하게 된다고 지적된다(Hodgkinson & Stewart, 1991; 이재은, 2002년 재인용). 이러한 관점은 응급구호에서 공공과 민간의 역할에 대한 연구에서 소신(Sosin, 1984)이 주장하는 것과 비슷한데, 그는 민간 부문은 공공 부문의 활동이 활발하게 이뤄지지 않는 영역에서 공공 부문의 서비스와 수혜자들의 욕구 사이에 발생하는 차이를 보완하는(gap-filling) 역할을 수행한다는 점을 제시하고 있다.

일반적으로 많은 연구가 재난관리에서 공공과 민간의 협력 체계에 대해 논의하고 있는 것과는 달리, 잘랄리(Jalali, 2002)는 1999년 발생한 터키의 지진 이후에 정부와 민간조직이 어떻게 대처했는지에 대한 연구에서 정부와 민간조직(NGO) 간의 관계는 반드시 협력적이지 않으며 때로는 적대적인 관계가 형성할 수 있다고 제시한다. 그에 의하면, 재난이나 재해 발생 직후 단계에서는 지역사회에 기반한 민간조직이나 자원봉사자의 활동이 매우 중요한 역할을 수행하게 되고, 점차로 초기 대응 단계에서 비효율적으로 활동하던 정부조직들이 피해 전반의 복구 단계에 이르러 좀 더 안정되고 효율적인 활동을 하게 된다. 이러한 과정에서 중요한 것은 민간조직들이 권리를 제대로 주장하지 못하고 서비스를 제대로 받지 못하는 계층을 위한 권익 옹호활동과 정부의 활동에 대한 모니터링 및 비판활동이라는 점을 보여 준다. 이러한 민간의 활동을 통해 정부가 효율적으로 역할을 수행할 수 있게 되고 또한 공공과 민간의 협력적 관계를 형성하게 되는 중요한 기반이 된다는 것이다. 따라서 재난관리 과정에서 실제 서비스를 제공하는 과정에서는 민간과 공공이 협력적 관계(collaborative)를 유지하는 것이 중요하기도 하지만, 다른 영역 즉 피해자들을 위한 권익 옹호 및 정부활동에 견제 세력으로서의 역할을 수행하는 적대적 관계(adversarial)도 매우 중요하다는 것이다.

잘랄리(Jalali, 2002)의 관점은 기본적으로 재해나 재난으로 인한 위기 상황은 예측하지 못한 물리적인 위기 상황을 의미하는 것이 아니라, 그 사회의 권력구조 등 정치적·사회적 여건에 의해 특징지어지는 상황이라는 것인데, 이런 논리는 나잠(Najam, 2000)이 제시한 바와 같이 공공과 민간의 관계에 대한 전제로서 그 사회 내의 권력의 균형이 어떻게 이뤄져 왔느냐에 따라 관계 유형이 변화할 수 있다는 논리와 유사한 것이라고 할 수 있다.

선진국 및 개발도상국 등 여러 국가에서의 사례를 보면 지역 민간조직들의 활동이 최초의 대응 단계에서 매우 중요한 역할을 수행하고 있음을 보여 준다(Bolin & Stanford, 1998; Jalali, 2002). 1994년 미국 캘리포니아에서 발생한 지진 이후의 대처 과정에 대한 연구에서 볼린과 스탠퍼드(Bolin & Stanford, 1998: 35)는 "지역 내의 NGO들은 지역에 대한 전문적 기술과 지식을 바탕으로 시, 카운티, 그리고 연방정부와의 관계를 기반으로 다양한 응급구호 자원에 대한 욕구가 충족되지 않은 피해자들을 위한 프로그램을 수행할 수 있었다"고 제시하면서 민간 부문의 활동이 매우 중요함을 보여 주었다.

그러나 민간 부문의 활동이 재난관리에서 중요하다는 의미가 공공 부문의 권위나 활동이 전무하거나 민간이 공공 부문의 역할을 전적으로 대체할 수 있다는 것을 의미하지는 않는다(Jalali, 2002). 전반적인 재난관리에서 권위와 책임을 지닌 조직이나 사람이 필요한 영역이 반드시 존재하다는 점에서(이재은, 2002) 민간 영역의 활동을 조정하고 통합하는 활동을 수행하는 공공 부문의 활동 역시 매우 중요하다.

이재은(2002)은 재난으로 인해 발생하는 위기를 관리하는 체계로서 명령·통제모형보다는 조정모형에 기초하는 경우에 좀 더 효율적일 수 있다고 주장한다. 이와 마찬가지로 박석희 외(2004)도 재난관리 서비스의 특성과 재난관리 행정조직의 특성상 재난관리 행정은 명령과 통제에 기반한 관료제적 접근보다는 국가, 시장, 시민 간의 참여를 토대로 하여 이들 간의 연계성 및 통합성을 강조하는 네트워트 거버넌스(network governance)로 전환되어야 한다고 주장한다.

위에서 살펴본 바와 같이 많은 학자가 재난관리 서비스에서 공공과 민간의 협력적 관계의 형성이 매우 중요함을 제시하고 있다. 공공 서비스 제공에서 공공과 민간 관계에 대한 일반론적 관점을 보면, 이들 간의 관계를 결정짓는 요인으로 서비스 자체의 특성, 서비스 제공에서 공공과 민간 부문이 사용하는 목적과 전략의 차이, 그리고 사적, 즉 영리 부문의 점유 정도 등을 제시한다. 따라서 재난 관련 연구들이 제시하는 바와 같이 재난관리 서비스 제공에서 공공과 민간의 협력적 관계의 형성이 일반론적 관점에서도 타당한지를 간단히 살펴볼 필요가 있다.

우선 재난관리 서비스는 슈나이더(Schneider, 1995; 이재은, 2000에서 재인용)가 제시한 것과 같이 재난에 의해 피해를 받을 가능성이 있거나, 또는 피해를 받은 사람들을 대상으로 정부가 비경쟁적으로 서비스를 제공한다는 측면에서 공공재로서의 성격이 명백하다고 할 수 있다. 서비스의 제공에서는 사적인 영리기업이 개입해 이득을 취할 가능성이 크지 않기 때문에 사적 부문의 점유는 거의 없다고 할 수 있다. 또한 공공재임에도 불구하고, 서비스 제공에서 재난의 유형과 정도의 다양성, 필요로 하는 서비스의 다양성 등으로 인해 정부가 획일적으로 제공하기보다는 민간 부문의 다양한 서비스 공급자들의 협력이 필요한 서비스로서의 성격을 지닌다고 볼 수 있다. 따라서 일반론에서 제시하는 공공과 민간의 협력적 관계를 형성하게 될 가능성이 매우 크며, 좀 더 효율적인 서비스 제공을 위해 필요하다.

재난관리에서 공공과 민간의 협력적 관계 형성은 매우 중요한데, 이러한 관계 속에서 공공과 민간이 어떤 역할을 수행할 것인가는 재난관리의 단계에 따라 다르게 제시될 수 있다. 재난관리의 단계는 시간 차원에 따라 완화/예방, 준비, 대응, 복구 단계로 구분된다(남궁근, 1995; 박석희 외, 2004; 이재은, 2002).

첫 번째 단계인 예방 단계에서는 재난을 사전에 예방해 발생 기회를 줄이고, 발생하는 경우 피해 규모를 최소화하기 위한 조치 등이 필요하다. 구체적으로는 재난 관련 법률의 제정, 위험지역에 대한 정보 수집 및 관리지역 선정 및 재해 관련 교육, 홍보 등의 활동이 필요하게 된다.

두 번째 단계인 재난 이전의 대비 단계에서는 재난이 발생한 이후 대응 단계에 필요한 조치들을 효율적으로 수행하기 위한 준비를 한다. 재난관리계획 수립, 경보 체계 확립, 재난관리센터 지정, 정보관리 체계 구축, 그리고 실질적인 훈련과 연습 등의 활동이 포함된다. 첫 번째와 두 번째 단계에서는 주로 중앙정부 및 지방자치단체 등 공공 부문이 재난과 관련된 각종 계획의 수립 및 재난 발생 시 피해 규모에 대한 분석 등의 활동을 주로 수행하게 된다. 또한 실제 재난 발생 시 민간조직들이 어떤 역할을 수행할 것인지에 대한 계획의 수립 등의 활동도 공공 부문이 수행해야 하는 주요한 역할이라고 볼 수 있다.

세 번째 단계는 재난에 대한 신속한 대응을 필요로 하는 대응 단계로서 대비 단계에서 수립된 계획들이 구체적으로 실행된다. 재난안전대책본부의 활동 개시, 긴급대피 및 구호활동 실천, 생필품 및 피난처 제공 등이 중요한 활동이며, 동시에 정확한 피해 상황에 대한 조사 등도 필요한 단계다. 특히 이 단계에서는 즉각적이고 융통성 있는 대응이 필요하기 때문에 지역사회에 위치해 활동하는 민간조직들의 구조활동이 매우 필요하다. 동시에 공공 부문에 의한 피해 정도에 대한 정확한 조사 및 구조활동의 효율적 배치 등이 민간 부문의 효율적인 활동의 기반이 된다. 이 단계에서는 특히 다양한 조직이 참여하기 때문에 각 조직 간의 지휘 체계의 확립 및 참여한 조직들 간의 협력 관계 형성이 대응 단계에서 매우 중요하다.

네 번째 단계는 재난 이후의 복구 단계로서 피해를 입은 지역사회의 장기간에 걸친 재건활동 등이 이뤄지며, 단기적으로는 피해지역 주민들이 최소한의 생활을 영위할 수 있도록 지원하며, 장기적으로는 피해지역의 원상 복구 및 개량 복구를 목표로 하기 때문에 길게는 10년 이상의 시간이 소요되기도 한다. 이 단계에서는 물리적인 환경의 복구뿐만 아니라 피해지역 주민들의 심리사회적 문제의 해결 등도 중요하다. 이 단계에서는 공공 부문의 복구계획 수립, 재원의 확보 등이 중요한 활동이며, 이를 보완하기 위한 민간 부문의 재정적, 기술적, 인적 자원의 공급도 중요하다.

이러한 재난관리의 단계에 따라 공공과 민간의 역할은 <표 2-2>와 같이 제시된다.

표 2-2 재난관리 단계별 공공과 민간의 역할

<table>
<tr><th>관리 단계</th><th>공공 부문</th><th>민간 부문</th></tr>
<tr><td>완화 및 예방</td><td>재난 관련 법률 제정 및 기본 방향 설정
재난관리의 세부계획 수립
공공과 민간 부문의 연계망 구축</td><td rowspan="2">민간조직 간의 연계망 구축
가용자원에 대한 정보 제공
재난 관련 교육, 홍보 및 캠페인</td></tr>
<tr><td>대비</td><td>재난관리정보 체계 수립
재난 관련 훈련, 연습
대국민 정보 제공 및
재해구호대책 수립 및 실행</td></tr>
<tr><td>대응</td><td>참여조직 활동의 조정 및 통제
피해 상황에 대한 정보 수집
장기적인 복구계획의 수립</td><td>긴급구조 및 구호활동
물적 · 인적 자원의 배치 및 활동
피해 상황에 대한 정보 제공</td></tr>
<tr><td>복구</td><td>복구활동 수행</td><td>복구활동을 위한 자원의 제공</td></tr>
</table>

제 2 절 공동모금과 재해의연금

1 공동모금의 이념

모금활동은 비영리조직에서 중요한 의미를 지닌다. 일반적으로 비영리조직은 광의의 의미로는 개인의 자발적 행동의 집합적 행태라고 말할 수 있다. 이러한 비영리조직을 스미스(Smith, 1988)는 18가지 유형으로 분류하나, 학술 · 종교 · 자선 · 기예 등 공익을 목적으로 하는 것과 동창회 · 동인회 등을 포함해 비영리를 목적으로 하는 조직이나 단체를 비영리조직이라 한다(김국도, 1985: 16-17; 정호영, 1990: 29). 이러한 비영리조직들은 사업과 운영에 필요한 자금을 여러 방법을 통해 동원하고 있다.

사회복지기관 및 관련 단체들의 모금활동은 지역사회의 복지 수요에 따르는 문제를 해결하기 위해 실시되어 왔기 때문에 지역사회의 주민들의 의연과 결정이 반영된 하나의 사업으로 전개되어야 한다. 그러므로 모금의 이념을 고찰함으로써 모금활동의 이념을 살펴보는 것이 필요하다. 즉 모금의 이념은 모금운동의 근거가 될 뿐만 아니라 모금운동의 원리이며 모금운동의 밑바닥에 깔려 있는 가치관이라 할 수 있다(King, 1956: 32; 어윤배, 1975: 84). 동시에 이념은 모금운동이 조직책임자, 실무자들이 준수해야 될 규칙의 원천이 되기도 한다(Kramer, 1965: 108-114; 어윤배, 1975: 84).

공동모금의 기본적 이념은 어느 지역사회 내에서 활동하고 있는 사회복지사업기관들은 그 지역사회의 주민을 대신해서 그 지역사회에 있는 불우한 사람들을 돕거나 그 지역의 생활환경 개선에 노력하고 있기 때문에 그에 소요되는 경비를 해당 지역사회의 주민들이 능력에 따라 분담한다는 사회 연대 의식의 발로라 할 수 있다.

또한 기부자들의 자발적인 협력과 참여에 공동모금은 의존하고 있기 때문에, 주민들의 다수에 의해 받아들여져야만 한다는 명제가 있게 된다. 그러기 위해 공동모금의 홍보활동은 단순히 목표예산의 금품을 거둬들이는 데만 그 목적이 있는 것이 아니라 주민들이 지역문제에 의식을 가지고 적극 참여하도록 권유하는 데 있다. 그러므로 모금활동의 근본적인 이념은 지역사회 내의 사회복지기관들이 지역 주민을 대신해 사회복지 서비스를 제공하고 지역의 복지 향상을 위해 노력하고 있기 때문에 지역 주민들이 각자의 능력에 따라 지원하는 사회적 연대 의식과 기부하는 사람들의 자발적 협력과 참여에 의존함으로써 주민 다수에 의한 기금 모금 및 배분 계획이 민주적인 의사결정에 의해 이뤄져야 한다는 민주주의적 가치관을 기본 이념으로 한다(어윤배, 1975: 84-85; 정호영, 1990: 30-31).

2 재해의연금의 성격

재해의연금 모금은 일반적인 모금활동과 유사하거나 상이한 성격을 지닌다. 일반적으로 모금은 지역사회의 불우한 이웃을 돕거나 그 지역의 생활환경을 개선하는 데 초점을 두고 진행되는 것이 보통이다. 또한 모금을 통해 사회복지 서비스를 제공하는 비영리조직들은 그 활동을 수행하는 데 필요한 제반 경비를 걷고 있다.

그러나 재해의연금의 경우에는 다음과 같은 성격을 지닌다.

첫째, 재해의연금은 재난 발생으로 말미암은 피해 상황이라는 특수한 상황을 전제로 한다. 일반 모금이 사회구조적 측면이나 개인적 사정을 이유로 나타난 현상을 치유하는 데 목적이 있다면, 재해의연금 모금은 평소 정상 생활을 유지해 오던 주민이 갑작스러운 재난 상황으로 인해 개인이 감당하기 어려운 불행한 상황에 처하게 된 것이다.

둘째, 재해의연금 모금은 재해 상황에서 불행을 당한 피해자들을 돕기 위한 민간의 자발적 기부행위에 기초한다. 이는 재해 복지 서비스 제공 활동의 경비를 거두려는 목적으로 모금하는 것이 아니라 재난 피해를 입은 피해 당사자에게 직접적인 도움을 주기 위한 목적으로 모금을 한다는 점에서 일반 모금과 차이가 있다. 누구라도 재해를 당하면 현재의 재난 피해자와 동일한 상황에 처할 수 있다는 심정적 동의와 일체감에서 기부행위가 나타나게 되는 것이다. 따라서 모금액이 중요한 것이 아니라 모금 자체에 의미가 있다(조문준, 2005. 6. 20).

셋째, 재해의연금의 모금과 지원은 신속성을 본질적 속성으로 지니고 있다. 이는 일반적인 성금과는 달리 각종 재난으로 인해 피해를 입은 재난 피해자를 대상으로 하여 지원해야 하기 때문에 모금과 지원이 신속하게 이뤄져야만 피해자의 절박한 생활 및 생존에 도움이 될 수 있기 때문이다.[5]

---

5) 서선원(2005. 6. 13)에 의하면, 8월에 의연금 모금을 하게 되면 9월이나 10월에 바로 집행을 하는 신속한 체계가 있어야 한다. 그러나 사회복지공동모금회의 경우에는 재해의연금과는 달리 일년 연중

넷째, 재해의연금 모금은 재난 피해자에 대한 일시적인 위로와 동시에 정상 생활로의 복귀를 지원한다는 차원에서 이뤄지게 된다. 즉 평상시에 다른 사람과 마찬가지로 정상적이고 일상적인 생활을 영위하던 사람들이 재난이라는 갑작스러운 사태에 직면해 가족과 재산을 잃은 한편, 삶의 무기력함 앞에서 상실감을 지님으로써 일거에 삶의 터전을 잃은 사람들을 대상으로 한다.

다섯째, 재해의연금은 동일한 재난으로부터 동일한 정도의 피해를 입은 사람에게 공평하게 배분되어야 한다는 특성을 지닌다. 재해의연금 배분의 공평성이 요구된다. 2년 전에 피해를 입은 사람과 1년 전에 동일한 피해를 입은 사람이 서로 다른 기준에 의해 배분을 받게 되는 경우에는 오히려 더 큰 상실감과 자괴감을 불러일으킬 수 있기 때문이다. 일반 모금이 사회복지 서비스의 수혜자들이 각자가 처한 상황에 따라 서로 다른 서비스를 받는 것과는 달리 재해복지 서비스의 경우에는 일차적으로 동일 재난 상황에서 동일 피해를 입었다면 동일한 의연금을 받는 것이 요구되는 것이다. 따라서 기부자가 원하는 대로 대상자를 지정해 기탁하는 것은 다소 수용하기에 어려움이 있다. 현재는 재해구호협회를 통해 일관된 지원 기준을 가지고 모든 피해를 당한 이재민에게 균등하게 지원이 이뤄지고 있다(김재호, 2005. 6. 14).

여섯째, 재해의연금 모금은 대부분의 경우 모금 기간이 단기에 이뤄지게 된다. 이는 재해 상황이라는 특수성에 기초한 것으로서 일반 국민의 감정적 호소와 피해 상황의 절박성에 기초하고 있기 때문이다. 일반 모금의 경우에는 수혜자에 대한 복지 서비스 제공이 대부분 장기간에 걸쳐 이뤄지고 있어 모금 활동 역시 장기간 지속적으로 이뤄지고 있는 반면에, 재해의연금의 모금은 일시적으로 집중 홍보를 통한 모금 활동이 이뤄지고 있다(김종석, 2005. 6. 14; 조문준, 2005. 6. 14).

일곱째, 재해의연금 모금은 모금 액수가 대규모라는 점을 특성으로 한다. 이는 재해를 당하지 않은 국민 절대 다수가 모금에 참여하고 있는 한편, 국민 통합이나 사회 통합의 차원에서 이뤄지고 있기 때문이다. 또한 향후에 누가 재해를 입게 될지 예측할 수 없는 불확실한 상황에서 국민 모두가 십시일반하는 상호부조의 정신으로 기부 행위가 이뤄지기 때문이다.

여덟째, 재해의연금 모금은 사적 부조의 성격을 지니고 있다. 국가의 세금에 기초해 공공부조 차원에서 이뤄지는 정부의 재해구호 사업과는 별도로 이뤄지고 있는 것이다. 즉 공공부조와는 별도로, 민간에서 성금에 기초해 자발적으로 부조하는 사적

사업을 수행한다는 점에서 차이가 있다.

부조가 이뤄지는 것이다.

아홉째, 재해의연금 모금 행위는 사적 부조의 차원에서 이뤄지기 때문에 재해의연금의 모금, 관리, 배분행위는 정부에 의해서가 아니라 민간의 비영리 부문에 의해 이뤄져야 한다. 민간의 비영리조직에 의한 모금 및 배분행위가 이뤄질 때에 비로소 의연금의 본질적 의미를 훼손시키지 않게 되는 한편, 국민 통합과 공동체 의식 함양의 취지에도 맞게 되는 것이다. 민간 부문에서 재해의연금의 모금 및 배분활동에서 정부의 개입은 없거나 최소한에 그치는 보충적 행위자로서 지위에 그쳐야 한다. 즉 정부의 활동은 민간 부문의 재해의연금 모금에 대한 보조금의 지급이나 세금 면제 혜택 등에 국한해 이뤄져야 한다.

열 번째, 재해의연금의 모금에 드는 운영상의 경비 지출은 각 민간 비영리조직의 자체 예산으로 충당할 것이 요구된다. 특히 일상적인 자선사업이나 사회공익사업을 수행하기 위한 성금을 모집하는 단체의 경우에는 자체 모금활동을 통해 확보한 모금에서 공제한 경비를 활용함으로써 재난 피해자에 대한 혜택을 최대한 늘리도록 하는 것이 바람직하다. 이는 다른 일반 성금과는 달리 재해의연금의 모금에 따르는 비용이나 경비가 적은 한편, 특수한 재난 피해 상황에 처해 있는 피해자에 대해 최대한 신속하게 정상 생활로 복귀하기를 바라는 의연금 기부자들의 본의를 반영해야 하기 때문이다. 즉 재해의연금은 일반 기부금과는 달리 민간 사회복지단체들이 사업을 운영하는 것이 아니라 의연금을 전달하는 데 초점을 두고 있으며, 재해의연금 모금 기간이나 활동 역시 일상적인 사회복지성금의 모금 기간 및 활동에 포함되기 때문이다.

마지막으로, 재해의연금의 경우에는 모금 창구를 일원화하는 것이 바람직한 것으로 나타나고 있다. 즉 이재민 지원에 대한 명확한 안내와 지원에 대한 신속한 처리 등을 위해서는 모금 창구의 단일화가 요구된다. 만일 사회복지공동모금회가 재해의연금을 함께 모금하는 경우에는 중복성이 있게 된다. 기업의 입장에서 보면 지원하는 데 어려움이 있게 되고 기부자에게 부담을 줄 수도 있다는 문제가 생긴다(서선원, 2005. 6. 13). 어느 기관이 재해의연금을 모금하느냐 하는 것은 문제가 되지 않는다. 다만 재난 시에는 재해구호협회가 하고, 대한적십자사는 봉사로 할 수는 있지만 봉사단체는 봉사단체로서만 지원하는 것이 필요하고, 모금기관이 많이 분산되지 않고 압축되어 있는 성격을 지니는 것이 좋다고 본다(김종석, 2005. 6. 20).

3 재해의연금품의 운영 체계

1) 재해의연금품의 모집 · 배분 · 관리 관련 법제도

재해의연금품의 모집과 관련해서는 그동안「기부금품의 모집 및 사용에 관한 법률」(제10346호)의 적용을 받아왔으나, 2010년 6월 8일 기부금품의 모집 및 사용에 관한 법률이 개정되면서, 재해의연금품의 모집은「재해구호법」의 적용을 받게 되었다. 이 밖에도「정치자금법」,「결핵예방법」,「보훈기금법」,「문화예술진흥법」,「한국국제교류재단법」,「사회복지공동모금회법」,「문화유산과 자연환경자산에 관한 국민신탁법」,「식품기부 활성화에 관한 법률」,「한국장학재단 설립 등에 관한 법률」등에 따른 기부금품은 기부금품의 모집 및 사용에 관한 법률의 적용을 받지 않게 되었다(기부금품의 모집 및 사용에 관한 법률, §3).

이처럼 재해의연금품의 모집과 배분에 관해서는 2010년 7월 23일 전문 개정 및 2011년 8월 4일 일부 개정이 된「재해구호법」의 적용을 받는다. 재해구호법의 목적은 이재민(罹災民)의 구호와 의연금품(義捐金品)의 모집 절차 및 사용 방법 등에 관하여 필요한 사항을 규정함으로써 이재민 보호와 그 생활 안정에 이바지함을 목적으로 하고 있다(재해구호법, §1).

여기서 말하는 이재민이란「재난 및 안전관리기본법」제3조 제1호 가목에 따른 재해, 즉 태풍, 홍수, 호우(豪雨), 강풍, 풍랑, 해일(海溢), 대설, 낙뢰, 가뭄, 지진, 황사(黃砂), 적조(赤潮), 그 밖에 이에 준하는 자연 현상으로 인하여 발생하는 재해로 인하여 피해를 입은 사람을 말한다(재난 및 안전관리기본법, §3; 재해구호법, §2).

「재해구호법」에서 제시하는 구호기관은 이재민 및 일시 대피자의 거주지를 관할하는 특별시장 · 광역시장 · 도지사 · 특별자치도지사 및 시장 · 군수 · 구청장을 말하며, 구호지원기관이란 구호기관의 업무를 지원하기 위하여 필요한 인력 · 시설 및 장비를 갖춘 기관 또는 단체로서「대한적십자사조직법」에 따른 대한적십자사 및 재해구호법 제29조에 따른 전국재해구호협회 등 대통령령으로 정하는 기관 또는 단체를 의미한다(재해구호법, §2).

한편, 구호의 종류와 관련해서는 동법 제4조에 의해, 임시주거시설의 제공, 급식이나 식품 · 의류 · 침구 또는 그 밖의 생활필수품 제공, 의료 서비스의 제공, 전염병 예방 및 방역활동, 위생지도, 장사(葬事)의 지원, 그 밖에 대통령령으로 정하는 사항으로 하고 있으며, 구호기관은 필요하다고 인정하는 경우에는 이재민에게 현금을 지급하여 구호할 수 있다고 규정하고 있다(재해구호법, §4).

특히, 구호기관은 재해로 주거시설을 상실하거나 주거가 사실상 불가능한 상황에 처한 이재민 또는 일시 대피자의 구호를 위해 「정부조직법」에 따른 중앙행정기관이 운영하는 숙박시설 또는 교육훈련시설·연수시설 내의 숙박시설, 「정부출연연구기관 등의 설립·운영 및 육성에 관한 법률」에 따른 정부출연연구기관이 운영하는 숙박시설 또는 교육훈련시설·연수시설 내의 숙박시설, 「공공기관의 운영에 관한 법률」에 따른 공공기관이 운영하는 숙박시설 또는 교육훈련시설·연수시설 내의 숙박시설, 지방자치단체가 운영하는 숙박시설 또는 교육훈련시설·연수시설 내의 숙박시설, 그 밖에 대통령령으로 정하는 시설 등을 임시주거시설로 사용할 수 있도록 2011년 8월 4일 법조항을 신설했다. 위의 시설을 임시주거시설로 사용하기 위하여는 미리 해당 시설의 운영기관장 또는 운영책임자와 협의하여야 하고, 이 경우 해당 시설의 운영기관장 또는 운영책임자는 정당한 사유가 없는 한 협의에 응하여야 한다(재해구호법, §4).

그리고, 2010년 7월 23일 전문 개정된 「재해구호법」 제5조에서는 재해구호계획의 수립에 관해 규정하고 있고, 제6조에서는 재해구호물자의 확보 및 보관 등에 관해 규정하고 있으며, 제7조에서는 응급구호 및 재해구호 상황의 보고, 제8조에서는 지역구호센터의 설치·운영, 제9조에서는 토지 또는 건물 등의 사용, 제10조에서는 현장조사, 제11조에서는 시설·물자의 우선 사용, 제12조에서는 재해구호 관련 기관과의 협조, 제13조에서는 구호비용의 부담, 제14조에서는 재해구호기금의 적립, 제15조에서는 재해구호기금의 최저 적립액, 제16조에서는 수입금의 처리 등에 관해 각각 규정하고 있다.

2) 재해의연금품 모집에 관한 법·제도적 내용

재해의연금품 모집에 관한 법 및 제도적 내용을 살펴보면, 의연금품을 모집하려는 자는 모집계획서를 작성하여 소방방재청장의 허가를 받아야 하고, 소방방재청장은 미리 제2항에 따른 모집심사위원회의 심의를 거쳐야 한다. 모집계획서에는 모집허가 신청자의 성명·주소·주민등록번호 및 연락처(모집허가 신청자가 법인이나 단체인 경우에는 그 명칭, 주된 사무소의 소재지, 대표자의 성명·주소·주민등록번호 및 연락처), 모집 목적, 모집 금품의 종류 및 모집 목표액, 모집지역, 모집 방법, 모집 기간, 모집 금품의 보관 방법 등을 구체적으로 밝힌 모집 계획을 말하고, 이 경우 모집 기간은 1년 이내로 하여야 한다고 규정하고 있다(재해구호법, §17). 특히, 2011년 8월 4일 개정된 재해구호법에서는 국가 등에 의한 의연금품의 모집 및 접수의 제한을 두고 있다. 즉, 국가 또는 지방자치단체 및 그 소속 기관과 공무원은 의연금품의 모집 및 접수를 할 수 없도록 규정하고 있다. 다만, 지역구호센터의 장은 이재민 구호를 위해 자발적으로 기탁하는 의연물품은 접수할 수 있도록 규정하고 있다(재해구호법, §18).

재해의연금품의 접수 장소는 국가기관, 지방자치단체, 언론기관, 금융기관, 그 밖의 공개된 장소로 정하고 있다(재해구호법, §19).

한편, 재해의연금품 모집과 관련하여 2011년 7월 23일 전문 개정된 재해구호법 제20조에서는 의연금품 출연 강요의 금지 조항을 규정하고 있고, 제21조에서는 의연금품 모집에 관한 정보 공개, 제22조 검사, 제23조 허가의 취소, 제24조 청문 조항을 규정하고 있다.

3) 재해의연금품 배분 및 사용에 관한 법 · 제도적 내용

재해의연금품의 배분과 사용에 관한 법 및 제도적 내용을 살펴보면, 재해구호법에서는 의연금의 배분에 관한 사항을 심의 · 의결하기 위해 전국재해구호협회의 이사회를 배분위원회로 한다고 규정하고 있다(재해구호법, §25).

의연금품의 배분 및 사용을 보면, 모집자는 의연금품의 모집을 마친 후 7일 이내에 모집된 의연금품의 목록을 소방방재청장에게 제출하여야 하고, 모집자는 제27조에 따른 모집비용 충당을 제외한 의연금을 배분위원회가 의연금 배분을 위하여 개설한 계좌에 즉시 납입하여야 한다. 모집비용 충당은 의연금품의 모집에 필요한 경비로써 모집된 의연금의 100분의 2를 초과하지 아니하는 범위에서 대통령령으로 정하는 바에 따라 충당할 수 있는 비용을 의미한다. 또한, 의연금은 배분위원회의 심의 · 의결을 거쳐 배분하여야 하며, 의연물품은 모집자가 모집 목적에 따라 해당 지역구호센터에 전달하여 배분하여야 한다(재해구호법, §26, §27).

재해의연금품의 모집과 배분에 관해서는 공개 의무와 함께 회계감사를 하도록 재해구호법에서 규정하고 있다. 즉, 모집자와 모집 종사자는 모집 기간 동안 대통령령으로 정하는 바에 따라 의연금품의 모집 상황 및 목록을 나타내는 장부 · 서류 등을 작성하고 갖추어 두어야 하고, 의연금품의 모집을 중단 또는 완료하거나 배분위원회가 의연금의 배분을 끝내면 대통령령으로 정하는 바에 따라 그 결과를 공개하여야 한다. 그리고, 모집자나 배분위원회는 의연금품의 모집 또는 배분을 끝내면 대통령령으로 정하는 바에 따라 의연금품의 모집 상황 및 목록, 구체적인 배분 내용에 대한 보고서에 「공인회계사법」 제7조에 따라 등록한 공인회계사 또는 「주식회사의 외부감사에 관한 법률」 제3조에 따른 감사인(監査人)이 작성한 감사보고서를 첨부하여 소방방재청장에게 제출하도록 규정하고 있다. 다만, 모집된 의연금품이 대통령령으로 정하는 규모 이하인 경우에는 감사보고서 첨부를 생략할 수 있다(재해구호법, §28).

한편, 2010년 7월 23일 개정된 재해구호법에서는 전국재해구호협회의 설립 및 운영에 관해 법조항으로 규정하고 있다. 즉, 제29조에서는 전국재해구호협회의 설립에 관해 규정하고 있고, 제30조에서는 협회의 회원에 대해 규정하고, 제31조에서는 협회의 사업을 규정하며, 제32조에서는 협회의 정관을 제33조에서는 재해구호 업무의 위탁에 관해 규정하고 있다. 구체적으로 이재민의 구호에 필요한 의연금품의 모집·관리 및 구호활동 등을 위해 전국재해구호협회를 설립하고, 협회는 의연금품의 모집·배분 및 관리를 효율적으로 하기 위해 이사회를 둔다고 규정함으로써(재해구호법, §29), 재해의연금품의 배분 및 관리를 관해 거의 독점적 권한을 재해구호협회의 이사회에 두고 있다고 볼 수 있다.

이러한 재해구호협회는 이재민의 구호를 위한 의연금품의 모집·배분 및 관리, 재해구호물품 세트의 제작·공급 및 구호물자 보관창고의 운영, 재해구호에 관한 홍보 및 조사연구 등 재해구호 관련 사업, 배분위원회의 설치·운영, 재해구호 활동 지원, 자원봉사자 및 자원봉사단체 관리·운영 지원, 그 밖에 대통령령으로 정하는 사업을 할 수 있다(재해구호법, §31). 또한, 재해구호협회는 재해구호 업무를 효율적으로 수

표 2-3 재해의연금품의 지원 체계

구분	내용	관련 법령
모집 체계	의연금품의 모집 허가 의연금품의 접수 장소 의연금품의 모집에 관한 정보 공개	재해구호법 제17조, 제19조, 제21조
배분 및 관리 체계	배분위원회의 구성 및 운영 의연금품의 배분 및 사용 전국재해구호협회의 설립 및 운영	재해구호법 제25조, 제26조, 제29조,
전달 체계	구호의 대상 구호의 종류 임시주거시설의 사용 재해구호물자의 확보 및 보관 지역구호센터의 설치 및 운영	재해구호법 제3조, 제4조, 제4조2, 제6조, 제8조

행하기 위해 대통령령이 정하는 바에 따라 이재민 및 일시 대피자에 대한 급식 제공, 재해구호물품 세트의 제작·공급 및 관리, 구호물자 보관창고의 설치·운영 및 관리, 그 밖에 소방방재청장이 필요하다고 인정하는 재해구호 업무 등의 재해구호 업무를 위탁할 수 있다(재해구호법, §33).

제 3 절 우리나라 재해구호 체계

1 공공 부문의 재해구호 체계

1) 법적 체계

우리나라 이재민 구호와 관련된 체계상 상위법으로는 「헌법」이 있다. 즉, 헌법 제34조 6항을 보면, 국가는 재해를 예방하고 그 위험으로부터 국민을 보호하기 위하여 노력하여야 한다고 규정하고 있다(헌법, §34). 또한, 「재난 및 안전관리기본법(법률 제10442호)」을 보면, 각종 재난으로부터 국토를 보존하고 국민의 생명·신체 및 재산을 보호하기 위하여 국가와 지방자치단체의 재난 및 안전관리 체제를 확립하고, 재난의 예방·대비·대응·복구와 그 밖에 재난 및 안전관리에 필요한 사항을 규정하고 있다(재난 및 안전관리기본법, §1). 그러나, 직접적인 이재민 구호와 관련 기본법으로는 「재해구호법」(법률 제11038호)이 있으며, 시행을 위해 「재해구호법시행령」(대통령령 제22725호)과 「재해구호법시행규칙」(행정안전부령 제222호)을 두고 있다.

「재해구호법」은 이재민(罹災民)의 구호와 의연금품(義捐金品)의 모집 절차 및 사용 방법 등에 관해 필요한 사항을 규정함으로써 이재민 보호와 그 생활 안정에 이바지함을 목적으로 하고 있다(재해구호법, §1). 재해구호법에서는 이재민 및 일시 대피자의 거주지를 관할하는 특별시장·광역시장·도지사·특별자치도지사 및 시장·군수·구청장을 재해구호기관으로 정하고 있고, 구호기관의 업무를 지원하기 위하여 필요한 인력·시설 및 장비를 갖춘 기관 또는 단체로서 「대한적십자사조직법」에 따른 대한적십자사 및 재해구호법 제29조에 따른 전국재해구호협회 등 대통령령으로 정하는 기관 또는 단체를 재해구호지원기관으로 정하고 있다(재해구호법, §2). 한편,

재해구호의 종류와 관련해서는 동법 제4조에 의해, 임시 주거시설의 제공, 급식이나 식품·의류·침구 또는 그 밖의 생활필수품 제공, 의료 서비스의 제공, 전염병 예방 및 방역활동, 위생지도, 장사(葬事)의 지원, 그 밖에 대통령령으로 정하는 사항으로 하고 있으며, 구호기관은 필요하다고 인정하는 경우에는 이재민에게 현금을 지급하여 구호할 수 있다고 규정하고 있다(재해구호법, §4). 구체적인 내용은 다음과 같다.

(1) 재해구호법의 목적

이 법은 이재민의 구호와 의연금품의 모집 절차 및 사용 방법 등에 관하여 필요한 사항을 규정함으로써 이재민 보호와 그 생활 안정에 이바지함을 목적으로 한다.

표 2-4 이재민 구호 기준과 재원 부담 비율

구분	지원 기준	재원 부담 비율
가. 사망·실종자의 유가족 및 부상자 위로 • 위로금(장의비 포함) • 생계보조금(가구의 주 수입원이었던 자가 사망·실종 또는 부상을 당함으로써 생계 유지가 곤란한 경우)	• 사망(실종)자 1인당 – 세대주: 1,000만 원 – 세대원: 500만 원 • 부상자는 사망·실종자의 50% • 세대당 500만 원 – 국민기초생활보장 수급자 • 부상의 경우 산재보상보험법시행령의 규정에 의한 신체장애 등급 7급 이상	의연금 또는 국고: 100% 국고: 100%
나. 이재민 구호 • 응급구호(최초 7일간) • 장기구호	• 인/일 최저생계비 중 식료품비 4,000원 • 인/일 최저생계비 중 식료품비 4,000원	재해구호기금 100% 충당(최초 7일간) 국고: 85% 지방비: 15%
다. 재해복구 지원 • 세입주자 보조비 • 침수주택 수리비	• 300만 원 범위 내 입주보증금 또는 6월간 임대료 • 주택 및 주거시설을 겸한 건축물 내의 주거용 바닥이 침수된 경우 세대당 60만 원	국고: 80% 지방비: 20% 국고: 100%

자료: 중앙재해대책본부, 피해 및 복구 자료실(2004).

(2) 구호의 대상

이 법에 따른 구호는 이재민과 일시 대피자를 대상으로 한다.[6]

6) 이재민이란 「재난 및 안전관리기본법」 제3조 제1호 가목에 따른 자연재해로 인하여 피해를 입은 사람을 말하며, 일시 대피자는 재해로 인한 피해자가 예상되어 일시 대피한 사람을 말한다.

(3) 구호기관

구호기관은 이재민의 거주지를 관할하는 특별시장, 광역시장, 도지사 및 시장, 군수, 구청장이 행한다.

(4) 구호의 종류

구호의 종류는 다음 각 호와 같다.

가. 임시주거시설의 제공

나. 급식 또는 식품, 의류, 침구, 그 밖의 생활필수품의 제공

다. 의료 서비스의 제공

라. 전염병 예방 및 방역활동

마. 위생지도

바. 장사(葬事)의 지원

사. 그 밖에 대통령령으로 정하는 사항

(5) 구호 방법

구호기관은 필요하다고 인정하는 경우에는 이재민에게 현금을 지급해 구호할 수 있고, 구호의 한도, 방법 및 기간에 관해 필요한 사항은 대통령령으로 정한다.

(6) 재해구호 물자의 확보 및 보관

구호기관은 지역별 재해 발생 현황 및 지역 실정 등을 감안해 필요한 재해구호 물자를 상시 확보해 응급 지원할 수 있는 체제를 갖춰야 하고, 시장, 군수, 구청장은 구호활동을 할 때 재해구호 물자가 부족한 경우에는 시·도지사에게 지원을 요청할 수 있으며, 지원 요청을 받은 시·도지사는 그 지원 요청에 대한 조치를 충분히 할 수 없는 경우에는 행정안전부 장관에게 그에 필요한 지원을 요청할 수 있다. 또한, 지원 요청을 받은 시·도지사 및 행정안전부 장관은 이에 대해 최대한 지원해야 한다. 그리고 행정안전부 장관은 대한적십자사조직법에 의한 대한적십자사 및 제29조의 규정에 의한 전국재해구호협회가 재해구호 물자를 모집, 관리, 배분하기 위한 창고의 설치, 운영을 지원할 수 있다. 또한, 확보해야 할 재해구호 물자의 종류 및 확보 기준 등에 관해 필요한 사항은 행정안전부령으로 정한다.

(7) 응급구호 실시 및 재해구호 상황 보고

구호기관은 재해로 인해 이재민이 발생한 때에는 전체 재해 발생 상황을 파악하기 전이거나, 재해 발생이 진행 중인 때에라도 행정안전부령이 정하는 기준에 따라 지체

없이 응급구호를 실시하고, 그 재해의 상황과 재해구호 내용을 행정안전부 장관에게 보고해야 한다.

(8) 토지 또는 건물 등의 사용

구호기관은 구호를 행하기 위해 특히 필요하다고 인정하는 때에는 타인 소유의 토지 또는 건물 등을 사용할 수 있다. 또한, 구호기관은 구호를 행하기 위해 특히 필요하다고 인정하는 때에는 의료, 방역, 급식 또는 물자의 취급을 업으로 하는 자에게 시설 또는 물자의 우선 사용 또는 판매에 관한 협력을 요청할 수 있다. 이 경우 협력을 요청받은 자는 정당한 사유가 없는 한 이에 협력해야 한다.

(9) 전국재해구호협회

이재민의 구호에 필요한 재해의연금품의 모집, 관리, 배분 및 구호활동 등을 위해 전국재해구호협회를 설립할 수 있다.

(10) 재해구호 관련 기관과의 협조

구호기관은 재해구호를 원활하게 하기 위해 경찰관서, 소방관서, 군부대와 대한적십자사, 협회 등 민간 재해구호 관련 단체와 상호 협조해야 하고, 이재민과 그 인근 거주자는 구호기관의 구호에 관한 업무에 협력해야 한다.

(11) 구호비용 부담

구호에 필요한 비용은 구호기관이 부담하고, 정부는 구호기관이 재해구호를 위해 부담한 비용의 전부 또는 일부를 대통령령이 정하는 바에 따라 국고 등으로 보조할 수 있다.

2) 관련 기관 체계

(1) 중앙정부와 지방자치단체

우리나라의 이재민 구호 체계는 중앙정부, 광역자치단체, 기초자치단체 등 정부 차원의 지원 체계뿐만 아니라 전국재해구호협회, 대한적십자사, 지역 군부대, 민간자원봉사단체 등이 상호 유기적으로 협조 및 연계 체제를 구축하고 있다. 전반적인 이재민 구호의 행정 체계는 재해가 발생하면 시・군・구의 재난안전대책본부－시・도재해대책본부를 거쳐 중앙재난안전대책본부로 보고하게 되고, 재난안전대책본부는 보고기관에 대해 피해 상황에 적합한 조치를 취하도록 지시하도록 되어 있다([그림 2-1] 참조).

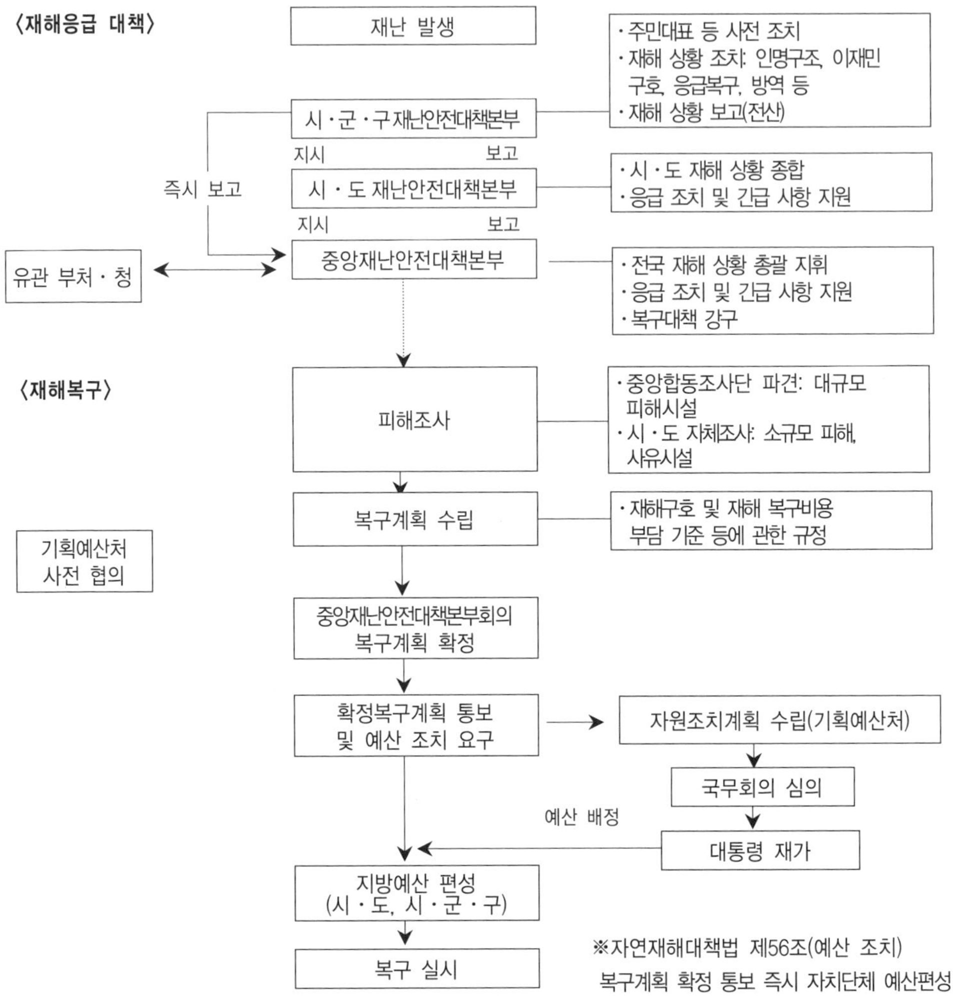

그림 2-1 피해복구 수습 체계

자료: 중앙재난안전대책본부 홈페이지.

아울러 유관 기관과의 업무 협조를 통해 소관 사항의 면밀한 지원을 종합해 효과적인 지원이 가능하도록 노력하고 있다. 여기에서 기억해야 할 것은 이재민 구호의 통괄기관은 중앙재난안전대책본부이나 결국 이재민에게 직접적인 지원을 실시하는 것은 기초자치단체라는 것이다. 즉 상급 부서는 지침, 예산 지원 등을 통해 기초자치단체가 직접적인 지원이 가능하도록 지원한다는 개념이다.

(2) 민간 유관기관

대표적 민간기관으로 대한적십자사와 전국재해구호협회가 있다. 또한 1961년 '전국수해대책위원회'로 출범한 전국재해구호협회는 언론을 통한 재해의연금 모금과 관리 및 배분을 주 업무로 하고 있다[7](전국재해구호협회보, 2003). 그러나 배분에서는 직접적인 배분이 아닌 행정기관을 통해 배분되고, 국고지원금에 의연금이 일정 비율 포함되어 지급되는 경우가 있어 일반 국민이 방송을 통해 모은 의연금의 사용처나 사용 시기 등에 대해 의문을 가지는 경우가 발생하고 있다.

기타 안전생활실천시민연합, 해병대전우회, 청년회의소 등 각종 민간단체가 직간접으로 이재민 구호에 참여하고 있고, 개인들이 자원봉사를 하고 있다. 정부에서는 이러한 시민단체를 체계화하고자 기초자치단체별로 '시민안전봉사대'를 조직하고 2003년부터는 '시민안전봉사대장 과정'[8] 교육을 실시해 재해구호 현장에서의 혼란을 줄이고 민관의 효과적인 통합을 위해 노력하고 있다.

2 민간 부문의 재해구호 체계

우리나라 민간 부문의 재해구호 체계는 대한적십자사와 전국재해구호협회 등 몇몇 주요 기관과 다양한 자원봉사조직으로 구성되어 있다. 사실, '재해구호 체계'라고 표현하기 위해서는 이러한 기관이나 단체들 간의 협조 관계나 연계망이 마련되어야 하지만, 아직 그러한 연계조직이나 협조 관계는 뚜렷하게 만들어져 있지는 않다.

1) 대한적십자사

(1) 조직의 개요

대한적십자사는 우리나라의 대표적 구호기관으로서, 재해구호, 모자보건사업, 국민건강사업, 헌혈 수급 업무, 국제 구호활동 등을 주요 사업으로 전개하고 있다. 대한적십자사의 구호사업은 국내외에서 발생하는 각종 재난에 대비하고, 이재민을 긴급 구

---

7) 이 밖에 전국재해구호협회의 사업 내용으로는 재해구호물품 지원, 재해구호 연구·조사사업, 재해자원봉사 등 재해구호활동 등도 하고 있다.

8) 2003년도에 행정자치부 국가전문행정연수원에서는 시·군·구 단위로 조직된 시민안전 봉사대장 교육과정을 개설해 2박 3일간 5개 기 367명을 교육했으나 일반 봉사단체의 자체교육과 중복되는 부분이 있어 2004년도에는 2개 기 105명이 교육을 수료했다.

호해 고통을 경감시키는 것을 가장 중요한 목적으로 한다.[9]

대한적십자사의 구호사업은 법률적으로는 「대한적십자사조직법」, 「자연재해대책법」, 「재해구호법」에 구호기관으로 지정되어 있다. 또한 대한적십자사는 국제적십자의 재해구호 원칙과 규정과 대한적십자사 구호운영규정에 의거해 구호사업을 수립하고, 국제적십자연맹 사업전략의 4대 핵심사업 가운데 재해 응답과 재해 대비(disaster response and preparedness)에 근거해 구호사업을 실시하고 있다. 대한적십자사는 재해구호를 위해 본사와 지사에 각각 긴급재해구호대책본부를 설치, 운영하고 있다.

(2) 구호사업의 기본 방침

대한적십자사의 구호사업은 대한적십자사 구호운영규정에 따라 다음과 같은 기본 방침을 갖는다. 이에 따르며, 대한적십자사의 구호사업은 재해구호, 일반구호, 특수구호 및 국제구호로 분류된다. 적십자사는 종합구호계획을 수립해 각종 재난에 대비하고, 인도적 구호의 원칙에 따라 재해를 당한 모든 사람을 구호하며, 구호사업의 최우선 과제는 인명 보호에 둔다. 이를 위해 적십자사는 구호에 필요한 물자와 자금을 비축하고, 긴급사태에 대해 우선적으로 행하는 긴급구호 우선의 원칙을 갖는다.

한편, 대한적십자사의 구호사업은 정부구호사업의 보조적이고 보충적인 성격을 지니며, 정부의 구호 업무 위탁에 대해 적극적으로 참여한다. 즉, 적십자의 구호사업은 정부 구호 업무의 보충적 역할이라는 점을 분명히 밝히고 있다. 이재민에 대한 적십자사의 구호는 무상이어야 하며, 국적·종교·인종·계급 및 정치적 견해에 대해 차별하지 않고, 가장 위급한 재난부터 구호한다는 무상구호와 공평한 구호의 원칙을 갖고 있으며, 재해 시의 구호 능력을 제고하기 위해 평상시에 유관 기관이 주관하는 구호훈련에 참여하고, 적십자의 각종 기능과 봉사조직, 그리고 유관 기관이 포함된 재해구호 대비계획을 수립해 재해 발생에 대비한다. 또한 지사별·지역별 특성을 고려해 구호계획을 수립하며, 수혜자 욕구에 따른 구호를 실시한다.

(3) 재해구호사업의 체계와 활동

대한적십자사의 재해구호사업은 크게 재해 대비(disaster preparedness)와 재해대응(disaster response)으로 구분된다.

적십자사의 재해구호 활동 체계는 재해 인지 단계와 구호 실시 단계로 구분된다. 제1 단계인 재해 인지 단계에서는 재해 상황을 접수하고 상황 판단 및 긴급조치를

9) 한편, 국내 저소득층 주민과 외국인 난민 등에 대한 생계구호도 실시하고 있다.

표 2-5 재해 대비 활동

중점 사항	주요 내용
구호물자 확보 및 분산 비축	• 적정량의 물자를 연도 초에 확보(단, 변질의 우려가 있는 물자는 소요계획에 따라 확보) • 재해위험지역 및 다발지역 -분산 비축 • 물자관리-품목별 제작 연도별 보관, 선입선출 지급, 일정량을 세대당 지급분으로 포장 보관·관리 • 창고관리- 통풍시설, 방수, 방습, 방화,.도난 방지, 소독 및 청결 유지
구호물자 접수, 분배 구호물자 보급, 수송 구호장비 확보, 정비	• 효율적인 처리 방안 사전 준비 • 재해 발생 즉시 수송할 수 있는 체제 유지 • 차량 소유 봉사회의 관리 및 신규 조직 결성 • 긴급 시 즉시출동 - 장비 확보, 점검 및 정비 • 계획된 구호장비 확보 및 관리 철저
구호요원 지휘통제, 유관 기관 - 단체협조 종합보고	• 각종 비상연락망 정비(직원 및 봉사원, 유관 기관) • 아마추어무선봉사원 협조 체제 구축 • 보고 계통 및 절차
재해구호 종합훈련	• 재해구호 대비 태세 점검 및 구호 능력 제고 • 적십자 전 기관과 봉사조직 및 장비 동원 • 전기, 전화, 수도, 가스, 방화, 방역, 헬기 동원을 위한 행정기관 대책본부 등과의 사전 협조 체제 유지 • 실제 상황을 가상한 재해구호 종합훈련 참여 (행정관서 방재 훈련 및 긴급구조 구난 훈련 참가)
재해구호 봉사원 교육	• 적십자 봉사원의 재해구호 요원 전문화 • 이재민 욕구에 부응하는 체계적 구호활동 전개 • 준비되고 훈련된 자원봉사조직 구축 • 민간 구호단체의 역량 강화

표 2-6 재해구호 활동

중점 사항	주요 내용
재해응급 대책	• 재난 및 재해 발생 시 즉각적이고 효율적인 구호활동 실시 • 경보 전달, 대피 안내, 인명구조 및 이와 관련된 긴급조치 - 관계 기관(재난 및 재해대책본부, 119구조대 등)과 협조 - 인명구조, 응급처치, 아마추어무선봉사회 협조 • 준비되고 훈련된 자원봉사조직 구축 • 민간 구호단체의 역량 강화
구호물자 지급	• 원칙적으로 적십자 구호요원이 긴급구호 단계에서 재해 세대 단위로 이재민에게 직접 지급 (다만, 이중 지원을 피하기 위해 행정 당국과 협의해 지원할 수 있음) • 구호품 지급 기준: 세대별 구호 시 1세대당 4인 가족 기준으로 220,000원 상당, 집단 구호 시는 1세대당 4인 가족 기준으로 150,000원 상당. 단, 구호품의 수량과 내용은 재해의 정도와 형편 (수해, 화재, 기타 재해 등), 이재민 세대 가족 수에 따라 지사 재량으로 조정하여 지급 • 언론기관 기탁 구호품 인수: 피해지역 관할 지사 지원

집단구호	• 재해 이재민이 거주할 곳이 없는 경우는 행정기관의 협조를 얻어 대피소 설치 • 행정기관의 이재민 집단대피소 구호에 가능한 한 협조 • 집단대피 중인 이재민 등록: 관계 기관에 협조 • 집단대피소에 적십자봉사센터 설치: 어린이, 임산부, 노약자, 환자, 신체장애자를 위한 특별 활동 실시 • 구호품 지급 – 지사 재량으로 최단 시간 내에 이재민에게 1인용 모포 1매(하계: 누비이불)와 기타 필요한 물자를 우선 지급 • 구호급식 지원 – 처음에는 집단급식을 하되 이재민 스스로 취사할 수 있도록 지원(주/부식비는 지사에서 우선 지원)
장의부조	• 재해로 인한 사망자, 실종자(해상사고 포함)의 가족에게 세대당 조위금 300,000원(사망자가 1명 이상일 경우 여건에 따라 추가 지급할 수 있음)을 지급하고 위로 단, 행정기관에서 보상금이 지급될 시에는 제외하며, 해상사고의 경우 생계를 목적으로 하는 어선에 한함. • 교통사고, 산업재해, 유기장 재해, 등산, 수영 등의 취미 및 여가활동 중 재해로 인한 사망자 유족에게는 조위금을 지급하지 않음.
복구 지원	• 이재민 구호를 위해 외부로부터 지정 기부해 온 자원으로 긴급구호의 욕구를 일단 충족시킨 후 자원 여분이 있을 경우 당해 이재민에게 필요한 복구 지원을 할 수 있음.

취한다. 이 단계에서는 비상연락을 취하면서 인명구조 활동과 비상통신망 가동, 그리고 긴급구호품 수송 등이 이뤄진다. 제2 단계인 구호 실시 단계에서는 장거리 통신망을 가동하고, 이재민을 위한 급식과 구호품 지급을 실시하며, 현장 응급의료소를 설치, 운영함으로써 최대한 빠른 시간 내에 이재민들에게 구호 서비스가 전달될 수 있도록 조치한다.

2) 전국재해구호협회

(1) 조직의 개요

전국재해구호협회는 「재해구호법」에 의해 설립된 법정 민간조직이다. 전국재해구호협회는 1961년에 발생한 대규모 수해를 계기로 발족한 '전국수해대책위원회'를 1964년에 전국재해대책협의회로 개칭해 활동을 확대해 오다가, 2001년에 「재해구호법」이 전면 개정되면서 전국재해구호협회로 개칭해 활동하고 있다.

전국재해구호협회는 재난 발생 시 정부와 역할을 분담해 재해를 복구하고 이재민을 구호하는 역할을 하는 조직으로서, 이재민 구호를 위해 국민의연금품을 모집, 관리 및 배분하고, 자원봉사 활동을 통해 직접 구호활동에 참여해 이재민들을 돕는 일을 하고 있다.

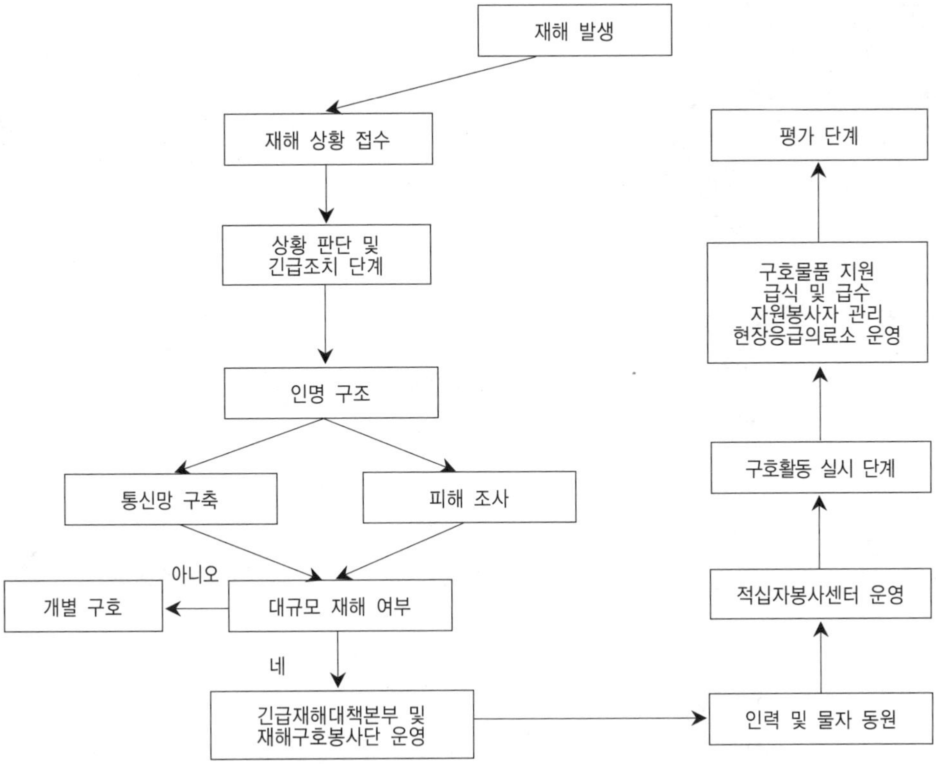

그림 2-2 대한적십자사의 재해구호 체계

(2) 재해구호협회의 사업

재해구호협회는 재난 발생 시민들로부터 의연금품을 모집해 이재민들을 구호하는 주도적인 역할을 하고 있다. 특히 2002년 「재해구호법」 제정에 따라 전국재해구호협회로 개칭, 법정단체화하면서 정부와 역할 분담을 통해 의연금품을 모집 및 관리, 배분하고 있으며, 재해 현장에서의 자원봉사 활동과 교육 지원 등의 활동을 하고 있다.

전국재해구호협회는 2003년에 총 1,730억 2,748만 원을 재해구호사업에 지원했는데, 이는 2000년의 238억 1,816만 원의 7.3배에 해당하는 금액이다. 이는 물론 2002년도와 2003년도에 대형 재난이 많았기 때문이기도 하지만, 재난 시 국민들이 의연금품 모집에 참여하는 정도가 높아졌기 때문이라고도 할 수 있다(<표 2-7>).

전국재해구호협회의 사업은 다음과 같다.

표 2-7 전국재해구호협회 의연금품 지원 실적

연도	모금액(천 원)	집행액(천 원)
2000	12,959,880	23,818,164
2001	16,788,398	43,064,514
2002	144,818,643	132,027,481
2003	174,052,888	17,429,387
2004	–	13,172,532
2005	14,900,699	50,579,203
2006	79,246,151	33,330,129
2007	14,693,171	6,562,137
2008	–	6,562,137
2009	46,324	8,849,475
계	457,506,154	502,826,344

자료: 전국재해구호협회 홈페이지(http://www.relief.or.kr).

(가) 재해 의연금품 모집 및 배분

-재해 피해자 지원을 위한 의연금품 모집 및 기탁 의연금품 관리 및 배분

(나) 구호물품 비축과 지원

-신속하고 체계적인 구호를 위한 구호물품 준비와 물류센터 운영
-유관 기관과의 협력 체계 구축을 통한 효율적 지원

(다) 재해구호 연구조사 및 홍보

-재해구호에 관한 연구 조사활동 및 선진화된 재해 프로그램 개발
-기탁자 및 수혜자를 포함한 대국민 홍보활동

(라) 재해구호 자원봉사 등 재해구호 활동

-협회 소속의 재해구호 자원봉사자 모집 관리 및 재해구호 교육 관련 사업

(마) 응급구호 세트 지원

-재해 현장에서 피해자들이 가장 필요로 하는 물품을 엄선, 세트화해 지원
-재해 발생 시 응급구호 세트 신속 지원 가능한 체계적 시스템 완비

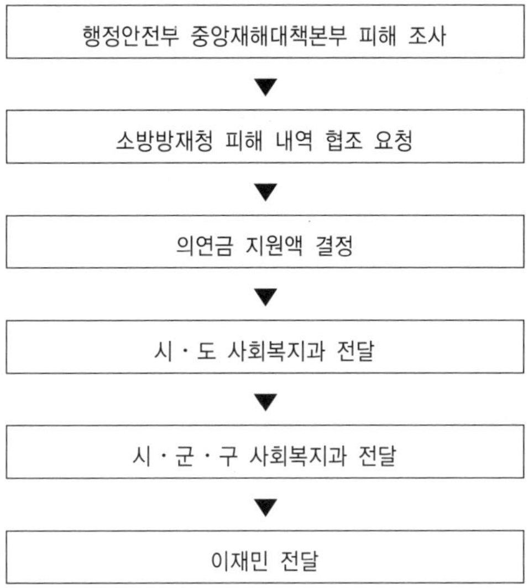

그림 2-3 전국재해구호협회의 의연금 배분 절차

(3) 재해구호협회의 의연금품 배분 절차

의연금품의 모집 및 배분 절차는 성금과 물품이 각각 조금 다르다. 의연금은 행정안전부의 중앙재해대책본부의 피해조사를 거쳐 보건복지부에 피해 내역 협조를 요청하면, 의연금 지원액이 결정되고, 이를 각 시 · 도에 전달함으로써 각 시 · 군 · 구 사회복지과를 통해 이재민에게 전달된다.

평상시 재난 발생 때 필요한 구호물품을 비축, 관리하고 있다가 시 · 도 자치단체의 구호물품 지원 요청이 있으면 구호 세트 및 일반구호물품 비축분을 지원하고, 방송 및 신문 등을 통해 재해의연금 기탁분을 접수해 접수 물품 중 식료품 및 생필품 등 긴급물품을 지원한다. 이러한 배분 과정과는 별도로 분류 작업을 요하는 물품은 재해구호협회의 창고에 적재해 보관함으로써 차년도 재난에 대비하게 된다.

3) 기업 네트워크

우리나라의 민간 부문 재해구호 체계에서 기업의 자원봉사 활동은 점차 그 중요성이 커지고 있다. 최근 몇 년간 연속해서 발생한 대규모 자연재해와 인위재난 시에 기업들의 구호활동 참여는 매우 실질적이고도 중요한 것이었다고 평가할 수 있다. 실제로 2003년 태풍 '매미'의 피해 복구와 구호 과정에서 전국경제인연합회 회원사의 평균, 특히 전국경제인연합회는 2003년 9월에 재난 극복을 위한 경제계 네트워크를 구성해 기업의 참여를 지원하기 위한 체계적인 노력을 시작했다.

전국경제인연합회는 이와 같은 경제계 네트워크를 통해 회원 기관 간 상호 필요한 정보를 제공하고 이를 공유해 재난복구 활동이 특정 지역에서만 과도하게 집중되거나 중복되지 않도록 협력하는 체계를 구축했다. 또한 정부 부문의 공적인 구호 체계와 협력해 원활한 재해구호 활동이 전개될 수 있도록 계획을 수립하고 있다.

기업의 재해구호 활동 참여는 크게 두 가지 동기에 의해 수행된다고 할 수 있다. 하나는 기업의 사회적 책임을 수행한다는 차원에서의 동기다. 즉, 국가적인 재난이 발생했을 때, 기업은 사원과 그 가족, 그리고 방문자의 안전을 확보해야 할 사회적인 책임을 수행해야 한다. 기업은 이러한 활동을 수행하는 과정에서 기업의 자산(공장 건물, 기계설비, 원자재, 제품 등)을 보전하고 업무의 조기 복구 및 지속을 기할 수 있게 되는 것이다. 둘째는 기업의 사회적 신뢰를 확보하기 위한 것이다. 기업은 재해

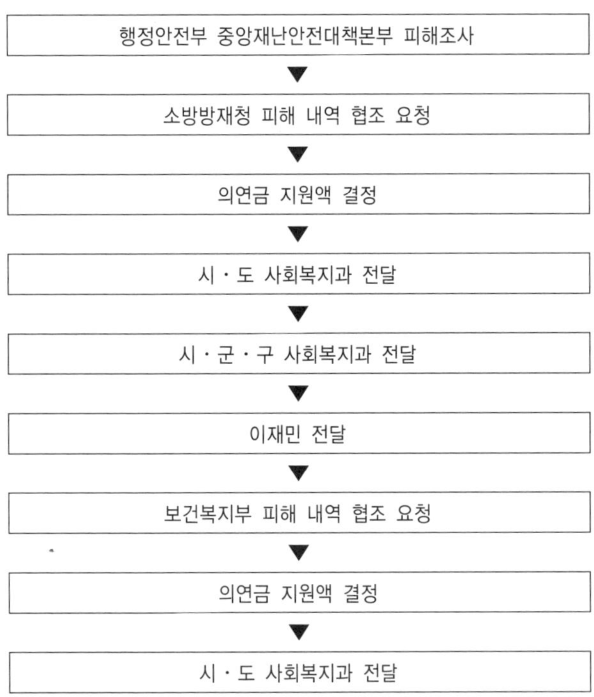

그림 2-4 전국재해구호협회 구호물품 배분 절차

복구와 구호에 참여함으로써 시장, 주주, 거래처 등 이해당사자(stakeholders) 등에 악영향을 주지 않고, 지역경제의 조기 안정화에 기여할 수 있다. 또한 재해구호 활동에 참여하는 과정에서 기업의 단기적인 이익보다는 인도적인 측면을 우선함으로써 소비자와 잠재적 소비자들로부터의 신뢰를 지속적으로 확보하고자 하는 동기를 갖고 있다.

(1) 경제계 네트워크의 조직

재해구호를 위한 기업의 네트워크는 전국경제인연합회의 재난대책 추진사무국을 중심으로 공공 부문의 소방방재청과 민간 부문의 재해구호 조직들이 연결되어 있는 구조를 갖고 있다. 물론, 전국경제인연합회는 기업들이 회원으로 가입해 있는 협의체 조직이다([그림 2-5]).

이 네트워크는 전경련 회원사의 재난대책 활동을 지원하기 위한 것으로서, 회원 기업의 사회 공헌 및 사회봉사단 조직 등 기존 조직을 적극 활용하되, 회원 기업의 특성이 최대한 발휘될 수 있도록 조직되어 있다. 또한, 회원 기업 간 상호 필요한 정보 제공 및 공유를 통해 재난 관련 활동이 특정 지역에 과도하게 편중되거나 중복되지 않도록 사전 협의를 강화하는 것을 중요한 기본 방향으로 설정했다. 회원 기업들

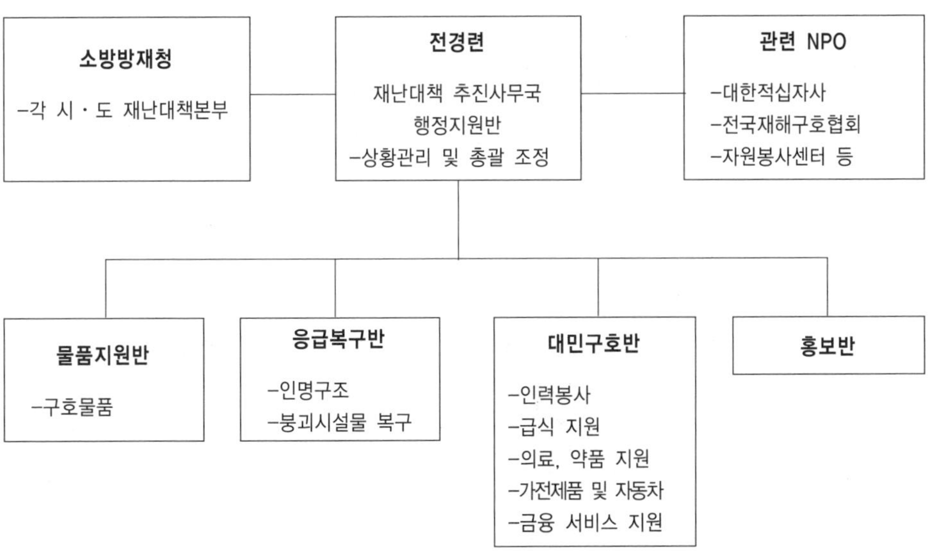

그림 2-5 재난 극복을 위한 경제계 네트워크 조직

은 정기 모임과 일상교육을 통해 실제 상황에서 효율적으로 대처할 수 있는 능력을 배양하고, 국가적 재난에 대한 기업 공동의 대응 노력을 통해 대(對)국민 기업 이미지를 제고한다는 취지를 동시에 표방하고 있다.

재난 극복을 위한 경제계 네트워크는 전경련 내에 경제계 공동의 재난대책 추진사무국을 설치해 기업 및 정부, 관련 단체 등과 긴밀한 연락망을 구축해 상시적으로 운영하며, 기업 간 연락, 현장 애로 사항 접수, 행정 지원 등 상황관리 및 총괄 조정 업무를 전담토록 하고 있다.

이 네트워크에는 크게 네 가지 중요한 기능이 있는데, 첫째는 재난 발생 시 구호물품 등을 제공하는 물품지원반이다. 둘째는 인명구조와 긴급복구를 위한 응급복구반이고, 셋째는 대민구호반으로서, 이 기능은 인력 봉사, 급식 지원, 통신 지원, 의료, 약품 지원, 가전제품 및 자동차 수리 지원, 그리고 금융 서비스 지원 등을 담당한다. 마지막으로 홍보반이 편성되어 있다.

(2) 경제계 네트워크의 역할과 활동

재난 극복을 위한 경제계 네트워크에서 전경련은 경제계 차원의 물자 지원 및 인력 동원 등을 위한 전담반을 편성, 운영하는 역할을 수행한다. 또한 재난 예방 및 복구와 관련된 각 기업활동과 정부기관의 재난대책기구와의 교량적 역할을 수행함으로써 재난 대책상의 문제점 파악 및 대응 방안을 제시한다. 지역별 및 업종별로 참여가 가능한 기업을 네트워크로 연결해 종합 조정하는 시스템을 구축함으로써 피해 지역의 상황과 기업의 특성(보유 자원, 물자, 인력, 장비 등)을 고려한 적재적소의 자원 동원 및 배치를 한다. 또한 단일 기업으로 추진이 어려운 사업 아이템을 경제계 공동으로 추진할 수도 있다.

경제계 네트워크에서는 정부 부문과의 관계에서는 최근 설치된 소방방재청과의 관계가 가장 중요하다. 소방방재청과의 관계에서는 재난 발생과 함께 피해 지역의 실상에 대한 정보 교류 및 피해 현장의 상황 보고를 접하고, 기업 측이 보유한 물자 및 봉사 인력, 각종 장비 등 동원 가능한 자원을 협의하고, 피해 현장에서의 애로 사항 해결을 위한 건의를 실시한다. 민간의 구호조직과의 관계에서는 지역 자원봉사 단체와의 연계를 통해 해당 지역의 특성을 감안한 복구활동을 추진하고 관련 전문 비영리 조직(대한적십자사 등)과의 파트너십을 통해 재난 대책사업의 효율성을 제고한다.

표 2-8 경제계 네트워크의 재난 단계별 활동 내용

단계	활동 내용
예방 (prevention / mitigation)	• 기업 간 재난대책에 대한 사전 정보 교류 및 정보 공유 • 기업 공동의 재난대책 매뉴얼 발간 및 배포 –매년 상반기: 준비 상황 및 전개 방향에 대한 세미나 –매년 하반기: 당해 연도 전개 활동에 대한 사례분석 및 평가 세미나
대비 (preparedness)	• 기업별 긴급구호 담당자들 간 조정작업 –기업 간 상생(win–win) 파트너십 형성 및 기업 특성에 따른 업무 분담 • 각 기업별 긴급구호 모의훈련 • 관련 정부기관과의 협조 체제 구축 • 구호물품 키트 전달 체제 점검
대응 (reponse)	• 재난 발생 직후, 조직 체제 정비 –사전, 준비 단계에서 마련된 안을 기반으로 파견할 조직 규모 확정 –각종 장비, 물품, 인력 현황 확보 • 각 관련 기관과의 연락망 가동 –기업 측: 각사 홍보실, 각사 긴급구호 담당자 –정부기관: 중앙재난대책본부와 해당 지역 지자체 –관련 NPO: 민간 지역사회자원봉사센터, 대한적십자사 등 • 구호물품 키트 전달 • 현장 투입 및 구호활동 –인명구조 및 피해 지역 붕괴 시설물 제거 작업, 통신시설 복구 –이재민 케어 활동(생필품 공급, 가전제품 수리, 금융, 의료 등)
복구 (recovery)	• 지역 청소 및 수리와 재건 프로젝트 –붕괴 건물 및 도로 재건, 보수, 거리 청소 • 이재민 케어 활동(심리상담 / 금융, 의료 서비스)

제 3장
재해구호의 의의와 역사

제 1 절 재해구호의 의의

1 의의

재해구호란 한마디로 재해로부터 피해를 입은 사람에 대해 국가나 지방자치단체 또는 민간단체가 도와 준다는 개념이다. 이 용어를 좀 더 세밀하게 파악하면 여러 가지 의미와 배경을 함축하고 있으며, 그 의미를 정확하게 파악하는 것이 재해구호의 의의라 할 수 있다.

먼저 우리나라에서 재해와 재난은 혼용되어 사용되고 있는 개념으로, 이전에는 자연 재앙을 재해로, 인적 사고를 재난으로 분류했으나 사회적 재난이란 개념의 등장과 더불어 2005년 법률 제7188호로 제정된 「재난 및 안전관리기본법」에 의하면 자연·인위·사회적 재난을 통칭해 재난으로 하는 것으로 정의되었다. 그러나 아직도 헌법, 자연재해대책법, 재해구호법에서는 재난 중 자연으로부터의 재앙을 통칭하는 용어로 '재해'가 쓰이고 있다. 따라서 재해구호에서의 재해는 우선적으로 자연재해로부터 피해를 입은 사람을 대상으로 하고 있다고 보는 것이 타당하며, 이는 「재해구호법」 제2조에서 구호의 대상은 「자연재해대책법」 제2조 제1호의 피해를 입은 자로 한다는 조항에서 확인할 수 있다. 여기에서 「자연재해대책법」 제2조 제1호는 태풍·홍수·호우 · 강풍 · 풍랑 · 해일 · 조수 · 대설 · 가뭄 · 지진(지진해일을 포함한다) · 황사 그 밖에 이에 준하는 자연 현상으로 발생하는 재해라고 명시하고 있으며, 「재난 및 안전관리기본법」 제3조에서는 재난의 정의를 세 가지 형태로 구분해 이 중 가목에 해당되는 부분이 자연 현상의 피해로 인한 재난을 말하고, 그 내용은 자연재해대책법에서 말하는 재해와 크게 다르지 않다.[1)]

재해구호에서 재해의 범위를 어디까지로 할 것인가의 문제는 어떠한 경우에 공적 구호비를 지출한다는 의미와 연관되는 문제로 현행 법체계상 자연재해로 입은 피해에 대해서만 공공부조의 일종인 구호급여가 지급된다는 것을 뜻하며, 사고의 유형이 인위적인 재난일 경우에는 원칙적으로 공공부조가 지급되지 않는다는 것을 의미한다. 이를테면 삼풍백화점 참사 시 실질적으로는 예산이 일부 지원되었지만 원인자 부담 원칙에 따라 우선 유족에게 보상금을 지급하고 후에 구상권을 청구하는 형식을 취하고 있다.

인터넷포털 백과사전에 의하면 "구호는 자연, 재난, 전쟁, 경제 변동, 만성적 실업 등 자립이 불가능한 상황에 처해 경제적으로 곤란한 사람들에게 재정적인 측면에서 공적 · 사적으로 도움을 주는 일"로 정의하고 있다. 일반적인 개념으로 본다면 모든 유형의 재난으로 인해 어려움에 처한 사람에게 경제적 도움을 주는 것을 말하지만, 여기서 다루고자 하는 재난의 범위는 앞에서 정리했고, 구체적인 구호의 내용에 대한 일반적인 부분은 경제적으로 곤란한 사람에게 공적 · 사적 도움을 주는 행위다. 이 말을 여타의 다른 지원과 비교하면 지급 주체에서 개인이나 민간단체 위주의 자선과 다르고, 현재의 경제적 상태가 어렵다는 것이 지급 조건이라는 측면에서 일정한 기여를 전제로 하는 사회보험과는 다르다는 것을 알 수 있다.

따라서 구호는 국가가 행하는 공공부조[2)]의 한 형태로 볼 수 있으며, 공공부조는 1995년 제정된 「사회보장기본법」에 의한 정의에서 "국가 및 지방자치단체의 책임 하에 생활 유지 능력이 없거나 생활이 어려운 국민의 최저 생활을 보장하고 자립을 지원하는 제도"로 정의되고 있다. 일반적으로 국가에서는 다양한 형태의 사회안전망을 구축하고 있는데, 공공부조는 국민의 최소한의 생활을 보장하기 위한 최종적 제도로

1) 재난 및 안전관리기본법에서는 태풍 · 홍수 · 호우 · 폭풍 · 해일 · 폭설 · 가뭄 · 지진 · 황사 · 적조 등을 말하고 있는데, 이는 기본적으로 자연재해대책법의 내용과 거의 유사하며, 다만, 황사나 적조같이 최근 문제가 되고 있는 자연 현상을 일부 포함한 수준이다.

2) 비슷한 용어로 공적 부조, 사회부조, 국민부조란 용어가 혼용되고 있으나 사회보장기본법 제3조 정의에서는 공공부조란 용어를 사용하고 있다.

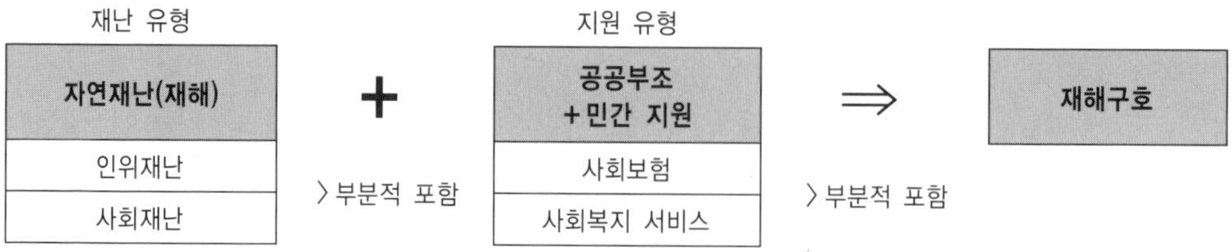

그림 3-1 재해구호의 정의

2차적 사회안전망(secondary social safety net)의 대표적인 제도다(김기원, 2000: 15).

다음으로 재난관리 과정의 측면에서 재해구호의 의의를 살펴보면, 일반적인 재난관리 과정상 최종 단계인 복구 단계에 재해구호가 포함되고 있다. 재난의 단계에 대해 현행 재난 및 안전관리기본법은 예방-응급대책-긴급구조-복구의 순으로 구성되어 있는데, 이는 학문적으로 예방-대비-대응-복구 단계로 구분하는 것과 맥을 같이한다(이재은, 2001: 76; 최철영, 2001: 17; Drabek, 1991: 85). 또한 미국연방위기관리국(FEMA)에서도 재난관리 단계를 학문적인 4단계의 개념으로 파악하고 있다(Hy & Waugh, Jr. 1990).[3]

재해구호가 복구 단계에 포함된다는 것은 전체적인 재난관리 역량이 강화되고, 재난관리 정책의 중심이 복구에서 예방 중심으로 패러다임이 전환되더라도(소방방재청, 2005a: 5), 이와는 별개로 복구의 핵심적인 영역으로 재해구호 역량의 강화가 지속적으로 되어야 한다는 것을 의미한다.

2 구호의 종류

앞에서 사전적 정의로 구호는 "어려운 사람에게 주는 재정적 도움"이라고 이야기했다. 재정적 도움이라 하면 흔히 현금이나 현물 급여를 우선적으로 인식하지만 구호의 개념은 직접적인 경제적 도움 이외에 서비스나 의료 지원 등을 포함하는 좀 더 넓은 개념이다. 「재해구호법」에서도 "구호는 이재민과 일시 대피자를 대상으로 구호기

3) 재난 및 안전관리기본법에서는 예방, 대비, 대응, 복구로 재난 단계를 구분하고 있으며, 소방방재청의 조직을 살펴보면 재난예방본부, 소방대응본부, 복구지원본부로 분류해 이론적으로 일반적인 재난관리의 단계에 따라 행정조직이 편성되어 있음을 알 수 있다.

관과 구호지원기관이 행하는 모든 활동을 말한다"고 규정되어 있는데, 여기서 모든 활동이라 하면 숙소 배정, 구호비 지급, 구호용품 지급, 방역 등 이재민에게 직간접적인 도움을 주기 위한 모든 활동을 말하며, 구체적으로 임시주거시설의 제공, 생활필수품의 제공, 의료 서비스 제공, 전염병 예방 및 방역활동, 위생 지도, 장사(葬事)의 지원 등이다(재해구호법, §4). 그러나 구호의 범위를 단지 재해구호법의 기준에 의해 정의를 내리기보다는 전체적인 구호의 성격을 고려해 파악하는 것이 좀 더 올바른 구호 이념에 합치한다. 예를 들어 보조비(세입자, 침수 주택 등) 같은 경우 법령적으로는 구호가 아닌 건설교통부 소관의 복구 영역으로 다루고 있으나, 기본적인 생계를 위한 지원이므로 구호라고 보는 것이 타당하다.

또 하나 복구와 구호의 기준으로 생각할 수 있는 것이 「재난구호 및 재난복구 비용 부담 기준 등에 관한 규정」에 나와 있는 국가, 지방자치단체, 이재민의 복구비용 분담률을 가지고 판단할 수도 있다. 항목에 따라 재정 부담 주체를 지원, 국고, 지방비, 융자 등의 용어와 비율로 표시하고 있는데, 이 중 지원 100%인 항목[4]은 일정 조건만 갖춘다면 전액 국가에서 지원해 준다는 의미로 바로 이러한 항목을 복구와 구분되는 구호의 영역으로 볼 수도 있다.

이러한 논의를 종합한 실질적인 정의는 2006년도 재해구호사업 지침에 나와 있는 구호의 목적인 "재해가 발생했을 때에 피해자에 대한 구호를 실시함으로써 피해자의 보호와 생활 안정에 기여함을 목적으로 한 일련의 활동"으로 정의를 내리는 것이 타당할 것으로 보이며(심성화, 2006) 구호의 종류를 현금과 현물, 재해 서비스로 분류해 그 내역을 살펴보면 <표 3-1>과 같다.

표에 나와 있는 항목 중 일부는 법적 근거를 가지고 지원되는 급여이고, 일부는 민

표 3-1 구호의 종류

구호의 종류		지원 항목
현금	직접	구호비, 장사(葬事)비, 위로금, 보조비, 수리비, 의연금, 지원금
	간접	학자금 감면, 의료비 지원, 대부금 상환 연기 및 이자 감면, 세금과 공과금 감면 및 납부 연기
현물		임시주거시설 제공, 재해구호물품 세트, 급식 제공, 무상 양곡 지원
서비스		응급의료 서비스, 방역활동, 위생 지원, 전염병 예방활동, 노동력 지원, 민간 지원(가전제품, 자동차 무상 수리 등), 이재민 직장 특별휴가, 세탁 서비스, 상담 서비스 등

4) 지원 100%로 표기된 항목은 사망 부상자 위로금, 응급구호, 장기구호, 생계 지원, 학자금 면제, 주택 침수, 세입자 보조, 농약대 등이다.

간의 자발적 참여에 의해 사실상 지원되는 급여들이다. 다만, 상담 서비스 등 재난 후 스트레스는 최근 국내에서 관심과 지원책이 논의되고 있는 부분으로 재난에 노출된 피해자들 가운데 일부는 트라우마(trauma)라는 정신적 외상을 입어 사회 적응 및 생산력 저하, 가족 해체 등 심각한 사회문제를 야기하기 때문에 이재민 구호의 영역 중 앞으로 발전시켜야 할 부분이다. 이에 대한 사례는 성수대교 붕괴나 대구 지하철 참사 피해자들의 자살로까지 연결되기도 하는데, 기존에 현물이나 현금급여의 구호와 더불어 이러한 심리적·정신적 부분까지 이재민을 위한 서비스로 제공되어야 선진국형 이재민 구호정책이 될 것이다.[5] 각 항목의 지원 기준, 지원액, 지원 절차 등 구체적인 사항에 대해서는 항목별로 해당되는 장에서 상세하게 다룬다.

3 재해구호 재정 부담

구호재정은 지원 주체에 따라 공공부조와 민간 지원으로 크게 분류할 수 있다. 이 중 공공부조는 지원 항목에 따라 정부와 지방자치단체가 일정 비율 분담을 하고 있으며, 민간 지원은 전국재해구호협회, 사회복지공동모금회, 적십자사[6] 등이 일반적으로 참여하며 사안에 따라 일반기업체나 단체가 참여하고 있다. 민간단체의 지원에 대해서는 별도의 장에서 다루므로 여기에서는 국가와 지방자치단체의 재정 부담을 중심으로 알아본다.

1) 중앙정부 지원 요건

「재해구호법」 제2조에 의하면, 특별시장, 광역시장, 도지사·특별자치도지사 및 시장·군수·구청장을 구호기관으로 명시하고 있다. 이를 위해 평소 재해구호 물자 확보에 대한 의무, 광역자치단체의 재해구호기금 적립 등으로 대비하고 있는데, 이 조

5) 이 부분에 대해 소방방재청은 국내 실정에 맞는 정서 기초 연구와 첨단 과학적 접근 방식의 분야별 연구, 심리 지원 시스템 개발 등을 통해 적극적으로 대처할 의향을 가지고 있으며, 아직은 구체적인 계획 입안이 아니라 중장기 과제로 다루고 있다.

6) 민간과 공공 지원의 중간 영역에 속하는 것으로 복권기금이 있다. 복권기금은 복권 판매로 조성된 금액 중 일부를 적립해 재해구호에 사용하는 것으로 「복권 및 복권기금법」 제23조 제3항 제5호 및 동법 시행령 제17조 제2항에 의거해 재원은 민간 부문이고 집행은 공공 부문이라 할 수 있다. 2006년의 경우 재해구호를 위한 복권기금 규모는 100억 원 수준이다.

항의 의미는 재해 복구에 대한 1차적인 책임은 지방자치단체에 있다는 것으로 지방자치단체에서 재정 부담을 하는 것이 원칙이다. 그러나 대규모 재해가 발생했을 경우 지방자치단체에서 전체적인 이재민 구호비를 지출한다는 것은 지방재정 여건상 불가능하다. 따라서 일정 규모 이상의 재해가 발생했을 경우 중앙정부의 지원이 필수적이라 할 수 있다. 현행 재해구호에서는 피해 규모에 따라 피해가 작은 경우에는 지방자치단체가 피해가 클 경우에는 중앙정부와 지방자치단체가 일정액을 부담하는 형식을 취하고 있다.

중앙 지원 대상 기준에 대해서는 「재난구호 및 재난복구 비용 부담 기준 등에 관한 규정」 제5조에 명시되어 있는데 <표 3-2>처럼 동일한 재난 기간에 발생한 피해액 규모에 따라 중앙정부 지원 대상이냐 아니냐를 구분하며 피해 규모 산정 시에는 농작물・동산 및 공장의 피해액을 제외한 피해를 대상으로 한다.

여기서 주목해야 할 부분은 자연재해는 특성상 동시에 다발적으로 발생하고 피해 규모도 <표 3-2>의 기준을 넘는 경우가 많아 실질적으로 중앙 지원 대상이 되는 기준은 있으나 대부분의 재해구호는 중앙정부와 지방정부가 분담하는 것이 일반적이다.

이와는 별도로 「농・어업 재해대책법」에 의한 중앙정부 지원 대상이 있는데 동법 제4조 및 동법 시행령 제3조에 의거 ① 법 제5조 제1항의 규정에 의한 농업재해대책심의위원회가 인정하는 자연 현상으로 인해 농작물 또는 산림작물의 피해 면적: 50 ha 이상, ② 서리・우박 또는 설해로 인해 농작물 또는 산림작물의 피해: 30ha 이상, ③ 농업용시설・농경지・가축 또는 임업용 시설의 피해액: 3억 원 이상, ④ 이상 조류, 적조, 태풍, 해일로 인해 수산양식물 및 어업용시설 피해: 3억 원 이상의 피해는 중앙정부가 복구비를 지원하도록 되어 있다. 그러나 이 부분은 구호비의 성격이라기

표 3-2 중앙 지원 대상이 되는 피해 규모

지방자치단체의 세입 규모	피해 규모
보통세 등의 연 평균액이 100억 원 미만인 시・군・구	14억 원 이상
보통세 등의 연 평균액이 100억 원 이상 350억 원 미만인 시・군・구	20억 원 이상
보통세 등의 연 평균액이 350억 원 이상 600억 원 미만인 시・군・구	26억 원 이상
보통세 등의 연 평균액이 600억 원 이상 850억 원 미만인 시・군・구	32억 원 이상
보통세 등의 연 평균액이 850억 원 이상인 시・군・구	38억 원 이상

자료: 「재난구호 및 재난복구 비용 부담 기준 등에 관한 규정」 재구성.

보다는 순수 복구비의 성격으로 보는 것이 타당하다.

2) 중앙정부 비지원 요건 시 재정 부담

중앙정부의 지원 요건에 해당되지 않는 소규모 재해는 원칙적으로 지방자치단체에서 자체적으로 재정을 충당한다. 이에 대한 기본적인 재원은 「재해구호법」 제14조와 제15조에 의한 재해구호기금으로 매년도 최저 적립액은 최근 3년 동안의 「지방세법」(법률 제11124호)에 의한 보통세의 수입결산액의 연 평균액의 1천분의 5에 해당하는 금액으로 하며, 서울특별시의 경우에는 1천분의 2.5에 해당하는 금액으로 정하고 있다. 주관은 광역자치단체장이 되며, 적립된 재해구호기금의 누적 집행 잔액이 최근 3년 동안의 지방세법에 의한 보통세의 수입결산액의 연 평균액의 1천분의 30을 초과하는 경우에는 당해 연도의 최저 적립액 이하로 적립할 수 있다(재해구호법, §15).

기금의 사용 용도는 법 제6조 제1항에 따른 재해구호 물자의 구입 및 보관창고의 설치·운영, 법 제7조의 규정에 의한 응급구호, 법 제9조 제3항 및 제11조 제2항의 규정에 의한 보상, 「재난구호 및 재난복구비용 부담 기준 등에 관한 규정」 별표 1의 규정에 의한 ① 사망자의 유족, 실종자의 가족 및 부상자에 대한 구호금, ② 이재민에 대한 응급구호 및 장기구호, ③ 세입자 보조, ④ 주택 침수에 대한 보조, 재해구호 물자의 조달 및 운송, 재해구호에 참여하는 자원봉사자 등 구호 관계자에 대한 교육 및 급식, 그 밖에 시·도지사가 재해구호를 위해 특히 필요하다고 인정하는 사업에 소요되는 비용의 지급에 한해 사용할 수 있다.

이와는 별도로 특별시장·광역시장·도지사는 매년 수립하는 재해구호계획에 중앙 지원 대상이 아닌 소규모 재해에 대한 처리 방안을 반영하고, 재해 발생 시 이 계획에 따라 필요한 조치를 신속히 실시하되, 재해구호기금을 사용하는 경우에는 그 결과를 소방방재청장에게 보고해야 한다. 이를 위해 중앙 지원 대상이 아닌 경우, 재해구호기금으로 이재민을 지원할 수 있도록 지원 기준 및 배분 절차 등을 시·도 조례 또는 시·도지사가 규칙으로 마련하고 재해 발생 시 그 기준 및 절차에 따라 신속히 구호를 실시하면 된다.

3) 중앙정부와 지방정부의 재원 분담률

중앙정부 지원 대상이 되는 재해의 경우에는 일정 비율로 중앙정부에서 재해구호비를 지원한다. 중앙정부의 경우 기본적으로 구호 급여 중 일부에 대해서만 본예산에 편성하고 실제 재해가 발생했을 경우 예비비와 복권기금을 주요 재원으로 활용하고

표 3-3 재난복구 비용 등에 대한 부담 기준

구분	부담액	부담률	비고
가. 사망·실종자, 부상자 구호 • 구호금	• 소방방재청장이 고시하는 금액	국고 70% 지방비 30%	• 부상자는 「산업재해보상보험법 시행령」 제31조의 규정에 의한 신체 등급 7급 이상에 해당하는 경우에 한해, 부상자에 대한 구호금은 사망·실종자의 50퍼센트로 한다.
나. 이재민 구호 • 응급구호	• 소방방재청장이 고시하는 금액	재해구호기금 100%	• 주택이 반파·침수 이상 피해를 입은 자에 한해 최초 7일간 구호를 원칙으로 한다.
• 장기구호	• 소방방재청장이 고시하는 금액	국고 70%, 지방비 30%	• 주택이 전파 또는 유실된 자에 대해서는 2개월간, 반파된 자에 대해서는 1개월간 구호를 한다.
다. 재해복구 지원 • 세입자 보조	• 소방방재청장이 고시하는 금액	국고 70%, 지방비 30%	• 세대당 입주보증금 또는 6개월간 임대료

자료: 국립방재교육연구원(2006).

있다. 예를 들어 소방방재청의 예산 중 재해구호가 해당되는 복구 부분의 예산은 복구지원본부의 예산과 치수 및 재해대책 부분의 예산을 포함하면 1,400억 원 정도가 편성되어 있으나 이 중 직접적인 재해급여 항목인 이재민구호비 지급(세세항)은 9,900백만 원이 편성되어 있다(소방방재청, 2006b). 재해구호와 관련 있는 보건복지부, 농림부, 교육부 등 다른 중앙부처도 소방방재청과 유사하게 구호 재정을 운영한다. 즉 재해의 유형, 규모, 시의성에 따라 본예산에 편성된 금액을 집행함과 동시에 피해조사에 근거해 예비비를 확보하는 것이다.

이재민의 입장에서 지급받은 급여는 크게 민간 지원(의연금)과 정부 지원 정도로 구분할 수 있지만, 정부 지원에서 중앙정부와 지방자치단체 간에는 구호 항목에 따라 분담 비율이 법적으로 정해져 있다. 지방자치단체의 입장에서는 열악한 지방자치단체 재정 여건상 정부 지원이 증가되기를 바라고 있지만,[7] 여러 가지 여건상 전적으로 중앙정부가 부담한다는 것은 쉬운 일은 아니다. <표 3-3>은 주요한 재해구호 항목의 중앙정부 및 지방자치단체 재정 부담 비율을 나타낸다.

7) 지방자치단체 재해 담당 공무원을 172명을 대상으로 설문조사 한 결과에 따르면 재해구호비를 전적으로 중앙정부가 부담하거나 중앙정부의 분담 비율을 높이자는 의견이 97%에 이른다(심성화, 2004).

제 2 절 재해구호의 역사

초기의 재해구호는 특별한 개념 없이 같은 부족 내에서 공동으로 재해에 대처하고 서로 상처를 치유하는 형태로 진행되었을 것이다. 이러한 부분이 고대국가 체제가 완성되면서 오늘날의 체계적인 재해구호는 아니지만 사회복지 차원에서 어려운 사람에 대한 구제(救濟)를 어느 정도 시행하게 되었다. 기본적인 사상 배경은 종교나 철학적인 토대 위에(류상열, 2003) 흔히 말하는 왕의 은사(恩賜)가 중심이었으며, 절대적인 잉여 생산물 부족으로 재해를 입은 이재민, 취약 계층이나 극빈자 등을 구분하지 않는 사회복지와 이재민 구호가 혼재된 형태로 추정된다.

1 삼국 시대

삼국 시대 백성들은 재난을 피해 안전한 정착지를 찾아 무리를 지어 배회했으나, 왕은 농업에 종사할 노동 인력 확보와 국방을 위한 병력을 확보하기 위해 인구의 정착과 인구 증가를 위한 정책을 시행했다(김기원, 2000: 166). 초기에 자연재해를 피하기 위해 많은 유랑민이 있었다는 것은 그만큼 자연재해가 빈번하게 발생하고 두려움의 대상이었다는 것을 의미하는데 이와 관련해 『삼국사기(三國史記)』의 기록을 찾아보면 '천재지변 기사는 930여 회의 자연변이의 기록이 있다. 이는 600여 회의 천재(天災)와 330여 회의 지변(地變)으로 구분되거니와, 여기에는 상응하는 정치적 기능을 수반한다. 천재에는 혜성, 유성, 일식 등으로 대표되는 자연 현상과 가뭄, 홍수, 벼락 등의 천재가 있으며, 지변에는 지진, 화재, 동물 변이, 수변(樹變), 인변(人變) 등이 있다고 기술한다. 당시 이런 기록이 남아 있는 이유는 오늘날처럼 방재를 위한 과학적인 자료로의 의미보다는 신비주의에 입각한 예지(豫知)나 정치적인 측면과 연관성을 가지고 있었으나, 결과적으로 정확한 천재지변의 기록은 고대 과학의 발달을 가져와 일식은 평균 14.8년 만에 가뭄은 평균 9.2년 만에 지진은 평균 10.3년 만에 발생한다는 재해 주기의 산출이 가능해졌다(http://www.koreandb. net/Sam/SamInfo.htm 재구성).

이러한 천재지변을 지진재해, 기상재해, 기근(饑饉), 충해(蟲害) 등 네 가지 유형으

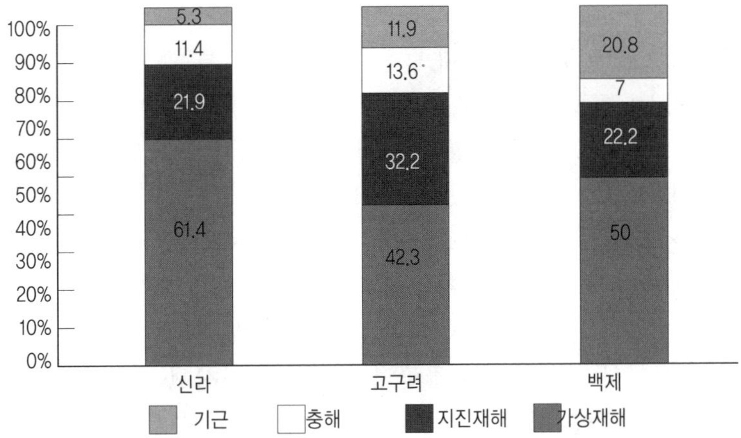

그림 3-2 삼국 시대의 재해 비율

자료: 김광섭(1994).

로 분류해 빈도를 정리하면 [그림 3-2]와 같은 그래프가 만들어지는데, 삼국 모두 기상재해의 비율이 매우 높았으며, 그 다음으로 지진재해가 심했다는 것을 알 수 있다. 기근 같은 경우에는 오늘날의 굶는다는 개념과는 다소 차이가 있는데 곡창지대인 백제가 상대적으로 기근 피해가 많았다는 것은 가뭄과 일정 부분 연계성을 가진 것으로 보인다.

이 시대의 재해구호는 빈번한 자연재해로 인해 농업 생산에 참여하지 못하는 이재민을 영농 현장에 복귀시키고, 전통적인 구휼 대상으로 간주되던 늙은 홀아비(鰥), 늙은 홀어미(寡), 부모 없는 아이(孤), 자식 없는 늙은이(獨) 등 사궁(四窮)에 대한 구호가 중심을 이뤘다. 이 중 오늘날 재해구호와 관련되는 몇 가지 제도를 간추리면 먼저 삼국이 공통적으로 실시한 재해구호사업으로 첫째, 관곡(官穀)이라 하여 각종 재해로 인해 궁핍해진 백성에게 배급해 주는 사업으로 오늘날 무상 양곡 지원과 유사한 성격을 가지고 있다.

둘째, 조세 감면으로 재해로 인해 피해가 심각한 지역의 백성에게 재해의 정도에 따라 조세를 감면해 주었는데, 오늘날에도 시행되는 세금의 연기 및 일부 감면과 연관성을 가진다.

셋째, 대곡자모구면(貸穀子母俱免)이라 하여 춘궁기에 백성에게 대여한 관곡을 국가가 가을에 회수할 때 재해로 인한 흉작으로 상환이 곤란한 경우 원본과 이자를 감면하는 제도로 오늘날의 영농자금 상환 연기나 이자 감면과 연관성을 가진다.

넷째, 이재민 방문 위로로 왕이 직접 이재민을 찾아가 위로하는 것으로 이후에도 현재까지 지속적으로 이뤄지고 있다.

다섯째, 책기감선(責己監膳)이라 하여 재난 발생 시 왕이 자신의 잘못이라고 생각하고 반성하는 마음으로 누추한 방에 기거하고 소식과 절제된 생활을 하기도 하는 일종의 근신적인 성격을 가지고 있다. 이러한 부분은 현대에도 큰 재난이 발생하면 통치자나 정당 지도자 등 사회지도급 인사들이 자중하는 행동과 연관성을 가진다.

나라별로 특색적인 구호는 고구려의 경우 서기 194년 고국천왕이 진대법(賑貸法)을 실시했는데, 이후 조선 시대 환곡(還穀)의 기원이 된다. 백제의 경우에는 417년 전지왕 때 오늘날 자활사업과 비슷한 공공근로 사업을 실시했는데, 춘궁기에 빈민 구제를 목적으로 빈곤 백성을 징발해 성을 쌓는 등의 토목공사를 실시하면서 빈민을 구제하는 사업을 실시하기도 했다(김기원, 2000: 166-167 재정리).

2 고려 시대

고려 시대의 기록은 주로 『고려사(高麗史)』에서 찾아볼 수 있다. 이 시기는 불교가 크게 융성해 불교의 기본 이념인 자비(慈悲)가 재해구호의 이념적 배경이 되는 역할을 했으며, 제도적으로 이전 시대에 비해 진일보된 것은 많지 않으나, 양곡 구호와 더불어 의료 보건 측면의 구호가 등장했다.

이 시대 재해 유형을 살펴보면 삼국 시대에 비해 기근과 충해가 상대적으로 줄었는데, 이는 이전 시대에 비해 진일보한 영농 기술과 단위 면적당 생산량 증대가 그 원인으로 추정해 볼 수 있으며, 이러한 잉여생산물의 증가가 양곡 급여 이외에 의료 지원이라는 영역이 확충된 바탕이 되었을 것이다.

이 시기의 구빈행정 중 재해구호와 관련이 있는 것으로 첫째, 재면지제(災免之制)로 천재지변이나 질병 등으로 인해 이재민들이 발생했을 경우 이들의 조세, 부역 및 형벌을 전부 혹은 일부를 감면해 주는 제도로 성종 때 시행되었다.

둘째, 수한질여진대지제(水旱疾癘賑貸之制)라고 하여 각종 물품과 의료, 주택 등을 급여하는 사업으로, 오늘날 이재민 구호소 설치나 침수 주택 수리비 지급이나 세입자 보조비 등과 맥을 같이한다.

셋째, 납속보관지제(納粟補官之制)라고 하여 국가 재정의 보충을 위해 일정 금품을 납부하는 자에게 관직을 주는 제도로 재해구호와 무관해 보이지만, 충목왕 때 흉

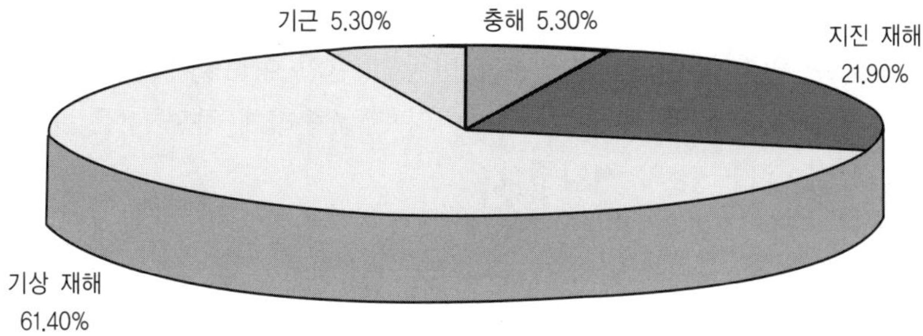

그림 3-3 고려 시대의 재해 비율

자료: 김광섭(1994).

년이나 재해가 발생했을 때 백성을 구휼하기 위한 재원 조달 방법으로 사용되기도 했다. 모집 과정은 확연하게 다르지만 오늘날 복권기금이나 의연금 등 재해구호의 민간재원 조달 방법과 연결할 수 있는 제도다.

넷째, 혜민국(惠民局)과 동서대비원(東西大悲院) 등 서민이나 곤궁한 자를 위한 의료기관을 설립해 서민이나 취약계층에 대한 치료와 요양을 실시했으며 부수적으로 재해로 인해 곤궁하게 된 자에 대한 치료도 병행해 실시했다. 혜민국의 경우에는 조선 시대에도 승계되어 혜민고국(惠民庫局)이 설치되었고, 세조 12년 관제 개혁 때 혜민서(惠民署)라는 이름으로 승계되었다.

다섯째, 연호미법(煙戶米法)이라 하여 풍년에 가구의 대소에 따라 차등을 두어 곡식을 내어 비축해 두었다가 유사시 재해에 대비하기 위한 제도로, 오늘날의 재해구호 물자 비축이나 재해구호 기금과 연관성을 가진다(김기원, 2000: 167-171 재정리).

여섯째, 은면지제(恩免之制)라 하여 흉년이 들었을 때 백성들의 조세와 부역을 3년 동안 면제하는 제도가 있었는데, 재해지역의 예비군 또는 민방위 교육 면제나 연기하는 것과 맥을 같이한다(김수영 · 이정호, 1993: 16-17 재정리).

3 조선 시대

조선 시대에도 재해구호를 실시한 가장 큰 이유로 외형적으로는 자연재해(이민수, 2002)가 사상적으로는 유교적인 왕도정치가 근본을 이뤘다. 조선 시대 구제사상의 원칙으로 1936년 조선총독부에서 발간한 『조선의 사회사업』에서는 다음 다섯 가지를 들고 있는데, 재해구호 영역도 이러한 흐름에 따라 정책이 수행되었다고 볼 수 있다.

첫째, 자활할 수 있는 길이 없는 궁민은 빈궁의 원인 여하를 막론하고 국가의 책임으로 구제할 뿐만 아니라 백성 중 한 사람이라도 굶주리게 하는 것은 통치자의 책임으로 행정의 오점이라는 왕의 책임주의,

둘째, 구제는 우선적으로 식량을 대부해 주고, 궁핍이 심한 자에게는 생명을 연장함에 충분한 식료품을 공급해 주어야 한다는 현물주의,

셋째, 구제는 실정에 맞게 그리고 신속하게 시행해야 한다. 즉 구제는 그 시기를 놓치게 되면 효과가 감소되어 실정에 맞지 않으면 오히려 악폐를 수반하며,

넷째, 구제의 자원은 먼저 국비를 절약해서 확보하는 것을 원칙으로 하고 구제 대부에 의해 발생한 이익으로 이를 보충하는 것으로 한다는 것,

다섯째, 구제행정에 대한 1차적인 책임은 전적으로 지방관에 일임하고 중앙에서는 수시로 구제에 대한 교서를 내리며 필요한 관계법을 제정해 이를 지도·감독케 하는 것 등이다(김만두, 1993).

이러한 원칙에 걸맞은 제도는 정비되지 않았으나, 오늘날 재해구호의 영역에서 참고할 부분은 매우 많은 것으로 보인다. 어려움에 처한 국민을 도와 주는 국가책임주의, 신속성을 강조하는 재해구호의 적시성 문제, 재해구호 재원의 조달 방법, 재해구호에서 지방정부와 중앙정부의 관계 등 여러 측면에서 시사점을 준다.

그러나 이러한 원칙이 있다 하더라도 제도 미비와 지방 수령을 중심으로 하는 참여자나 전달자의 의식 부족으로 실질적인 재해구호 정책은 이전 시대에 비해 크게 나아졌다고 하기는 곤란할 것으로 보인다([그림 3-4]). 조선 시대 재해의 유형을 보면 충해가 감소한 반면 기근이 고려 시대에 비해 거의 4배나 증가한 것을 볼 수 있는

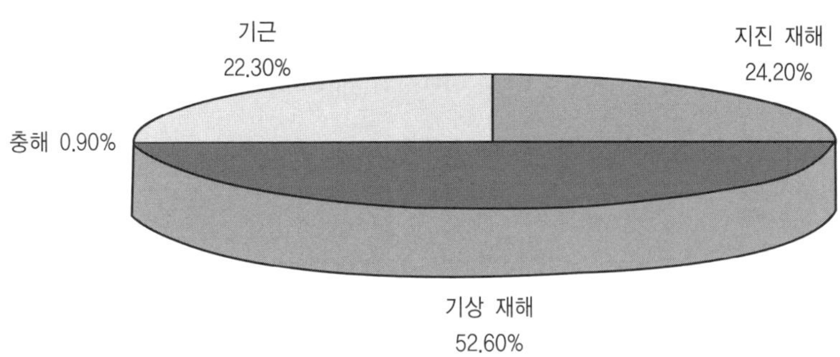

그림 3-4 조선 시대의 재해 비율

자료: 김광섭(1994).

데, 조선 중기 이후 3정의 문란, 수시로 발생하는 흉년, 임진왜란을 비롯한 왜구의 잦은 침입, 영·정조 시대 이후 왕권의 쇠퇴 등 여러 가지 요인에 기인한 것으로 보인다.

이 시대의 구체적인 재해구호정책은 고려 시대의 구호정책을 대부분 계승하는 가운데 좀 더 세련된 구호정책을 통해 실시했다는 의의를 찾을 수 있다. 이러한 여러 가지 정책은 물자(오늘날의 재해구호 재정) 확보, 전달과 서비스, 의료 지원 등 세 가지 영역으로 구분해 살펴보면 다음과 같다.

첫째, 물자 확보는 흔히 비황(備荒) 제도로 일컬어지는데, 대표적인 제도로 상평창(常平倉)이 있었다. 상평창은 풍년에 곡식값이 떨어지면 정부에서 시가보다 비싼 값으로 곡물을 사들여 비축했다가 흉년이 되면 싼 값으로 방출해 양곡값을 조절해 물가를 안정시키는 제도로 오늘날의 정부 수매 제도와 유사한 점을 가지고 있다. 당시 이러한 정책의 주안점은 사회 체제의 안정이 목적이었으나 결과적으로 재해(특히 가뭄)를 당한 백성에게는 오늘날의 재해구호 같은 성격을 아울러 가지고 있었다. 상평창 제도는 1608년 이름만 선혜청으로 바뀌어 조선 시대 말까지 지속적으로 시행된 제도다. 상평창과 더불어 고려 시대부터 시작된 의창(義倉) 제도 또한 재해구호의 중요한 재원이 되었다. 곡물의 반은 거치하고, 반은 민간에 대부해 추수기에 이자와 같이 돌려받고 그 이자 수입을 구제기금으로 사용하던 제도다. 그러나 계속되는 흉년으로 환곡이 되지 않아 결손이 생기고 이자가 싸다보니 일반 백성이 아닌 관리들과 결탁한 부호들이 대출받는 등 많은 폐단이 발생하게 되자 1530년 중종 25년에 진휼청(賑恤廳)을 설치해 일체의 구호사업을 통합하고 의창을 폐지시켰다.

둘째, 구호를 직접 실시하는 전달과 재해구호 서비스는 구황(救荒) 제도로 범주화시킬 수 있다. 구황 제도로 김기원(2000)은 10가지를 언급하고 있는데, 이 중 재해구호와 직접적 관련이 있는 제도를 살펴보면 ① 시식(施食) 사업으로 흉년이나 재해 발생 시 적당한 곳에 취사장과 식탁을 설치해 무료 급식을 실시하는 것으로 오늘날 적십자 중심의 급식 차량 지원과 유사성을 가지고 있다. ② 진휼(賑恤)과 진대(賑貸) 사업으로 진휼은 이재민에게 곡식을 무상으로 지급하는 것이고, 진대는 저리의 이자로 이재민에게 곡식을 대여해 주는 것으로 오늘날의 재해 복구 시 저리 융자 정책과 연관성을 지닌다. ③ 고조(顧助)는 생계가 빈곤하거나 어려워 혼례나 장례를 치르지 못한 사람에게 그 비용을 정부에서 보조해 주는 것으로 오늘날의 재해 시 장사비 지급을 연상케 하는 제도다. ④ 견감(蠲減)은 재해를 당한 백성에게 지세, 호세, 부역 등을 감면하거나 환곡을 면제해 주는 제도다. ⑤ 진급(賑給)은 가난한 빈민에게 식량 이외에 솜, 베, 소금, 의류 등 생필품을 지급하거나, 농경을 장려하기 위해 씨앗을 지급하던 제도다.

셋째, 의료 지원은 고려 시대의 것을 계승해 발전시킨 것으로 빈민이나 이재민 치료를 위해 혜민서(惠民署), 제생원(濟生院), 활인서(活人署) 등의 중앙정부 직할 의료 기관이 있었으며, 지방에서도 각지에 의원을 설치해 백성의 질병을 치료했다. 또한 주로 전염병의 예방과 환자 치료를 위해 동서활인원(東西活人院)이 설치되어 오늘날 재해구호 서비스의 하나인 전염병 예방, 위생관리와 비슷한 성격을 가지는 기관도 있었다.

4 일제 시대와 미군정기

일제 시대는 기본적으로 우리나라 국민을 위한 정책이라기보다는 일제의 식민지 정책을 달성하는 쪽으로 복지나 재해구호 사업이 전개되었다는 한계를 가지고 있다. 전체적으로 일본 본토에서 시행하던 각종 행정을 여과 없이 조선으로 옮겨와 시행하는 형태로, 이전 시대에 비해 크게 달라진 부분이 바로 오늘날 재해구호 행정의 모태라 할 수 있는 각종 행정 체계의 정비다. 1921년 총독부 내무국에 사회과가 1932년 각 도에 내무부 사회과[8]가 만들어졌는데, 바로 이런 행정 모델이 해방 이후 소방방재청 출범 전까지 우리나라 재해구호 행정의 기본적인 모형이라 할 수 있다.

이러한 행정 모형의 발전에 비해 법적·제도적인 부분은 거의 발전이 없다고 볼 수 있는데, 조선총독부에서는 민중의 반일 억제와 천황의 은사라는 측면에서 내부 지침을 통해 구제사업을 실시했고, 그 일환으로 이재민 구호사업도 부분적으로 전개되었다. 재해구호와 직접적 관련이 있는 법은 별도로 제정되지 않다가 해방 전인 1944년 문화정책의 일환으로 조선구호령이 제정되었는데, 일본 본토의 경우 1929년 구호법을 제정하고 1932년 실시한 것을 고려한다면 조선 백성을 위한 것이라기보다는 전시 동원 체제 하의 식민지 통치의 효율성 제고라는 점을 간과할 수 없다(김만두, 1993: 125; 김기원, 2000: 175).

조선구호령은 탄생 배경을 떠나 우리나라 구호정책 전반에 매우 큰 영향을 미쳤는

8) 지방자치단체에서 재해구호를 담당하는 부서가 현재 대부분 사회복지과에서 수행하고 있다. 사회복지과의 이전 명칭은 사회과로 사회과에서 사회복지과로 바뀌게 된 것은 자치단체에 따라 차이가 있기는 하지만 1990년대 말에 와서다.

데, 해방 이후에도 승계되어 1961년 생활보호법, 1962년 재해구호법이 제정되기 전까지 극빈자나 취약계층 구호는 물론이고 이에 준해 이재민 구호를 위한 기본 지침의 역할을 수행했다.

해방이 되고 대한민국 정부가 수립되기 전 3년간 미군정 체제 하에서 이재민 구호는 정책의 우선순위가 되기 어려운 상황이었다. 당시 남한 사회는 일제의 총체적인 경제적 침탈, 해방 후 남북경제의 단절, 국내 농공업의 생산성 저하, 수많은 귀환 동포와 월남민의 유입 등 여러 가지 요인으로 남한 사회 전체가 기아선상에 허덕이고 있었다. 당시 빈궁자 규모가 행정 통계에 의하면 최소한 200만 명 이상의 요구호자가 군정 3년 동안 존재한다고 했는데, 당시 남한 인구 1,600만 명의 12.5%에 달하는 수치이고, 통계 자료의 신뢰성을 감안할 때 빈궁 인구는 이보다 훨씬 많았을 것으로 추정된다(김만두, 1993: 126).

이러한 사회 상황과 군정기가 3년이라는 짧은 시기임을 감안할 때 재해구호에 대한 정책을 실시하기에는 무리가 있어 보이며, 김만두는 당시의 복지정책을 무계획적이고 임기응변적으로 평가하고 있다. 따라서 이 시기에 재해구호와 관련된 정책이나 발전은 거의 없었다고 볼 수 있다.

5 건국 이후 현재까지

1) 재해구호법 제정 이전

1948년 대한민국 정부가 수립되었으나, 시대적 상황은 미군정기와 크게 다를 바 없었으며,[9] 1950년 6·25 전쟁을 맞이해 상황은 더욱 악화되기에 이르렀다. 이런 상황에서 정부는 외국 원조 단체의 협조를 얻어 응급구호를 실시하는 것이 구호정책의 핵심이었다. 응급구호를 원활하게 실시하기 위해 조직도 만들어졌는데, 중앙에는 중앙구호위원회를 지방에도 각급 구호위원회가 설치되어 부산지역에 피난민 수용소, 거제도와 제주도에 집단수용소를 설치해 피난민 응급구호를 실시했다.

전쟁이 끝나자 지금까지의 응급구호 방침을 일부 변경해 좀 더 장기적인 대책을 강구하기 시작했는데 그 내용은 ① 난민 정착사업, ② 주택복구 및 건설사업, ③ 조

9) 1949년 우리나라의 국민 1인당 GNP는 80달러를 넘지 못했다.

선구호령에 의한 생활보호 사업, ④ 천재지변에 의한 응급구호 사업 등으로 기존의 응급구호를 분류해 사안별로 단기 및 중장기 대책을 세우는 것이었다. 이때 비로소 '천재지변에 대한 응급구호 사업'이라 하여 현재의 재해구호와 유사한 부분이 정책의 한 부분으로 나타났다. 그러나 이러한 부분에 대한 체계적인 계획 수립과 정책을 집행하기도 전에 사회의 불안정과 정치적 혼란으로 더 이상의 발전을 기대하기는 어렵게 되었다.

이 시기는 재해구호에서 법이나 제도적 장치는 미흡하지만, 재해구호라는 개념이 정책집행자나 일반 국민들 사이에 하나의 독립된 영역으로 인식했다는 의의를 가진다.

2) 재해구호법 제정 이후

(1) 법적 체계

박정희 정부가 1961년에 탄생하면서 기존의 빈곤을 탈피하고 조국 근대화라는 기치 아래 다양한 정책을 펴기 시작했다. 이를 위해 박정희 정부는 우선 현실적인 여건과는 상관없이 정치적 입지와 국민 의식에 부응하고자 복지에 관련한 각종 입법을 실시함으로써 이전에 비해 진일보한 복지정책의 기틀을 마련했다. 복지와 관련된 법안이 1961년부터 1963년 사이에 무더기로 제정되었는데 「아동복리법」, 「고아입양특례법」, 「갱생보호법」, 「생활보호법」, 「의료구호법」, 「국가유공자특별원호법」, 「산업재해보상법」 등 다양한 복지 관련 법안 중 1962년 3월 법률 제1034호로 「재해구호법」이 제정되었다.

제정 배경은 기존 태풍과 호우 등 자연재해로 해마다 많은 이재민이 발생함에도 별도의 구호법 없이 현장의 지침이나 조선구호령에 의한 생활 보호에 준해 일관성 없이 구호가 실시되던 방식에서 체계적이고 효율적인 재해구호를 실시하기 위한 것이었다. 주요 제정 내용으로는 구호의 대상과 종류를 정하고 이재민 구호를 체계적으로 실시하기 위해 구호기관과 재해대책위원회를 설치·운영토록 하고, 이재민에게 지원되는 구호비를 국가에서 부담할 수 있도록 근거를 마련했으며, 광역자치단체에서 재해구호 기금을 적립토록 하여 자치단체의 구호 경비에 충당할 수 있는 재원을 마련하는 근거 규정이 주요 내용이다.

제정 이후 1997년, 2001년과 2004년 등 3회에 걸쳐 개정을 했는데, 법 제정 후 25년이 지나서야 다음번 개정이 이뤄졌고 이후에는 3~4년 주기로 개정되었다는 것은 1990년대 말이 되면서 재해구호를 포함한 재난관리 정책의 많은 부분에 변화가 있다는 것을 보여 준다. 그동안 개정의 주요 목적은 이재민에 대한 구호를 좀 더 신속하게 실시하고 구호비 지원 및 구호물품의 지급과 적정한 배분을 통해 국민의 욕구를 충족시킬 수 있는 실질적이고 실효성 있는 구호를 마련하기 위한 것으로 평가하고 있다(소방방재청, 2005a).

(2) 행정 체계

재해구호와 관련된 총괄적인 행정 체계는 먼저 중앙행정기관으로는 해방 이전 내무국 사회과 소관에서 건국 이후 사회부가 신설되면서 사회부에서 총괄했으며 의료지원은 보건부에서 전담했다. 1955년 보건부와 사회부가 통합되어 보건사회부가 되면서 재해구호 업무는 보건사회부 소관으로 1962년 재해구호법이 제정되어 1993년까지 주관했으며, 1994년 보건사회부가 보건복지부로 변경되어 지속적으로 재해구호 업무를 총괄했다(http://www.mohw.go.kr/index.jsp). 2004년 통합 방재와 재난 과정별 대응을 기치로 소방방재청이 출범하고 이듬해인 2005년 재해구호 업무가 보건복지부에서 소방방재청으로 이관되어, 2011년 현재 소방방재청 방재관리국 복구지원과에서 재해구호 업무를 총괄해 수행하고 있다.

다만, 재해구호 업무는 구호 급여의 종류가 다양하다는 특성으로 인해 소방방재청에서 주관한다고 하더라도 모든 재해구호 업무를 총괄하고 있는 것은 아니다. 소방방재청은 물론이고 보건복지부, 행정안전부, 농림부, 교육인적자원부, 건설교통부 등 다양한 중앙정부가 참여하고 있어 소방방재청의 업무는 재해구호 관련 기반 조성, 관련 기금이나 의연금 관리 등의 직접적인 재해구호 업무 이외에 여러 중앙부처의 재해구호 업무를 조정하는 것도 중요한 업무에 속한다.

재해구호와 관련된 지방행정 체계는 일제 시대에 설치된 사회과를 모태로 현재까지 명칭만 사회복지과로 변경되어 주관을 하고 있다. 그동안 지방자치단체에 재난관리 전담 부서가 신설되었고, 중앙부처도 보건복지부에서 소방방재청으로 변경되었지만, 대부분의 지방자치단체에서 재해구호 업무는 사회복지과에서 주관하고 있다. 이에 따라 소방방재청에서 재해구호와 관련된 공문 전달시 재난관리과, 사회복지과 등 여러 부서로 전달해야 하고 있으며, 피해조사와 재해구호 전달 체계의 상이 등 몇 가지 문제점을 가지고 있다.

제 4 장 재해구호복지의 연구 동향

제 1 절 재해구호복지 연구의 필요성

재해 및 재난의 역사는 인류의 역사와 같이하며, 지구상에서 그 발생이 증가하고 있다. 최근에는 환경오염 등에 의한 지구 온난화 현상으로 예측할 수 없는 기상이변 등 전 세계적으로 예기치 않은 재난이 발생하고 있는 실정이다. 특히, 우리나라는 지정학적 위치상의 자연재난으로 인한 인명 피해와 재산 손실이 매년 반복해서 발생되고 있다. 또한 최근의 재해는 인적 및 물적 피해가 대규모라는 데 그 심각성이 있다. 따라서 재해의 심각성가 책임성은 재해를 어떻게 다뤄야 하고, 어떻게 대처해야 하는가를 우리에게 과제로 안겨 주고 있다.

국가의 역할 또는 기능 중의 하나는 사회 질서를 유지하고 국민의 생명과 재산을 보호하는 것이다. 그러므로 국가는 한편으로 재해의 발생을 예방하기 위한 대책을 강구해야 하며, 다른 한편으로는 예기치 못한 재해로 인해 발생된 이재민 구호를 위해 최선을 다할 책임도 있다. 이에 따라 정부는 재해구호 업무의 소관 부서를 보건복지부에서 행정안전부 소방방재청으로 이관해 재해의 예방, 발생, 구호까지의 일련의 업무를 종합적으로 담당하도록 했다. 그렇지만 재해구호 업무는 종전의 수준에 머무르고 있으며, 오히려 국민성금의 모금 및 배분, 재해구호와 보건의료 및 복지 서비스와의 연계 등에 문제점과 갈등의 소지가 많은 것으로 지적되고 있다(김승권, 2005: 62).

이제 우리 사회도 소득 2만 달러 시대를 넘어섰다. 따라서 이러한 우리 사회에 맞는 재해구호를 넘어 재해복지를 이룰 수 있도록 할 필요가 있다. 이를 위해서는 무엇보다도 우리 사회의 재해복지와 재해구호에 대한 면밀하고 심층적인 연구가 요구된다. 선행 연구에서도 살펴보았듯이 이제는 방재의 한 수단으로서가 아닌 사회복지 차원에서 재해구호를 논의할 필요가 있다. 이는 오늘날 유행하고 있는 잘 먹고 살사는 웰빙(well-being)을 넘어 행복하게 살다 죽음을 맞이하는 웰다잉(well-dying)의 시대로 접어들고 있는 우리 사회의 니즈(needs)이기 때문이기도 하다.

제 2 절 재해구호 및 재해 관련 선행 연구

1 재해구호 관련 선행 연구

재해구호에 대한 연구는 빈약한 실정(김승권, 2005: 64)인데, 먼저, 재해구호에 대한 연구는 독자적인 영역으로서가 아닌 도시계획이나 방재 연구의 부속 연구로서 진행이 시작되었다. 즉, 재해이재민 구호대책에 관한 박연수(1979)의 연구, 일선 관계 공무원에 대한 설문조사를 중심으로 우리나라 재해구호대책에 관한 김광섭(1994)의 연구, 서울지역 수해이재민 구제활동과 수해대책에 대한 박철하(1999)의 연구 등이 그것이다. 이러한 한계로 인해 재해구호에 관한 독자적인 이론이나 실증적인 연구가 축적되어 있지 못해 매년 반복되는 재해구호 과정에서 이재민의 엄청난 불만이 쏟아져 나오기도 했다(김승권, 2005: 64).

두 번째, 본격적인 재해구호 연구는 재해구호법의 개정 필요성이 제기되면서 본격화되었으며, 2000년에 "효율적 재해구호를 위한 정책 방안"이 수행되었고(김승권 외, 2000), 2001년에는 "재해구호물품창고 운영평가 및 적정 설치 방안"이 수행되었으며(김승권, 2001), 그리고 2002년에는 "전국재해구호협회의 중장기 발전 방안"이 수행되었다(김승권, 2002). 이들 연구는 재해구호 업무가 소방방재청으로 이관되기 전의 재해구호 업무 주관 부처였던 보건복지부와 재해구호기관인 전국재해구호협회의 적극적인 지원 아래 국책연구기관인 한국보건사회연구원에 의해 수행되었다.[1)]

1) 특히, 2000년에 실시된 연구의 일환으로 1962년에 제정된 「재해구호법」이 약 40년 만에 개정되었고, '전국재해구호협의회'가 '전국재해구호협회'로 변경되면서 법정단체화되었으며, 그리고 구호물품의

또한 지방정부의 이재민 구호품 전달체계 개선에 대한 이재원(2000)의 연구, 이재민 구호정책을 길버트(Neil Gilbert)와 스펙트(Harry Specht)의 정책분석 틀을 중심으로 한 우리나라 이재민 구호정책에 관한 심성화(2004)의 연구, 그리고 재해·재난관리에 대한 긴급 지원 체계에 대한 한동우 외(2004)의 연구도 선행 연구로서 의미 있는 결과를 제시하고 있다.

2 재해 관련 선행 연구

재해구호에 대한 선행 연구와는 달리 재해대책에 관한 연구는 다양하다. 이들 연구는 크게 재해대책의 전반적인 사항에 대한 연구, 재해관리 체계에 관한 연구, 재해 경향에 관한 연구, 재해대책의 국제 비교에 관한 연구 등으로 대별할 수 있다(김승권, 2005: 64).

첫째, 재해대책의 전반적인 사항에 대한 연구로는 윤용남(1996)의 "국내 재해대책의 현황 및 문제점과 향후 방재정책의 개선 방향에 관한 연구"가 있으며, 임송태 외(1996)의 "재난종합관리 체제에 관한 연구", 최충익(1999)의 파주시 수해를 사례로 한 "지방자치단체의 자연재해 관리에 관한 연구" 등이 있다.

둘째, 재해관리 체계에 관한 선행 연구로는 조원철 외(1998)의 "중앙 및 지방정부의 자연재해관리 개선 방안에 관한 연구", 강호규(1995)의 "중앙재해대책본부의 주무부처 변경 전·후를 중심으로 한 재해관리 행정 과정의 비교분석에 관한 연구", 김종국(1992)의 "농업재해대책과 지원 체계에 관한 연구", 백인식(1999)의 "자연재해 중 수해를 중심으로 한 재해관리 행정 체계에 관한 연구", 최환기(1989)의 "풍수해 관리 행정을 중심으로 한 재해관리행정에 관한 연구", 김영수·조석주(1993)의 "국가재난대비 행정 체제의 구축 방안에 관한 연구", 박경국(1994)의 "지방정부의 재난관리 행정 체제 구축 방안에 관한 연구", 임송태(1997)의 "재난 유형별 대응계획 수립에 관한 연구" 등이 있다. 또한 최근에는 이재은(2004)의 "재난관리 시스템 개편 과정 쟁점과 향후 방향에 관한 연구", 한동우 외(2004)의 "재해·재난관리 실태와 개선 방안 연구" 등이 있다.

셋째, 재해 경향에 관한 선행 연구로는 이병설(1979)의 "자연재해의 종류와 발생

세트화와 재해구호물품창고의 설치 등은 우리나라 재해구호 체계에 획을 긋는 성과로 평가된다.

원인에 대한 연구", 왕일상(1983)의 "재해 현황 및 개선 방안에 관한 연구", 유남재(1997)의 "자연재해의 최근 경향에 관한 연구" 등이 있다.

넷째, 재해대책의 국제 비교에 관한 연구로는 이상훈 외(1987)의 "우리나라와 일본의 재해대책 비교연구", 남궁근(1995)의 "재해관리 행정 체계의 국가 간 비교 연구: 미국과 한국의 사례를 중심으로", 유태용(1999)의 "한·일 자연재해 관리조직 체계의 비교와 한국방재협회의 향후 활동 방향에 관한 연구", 양기근(2004)의 "한국과 미국의 사례 비교분석을 통한 위기관리 조직학습 체제에 관한 연구", 이재은·양기근(2005)의 "미국, 일본, 독일, 프랑스의 재해구호와 재해의연금품 모금 및 지원 체계 조사를 통한 우리나라 재해의연금품의 효율적 모금 및 지원 체계 구축 방안" 등이 있다.

이와 같은 재해 관련 선행 연구를 전반적으로 살펴보면, 우리나라에서의 재해 관련 연구는 주로 방재와 관련된 연구가 대부분이었으며, 재해구호와 관련된 체계적인 연구는 전무하다고 해도 과언이 아니다. 이는 그동안 재해 이재민 보호에 대한 정부의 소홀함과도 관련이 있는 것으로 판단된다(김승권, 2005: 65). 즉, 이재민에 대한 구호가 시혜적 입장에서 주로 이뤄져 왔고 재해구호와 관련된 전달 체계의 효율적 조직화, 구호금품의 확보 및 관리·운영 등에 무관심해 실태 및 문제점 파악, 개선 방안의 강구에 인색했던 것으로 사료된다.

제 3 절 재난관리 체계와 관련된 연구 동향

우리나라에서 재난관리 체계에 대해 전문적인 연구가 이뤄진 것은 비교적 최근의 일이다. 이는 1995년이 되어서야 재난관리법과 자연재해대책법이 제정된 것과 무관하지 않은 것으로 보인다. 자연재해대책법은 1967년에 제정된 풍수해대책법에 지진과 해일을 포함시키면서 종합적인 재해대책법으로 제정한 법이다. 게다가 1990년대 초반에 무더기로 발생한 대규모 국가적 재난들의 영향으로 우리나라의 재난관리 체계에 대한 연구들이 시작되었다고 보아야 할 것이다. 따라서 아직까지 이 분야에 대한 연구는 매우 부족한게 현실이다.

재난관리 체계에 관한 연구들은 대개 세 가지 정도의 영역을 형성하고 있다. 첫째는 재해나 재난을 예방할 수 있는 토목과 건축, 도시설계, 방재시설 설치 등과 같은

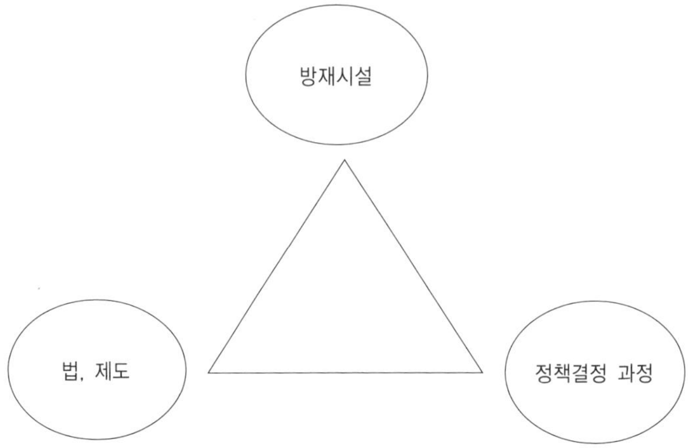

그림 4-1 재난관리 체계 관련 선행 연구 영역

물리적 환경과 조건을 어떻게 마련할 것인가에 관련되어 있고, 둘째는 사회 내에서 재해나 재난이 발생했을 때 이에 대응하는 법적·제도적 장치를 어떻게 마련해 운영할 것인가에 관련되어 있다. 셋째는 이러한 재난관리 체계가 어떠한 의사결정 과정을 통해 작동하는지에 대해 연구함으로써 효율적이고 효과적인 관리 체계 운용을 위한 방안을 제시하는 것과 관련되어 있다.

이러한 재난관리 체계는 결국 다음과 같은 일련의 활동들로 요약될 수 있다. 첫째는 재난의 발생 가능성을 예방(mitigation)하는 단계다. 이 단계에서는 재난이 발생할 수 있는 원인을 차단하거나 이를 약화시킴으로써 발생 자체를 줄이려는 노력이 이뤄진다. 둘째는 대비(preparedness) 단계다. 이 단계는 재난 발생이 예견될 경우, 이의 영향과 피해를 최소화하기 위해 대비하는 노력이 이뤄지는 단계다. 셋째는 대응(response) 단계로서, 여기에서는 실제로 재난이 닥쳤을 때, 이에 대한 초기 대응과 응급구조 및 구호가 이뤄진다. 마지막으로는 복구(recovery) 단계다. 이 단계에서는 재난으로 인한 피해를 복구하고, 이전의 상태로 회복하기 위한 노력을 기울인다. 이러한 총체적인 관리 체계 하에서 각 단계는 재해와 재난의 유형에 따라 서로 다른 노력을 기울여야 할 필요가 있다는 것이 연구자들의 지적이다(김근영, 2003). 즉, 자연재해와 인적 재난은 예방이나 대비 방법에서 차별화되어야 하며, 구조나 구호, 그리고 복구 단계에서도 특성에 따른 합당한 노력을 기울여야 한다는 것이다.

우리나라의 재난관리 체계에 관한 연구들은 공통적으로 다음과 같은 사항들을 지적하고 있다.

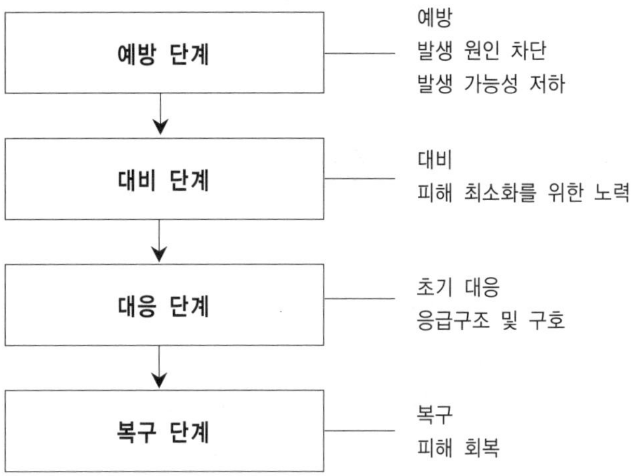

그림 4-2 재난관리의 체계

첫째, 우리나라 재난관리 체계가 법적·제도적으로 단편화되어 있어서 실제로 재해나 재난이 발생했을 때 효과적으로 대응하기가 어렵다는 점이다(권건주, 2003; 이치호, 2002 등). 이는 우리나라에서 재난을 자연재해와 인적 재난, 그리고 민방위 사태로 구분하고, 이에 대해 별도의 법적·제도적 관리 체계를 수립해 놓은 것과 관련이 있다. 따라서 이러한 문제들을 극복하기 위해 소방청 등 단일 관리 체계로 조정되어야 한다는 연구 결과들이 주류를 이루고 있다(권건주, 2003; 김석호, 2002; 김승용, 2001; 김광수, 1999 등).

둘째, 우리나라의 재난 수습조직이 비상설 조직으로 운영되고 있어 재난에 대한 사전관리나 재난대책의 기능이 부서별로 분산되고, 따라서 종합적이고 체계적인 재난관리가 어렵다는 점이다. 이는 지방자치단체의 수준에서는 더욱 심각하게 나타난다(권건주, 2003; 이재은, 2000; 이영재·손동기, 1995 등). 이는 결국, 재해나 재난 등 긴급한 사태(emergency)가 발생했을 때 정부가 어떠한 의사결정 과정을 통해 이에 대응하는지를 보여 주는 것이라고 할 수 있다. 이러한 관점에서 볼 때, 우리나라는 이러한 문제에 대응하는 과정에서 의사결정이 매우 비효율적으로 이뤄지고 있다는 점을 시사한다.

셋째, 재난관리 예산이 부족하다는 점이다. 이는 우리나라에서 대규모 재해나 재난이 발생했을 때, 정부가 어느 정도의 책임성을 갖고 대책을 수립할 것인지를 예측하게 해 주는 지표다. 또한, 재해나 재난을 예방하고 사후에 이를 수습하는 노력을 가능하게 해 준다고 할 수 있다(이치호, 2003; 김석호, 2002; 박정웅, 2003 등).

제 4 절 재해구호 체계 관련 연구 동향

재해 · 재난에 대한 재해구호 체계에 관련된 연구는 크게 두 가지 영역으로 구별된다. 하나는 주로 공공 부문의 구호 체계의 문제를 지적하고, 이의 개선 방안을 제시하는 연구들이며(강현수, 1999; 이재원, 2000; 김성용, 2001; 박정웅, 2003; 김근영, 2003 등), 다른 하나는 민간 부문에서 재해구호 서비스를 제공하는 조직들의 역할과 기능에 관련된 것이다(국회 보건복지위원회, 2001; 이재원, 2000 등).

이 연구들에 의하면, 공공 부문 재해구호 체계의 문제로는 앞서 재난관리 체계에서 나타난 것과 같은 법과 제도의 단편성, 그리고 행정조직의 복잡성과 역할 모호성에 의해 재해구호가 효율적으로 집행되고 있지 않다는 점이 지적된다. 따라서, 재해나 재난이 발생했을 때, 효율적으로 대응하기 위해서는 종합적인 통제권과 행정 능력

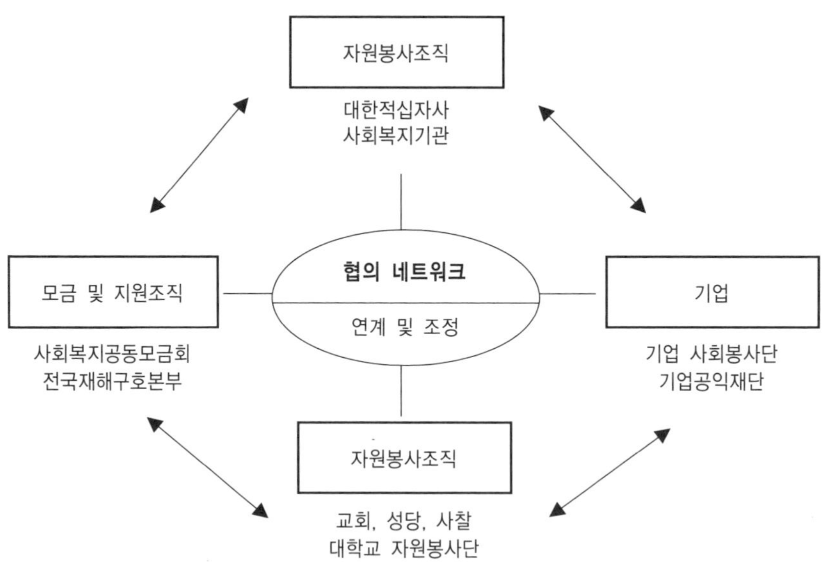

그림 4-3 민간 부문의 재해구호 서비스 조직 연계 방안

을 갖춘 단일 조직에서 이를 관리해야 한다는 점이 지적된다. 물론, 재해의 종류와 유형에 따라 대비와 대응 방식이 달라져야 하지만, 이러한 다양한 대응과 대비 노력이 결국은 종합적인 체계 내에서 이뤄져야 한다는 점을 지적하고 있다([그림 4-3]).

민간 부문의 서비스 조직과 관련해서는, 다양한 자원봉사 조직과 기관 및 단체들의 노력이 행정적으로 연계되거나 조정되는 것이 미흡해 효과적인 구호활동이 이뤄지지 않는다는 점을 지적하고, 이에 대해 서비스 조직들 간의 협의기구 또는 조정 역할을 할 수 있는 네트워크의 구축이 필요하다는 점이 지적된다. 그러나, 우리나라에서 실시되는 재해구호 체계에 대한 연구들은 대부분 공공 부문의 역할이나 기능에 초점을 맞추고 있어서 민간 부문의 역할과 기능에 대한 논의가 그리 활발하게 이뤄지지는 않고 있다.

제 5 장 재해구호복지 관련 법 체계

제 1 절 재해구호복지 관련 법 체계의 의의

재해구호의 영역 자체가 그동안 사회복지, 행정, 토목, 법학 등 학문 분야 영역에 섞여 있으면서도 주연구 영역이 아니다 보니 선행 연구가 부족한 편이다. 현재까지 대부분의 관련 연구는 도시계획이나 방재 분야의 부속 연구로 행해지다 보니, 재해구호에 관한 독자적 이론이나 실증적인 연구가 축적되지 못했다(김승권, 2005: 64). 그러나 2000년을 전후해서 이 전에 비해 활발한 연구가 전개 되면서 재해구호법 개정, 재난 및 안전관리기본법 제정, 소방방재청 출범 등 가시적인 성과가 나타나기 시작했다.

재해구호는 여러 영역에 걸쳐 있어 각 분야별로 활발한 연구가 이뤄지고 발전적인 결과가 도출되더라도, 현대 행정국가가 법에 입각한 행정을 원칙으로 하고 있음을 감안하면, 그 결과물이 법에 반영되지 않는다면 의미가 감소될 것이다. 따라서 재해구호법을 포함한 재해구호 관련 법 체제 전반에 대한 이해는 발전적인 재해구호 행정을 위해 우선적으로 파악되어야 할 부분이다.

여기에서는 재해구호 법 체계를 [그림 5-1]과 같이 재해구호 관련법의 이념적 배경이 되는 법, 직접적인 재해구호법, 재해구호를 수행하기 위해 간접적으로 지원하는 법 등 세 가지 범주로 구분해 논의를 진행한다.

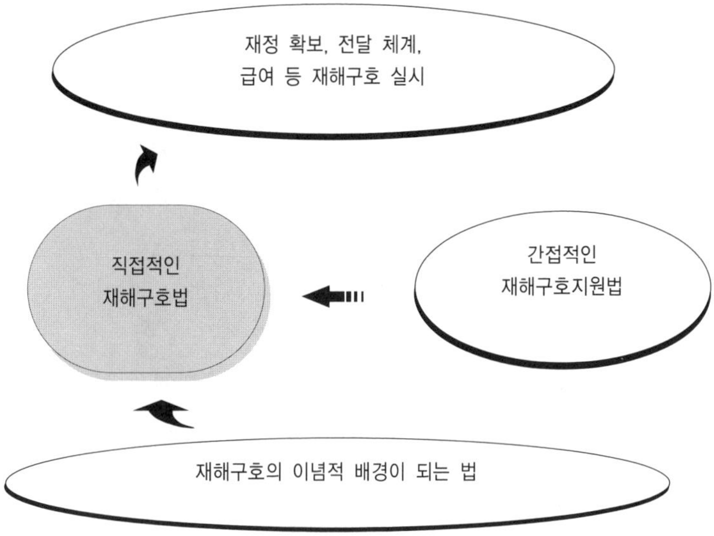

그림 5-1 재해구호법의 분류

제 2 절 재해구호법의 이념적 배경

재해구호가 국민들이 누릴 수 있는 일종의 권리이냐 아니면 시혜의 일종이냐는 논쟁은 사회복지 분야에서 늘 존재해 왔다. 법에 의한 통치가 확립되기 전에는 재해구호가 당연히 시혜적인 분야였고, 인권을 강조한 18세기 서구 시민혁명에서 정립된 자유권은 개인의 생활은 개인의 책임이라는 원칙으로 인해 가난한 자나 재해를 당한 자의 구제는 오로지 은혜적 내지 시혜적인 것으로 파악하고 가진 자의 소유권 보호가 강조되었다. 자유권이 비록 기존 신분 사회나 신정(神政) 정치는 허물었지만, 새롭게 경제적이나 정치적으로 권력 독점 계층이 생겨나면서 실질적인 의미의 평등권을 보장하고 경제적 정의를 실현하기 위한 경제적·사회적 기본권에 대한 논의가 이뤄지게 되었다. 사회적 기본권은 생존권적 기본권이라고 하여 자유권을 존중하되 "인간다운 생활을 위해 필요한 여러 조건이 국가 권력의 적극적인 관여에 의해 확보될 것을 요청할 수 있는 권리"다(김기원, 2000: 37). 이러한 시대적 배경과 시민사회의 투쟁을 통해 마침내 복지 헌법의 효시라 할 수 있는 바이마르(Weimar) 헌법이 제정되었고, 이후 여러 나라에서 생존권적 기본권을 국가의 기본 이념으로 삼게 되었다.

이와 관련해 우리나라 헌법에서도 전문에서 국민생활의 균등한 향상을 기하고 자유와 행복을 확보할 것을 명시하고 있으며, 제10조에서 기본권 보장의 원칙으로 "모든 국민은 인간으로서 존엄과 가치를 가지며, 행복을 추구할 권리를 가진다. 국가는 개인이 가지는 불가침의 기본적 인권을 확인하고 이를 보장할 의무를 진다"고 선언하고 있다. 이에 대해 재해구호를 기본권의 시각에서 보는 견해는 소극적으로 국가 권력이 국민의 기본권을 침해하는 것을 금지하는 데 그치지 아니하고, 나아가 적극적으로 국민의 기본권을 타인의 침해로부터 보호해야 할 의무를 지우고 있으며, 국민의 생명과 신체의 안전, 재산 등에 대한 침해로부터 보호해야 한다는 점에서 자유권적 기본권을 보장하는 것과 동시에 재난에 대해서도 기본권 보장의 의무를 지닌다고 하는 견해로 스턴(K. Stern), 로버스(G. Robbers) 등이 긍정하고 있다(최권중, 2002: 15).

재해구호복지와 관련해 좀 더 직접적인 헌법 조항은 제34조 제6항으로 "국가는 재해를 예방하고 그 위험으로부터 국민을 보호하기 위하여 노력하여야 한다"라는 규정으로 이를 근거로 「재난 및 안전관리기본법」 제1조 목적과 제2조 기본 이념이 제정되었다고 볼 수 있다(전진, 2002: 155-156). 단순하게 조문을 분석하면 예방 방재를 강조하는 것으로 보이지만, 예방 방재와 더불어 예방을 했음에도 재해가 발생했을 경우 이재민을 보호하는 등 복구를 위해 노력하는 부분까지 포함하는 재해에 대한 국가의 전반적인 관리 책임을 밝히고 있다고 해석하는 것이 일반적이며(김승권, 2005: 62), 이러한 기본권을 바탕으로 재해로부터 국민을 보호한다는 이념이 재해구호 관련법 체계의 이념적 배경으로 볼 수 있다.

제 3 절 직접적인 재해구호복지를 위한 법

1 재해구호법

1) 재해구호법의 형식

재해구호는 급여의 종류에 따라 여러 중앙부처가 관련되어 있지만, 기본적으로 재해구호에 대한 기본적인 틀은 재해구호법이라고 할 수 있다.「재해구호법」은 1962년 3월 20일 법률 제1034호로 제정되었으며, 이후 1997. 12. 31 법률 제5454호, 2001. 12. 19 법률 제6530호, 2004. 12. 30 법률 제7261호, 2010.7.23 전문 개정, 2011. 8. 4 일부 개정 법률 제110382호로 몇 차례 개정을 통해 현재에 이른다.

구성은 총 36개 조항과 부칙으로 되어 있고, 주요 내용은 목적, 정의, 구호의 대상, 구호의 종류, 임시주거시설 사용, 재해구호계획의 수립, 응급구호, 지역구호센터의 설치 및 운영, 재해구호기금의 적립, 의연금품의 모집, 배분위원회 구성 및 운영, 의연금품의 배분 및 사용, 전국재해구호협회의 설립과 사업, 벌칙, 과태료 등을 포함하고 있다. 즉,「재해구호법」은 이재민(罹災民)의 구호와 의연금품(義捐金品)의 모집 절차 및 사용 방법 등에 관하여 필요한 사항을 규정함으로써 이재민 보호와 그 생활 안정에 이바지함을 목적으로 하고 있다(재해구호법, §1). 또한, 이재민 및 일시 대피자의 거주지를 관할하는 특별시장・광역시장・도지사・특별자치도지사 및 시장・군수・구청장을 재해구호기관으로 정하고 있고, 구호기관의 업무를 지원하기 위하여 필요한 인력・시설 및 장비를 갖춘 기관 또는 단체로서「대한적십자사조직법」에 따른 대한적십자사 및 재해구호법 제29조에 따른 전국재해구호협회 등 대통령령으로 정하는 기관 또는 단체를 재해구호 지원기관으로 정하고 있다(재해구호법, §2). 한편, 재해구호의 종류와 관련해서는 동법 제4조에 의해, 임시 주거시설의 제공, 급식이나 식품・의류・침구 또는 그 밖의 생활필수품 제공, 의료 서비스의 제공, 전염병 예방 및 방역활동, 위생지도, 장사(葬事)의 지원, 그 밖에 대통령령으로 정하는 사항으로 하고 있으며, 구호기관은 필요하다고 인정하는 경우에는 이재민에게 현금을 지급하여 구호할 수 있다고 규정하고 있다(재해구호법, §4). 한편, 재해구호 시행을 위해「재해구호법시행령」(대통령령 제22725호)과「재해구호법시행규칙」(행정안전부령 제222호)을 두고 있다.

2) 주요 조문 분석

주요 조문을 살펴보면 제1조 목적은 재해가 발생했을 때 피해자에 대한 구호를 실시함으로써 피해자를 보호해 조기에 안정된 생활이 되도록 한다는 것인데, 생활 안정을 위해 어느 수준까지 지원할 것인가가 논란이 되고 있으며, 일정 기간 동안 기본적인 생활은 영위하도록 지원해야 한다는 것이 지원의 하한선으로 볼 수 있다.

제2조 구호의 대상은 자연재해대책법을 인용해 인위재난을 제외한 자연재해로 피해를 입은 자만을 구호 대상으로 한다고 명시하고 있다. 넓은 의미의 이재민이라 하

면 모든 유형의 재난으로부터 피해를 입은 사람이라고 할 수 있으나, 재난 유형에 따라 인위재난(man-maid disaster)의 피해 보상 및 복구는 원인 제공자 책임이며, 자연재난(natural disaster)에 따른 손해는 국가에서 일정 부분 책임져야 한다고 하는 것이 일반적이다. 그러나 인위재난의 경우에도 특별재난지역 선포[1]를 통해 삼풍백화점 참사나 대구지하철 화재 사건[2] 등 대형 인위재난에 대해 지방자치단체나 정부지원이 되는 경우가 있다. 이 경우 명목적으로는 정부는 나중에 원인 제공자에게 구상권을 청구해 재정을 보충한다고 말하지만, 보상금으로 선지급된 재정을 나중에 100% 회수하기는 쉬운 일이 아니다. 어려움에 처한 사람들에게 정부가 앞장서 보상하고 생존권을 보장하는 것은 당연하고 바람직한 일이지만, 원칙이 없다면 효과적인 행정으로 보기는 어렵다는 것을 한 번쯤 생각해 봐야 할 과제다. 즉, 대형 인위재난 사건에 대해서는 일정 부분 정부의 보상이 있고, 소규모 인위재난 사고에 대해서는 보상이 없다면 행정의 형평성이 어긋나는 것이다.

제2조 구호기관에서는 원칙적으로 재해구호는 지방자치단체에서 직접적으로 실시한다는 원칙을 기술한 것으로, 지방자치단체는 재해구호 계획을 작성하고 구호를 실시해야 한다. 이 조문에서 중앙부처에 대한 언급은 재해구호 활동을 지원하기 위해 소방방재청에 재해구호본부를 둔다는 구절만 있는데, 재해구호는 다수의 중앙부처와 유관 기관이 지원을 하는 형태임을 감안할 때 직접적인 지원은 지방자치단체를 통해 실시해야 한다는 것을 암시한다. 이는 직접적인 지원을 중앙부처가 직접 실시한다면 혼란과 중복 지원 등 여러 가지 문제를 초래하고 방재의 원칙 중 단일화, 통합화 원칙의 입장에서 볼 때, 바람직한 것으로 평가된다.

제4조에서는 구호의 종류를 일곱 가지로 구분하고 있다. 소방방재청 소관으로 임시주거시설의 제공, 급식 등 생활필수품의 제공, 장사의 지원, 기타 등 네 가지, 보건복지부 소관으로 의료 서비스 제공, 전염병 예방 및 방역활동, 위생 지도 등 세 가지를 구호의 종류로 언급하고 있다. 이 부분은 최소한의 의식주를 해결하는 협의의 재해구호라 할 수 있고, 이외에도 학자금 지원, 침수 주택 수리비 지원, 세입자 보조비 지급, 무상 양곡 지원 등 다양한 형태의 이재민 구호 급여가 다른 법을 통해 이재민에게 지

---

1) 특별재난지역 선포 제도는 1995년 7월 삼풍백화점이 붕괴됐을 때 처음 도입됐다. 현행 법은 특별재난지역 선포의 범위를 놓고 인위재난은 '생활기반의 상실 등 극심한 피해의 효과적 수습 및 복구를 위해 국가적 차원의 특별한 조치가 필요한 것이 인정될 때' 선포하도록 하고 있다.

2) 대구지하철 화재 수습비의 경우는 총 수습비 70% 수준인 478억 원이 국고에서 지원되었다. 국고 지원 70%의 비율은 삼풍백화점 사고 등 다른 대형사고가 50% 수준임을 고려할 때 높은 비율이다.

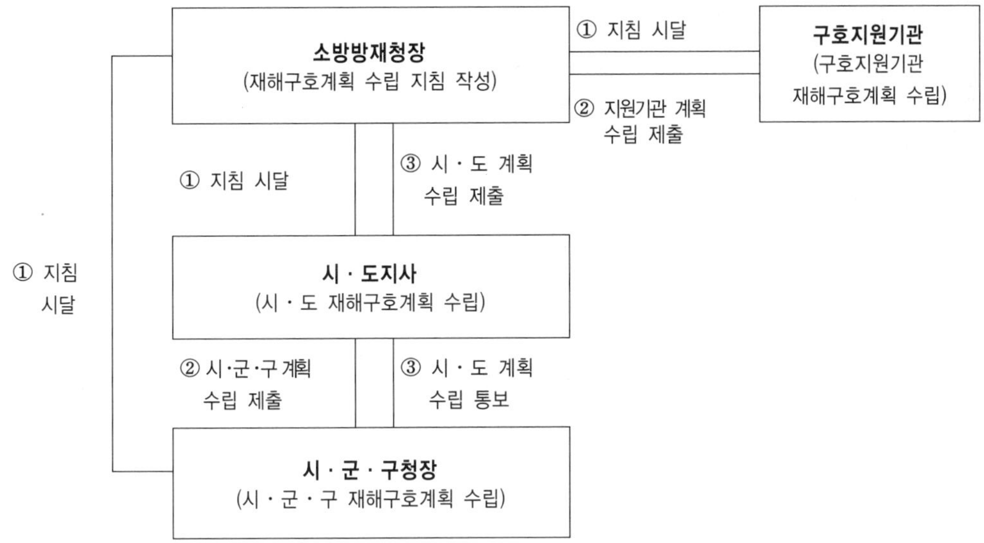

그림 5-2 재해구호 계획 수립 절차

※ 구호지원기관: 대한적십자사, 전국재해구호협회
자료: 소방방재청 재해구호사업지침(2007).

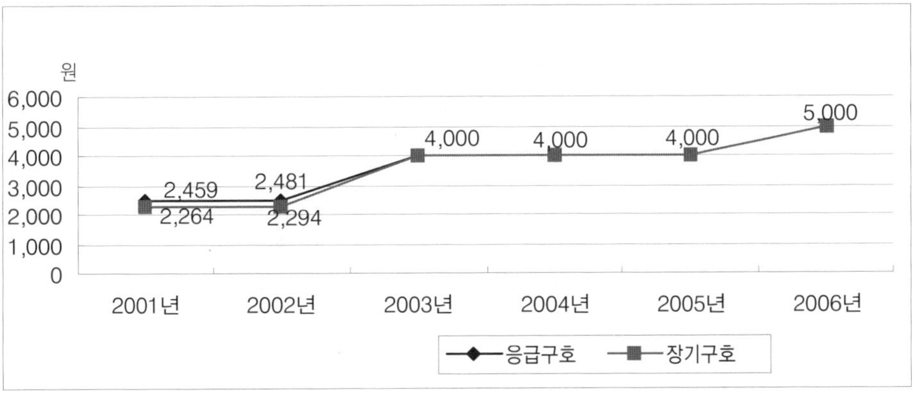

그림 5-3 연도별 일일 이재민 구호비 지원액의 변화

원되고 있다.

지급 기간은 재난 발생 후 7일간은 응급구호 기간이라고 하고 8일 이후는 장기구호라고 하여 2002년 이전에는 지원 금액의 차이가 있었으나 2003년 이후에는 실질적

으로 동일한 지원을 하고 있다. 최대 구호 기간은 「재해구호법시행규칙」 제6조에는 6월 이내로 한다고 되어 있으나, 2006년 현재 실제 운영은 응급구호 기간 7일을 포함해 60일 이내까지 지원이 가능하다.3)

제5조에서는 지방자치단체는 재해구호 물자를 상시 확보해 응급 지원 체계를 구축해야 함을 명시하고 있다. 시행규칙과 연결하면 구호물자는 최근 10년간 지역별 재해 발생 상황을 감안해 충분히 비축해야 하며, 구호물자 세트의 구체적인 기준을 제시하고 있다.

2006년 현재 재해구호 물자는 지방자치단체 782개소를 포함해 805개소에 분산 보관되어 있으나 유통 기한, 관리 인력, 적시성, 물량 확보 등 다수의 문제점 발생으로 인해, 소방방재청에서는 전국재해구호협회에 물자 구입 및 보관을 위탁하는 방식을 권장하고 있다.

표 5-1 개선된 재해구호물품 세트 기준

• 일시구호 세트(1인용) – 예상 제작 비용: 4,380원

구분	다목적 보온덮개	치약	칫솔	비누	수건	화장지
규격	213× 132cm	20g	일회용	35g	30× 45cm	50매
수량	1장	1개	1개	1개	1장	1개

• 응급구호 세트(기본용+개인용)

- 기본용(2인 1세대 기준) – 예상 제작 비용: 31,384원

구분	이불	모포	칫솔	치약	세면비누	수건	화장지
규격	200 ×170cm 1.3kg	200 ×150cm 320g/㎡	일회용	175g	100g	80× 40cm	50m
수량	1장	1장	2개	1개	2개	2장	2개

구분	베개	빨래줄, 집게	손거울, 빗	반짇고리	볼펜	메모지
규격	PVC 38 × 28 × 10	PP 5M, 8개	80× 60× 10	실, 골무, 가위, 바늘, 실꿰기	0.7㎜ 유성	10 × 48cm 30매
수량	2개	1조	1조	1개	1개	1개

3) 주택이 반파일 경우 응급구호 기간 포함 30일, 전파일 경우 응급구호 기간 60일 이내로 실시하며, 주택 사용이 불가능하여 이웃이나 공공시설에 수용된 이재민에 한해 지급한다.

- 개인용(남 · 여, 대 · 중 · 소) - 예상 제작 비용: 남-20,485원/여-21,780원

구분	남				여			
	간소복	속내의	면도기	양말	간소복	속내의	생리대	양말
규격	폴리	면	1회용	면	폴 리	면	일반 슬림	면
수량	1벌	1벌	1개	1켤레	1벌	1벌	1조	1켤레

• 재가구호 세트(4인 1세대 기준) - 예상 제작 비용: 32,154원

구분	가스렌지	코펠	수저	세탁비누	세탁세제	주방세제	고무장갑	수세미	면장갑
규격	휴대용	4인용	sus	250g	1kg	1kg	고급형	부직포	반코팅
수량	1개	1세트	4벌	1개	1개	1통	1켤레	2개	1켤레

• 개별 구호물품
- 일시구호 세트용: 1인당 생수 1병 / 응급구호 세트(기본용): 1세대당 생수 2병
- 재가구호 세트용: 1세대당 부탄가스 4개, 락스 1개, 쌀 10㎏, 부식류 1세트
- 기타: 분식 세트(분유, 분유통), 기저귀, 모기약 등

현행 물자 지원의 법적 기준은 「재해구호법시행규칙」 제8조 제4항 [별표 2]에 의해 1종, 2종, 3종으로 구분되어 있으나, 현실적인 여건과 이재민의 편의성을 위해 2005년 4월 소방방재청의 재해구호물품 세트 기준안이 마련되어 이재민 구호물자의 기준으로 제시되고 있다.

개선 구호물자 기준은 물품 세트를 일시구호 세트(1인 기준-주택 파손, 붕괴, 고립 등 재해가 예상되어 이재민 수용시설에 일시 대피한 자), 응급구호 세트(기본용+개인용-주택 파손, 침수 등 재해를 입어 이재민 수용시설에 수용된 자로 기본용은 2인 1세대, 개인용은 1인(남 · 녀, 대 · 중 · 소) 기준으로 구성), 재가구호 세트(4인 1세대 기준-이재민 수용시설에서 귀가한 자), 개별구호 물품(일시 · 응급 · 재가구호 세트 지급 대상자) 등 4종으로 구분하고 품목 추가와 실질적인 필요성을 감안해 이재민에게 도움이 되도록 했다.

「재해구호법」 제7조는 구호의 신속성과 보고 체계를 다룬 내용으로 재해 발생 시 상황을 파악하기 전이나 재해가 진행 중일 때도 행정안전부령이 정하는 기준에 따라 지체없이 우선 응급구호를 실시하고 나중에 보고하라는 내용을 담고 있다.

이 조항의 의미는 [그림 5-4]에 의한 정상적인 재해구호 급여 전달 체계를 따를 경우 피해 조사와 피해 상황 보고 등으로 시간 지체가 발생해 적시성 있는 급여가 지급

되지 않을 수 있는 것을 방지하기 위한 조항이다.

제9조는 재해구호를 위한 토지와 건물 등에 대한 우선 사용(이용)권을 규정하고 있다. 재해구호에 필요하다고 인정될 때에는 미리 소유자나 점유자에게 사용 승낙을

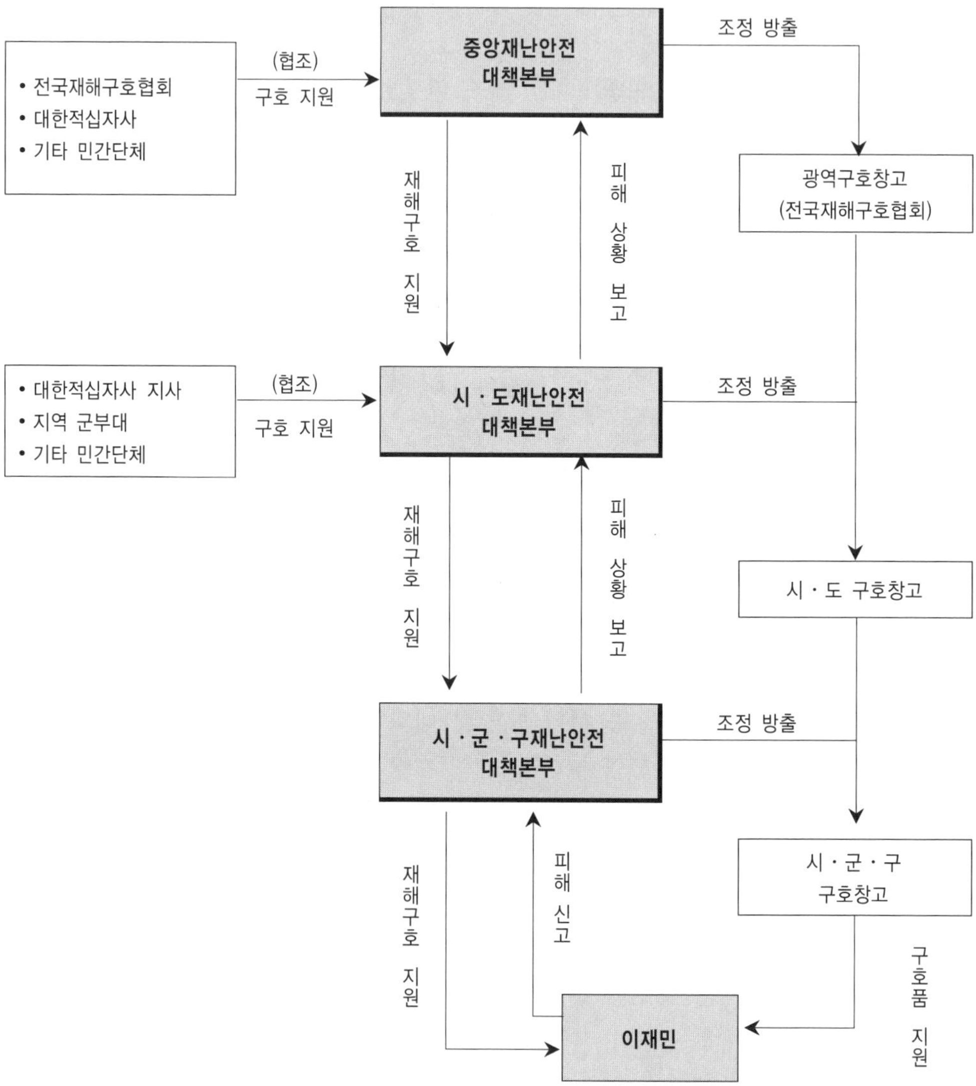

그림 5-4 이재민 구호 체계

자료: 소방방재청 재해구호사업지침(2007).

받아야 하며, 소유자나 점유자는 정당한 사유가 없는 한 적극 협조해야 한다는 강행성 규정, 이를 위해 담당 공무원의 현장조사, 손실 발생 시 정당한 보상을 해야 한다.

제11조에서는 구호기관은 구호를 행하기 위해 특히 필요하다고 인정될 때에는 의료·방역·급식 또는 물자의 취급을 업으로 하는 자에게 시설 또는 물자의 우선 사용 또는 판매에 관한 협력을 요청하며, 협력을 요청받은 자는 정당한 사유가 없는 한 이에 협력해야 한다고 규정하고 있다. 또한 구호 업무에 협력하는 자에게 정당한 보상을 규정하는데, 관련 시행령을 보면 ① 재해로 인해 피해를 입은 자를 치료한 경우, ② 이재민을 치료한 의료기관은 의료급여법에 따라 의료 수가 기준에 따라 진료비를 지급하고 의료인과 간호조무사에게는 예산의 범위 내에서 수당과 여비를 지급, ③ 재해지역에 대한 방역, 이재민에게 제공된 급식과 그 밖에 재해구호를 위해 우선 사용된 물자는 그 가격에 해당하는 금액을 지급, ④ 운송업자에게 수송 실비 지급, ⑤ 그 밖에 구호 업무에 동원되는 자에게 행정안전부 장관이 정하는 일당의 지급 등으로 구체적인 기준을 제시하고 있다.

제29조는 민간 의연금을 총괄하는 단체인 전국재해구호협회의 설립과 사업에 관한 사항을 규정하고 있다. 협회의 사업을 법 제31조와 시행령을 포함해 정리하면 ① 이재민의 구호를 위한 재해의연금품의 모집·관리 및 배분, ② 재해구호에 관한 홍보 및 조사연구 등 재해구호 관련 사업, ③ 협회가 보유하고 있는 재해의연품 및 구호물품을 보관·관리·배분하기 위한 창고를 설치·운영하는 사업 등 세 가지로 정리할 수 있다.

제14조는 재해구호 기금의 적립에 관한 사항으로 동법 시행령 제11조에서는 재해구호기금의 용도를 ① 재해구호 물자의 구입 및 보관창고의 설치·운영, ② 응급구호, ③ 토지 또는 건물 등의 사용과 시설·물자 등의 사용에 의한 보상, ④ 재해구호 비용 부담 기준에서 정하는 항목의 사전 집행 등으로 제한하고 있다.

제34조와 제36조 벌칙과 과태료에 관한 사항으로 먼저 속임수나 그 밖의 부정한 방법으로 재해구호법의 급여를 받은 자에게는 1년 이하의 징역이나 500만 원 이하의 벌금, 구류 또는 과료를 부과하도록 되어 있다. 또한 정당한 사유 없이 토지나 건물 사용에 협조하지 않은 자와 물자와 장비 우선 사용에 대한 협조를 하지 아니한 자에 대해서는 구호기관이 200만 원 이하의 과태료를 부과할 수 있도록 하고 있는데, 이 조항은 법 제7조와 제9조의 강행 조항에 대해 구체적인 벌칙을 부과한 조항이다.

2 재난 및 안전관리기본법

1) 재난 및 안전관리기본법의 의의

재난 및 안전관리기본법은 재해구호를 포함한 재난 및 안전 관련 법의 기본법적 성격을 띠고 있는 법이다. 이 법의 기본 이념은 국가 재난관리 시스템의 기본틀 구축을 위한 법적 근거를 마련하고 민관 협력을 통한 국민 참여형 종합 재난관리 체제로의 발전, 재난 예방·응급대책·긴급구조·재난복구 등에 대한 운영 체계 통합 및 일원화, 재난관리에 대한 투자 확대와 예방 우선 정책으로의 전환으로 요약할 수 있다. 이러한 법의 성격에 따라 재해구호를 간접 지원하는 법의 성격과 일부 조문에서 직접적인 재해구호를 언급하고 있는 형태로 재난에 대해 공부하고자 할 경우에는 필수적으로 짚어 보아야 할 법률이다.

2) 직접적인 재해구호 조항

먼저 제4조에서는 헌법의 이념을 좀 더 구체화해 재난에 대한 국가의 책무를 언급하고 있다. 국가 및 지방자치단체는 발생한 재난을 신속히 대응·복구하기 위한 계획을 수립·시행해야 한다는 규정을 통해 복구 영역에 해당되는 재해구호의 법적 근거를 제공하고 있다. 이 조항에는 '재난관리 책임기관[4)]'이라는 용어가 등장해 재난관리 책임기관은 지방자치단체에의 재난 및 안전관리 업무에 협조해야 한다는 규정을 통해 복구나 재해구호 복지정책 시 '구호기관'인 지방자치단체를 통한 일원화 된 지원을 할 수 있도록 했다.

다음으로 특별재난지역에 대한 제59조~61조의 조항이 재해구호와 직접적인 관련이 있는데, 이 부분은 별도의 장에서 특별재난지역의 재해구호에서 자세하게 언급한다.

이 법에서 재해구호에 가장 직접적인 조항은 제66조 국고보조에 관한 조항이다. 제3항에 국가 및 지방자치단체는 이재민의 생계 안정을 위해 이재민의 구호, 고등학생의 학자금 면제, 농림어업 자금의 상환 기한 연기 및 그 이자의 감면, 정부 양곡의 무상 지급, 그 밖에 중앙재난안전대책본부회의에서 결정한 사항 등 다섯 가지를 열거

---

4) 재난관리책임기관은 시행령에 따르면 재외공관, 국립수의학검역원, 대한적십자사, 한국공항공사 등 재해와 직·간접적인 관련이 있는 국가기관, 공공기관, 민간기관을 망라해 49개의 기관을 의미한다.

하고 있다.

이 중 이재민의 구호는 재해구호법에 급여 종류가 명시되어 있고, 재해구호법에 명시되어 있지는 않지만, 학자금 지원이나 무상양곡 지급 등 다른 지원 항목의 언급으로 자연스럽게 이재민 구호 급여 항목이 증가되는 역할을 하고 있다.

3 자연재해대책법

「자연재해대책법」은 1967년 법률 제3135호로 제정된 풍수해대책법을 효시로 하여 2005년에 법률 제7678호 「자연재해대책법」으로 법 명칭과 새로운 내용의 추가로 전면 개정된 법이다. 이 법은 우선 재해구호법에서 구호의 대상이 되는 재해의 정의를 동법 제2조에 의한 '자연재해'로 규정하고 있는데, 태풍·홍수·호우(豪雨)·강풍·풍랑·해일·조수(潮水)·대설·가뭄·지진(지진해일을 포함한다)·황사, 그 밖에 이에 준하는 자연 현상으로 인해 발생하는 재해를 구호의 대상으로 명시하고 있다.

제35조 중앙긴급 지원 체계의 구축에서는 자연재해 대책 과정에 참여하는 중앙부처를 명시하고 있다. 이는 재해구호법에는 없지만 재해구호를 위한 중앙행정기관을 파악할 수 있다. 이 중 중앙부처의 행정을 통해 재해구호에 기여하는 조항을 간추리면 다음과 같다. ① 국방부: 인력 및 장비의 지원 등에 관한 사항으로 재해구호를 위해 인력을 지원하는 역할을 하는 것, ② 정보통신부: 재해 발생 지역의 통신소통 원활화 등에 관한 사항을 통해 긴급 무료 전화가 설치되는 등의 행정을 통해 재해구호에 동참하고, ③ 보건복지부: 재해 발생 지역의 의료 서비스·위생·전염병 예방 및 방역 지원 등에 관한 사항을 통해 의료 및 방역 지원을 실시하고, ④ 환경부: 긴급 용수 지원, 유해화학물질의 처리 지원, 재해 발생 지역의 쓰레기 수거·처리 지원 등에 관한 사항을 통해 수용소나 재해지역 복구에 기여, ⑤ 건설교통부: 비상교통 수단 지원 등에 관한 사항을 통해 임시 대중교통 운행, 긴급 도로 확보를 통한 구호물자의 수송로 확보 등에 기여, ⑥ 국정홍보처: 재해 수습을 위한 홍보 등에 관한 사항으로 국민의 관심을 유도해 의연금이나 의염품 모금에 기여, ⑦ 조달청: 복구자재 지원 등에 관한 사항, ⑧ 소방방재청: 이재민 수용·구호, 긴급재정 지원, 정보의 수집·분석·전파 등에 관한 사항, ⑨ 해양경찰청: 해상에서의 각종 지원 및 수난구호 등에 관한 사항 등으로 다양한 중앙부처가 재해구호에 참여하고 있는 근거를 제공하고 있다.

4 농어업재해대책법

「농어업해해대책법」은 농업 및 어업 생산에 대한 재해 예방과 그 사후 대책을 강구함으로써 농업 및 어업의 생산력을 증진하고 농업 및 어업의 경영의 안정을 도모함을 목적으로 한다는 제1조의 목적처럼 재해구호와 직접적인 관계가 없어 보인다. 더욱이 동법에서는 재해를 농업재해와 어업재해로 규정하고 있는데, 이는 재해구호법에서 언급한 재해의 개념보다 훨씬 작은 개념이며, 이렇게 재해를 분류한다는 자체가 재해구호보다는 농어업 재해 복구가 중심인 것을 알 수 있다. 그러나 자연재해로 피해를 입은 가구에 대해 구호를 실시하는 조항을 담고 있고, 급여 내역을 명시하고 있다는 측면에서 직접적인 재해구호 관련법으로 분류할 수 있다.

제3조에서 국가 및 지방자치단체는 재해를 입은 농가 및 어가의 지원에 관한 대책을 세워야 한다고 했는데, 재해구호 부분이 지원에 포함되고 있다.

제4조 보조 및 지원에서는 자연재해대책법 기타의 법령에 의해 재해의 예방・피해의 경감・재해의 부구 및 지원의 조치를 받은 농가 및 어가는 이 법에 의한 보조 및 지원의 대상에서 제외한다고 하여 중복 지원은 방지하면서 복구 및 지원 대책을 이야기하고 있다. 이 중 재해구호의 범주에 포함될 수 있는 사항이 제9호 재해를 입은 농가의 생계 안정과 경영 유지를 위해 지원하는 경우로 이재민의 구호, 고등학생의 학자금 면제, 영농자금의 상환 기한 연기 및 그 이자의 감면, 정부 양곡의 지급 등으로 자연재해대책법의 지원 조항과 같다.

이 법은 자연재해대책법과 재해구호의 측면에서는 유사한 점이 많으나, 자연재해대책법이나 재해구호법의 경우 피해액이 일정한 규모가 넘어야 지원이 되지만 이 법은 소규모 피해라도 농어업 종사자의 경우에는 적극적인 지원을 한다는, 적어도 재해구호의 측면에서는 정책적인 배려가 있는 법으로 보인다.

5 기타 직접적인 재해구호 지원법

1) 재난구호 및 재난복구 비용 부담 기준 등에 관한 규정

이 규정은 「재난 및 안전관리기본법」 제66조의 규정에 의해 재난복구사업의 재원 등에 대한 국가 및 지방자치단체의 부담금과 재난지원금의 부담 기준에 관해 필요한 사항을 규정함을 목적으로 하는 법이다.

이 규정 제3조에서는 재난지원금을 산정하기 위해 '지원 기준 지수'라는 개념이 등장한다. 지원 기준 지수는 재난지원금을 산정하기 위해 지원 항목별로 관계 중앙행정기관의 장이 고시한 지원 기준 단가에 이 규정의 별표 1의 지원율을 곱해 1천으로 나눈 값을 말한다. 재해구호 사업지침을 보면 지원 금액이 어떤 경우에는 원 단위 금액으로 어떤 경우에는 '지원 기준 지수 세대당 1인당 10,000'이라는 용어가 나오는데 바로 이 부분에 대한 정확한 규정을 하고 있다.

이외의 조항은 대부분 국고 지원이 되는 재해의 종류, 국비와 지방비 분담 비율, 특별재난지역 선정에 따른 국고의 추가 지원, 융자 지원에 관한 사항 등으로 재해구호 재정에 관한 사항을 담고 있으며, 이러한 부분에 대해서는 재해구호 재정 편에 자세하게 설명되어 있어 여기에서는 이 정도 소개로 그친다.

2) 의연금품 관리·운용규정

이 규정은 보건복지부에서 관장하다가 재해구호 업무가 소방방재청으로 이관되면서 소방방재청장 훈령으로 관리되고 있다. 최근 개정은 2006. 2. 2로 소방방재청 훈령 제79호로 재해구호의 재정 중 주요한 부분인 의연금품의 관리·운용에 관해 필요한

표 5-2 의연금 지급액 상한선

구분	지급 대상	지급액	비고
재해로 인한 사망자 유족 등에 대한 의연금	사망·실종자 유족	세대주 : 1,000만 원 세대원 : 500만 원	
	부상자	세대주 : 500만 원 세대원 : 250만 원	산업재해보상보험법령의 규정에 의한 신체장애 등급 7급 이상
재해로 인한 주택 침수·파손에 대한 의연금	주택 전파 주택 반파 주택 침수	세대당 : 500만 원 세대당 : 250만 원 세대당 : 100만 원	
재해로 인한 생계 지원 대상 피해에 대한 의연금	생계 지원과 학자금 면제를 받은 농가·어가·임가·염 생산가	세대당 : 100만 원	재난구호 및 재난복구비용 부담기준 등에 관한 규정 제4조 제1항 제1호 나목의 규정
	소상공인 피해	세대당 : 100만 원	

자료: 의연금품 관리·운용규정 제5조 재구성.

사항을 규정함을 목적으로 한다.

의연금품의 모집 및 관리·운용은 전국재해구호협회에서 관장하며 제4조에서는 의연금의 사용을 ① 이재민에 대한 의연금 지급, ② 이재민 재해구호를 위한 물품 구입, ③ 의연금품 모집·배분·관리 경비, ④ 협회의 운영, ⑤ 기타 소방방재청장이 재해구호를 위해 필요하다고 인정하는 경우 등으로 엄격하게 제한하고 있으며, 의연물품의 사용도 이재민의 재해구호에 필요한 물품의 지원과 기타 이재민 구호를 위한 사업 지원으로 한정하고 있다. 이는 국민의 소중한 성금이 재해구호와 관련되지 않는 다른 용도로는 원천적으로 사용이 불가능하게 했다는 의의를 가지고 있다.

제5조에서는 의연금 지급 기준의 구체적인 상한액을 제시하고 있다. 세부 내역은 앞의 <표 5-2>를 참고하면 된다.

제7조에서는 이재민에게 의연금을 지급할 경우 반드시 '국민성금'임을 표시해야 한다라는 조항인데, 이러한 문구가 규정에 들어가 있다는 의미는 그동안 국민성금임에도 불구하고 일부분 국비처럼 다뤄진 부분이 있을 수 있다는 것을 의미한다. 이와 관련된 문제점이나 대안은 관련 장에서 자세하게 다룬다.

3) 복권 및 복권기금법

이외에 재해구호와 직접적으로 연관된 법으로 구호 재정과 관련해 「복권 및 복권기금법」(법률 제7849호)이 있다. 동법 제23조 제5항에서 복권기금의 배분 방법·배분 시기 및 배분 절차 등에 관해 필요한 사항은 대통령령으로 정한다고 했는데, 동법 시행령 제17조 복권수익금의 배분 및 용도 제2항에서 "공익사업으로서 대통령령이 정하는 사업"이라 함은 「자연재해대책법」 제2조의 규정에 의한 재해 및 「재난 및 안전관리기본법」 제3조의 규정에 의한 재난 등에 대한 지원사업으로서 복권위원회가 의결하는 사업으로 정의한다. 이러한 규정에 따라 소방방재청에서는 재해구호를 포함한 방재활동에 활용하기 위해 별도의 복권기금관리 운영관리요령을 제정해 운영하고 있다.

복권기금의 주요 용도 중 재해구호와 관련이 있는 부분으로는 이재민 임시거주 시설 제공(텐트, 컨테이너), 재해구호 장비 임대(세탁차, 급식차) 등이 있으며, 2006년의 경우 약 100억 원 정도의 복권기금을 활용하고 있다.

제 4 절 재해구호복지를 위한 간접적인 지원법

간접적으로 재해구호와 관련 있는 법으로는 먼저 국민기초생활보장법을 들 수 있다. 이 법에서 재해구호에 기여하는 것으로 최저생계비 기준을 통해 재해구호 급여 수준 시 참고나 기준이 될 수 있는 부분을 제시하고 있는 점과 재해로 인해 구호를 받은 이재민이 구호 기간에 회복되지 못하는 경우에 기초생활 수급권자로 지정되어 지속적인 구호를 받을 개연성을 가지고 있는 측면에서 재해구호와 연관성을 가진다.

교육인적자원부 소관으로는 고등학생 학자금 면제가 있는데 「학교 수업료 및 입학금에 관한 규칙」(교육인적자원부령 842호) 제3조(수업료·입학금의 면제·감액) 제6호의 '천재 또는 지변 등으로 인해 수업료 및 입학금의 납입이 곤란하다고 인정할 때에는 수업료 및 입학금을 면제하거나 감액할 수 있다'는 근거 조항에 의해 일정 기간 학자금을 면제하는 급여를 제공하고 있다.

제 5 절 특별재난지역의 재해구호복지

1 특별재난지역의 정의

특별재난지역은 기존 재난관리법상의 '특별재난지역'과 자연재해대책법상의 '특별재해지역'을 통합해 운영하면서 지원 기준은 자연재해 지원 기준을 준용하도록 운영하는 제도로 「재난 및 안전관리기본법」 제58조~제60조에 근거 규정이 있다. 특별재난지역을 선포하는 이유는 지방자치단체가 대처 능력을 초과하는 대규모 재난 발생으로 인해 국가안보나 국민생활에 중대한 영향을 미치는 경우 특별재난지역을 선포해 범국가적으로 대처함으로써 국민생활을 조속히 안정시키고 효과적인 사후 수습과 복구를 도모하기 위해서다. 특별재난지역이 선포된 지역에 대해서는 대규모 재난 발생으로 인한 국민생활의 피해를 고려해 재난구호는 물론 복구에 필요한 각종 특별지원을 실시하고 있다.

2 특별재난지역의 추가적인 재해구호

「재난 및 안전관리기본법 시행령」 제70조에서는 재난과 관련해 특별재난지역으로 선포한 지역에 대한 특별 지원의 내용을 명시하고 있다. 주요 내용으로는 ① 「재난구호 및 재난복구비용 부담 기준 등에 관한 규정」 제7조의 규정에 의한 국고의 추가 지원, ② 의료·방역·방제(防除) 및 쓰레기 수거 활동 등에 대한 지원, ③ 의연금품의 특별 지원, ④ 농어업인의 영농·영어·시설·운전자금 및 중소기업의 시설·운전자금의 우선 융자, 상환 유예·기한 연기 및 그 이자 감면과 중소기업에 대한 특례보증 등의 지원, ⑤ 그 밖에 재난 응급대책의 실시와 재난의 구호 및 복구를 위한 지원 등이다. 이 중 재해구호와 직접적 연관이 있는 지원 내역은 특별 위로금으로 규모는 <표 5-3>과 같다. 국고 추가 지원에 대해서는 시행규칙에 일정액을 추가 지원할 수 있는 구체적인 방법을 제시하고 있다.

표 5-3 특별재난지역 이재민에 대한 특별 위로금

피해 항목	피해 내용	특별위로금
주택 피해	가. 주택 전파	500만 원/동당
	나. 주택 반파	290만 원/동당
	다. 주택 침수	200만 원/세대별
소상공인 등이 입은 피해	'소기업 및 소상공인을 위한 특별조치법' 제2조 제2호의 규정에 의한 소상공인이 소유 또는 운영하는 시설물이 전파 또는 반파되거나 침수되는 경우	200만 원/세대별
농·임·어가의 피해	농·임·어업이 80퍼센트 이상 피해를 입은 이재민(농업인의 경우 2ha 미만 경작자에 한한다)	500만 원/가구당
	농·임·어업이 50퍼센트 이상 80퍼센트 미만 피해를 입은 이재민(농업인의 경우 2ha 미만 경작자에 한한다)	300만 원/가구당

※ 특별재난지역의 주택의 파손·유실에 대한 복구는 피해 규모에 관계 없이 18평 이하의 주택을 기준으로 지원하되, 빈집은 제외하며 지원 기준은 평당 200만 원으로 한다.

제 6 장

재해구호복지와 민관 협력 체제

방재의 문제는 발생 메커니즘상 시간적 · 공간적으로 지역에 한정되는 특성을 가지며, 지역에 따라 현상이 다양하므로 전 세계적으로 지역의 현장 대응 능력이 방재정책 결정의 중심이 되고 있는 추세이며, 초동 진압의 효과를 높이기 위해 민간 자율방재 조직이 새로운 파트너십의 형태로 대응 위주의 소극적 참여에서 정책 형성 및 집행 영역(예방 · 대비 · 대응 · 복구)까지 역할이 확대되고 있다. 그러나 우리의 방재 시스템은 지방자치단체의 재정 능력 미약, 경험 부족 등으로 여전히 중앙정부 중심으로 운영 중이며 시민 참여의 기회와 열망은 커지고 있으나 민관 파트너십 구축은 미흡한 실정이다.

이에 정부 부문, 시민 부문, 기업 부문 내의 협력 체제 방향과 함께 앞으로 지속적으로 추구해 나가야 할 민관 협력 체제 구축 방안을 소개하고자 한다.

제 1 절 기본 방향과 전제

삼풍백화점 붕괴사고와 태풍 루사에 대한 사례분석을 통해 드러난 문제점들을 통해 민관 협력 체제에서 재해관리 단계별 주요 사회자본 변수를 정리해 보면 <표 6-1>과 같다(성기환, 2004).

민관 협력 체제에서 신뢰는 협력 관계를 갖고 지속적으로 활동하기 위한 기초가

표 6-1 재해관리 단계별 주요 사회자본 변수

지표 \ 단계	예방	대비	대응	복구
신뢰	상호 이해 친밀도	상호 이해 친밀도	상호 이해 친밀도	상호 이해 친밀도
규범	법적 근거 재해교육	협약 체결 재해교육	법적 근거 협약 체결	법적 근거
네트워크	협의체	협의체 정보 공유	협의체 정보 공유 자원 연계	협의체

되기 때문에 각 단계별로 모두 필요하며, 특히 복구 단계에서는 앞으로 재해가 다시 들이닥치더라도 극복할 수 있도록 건설되어야 한다는 점에서 시민과 정부 간의 신뢰가 더욱 중요한 지표라고 여겨진다. 대형 재해 때마다 시민들이 정부에 대해 보상을 요구하며 농성을 벌이는 것이 정부에 대한 신뢰가 형성되지 못한 이유가 크다고 볼 수 있다.

규범은 예방 단계에서 특히 주목되는데 시민들, 건축 시공자, 인허가 공무원들의 안전 의식이 무엇보다 중요하기 때문이다. 특히 대형 참사 현장에서는 주요 사건의 발단이 안전불감증의 원인이 있었다.

네트워크는 재해 발생 시 공조 체계가 직접적으로 중요한 대비, 대응 단계에서 중요하다고 판단된다. 재해 발생 시 신속한 구호활동을 전개하기 위해서는 기관 간에 협의체가 구성되어 긴밀한 접촉과 정보 교류를 통해 체계적이고 조직적인 활동이 이뤄지는 것이 필요하기 때문이다.

사회자본의 변수들은 네트워크가 형성되고 원활하게 운영되기 위해서는 신뢰도 필요하고 규범도 있어야 하듯이 별도로 떨어진 개념이 아니고 연계되어 있지만, 재해관리 단계에 따른 주요 사회자본 변수를 정리해 봄으로써 단계별로 중점을 두고 좀 더 구체화해야 할 변수의 우선순위를 살펴보고자 함이다.

여기에서는 민관 협력 체제의 문제들을 사회자본이론의 시각적 접근을 통해 분석하고, 한국보다도 더 다양하고 큰 재해를 겪음으로써 오래전부터 다각적으로 방재 시스템을 연구해 온 미국과 일본을 중심으로 한 주요 국가들의 방재 체제를 살펴봄으로써 한국적 상황에 맞는 민관 협력 체제 모형을 제시하고자 한다.

이를 위해 민간 부문과 정부 부문별 각각의 협력 체제의 개선 방안을 제시하고 민간 부문과 정부 부문이 어떻게 협력 체제를 갖추는 것이 바람직할지에 대한 모형을 제안하고자 한다. 그리고 특히 활성화되어 있지 않은 민간기관의 역할에 대해 초점을 맞춰서 재해관리 단계별로 구체적인 재해구호 활동에 대한 민관 협력 방안을 마련했다.

제 2 절 민간 부문 협력 체제

1 시민 협력 체제

시민단체는 기능 영역에 기반을 두고 있는 것과 지역에 기반을 두고 있는 조직으로 구분될 수 있다. 이러한 시민단체의 형성 여건의 관점에서 새로운 시대에 시민단체의 정책형성 능력과 실천 효과를 제고하기 위해 필수적으로 요구되는 것이 단체 간의 협조 및 조정 기능이라 할 수 있다. 그러나 최근 들어 한국에서도 이와 같은 기능을 담당할 협의체 구성에 대한 필요성은 느끼고 있지만, 산발적인 시도가 있을 뿐 통합적인 협력체를 발족하지는 못하고 있다. 대형 재난이 발생할 때마다 통합적인 협력 체계가 갖춰지지 않아 비효율적이고 체계적이지 못한 활동이 이뤄져 많은 문제점이 드러났다.

시민단체가 제공하는 서비스의 비중이 증대될수록 기존의 공공 서비스 공급과 관련해 정부 및 공공단체와의 역할 정립과 조정의 필요성은 더욱 증대될 것이다. 따라서 급격하게 변모하고 있는 공공 서비스 공급 환경 변화에 신축적으로 대응하고, 시민단체의 자유로운 설립과 활동을 보장하는 한편 공공 서비스 공급의 효과성을 제고하기 위해서라도 정부 및 공공단체와의 기능 간 또는 지역 간, 그리고 종합적으로 정부와 파트너가 될 수 있는 연합체를 육성하고 그에 따른 협조규칙을 확보할 필요가 있다.

재해에의 대응은 재해 현장의 긴급성과 위험성에 의해 전문화되고 일원화된 통합관리 체제에 의해 운영될 것이 요구된다. 그러나 조정 기능의 미약, 공공조직과의 연결 접점과 규칙의 미확보 등 일반적인 형성 기반에 문제점이 있는 것으로 나타나고 있다. 이와 같은 점이 재해 발생 시에는 현장에 참여하는 다양한 시민단체를 재해통합 관리 시스템으로 편입시킬 수 있는 대응 체제가 이뤄지지 않는 데다 재해 현장의 긴급성과 위험성에 대처할 수 있는 교육·훈련된 시민단체도 부족하다는 점이 시민단체의 위기 상황 대처 능력을 어렵게 하는 요인이 되고 있다. 대형 재해 현장에는 다양한 자원봉사자와 조직이 참여하게 된다. 그러나 한국 시민단체의 경우는 현장에서 활동할 전문 구호요원이 부족함은 물론 훈련된 전문 자원봉사자나 단체도 부족하고, 다양한 자원봉사자나 조직을 일원화된 재해통제 시스템으로 편입시킬 수 있는 체제가 구축되어 있지 않아 오히려 현장 대응 활동을 어렵게 하는 요인으로 작용하기도 한다.

최근에 이르러 사고 대상물이 증대하고 그에 따라 예측하기 어려운 위험도가 증가되고 있다. 더불어 신기술과 신물질을 사용하는 생활 패턴의 변화로 인해 사고 유형이 다양화·복합화되고 있고, 고도의 시스템 사회로 이행함에 따라 피해의 파급도가 증가 또는 광범위화하고 있는데 반해 대응 기반과 체제는 특히 초동 체제에서 재난 환경 변화에 적절히 대응하지 못하는 분야와 지역의 사각지대가 날로 증가하고 있는 것이 현실이다. 이러한 관점에서 재난 발생 시 현장의 발생 시점에서 초동 조치의 극대화와 공공의 실패가 발생하기 쉬운 사각 영역과 지대에의 재난 대응을 위해 다음과 같은 시민단체의 재난 대응 능력 극대화와 전문성 강화를 위한 역할과 기능의 재정립이 필요한 시점이다.

1) 재난 발생 시의 역할과 기능

유사시 신속한 자체 초동 조치, 정보전달 연락, 구조구급, 피난 유도, 급수급식 등 구호, 피해자 안정 등의 기능을 수행하기 위해서는 적어도 ① 소방방재 안전관리 활동이 가능한 다수의 시민으로 구성된 시민단체, ② 재난 발생 시 대응 가능한 능력을 갖춘 구성원과 장비, ③ 대응력 극대화를 위한 재난 참여 자원봉사자와 단체의 조정·통제장치 등이 필요하다.

자율조직의 성과는 지도자의 지도력에 좌우되는 경향이 있다. 따라서 이를 지휘하고 통제할 수 있는 의사결정 능력이 가능한 지도자의 능력도 중요한 활동 조건이 된다고 할 수 있다.

2) 평상시의 역할과 기능

평상시에는 위기관리 시를 대비한 능력과 여건을 구비하기 위한 활동을 수행하게 된다. 즉 ① 다양한 활동 기반과 계층의 방재안전 문화 의식 조성, ② 자율교육과 훈련, ③ 지역 및 활동 장소의 자율방재 안전 감시, ④ 자율방재 조직의 운영 및 공공과의 협조, ⑤ 국내외 안전시민운동의 네트워크 구축, ⑥ 다양한 재난 발생 상황을 감안한 정책형성 및 대응을 위한 지식기반 지원 등의 기능을 수행할 수 있는 시민단체의 역할과 기능이 필요하다.

이러한 관점에서 역할과 기능 그리고 능력면에서 다양한 방재 안전 관련 시민단체들의 능력을 극대화하기 위해 우선은 위와 같은 기능을 종합적으로 수행하고 아울러 총괄 조정 기능을 수행할 수 있는 시민단체연합조직 구축이 시급히 요구된다. 즉 미국의 NVOAD[1]나 일본의 NVNAD[2]와 같이 '한국재난안전네트워크(Korean Disaster Safety Network: KDSN)'와 같은 민관산학 네트워크 구축이 필요하다. 이 조직을 통해 재난관리 시에 각 기관 간의 원활한 의사소통, 조정, 협력 등을 통해 효율적 재난안전 활동을 수행해 나갈 수 있을 것이다. 한국재난안전네트워크는 아직 초창기에 불과하지만 미국의 NVOAD가 20여 년이 걸려 서서히 전국적인 조직으로 자리잡아 왔듯이 해를 거듭할수록 한국적 상황에 맞는 운영 방식의 정립, 그리고 기관 간의 역할분담과 상호 지원 체계를 구축함으로써 뉴거버넌스형 민관 협력 체계의 기틀을 마련하고 민간 중심의 지역 자율방재 체제를 확립하는 데 기여할 것으로 기대된다.

한편, 고베(神戶) 대지진 때 평소의 사회운동 네트워크가 볼런티어의 동원 네트워크로서 성공적으로 기능했다는 사실을 확인할 수 있었다. 각급 학교나 공원 등에 마

---

1) 미국에서는 대형 재해가 발생했을 때 무엇보다도 대응에 나선 여러 민간자원 봉사조직들은 중복이나 공백을 최소화하기 위해 정보를 공유하고 서로를 조정할 필요성에 의해 자원봉사조직의 협의체인 VOAD(Voluntary Organizations Active in Disaster)와 NVOAD를 구성했고, 각각 지역사회와 국가 차원에서 이러한 역할을 담당한다. NVOAD는 1969년 허리케인 카미유(Camille)가 지나간 뒤 희생자와 지역사회에 자원과 서비스를 제공했던 민간자원 조직들이 서비스의 중복을 최소화하고 방재안전관리 활동을 더욱 효율적으로 수행하기 위해 논의가 시작되었다. 1970년에 NVOAD를 창설했고, 현재 40여 개 전국 조직과 50개가 넘는 주VOAD 및 지역 VOAD로 구성되어 있다. NVOAD는 전국 차원에서, VOAD는 주 차원에서 통신, 협력, 조정, 교육, 리더십 개발, 관련 입법 지원, 훈련 등의 기능을 수행하면서 각 위상에서 구세군, 탁아소, 종교단체, 병원, 전문가단체를 조정・지원하는 조직이다. FEMA가 재정 및 운영 지원을 하는 가운데 1993년부터는 FEMA 고문위원회에 NVOAD 의장이 참가하고 있는 형태로 운영되고 있다.

2) 고베 대지진에서 한 가지 확인된 것은 반드시 재해와 관련된 자원봉사단체가 아니더라도 기존의 사회적 네트워크가 시민사회의 자구 노력에 큰 도움을 주었다는 사실이다. 이에 일본에서는 재해 시에 민간자원 활동의 중요성에 대한 인식에 따라 1995년 고베 대지진 이후로 큰 변화의 계기를 맞았다. 그 대책의 하나가 1996년 재난 시에 활동하는 다양한 자원봉사기관을 조정하는 최초의 비정부조직으로서 재해대응 민간자원봉사자 네트워크(Nippon Volunteer Network Active in Disaster: NVNAD)를 구축했다.

련된 피난소에서는 질서가 자체적으로 유지되어 시민정신의 저력을 보여 주었는데 재래형의 지역조직인 정내회(町內會)·자치회가 영향력을 발휘하고 있는 지역은 자주적인 방재조직이 작동해 피해를 최소화하는 데 크게 기여했으며 피난소에서도 조직적 관리를 할 수 있었다. 그리고 정내회·자치회의 리더가 가족 수를 파악하고 있는 동네에서는 구출활동이 신속하게 전개되어 사망자도 적었다는 사실은 공동체의 중요성을 다시 한 번 깨우쳐 주는 계기가 되었다. 또한 나가타구(永田區)에서 주민의 자치활동 조직이 약화되어 있던 신요오소학교구는 불이 계속 번지고 불씨가 남아 재발하는 사건이 많았다. 그러나 현직 자치회장이 공해 때문에 천식에 걸린 아동의 문제를 다루는 운동가 출신인 마노소학교구에서는 불을 확실히 껐을 뿐만 아니라 수습도 빨랐다.

평상시의 시민운동이나 상호부조 관계를 통해 마련된 사회적 네트워크가 재해 상황에서 볼런티어를 모으는 통로로 기능할 수 있었다는 사실에서 지연에 기반을 두지 않은 공동성이 발휘될 수 있는 가능성이 제시되고 있다. 즉 제도가 마비된 상황에서는 시민사회적 영역의 건강성이 중요하다는 시사를 찾을 수 있다(한국언론연구원, 1995: 200)

비상사태에 대한 초기 대응과 피난소 생활의 경험을 통해 공동성을 기반으로 하는 지역사회의 중요성이 다시 한 번 주목되었다. 시민사회의 자립성과 네트워크가 공식적인 제도가 마비되었을 때 발휘하는 사회조직력이 재해 대책에서 불가결하다는 점을 인식할 필요가 있다. 여기에서 우리는 도시사회에서도 지역적 공동성의 복원을 지향하는 정책적 발상이 필요하다는 교훈을 얻을 수 있다. 그러므로 한국재난안전네트워크는 지역 내의 풀뿌리단체들도 모두 포함할 수 있는 연합체로서 기능할 것을 목표에 두어야 할 것이다.

또한 한국재난안전네트워크는 정부 부문에서 다루기 곤란한 취약계층에 대한 구호활동에 특히 관심을 가져야 한다. 고베 대지진 때에 고베 일대에서는 다양한 국적의 외국인이 살고 있었으며, 이들 가운데 상당수는 볼런티어 조직이 걱정 말고 상담할 것을 권유해야 할 불법 체류자라는 사실이 드러났다.

1994년 6월 말 현재 공식적으로 효고(兵庫)현에 거주하는 외국인 등록자는 한국·조선인 7만 862명, 중국인 1만 3,334명, 베트남인 1,622명, 필리핀인 1,316명, 인도인 1,047명, 페루인 778명 등 모두 9만 8,795명이었다. 이는 불법 취업자를 감안하지 않은 숫자다. 재일동포의 주요 생활 수단이었던 케미컬슈즈 산업에는 이란, 방글라데시, 파키스탄 출신의 불법 취업자가 다수 종사하고 있었다. 특히 히가시나다(東灘)에서 아마가사키(尼崎)에 이르는 공장지대에는 비자에서 허용된 체재 기간을 넘겨 불법 취업자가 되어 버린 외국인 노동자들이 많은 것으로 알려지고 있었다.

나다구에는 외국인 유학생이나 시간제 노동 허가를 받고 어학 연수를 명분으로 입국한 취학생들이 많았다. 이들 외국인 가운데서 발생한 지진의 피해자는 약 4,500명이다. 효고현에서 공식적으로 파악된(1995. 4. 14 발표) 외국인 사망자를 보면 9개국 179명이었다. 그러나 불법 취업자만이 아니라 90일 미만의 단기 비자로 입국한 사람들은 외국인 등록이 되어 있지 않으므로 이들의 피해 상황은 행정기관에서도 파악되어 있지 않다는 점을 감안할 필요가 있다. 지진이 난 다음에 실제로 귀국하겠다고 출입국관리 당국에 출두한 불법 체류자는 158명에 달했다(1995. 4. 15 현재).

지진 이후의 상황 가운데서 말이 통하지 않는 외국인들은 더 한층 심각한 고통을 겪을 수밖에 없었다. NGO단체들은 오사카(大阪)에서 '외국인 지진정보센터'를 조직해(1995. 1. 22) 13개 언어로 뉴스레터를 발간하고 전화 상담 활동을 시작했다. 4월 23일까지 3개월간 844명과 상담하는 활동 실적을 보였다. 고베대학 근처의 '고베학생청년센터'를 방문했을 때에도(1995. 2. 26) 건물 내부에는 숙소가 파괴되어 갈 곳이 없는 한국과 중국의 유학생 20명이 머무르고 있었다. 고베대학에서만 7명이 사망한 외국인 유학생들의 경우에는 학위 논문 제출이나 시험 때문에 먼 곳으로 이동할 수 없는 사정이 있었다. 국제전화회사인 KDD의 지원으로 무료로 사용할 수 있는 국제전화가 임시로 가설되어 있었다. 이곳에서는 '이재증명서'를 발급받은 외국인 학생들에게 긴급자금으로 3만 엔을 원조하는 캠페인을 벌여 지급받은 외국 학생의 숫자는 4월 4일까지 765명에 달한 것으로 알려졌다. 지역의 경제활동이 마비되어 학생들의 부업도 큰 타격을 받았으므로 이러한 도움은 매우 귀중한 것이었다고 할 수 있다.

이상에서 고찰한 바와 같이 시민사회가 성장해 외국인의 보호에도 기여한 사실에 주목할 필요가 있다. 즉 진정한 의미의 국제화는 시민사회 내부에서 보편적 가치 기준의 형성과 동일 궤도상에 있는 과정이라고도 표현할 수 있다는 점이 강조될 필요가 있다(한국언론연구원, 1995: 181-185).

이웃이나 불런티어를 비롯한 시민사회로부터의 도움은 피해자의 일차적인 생존을 돕는 데 그치지 않고 심리적인 안정을 회복하는 일에도 크게 기여했다. 피해자를 대상으로 한 NHK의 조사(1995. 2. 9~2. 12)에서는 "폭동과 약탈은 전무하다고 해외 언론들이 경탄해 보도한 바와 같이, 고베 대지진에서는 피해자가 침착하게 행동하고, 피해 지역의 혼란은 최소한도로 억제된 이유는 무엇이라고 생각하는가?"라는 설문에 대해 "분위기와 연대감의 자연 발생"을 지적한 사람들이 압도적으로 많았으나, 피해자가 고립되어 있지 않고 "전국에서 구원의 손이 뻗치고 있으며", "경찰, 소방, 자위대의 구원활동을 알았고", "매스컴 보도에서 자신들이 처해 있는 상황을 알았기 때문에" 냉정해질 수 있었다는 반응이 나왔다(한국언론연구원, 1995: 193-194).

또한 고베 대지진 때 공공 부문의 답답한 대응은 일본의 사회관리 시스템을 전반적으로 고칠 필요가 있다는 구조개혁론자들의 주장을 뒷받침하는 근거로 제시될 정도였고, 피난민들이 공무원이 들어오면 화내는 일이 많아 피난소에 잘 들어오지 못했다고 한다(한국언론연구원, 1995: 178, 187). 이렇듯 현장에서 볼런티어에 대한 의존도가 높을 수밖에 없는 상황은 세계적인 추세로서 한국재난안전네트워크의 통합적 운영의 필요성은 더욱 중요하다 하겠다.

2 기업 협력 체제

고베 대지진 때 기업의 반응은 신속하고도 유연하게 나타났었다. 이는 규칙에 얽매어 상황 적응이 늦었던 공공 부문의 행동과 좋은 대조를 이뤘다. 전화가 불통된 상황에서도 전기기기 메이커인 NEC는 자체 통신망을 이용해 기능을 발휘할 수 있었다. 다른 기업들도 종업원의 구출과 생활 지원대책을 신속하게 마련해 조직력을 과시했었다. 기업의 유연성은 일반 시민에 대한 구호활동에서도 발휘되었다. 예를 들어, 대중교통이 마비된 상황에서 관리직 사원이 무리해서 출근하지 않고, 소학교에 피난소에도 못 들어가 동네 주차장에 모여 있는 이재민들을 돕기 위해 활동한 사례가 보고되었다. 그가 벌인 활동의 주요 내용은 회사에 연락해 식량, 천막, 방수포, 발전기, 물탱크, 매트리스 등을 지원받아 어느 정도 위기 상황을 벗어날 때까지 10일간 리더의 역할을 수행한 것이다. 회사에서도 중간 지점에 있는 사원의 아파트를 물자를 중계하는 장소로 지정해 조직적인 도움을 제공했다. 즉 그는 회사의 조직력을 동원해 지역 주민에 대한 구원활동을 전개하는 리더십을 발휘했다고 볼 수 있다.

기업의 능률적 대응 자세는 시장 경쟁 속에서 생존해야 한다는 냉엄한 현실 논리를 기반으로 만들어진 것이다. 즉 시장 원리의 활성화와 조직의 효율적 운영이라는 점에서 많은 시사점을 찾을 수 있다. 고베 대지진은 지역사회의 구원, 종업원의 생활보장, 생활물자의 공급, 생산시설의 복구 등 여러 부문에서 기업의 사회적 책임 의식이 중요하다는 점이 다시 한 번 확인되는 계기가 되었다(한국언론연구원, 1995: 178-180).

한편 일본의 '자치로(自治勞: 전일본자치단체노동조합)'는 지방자치제 공무원들의 노종조합이며 대립적 운동 노선으로 유명했었다. 반면에 고베 대지진으로 초래된 비상 사태 하에서는 피해 지역의 구원과 복구를 위해 적극적으로 협력하는 자세를 보이고 있는 것으로 나타났다. 처음에는 전국의 국가공무원과 지방공무원이 명령에 의해 파견되었다. 그러나 현지에서 격무에 시달리는 이들의 힘만으로는 행정력 지원의 한계가 곧 나타나 자치로가 노조의 운동 차원에서 나서게 되었다. 자치로가 설치한 '현지복구대책본부'의 활동을 보면 현지 행정 당국이 필요로 하는 물자와 서비스의 내용을 파악해 지원 프로그램을 협의하고 산하 조직에 알리고 있었다. 즉, 자치로 조직이 자치제 간 협력 또는 중앙정부와 자치제의 협력이 이뤄지는 일종의 의사소통 통로로 기능하고 있는 양상이 나타났다.

자치로는 사태 수습이 장기화됨에 따라 실제로 행정 업무의 일부를 수행하는 모습을 보이고 있었다.[3] 자치로의 대응은 공무노동이라는 직장의 특성을 살려 행정기구의 기능을 보완하면서 구원활동에 기여하는 방식이라고 할 수 있다. 조합원의 권익 보호만이 아니라 각급 행정 단위 간의 의사소통을 원활하게 하고 피난소 관리와 같은 일선 업무를 위탁 관리하는 일종의 정책 참가와 경영 참가활동이 전개되는 모습이 주목된다.

자치제의 노사가 시민에게 양질의 서비스를 제공한다는 측면에서는 일종의 공통 기반을 갖고 있으며, 공공재의 공급이라는 업무의 특성이 노동운동의 성격에도 반영되어 있음을 볼 수 있다. 즉 중앙정부와 자치체의 조직이 대응 능력의 한계를 노출했을 때 노동조합이 구원활동에 적극적으로 개입해 정책 실행 주체의 일부로서 기능하게 되는 양상이 드러나고 있다(한국언론연구원, 1995: 201-205).

일본에서도 종래에는 자주방재 활동은 주민이 행하는 것으로 생각되어 왔지만 고베 대지진 때의 교훈으로 지역의 기업과 협력 관계가 부상되었다. 예를 들면, 기업의 자위소방대가 근린 화재 시에 출동해 초기 소화 활동을 임한다면 주변의 주민들에게는 안정감을 심어 주게 된다. 또 기업에서도 주변의 화재를 진화시키는 것이 연소를 방지하는 것으로 되어 자기 회사의 안전으로도 연결된다.

또, 남성이 출근하면 주거지에는 재해 약자라고 일컫는 부인과 고령자와 어린이만 남겨져 재해 시에 유효한 활동이 이뤄지지 못한다. 그런 경우 남자들이 많은 근처 기

---

3) 자치로 본부는 2월 5일부터 1개월간 매일 200명을 동원해 '피난구호소'와 구원물자를 보급하는 '집배센터'에 파견한다는 방침을 밝혔다.

업과의 협력이 불가결하게 된다. 이와 같은 관점에서 주민과 기업과의 협력 관계를 형성해 가려고 하는 움직임이 나온다. 이러한 관계가 성립하면 근무 중인 남성은 재해 시에는 다른 가족을 구하게 되는데 자기 가족은 또 다른 기업의 남성이 구하게 되는 것이다.

재해 시에는 인류는 다 같은 형제이고 가족이라는 정신으로 근처의 사람을 구한다는 사고를 바탕으로 주민과 기업과의 협력 관계를 고려해야만 한다. 또, 적극적으로 기업 쪽에서 지역에 공헌한다는 차원에서 근린 재해지원대를 편성하고 있는 아사히 맥주와 같은 기업도 있다. 이와 같은 활동은 주변 주민에게 안정감을 주고 기업으로서는 주민들에게 좋은 이미지를 갖게 한다.

업무지구에서는 각 기업 간의 협력 체제를 구축하려는 움직임도 나오고 있다. 기업 간의 협정은 지하도나 공업단지 등에서 보이는데, 추후 내용을 충실히 하면서 늘어날 것이다. 지구적인 협정으로는 대규모 재개발 지구 등을 방재 거점으로 정비해 가면서 지구 내의 기업 간, 또는 주변과의 협력 협정으로 확대될 것이 과제로 남는다. 또 특히 이와 같은 일은 매립지 등 새로운 계획적인 시가지에서 처음부터 그와 같은 방재협정이 정해져 있으면 유효하다. 미나토미라이 21지구에서는 방재세칙을 정해 방재 체제의 확립에 치중하고 있다.

이상과 같이 앞으로의 자주 방재는 기업과의 협력 관계와 기업 간의 협력 관계를 어떻게 마련하는가가 주제이고, 이것이 피해의 정도를 결정하게 된다.

그 반면에 기업이 근처에 없는 경우 부인들에게 의존할 수밖에 없다. 그래서 여성소방단을 결성하는 것도 고려해 볼 만하다. 재해에 강한 주부를 육성하려는 것이고, 지역 상황에 따라 필요한 일이다.

좀 더 충실한 자주 방재활동은 고령자와 신체장해자, 그리고 유아 등 재해 약자에 대한 대책이 포함되어야 한다. 앞으로의 방재는 이와 같은 복지적인 면도 고려할 필요가 있다. 이와 같은 관점에서 고베시의 방재복지 커뮤니티는 바람직하다.

또 마을만들기협의회는 마을회(町會)보다도 상점가나 목조 주택이 밀집되어 있는 지구 등과 같이 시가지 형태의 지구 마을 만들기를 위한 협의회다. 방재활동이 주목적이 아니라고는 하지만 같은 문제를 안고 있는 지구를 위해 당연히 방재문제도 주제가 된다. 그 점에서 방재 의식이 높은 협의회로 발전해 유효한 방재활동이 기대될 수 있을 것이라고 생각된다. 그러나 이 경우 마을회 단위로만 한정하지 말고 마을회 활동과의 조정을 고려할 필요가 있다.

이러한 자주 방재활동의 예로서 지역별로 자주 방재활동을 위한 간이 구출훈련 실시 매뉴얼을 작성한 '시즈오카(靜岡)현의 자주 방재활동', 행정과 기업의 자위소방대와의 협약을 체결한 '세이코인스츠멘츠 타카츠카(高塚) 사업소', 기업의 근린지역 지원 활동 사례인 '아사히 맥주 도쿄 공장의 근린 재해지원대', 피재지 고베시에서 생긴 지역의 복지활동과 방재활동의 밀접한 연대에 의해 이런 활동에 적극적으로 활동하고 있는 '방재복지 커뮤니티' 및 새로운 계획적인 시가지의 기업 간 방재 협정의 예로서 '미나토미라이 21지구의 방재규칙'이 있다(三船康道, 1998: 102-104).

한국에서도 최근에 전국경제인연합회를 중심으로 '재난재해 극복을 위한 경제계 네트워크'를 구성하고 있다. 전국경제인연합회는 2003년 9월 30일에 모여 '재난재해 극복을 위한 경제계 네트워크 구성 간담회'를 개최하고, 기업의 재해구호 활동을 적극 지원하기 위한 민간 경제계의 네트워크 구성 현황과 운영계획을 밝혔다. 기존의 기업 사회공헌 조직을 최대한 활용해 재난재해에 대해 경제계 공동으로 대처하는 한편, 정부재해대책기구 · 구호 관련 NGO · 자원봉사단 등과 긴밀한 연계 시스템을 갖춰 좀 더 체계적이고 효율적인 재해구호 활동을 전개하기로 했다. 전경련이 이처럼 '재난재해 극복을 위한 경제계 네트워크'를 구성하게 된 배경은 매번 되풀이되는 재난재해 피해를 최소화할 수 있는 대비책 마련과 실제로 재난재해 발생 시 신속한 복구 지원 체제를 가동시키는 것이 무엇보다 중요하다는 점을 인식한 데에 기인한다.

'재난재해 극복을 위한 경제계 네트워크' 구성 현황을 보면, 전경련이 추진사무국을 맡게 되고, 조직 체계는 행정지원반(연락 · 현장조사 · 애로 사항 접수 등), 물품지원반(구호물품), 응급복구반(인명구조 · 붕괴시설물 복구), 대민구호반(인력봉사 · 급식 · 통신 · 의료 및 약품 · 가전 및 자동차A/S · 금융 서비스 지원), 홍보반 등 5개반으로 편성했다. 경제계 네트워크에 참여한 기업은 업종단체를 포함해 200여개 사가 넘었으며, 앞으로 더 많은 기업의 참여로 확대될 것으로 보고 있다.

'재난재해 극복 경제계 네트워크'의 주요 활동 내용으로는 평상 · 완화 단계, 준비 단계, 대응 · 복구 단계, 회복 단계 등 각 단계별 행동지침을 수립하는 등 기업 간 정보 교류 및 코디네이터의 역할을 충실히 수행하는 방향으로 세분했다. 향후 주요 활동계획으로는 기업별 · 업종별 특성을 감안한 기업의 재난재해 대처 실천 매뉴얼을 작성해 배포하는 한편 긴급구호 키트(kit) 제작, 온라인상 정보 공유를 위한 '재해대책 사이트' 운영, 재해대책 관리자 교육 세미나 개최 등을 수행하기로 했다(전국경제인연합회, 2003).

기업 간의 역할 분담을 체결함으로써 과잉 중복 지원으로 인한 자원의 낭비를 해소하고 효율적인 자원 연계를 기할 수 있다는 점에서 매우 바람직하며, 활동의 표준

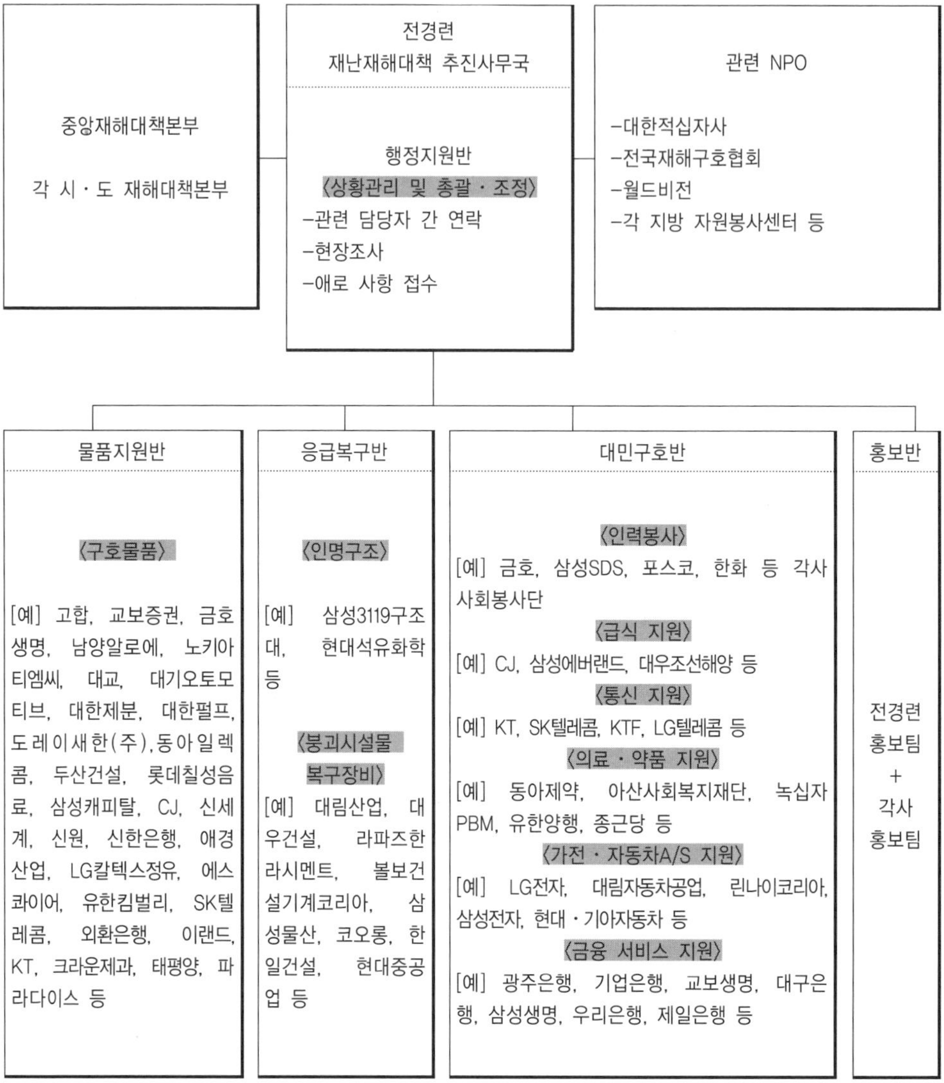

그림 6-1 경제계 네트워크 조직 체계

자료: 전국경제인연합회(2003), 「재난재해 극복을 위한 경제계 네트워크」, 전국경제인연합회, 12쪽.

화를 위한 매뉴얼 제작, 그리고 재해정보 공유를 위한 재해대책 사이트 운영 및 정기적인 모임 등은 재해 현장에서 긴밀한 공조 체제를 확립해 줄 것이며, 관리자들에 대한 교육 세미나 개최 등을 통해 규범의 내재화가 이뤄질 것으로 생각된다.

제 3 절 정부 부문 협력 체제

재난 관련 법률은 기본법으로 민방위기본법, 자연재해대책법, 재난관리법이 있고, 그 밖에 건축법, 소방법, 원자력법, 도로법, 항공법 등 다수의 개별 법으로 규정되어 있어서 이들 법률 상호간 연계성이 부족하고 다수의 부처가 관련되는 재난사고가 발생할 경우 부처 간의 협력 체계도 미흡하며 책임 소재가 불분명해 신속한 대처가 이뤄지지 못해 왔다.

한국은 사고와 재난의 유형별로 관리 업무가 분산되어 있어, 총괄 조정하는 기능이 매우 미흡해 사고 예방을 위한 사전 점검 및 사고 수습이 효율적으로 운영되지 못하고, 정부 차원의 장기적인 재난관리가 불가능했다. 또한 유형별 관리로 기능이 중복되거나 대응 능력 없는 기관에서 담당하는 경우도 있었다.

각종 사고와 재난의 유형별로 주무부처가 분리되어 있다는 것은 전문성 있는 행정의 수행이라는 측면에서 바람직하지만 종합대책이나 총괄 기능이 마련되지 못해 사전 점검이나 사고 수습이 효율적으로 운영되지 못하고, 정부의 종합 재난관리가 미약하고 초동 대처가 어려운 실정이었다.

중앙정부와 지방자치단체 모두가 소수의 재난관리 전담 인력으로 관리 업무를 수행하고 있다. 현재의 행정조직 및 운영상 재난 관련 담당 공무원은 다른 행정 업무와 재난관리 업무를 함께 수행함으로써 업무 과중으로 인해 재난관리가 형식적으로 이뤄지고 있으며, 잦은 순환보직과 인수인계의 미흡으로 전문성이 현저하게 떨어진다.

또한 재난관리에 대한 표준화된 지침이 없고 담당 인력과 장비의 부족으로 형식적인 예방 점검에 그치고 있으며, 재난관리 인력에 대한 교육의 소홀로 전문인력의 양성이 곤란하고, 장기적인 대응계획 수립이 어려운 형편이다(임송태 외, 1996: 93).

따라서 지금까지의 구태의연한 자세에서 탈피해 효율적인 사태 수습 프로그램을 운용하기 위해서는 유명무실한 조직의 과감한 정리와 함께 사태 수습 전문인력으로 구성된 전문 직제가 존재해야 하며, 이곳에서 마련된 각 유형별 재난 수습 프로그램을 재난 현장에 적절히 활용해야 할 것이다.

재해재난 개념의 올바른 정립뿐만 아니라 재해재난 관련 법 체계를 조직 중심에서 기능 중심으로 일원화 및 통합해 행정력의 낭비 요인을 제거하기 위해서도 재해 및 재난 관련 법령을 체계적으로 정비해야 한다. 재해재난 관련 법령은 민방위기본법 중

재해재난 관련 규정, 자연재해대책법, 재난관리법 등이 존재해 왔었다. 이와 같은 관련법들은 모든 재해재난에 대한 관리상의 총체성을 기반으로 만들어진 것이 아니라 각각의 발생 상황에 따라서 그때마다 만들어진 것이다. 사실 이들 관련법이 추구하는 대응 메커니즘의 구조는 명칭과 대응 조직만 다를 뿐 기능적 역할은 거의 유사하다고 볼 수 있다. 따라서 재해재난 관련 법령을 체계적으로 정비한다는 차원에서 「재난 및 안전관리기본법」이 2004년 3월에 제정되었고, 재해재난 관련 법령을 총괄하는 법령으로 구성되어 각 개별법과 상호보완적으로 연결함으로써 재해재난의 예방 단계에서 복구 단계에 이르기까지 원활한 업무 협조와 대책 강구가 가능하도록 연계성을 확보하는 방향으로 정비되고 있다. 민방위·인위재난·자연재해 체계의 일원화와 함께 재난안전관리 정책 심의, 총괄 조정 등이 실질적으로 기능할 수 있도록 제도화되어야 할 것이다.

또한 국가 차원의 재난안전관리 기능을 총괄·조정·지휘할 수 있는 실질적 기능을 가지면서 각 부처의 고유 업무 영역을 지원할 수 있는 현장 중심의 기능적 통합관리 기능을 수행할 수 있도록 소방방재청을 구성해야 할 것이다.

기존의 재난, 소방, 민방위, 교통안전, 시설안전, 산업안전 관리들의 기능(예방, 상황관리, 개량 복구 등)을 통합해 지역 및 시·군·구의 재난안전관리 활동을 지원하도록 하고 기초자치단체의 재난안전관리 기능 및 조직의 시행 여부는 자치단체의 의사에 따라 결정하되, 기초자치단체 시·군·구 조직의 활동에 따라 중앙정부가 지원하도록 하는 것이 바람직하다고 본다. 또한 재난안전관리에 필요한 기법, 지침, 정책, 및 법제 등의 연구개발을 강화하기 위해 재난 분야 연구기관의 인력 확충이 필요하다.

시·군·구 조직의 기능은 현장 중심의 재난안전관리를 위한 긴급 지원 기능을 수행할 수 있는 민관 합동의 기능 조직으로 지역 특성에 따라 조직 및 기능을 편제해 운영하도록 해야 할 것이다. 이 통합된 조직은 재난관리 책임기관을 중심으로 지역의 민간단체들을 포함해 유기적으로 기능할 수 있도록 해야 한다.

중앙 및 지역의 현장지원팀은 기능적 통합조직으로 매년 정기적으로 위기통합관리 훈련을 실시해 구성원들이 기관 간 공동 대응에 대한 방법들을 습득할 수 있도록 해야 할 것이다.

미국의 경우는 다조직간 협조 체계 구축을 위해 오랜 연구와 현장 검증을 통해 미국 적십자사를 포함한 정부 간 공조 체계를 마련했는데, 긴급 지원 기능을 15가지로 분류하고 각 기능마다 주무기관과 지원기관을 정했다. 각 기관 간에는 주무기관으로서 그리고 지원기관으로서 역할, 책임 및 권한의 범위 등이 명시되어 있는 협약이 체결되어 있어 대형 재해 시 정해진 절차에 따라 체계적으로 공동으로 대응하고 있다.

우리도 미국의 기능에 따른 대응 체제를 한국 상황에 맞게 가져오기 위한 노력으로 지침이 제정되었다. 「재난 및 안전관리기본법」 제54조에 근거해 「긴급구조 대응활동 및 현장 지휘에 관한 규칙」(행정안전부령 제391호)을 마련했는데, 긴급구조 대응 활동의 기능을 <표 6-2>와 같이 11가지로 분류하고 책임기관과 지원기관을 지정했다. 각 기능별 계획의 내용을 살펴보면 다음과 같다.

① 지휘통제 계획(기능별 계획 #1): 재난대응의 전반적 지휘통제 절차를 규정하고

표 6-2 긴급구조 지원기관의 역할(행정안전부령 제391호 11조)

(#: 계획의 일련번호)

계획번호(#)	1	2	3	4	5	6	7	8	9	10	11
기능별 긴급구조대응계획 / 긴급구조 지원기관	지휘통제	비상경고	대중정보	상황분석	구조진압	응급의료	오염통제	현장통제	긴급복구	긴급구호	재난통신
소방방재청	○	○	○	○	○	△	△	△	△	△	○
국방부	△				△	△	△	△	△	△	△
과학기술부		△	△	△			△		△	△	
산업자원부				△			△		△		
보건복지부					△	○	△	△		△	△
환경부						△	○		△		△
건설교통부	△		△				△		○		
정보통신부			△						△		△
경찰청	△	△	△	△	△		△	○			△
해양경찰청*			△	△	△	△	△		△	△	△
기상청			△								
산림청					△						△
대한적십자사						△	△		△	○	

※ 비고
1. ○: 책임기관
2. △: 지원기관
3. 해양경찰청장은 해양에서 발생한 재난에 대해서는 위 구분에 불구하고 기능별 긴급구조 대응계획의 모든 분야에서 책임기관이 된다.

있는데 재난 선포, 자원의 동원, 대응작전계획 수립, 대응자원 배치, 재난 현장 대응 및 긴급복구 활동의 전반적 관리·통제 등을 수행한다.

② 비상경고 계획(기능별 계획 #2): 각 유관기관에 대한 비상연락과 시민에 대한 비상경고 시스템의 전반적 운영 절차를 규정하고 있다.

③ 대중정보 계획(기능별 계획#3): 재난지역 주민, 언론매체, 시장, 의회 의원에게 필요한 정보를 제공하기 위한 것이며, 주민보호 긴급방송 체제(비상방송 시스템)를 가동하고, 발생 가능한 재난 유형별 비상방송 매뉴얼(메시지)을 개발하고 유지 관리한다.

④ 피해 상황 분석 계획(기능별 계획 #4): 피해 상황 정보를 수집·분석하고 그 결과를 보고하는 기능에 대한 계획이며, 정보 수집·분석 시스템을 개발하고 통제단의 주요 의사결정 정보를 필요로 하는 현장지휘대장, 기타 주요 참모들에게 제공한다.

⑤ 구조진압 계획(기능별 계획 #5): 인명구조, 화재 진압, 오염통제(위험물, 유독물, 방사능 등 유해화학물질 재난에 한한다.) 등 일반적인 소방의 고유 업무와 관련된 계획으로 인명구조를 실시하고 필요 시 오염 제거 및 확산 방지 임무를 수행한다.

⑥ 응급의료계획(기능별 계획 #6): 재난 발생 시 응급의료 서비스를 제공하기 위한 것으로 모든 응급의료 인력, 구급차, 응급의료 시설, 그리고 응급의료장비의 사용을 조정 통제한다.

⑦ 긴급오염 통제 계획(기능별 계획 #7): 재난 시 긴급오염 통제(전염병 등 생물학적 재난에 한한다.) 및 공중 보건 임무를 수행하기 위한 계획이며 재난 발생 지역 내 긴급오염 통제 및 보건위생 자원의 전반적 배치 및 관리를 조정한다.

⑧ 현장통제계획(기능별 계획 #8): 관할구역 내 현장통제 및 치안 유지에 책임이 있고 법질서 유지와 관련된 유관 기관들을 조정 통제할 수 있는 경찰서장이 이 계획서의 가동과 대비의 책임이 있다.

⑨ 긴급복구(기능별 계획 #9): 긴급구조 활동의 원활한 수행과 2차 재난 발생을 사전에 예방하기 위한 긴급(임시) 복구활동과 관련해 긴급복구를 위한 공공 및 민간(기업을 포함) 자원의 사용을 전반적으로 조정 통제한다.

⑩ 긴급구호계획(기능별 계획 #10): 재난 희생자 및 긴급구조 활동에 참여한 인력에 대한 재난심리 상담, 의식주 제공, 긴급대피소 운영, 실종자 수색·노약자 도우미 등 재난 시 사회복지 서비스 등을 포함한 긴급구호 서비스를 체계적으로 제공하기 위한 계획이다. 이 긴급구호 기능은 다수의 공·사적 기관단체 및 자원봉사자의 협력을 필요로 하는 독특한 기능이며, 대한적십자사가 책임을 지고 조정 통제한다.

⑪ 재난통신계획(기능별 계획 #11): 재난통신 체계 운영과 관련해 통제단과 대책본부, 통제단과 지원기관, 주요 지휘관 간, 그리고 공·사기업체, 자원봉사단체 등 간의 통신 체계 및 통신 절차를 확립하고 조정한다.

제 4 절 민관 협력 체제

재해관리 단계별 민관 협력 체제가 어떻게 구성하는 것이 바람직할 것인가를 [그림 6-2]를 통해 설명해 보고자 한다.

각 단계별로 중요한 사회자본 지표와 민관의 공통 주요 과제를 가운데에 표시했으며, '정부-시장-시민사회 간의 삼발이 의자 모형'에 의해 시민, 기업, 정부로 나눠 각기 추진해야 할 역할별로 주요 과제를 정리해 보았다.

예방 단계에서는 시민, 기업, 정부가 안전문화를 정착시키기 위해 공동의 노력을 기울여야 하며, 시민은 특히 안전감시 활동 분야에서, 기업은 안전규칙을 준수함으로써, 그리고 정부는 안전법규를 제정하고 지속적인 방재연구를 통해 안전대책을 마련하고 공영방송을 통해 국민들의 안전 의식을 고취하도록 해야 하며 안전도 검사를 철저히 하여 다중이용시설의 안전을 책임지는 활동 등을 전개해야 할 것이다.

대비 단계에서는 민관 공동의 재해대응계획을 수립하고 민관 합동 협의체를 구성해 운영하며 민관 협력으로 재해교육(합동훈련 포함)을 실시해 대형 재해를 준비하는 활동을 전개해야 할 것이다. 이 단계에서 시민조직은 구호물자 및 장비 확보, 분야별 재해구호 요원 양성 그리고 장애인, 노인, 아동 등 취약층에 대한 구호 프로그램 개발 등의 활동이 필요하다. 기업은 방재자원을 확보하고 피고용인에 대한 훈련을 실시하며 시설안전 점검을 한다. 정부는 구호기금을 적립하고 구호장비 및 물자를 비축하며 방재시설을 점검하고 국가안전관리 정보시스템을 구축하도록 한다.

대응 단계에서는 민관합동재해상황실을 운영해 각종 재해정보를 교류하면서 자원을 연계해서 활동해야 할 것이다. 시민조직은 재해 현장에 봉사센터를 개설해서 각종 구호 서비스를 제공하고 의연금품 등의 관리를 하게 된다. 기업은 봉사자 제공, 구호물자 제공, 재정적 지원 등을 통해 지역사회에 기여하며 피고용인의 보호를 위해 활동한다. 정부는 주민을 안전하게 대피시키고 소방, 치안, 교통대책을 마련하며 라이프라인(life line) 등의 긴급 수리를 실시해 주민들을 보호한다.

그림 6-2 재해관리 단계별 민관 협력 체제

자료: 성기환(2004).

복구 단계에서는 이재민들의 생활을 회복시키고 지역 경제를 재건하기 위해 민관의 공동 노력이 전개되어야 할 것이다. 시민조직은 저소득층에 대한 자활 지원이나 외국인들에 대한 지원 등 특별구호 활동을 전개하며 이재민들이 조속히 생활 안정을 할 수 있도록 복구활동을 전개한다. 기업은 지역 공동체의 재건을 위해 경제적으로 후원하며 정부는 도로, 다리, 공공시설 등에 대한 복구를 전개하고 이재민들의 생활 안정을 위해 위로금 지급, 긴급생계금 대출, 세금 감면 등을 실시한다.

한국은 재난관리법과 지방자치단체 조례에 민간조직의 구체적인 역할이 명시되어 있지 않았으며[4] 재정적 지원도 미흡한 상황이었다. 기초자치단체의 '지역방재계획'을 통해 개별적으로 자율방재 조직의 활용을 도모할 여지는 있었으나, 지역 주민과 함께 재난관리를 하기보다 주민 안전 의식 함양에 주력하고 있는 실정이었다. 그러나 재난 및 안전관리기본법에서는 민간기관의 참여를 활성화하고 육성하기 위한 근거 규정을 마련함으로써 앞으로 민간단체의 역할과 책임이 강화되리라 본다.

일본은 1971년 미국 로스앤젤레스의 산페르난도(San Fernando) 지진을 계기로 최초로 소방청 방재업무계획에서 자주방재 조직의 정비규정을 마련했으며, 1995년 고베(神戶) 지진을 계기로 '재해대책기본법'을 개정해 방재기본계획에 자주방재 조직의 강화를 위해 지도자 육성과 지침 작성, 기자재 정비 촉진을 위한 국고보조제도 신설 등 활성 방안을 구체화했다.[5] 2002년 현재 자주방재 조직의 전국 조직률은 57.9%로 1995년 대비 12%가 증가했다(일본소방청, 2002).

일본은 해당 지역의 '지역성'을 우선한다는 원칙 아래 국가와 지방자치단체, 민간조직 간의 역할 분담이 명확하며, 1955년부터 국가가 기자재 정비 지원 명목으로 기초자치단체에 기자재 정비비의 1/3을 지원하며, 향후 인력 확보, 프로그램 개발 등 소프트웨어 측면에도 지원을 계획 중이다.

또한 시정촌(市町村)의 볼런티어센터(Volunteer Center)를 전국 규모로 통합해 '재해 볼런티어 데이터 뱅크(Volunteer Data Bank)'를 설치, 운영하고 있다[6] (신은성, 2003: 68).

---

4) 재난관리법 제4조(국민의 책무): 국민은 국가 및 지방자치단체 등의 재난관리 업무에 최대한 협조하여야 하며, 자기가 소유하거나 사용하는 건물·시설 등으로부터 재난이 발생하지 않도록 노력하여야 한다.

5) 재해대책기본법 제5조(시정촌의 책무), 제8조(시책에 의한 방재상의 배려 등) 제13호.

6) 2001년 5월 17일부터 운용되었으며, 약 250단체가 데이터베이스화되어 있고, 지방공공단체의 재해 볼런티어(Volunteer) 지원 시책, 공공기관의 재해 볼런티어 지원책, 재해 볼런티어 단체의 활동 내용 등을 게시하고 있다.

일본의 고베 지진 때 구출자의 34.9%는 자력으로, 31.9%는 가족에 의해, 28.1%는 친구와 이웃에 의해 2.6%는 통행인에 의해 구출되었다고 하여, 구출자의 95%가 민간에 의한 것으로 조사된 바 있다. 재난 발생 유형의 다양화・복잡화로 공공 서비스를 통한 방재 효과는 한계가 있으며, 자율방재 조직에 의한 재난관리는 세계적으로 확대 추세다(신은성, 2003: 70).

재해지역에 대한 복구는 일차적으로 지역 주민이, 2차적으로 정부가 책임을 진다는 인식과 복구에 대한 정부의 지원도 지역 주민의 복구 의지에 상응하는 지원이어야 한다. 지역 주민이 재해관리에 참여한다고 하는 것은 개인적 차원이 아니라 비영리조직과 자원봉사 조직을 통한 조직화된 참여가 되어야 하며, 지역 주민의 적극적인 참여를 통해 재난관리 과정이 이뤄질 때 그 효과성이 극대화될 것이다.

재난으로 인한 이재민을 위한 취로사업의 지원을 비롯한 직업전도사업, 소득증대사업, 학자금구호사업과 주택복구사업, 지하수개발사업 등 그 사업의 범위를 넓혀야 하고, 각 지역마다 재난의 종류와 내용이 다르기 때문에 각 지역의 실정에 적합한 지역별 협의체가 설립되어야 한다.

<표 6-3>에서 보이는 바와 같이 핵심 지표인 사회 신뢰와 관련해 봉사단체의 구성

표 6-3 결사체 유형과 사회자본, 회귀분석 결과(β, 괄호 안은 t값)

종속변수 / 독립변수	통상적 참여	비통상적 참여	정치 관심	정치 지식	시민 의무감	관용성	정부 신뢰	정치 효능	사회 신뢰
이익단체	.11*** (4.00)	.06** (2.15)	.09*** (3.16)	.09*** (3.25)	.04 (1.30)	.02 (.69)	.03 (.78)	−.01 (−.17)	.02 (.63)
사회운동단체	.07** (2.42)	.02 (0.43)	.00 (.12)	.05** (1.98)	−.01 (−.28)	.07** 2.47)	−.01 (−.20)	−.01 (−.45)	−.04 (−1.41)
친목단체	.10*** (3.57)	.07*** (2.47)	.00 (−.11)	.04 (1.33)	.04 (1.46)	.10** (3.11)	−.04 (−.98)	−.00 (−.08)	.01 (−.21)
봉사단체	.12*** (4.56)	.07*** (2.55)	.01 (−.38)	.10** (3.81)	.07** (2.27)	.02 (−.60)	.02 (.64)	−.00 (−.04)	.06*** (2.06)
R^2	.11	.05	.11	.16	.04	.12	.04	.10	.04
F-value	10.89***	4.98***	10.37***	17.01***	3.54***	9.36***	2.31***	8.84***	3.26***
N	1242	1241	1241	1248	1131	991	706	1110	1192

(*** P<.01, ** P<.05, * P<.10) ; 소득, 교육 수준, 연령, 성별, 직업을 통제함.
자료: 유재원(2000: 34).

원이 다른 단체의 구성원보다 동료 시민에 대한 신뢰가 높으며 시민적 의무감도 높다는 것을 알 수 있다. 사회운동단체와 친목단체가 관용적인 태도를 고취하는 데 우월한 조직 유형이라면, 봉사단체는 사회 신뢰를 높이는 데 가장 적합한 결사체로 보인다. 봉사단체의 구성원은 사회 신뢰와 시민적 의무감이 높을 뿐만 아니라 통상적, 비통상적 참여에 적극적이고 정치 지식도 많이 보유하고 있다. 요컨대, 봉사단체가 이상적 민주시민과 사회자본을 생성하는 데 가장 탁월한 기능을 수행하는 것으로 보인다.

따라서 봉사단체들을 중심으로 지역방재 조직을 구성해 현장 대응 능력을 갖추는 것이 중요하다. [그림 6-3]에서 보듯이 개인/가족의 1차적인 자구(自救) 노력, 그리고 이웃과 직장 동료, 지역 기업체를 중심으로 한 2차적인 공동 대응, 그리고 이들을 포함하고 NGO, 지방정부 등을 포괄하는 지역방재 조직의 대응이 중요하다. 여기에 중앙정부의 지원과 국제적인 네트워크를 통한 지원이 뒤따르게 된다고 볼 수 있다. 지역방재 조직은 미국의 CERT(Community Emergency Response Team)를 모형으로 한국 실정에 맞게 구성할 수 있을 것이다. 지역방재 조직은 방재안전 관리를 위한 응급지원 기능을 수행할 수 있는 기초자치단체 시 · 군 · 구 단위의 민관 합동 조직으로서 지역 특성에 따라 조직 및 기능은 조정될 수 있다.

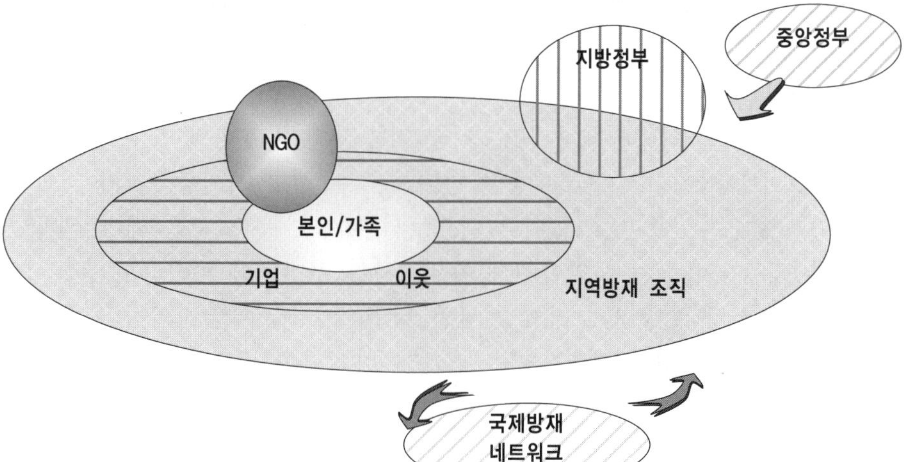

그림 6-3 지역방재조직 구성도

자료: 성기환(2004).

지역소방(119)팀, 의용 소방대, 경찰, 응급환자 정보센터(1339), 주둔군, 대한적십자사 지사, 지역의 시민단체, 민간봉사단, 종교단체, 민간의료단, 지역애향단, 해병동우회, 특전사 동지회 등을 포함해 구성하고 중앙정부 차원에서 훈련 프로그램을 개발해 제공함으로써 정기적인 훈련을 통해 대응 능력을 갖춰야 할 것이다.

항상 우리는 어떤 재해나 재난의 발생 후에는 시민단체와 국민은 한 목소리를 높여 안전 체계나 조직, 그리고 대응의 문제점을 지적하는 등 사후 약방문 격의 책임과 처벌을 요구해 왔으며, 또한 피해 지역에 대한 국민성금과 자원봉사 등을 통해 아픔을 함께해 왔다.

그러나 주민이나 정부 그리고 지역의 기업과 시민단체가 예방 차원의 협력 관계를 사전에 네트워크를 연결해 구축해 둠으로써 재해 전 안전예방 활동을 통한 유대감이 조성되고 재해 시 신속한 대응과 협력에 의한 수습·복구가 원활히 조속하게 이뤄질 수 있어 인명과 재산 피해를 줄일 수 있다. 그것을 위해 사람과 물자와 장소의 네트워크와 그것들을 통합할 수 있는 정보 네트워크 그리고 지역과 행정의 네트워크 정비가 필요하다. 특히 정보 네트워크로서 정보 인프라의 정비가 시급하다.

1) 인적 네트워크

인적 네크워크는 일반적인 자원봉사와 전문기술자로서 의사나 간호원, 중기 운전사, 건설기술자 등 다양한 분야의 전문성이 있는 자로서 구성되어야 하며, 대규모 재해 시에는 행정이나 전문 기술자에 의한 대응은 한계가 있어, 일반봉사자의 역할은 크므로 각 시민단체의 지역 책임자가 주축이 된 조직적 구성이 필요하다. 그리고, 전문 기술자와의 네트워크도 중요하지만 그 중 기능직을 잘 활용해야 한다. 자기 기능을 자원봉사로서 현장에서의 복구활동을 한다는 것은 일반 자원봉사자가 감히 할 수 없는 부분까지 할 수 있으며, 그룹이나 팀으로서 활동할 수 있도록 해야 한다. 또한, 시민 개개인이나 기업 또는 시민단체가 자원봉사를 희망한다 하더라도 등록이나 지원을 하기 위한 절차나 방법 그리고 정보가 턱없이 부족하다. 시청이나 군, 적십자 등의 단체를 종합적 관리를 할 수 있는 체계가 마련되어야 한다.

2) 물적 네트워크

물적 네크워크는 음식과 음료와 같은 직접 생명과 관계 있는 것에서부터 생활필수품, 연료, 의약품, 복구 자재 등이 있다. 특히 피해 직후의 며칠 간은 통신 단절과 교통 두절, 음식과 음료의 확보가 곤란하다. 따라서 물자 확보가 검토되어야 하며, 평상시 이런 비상 대비 물자의 확보나 이송 방법에 대한 대책이 정비되어 있어야 한다.

3) 장소 네트워크

장소 네트워크는 초·중학교나 구·시민회관 같은 피난소(1차)에서부터 병원, 복지시설, 구원물자 수용창고 등의 시설의 피난소(2차), 군부대의 야영지, 자원봉사 활동 거점, 그리고 자재창고시설, 임시주택 건설 등의 공공용지의 확보가 필요하다.

4) 정보 네트워크

사람이나 물자, 장소 등 개별 네트워크가 구축되어도 개별 네트워크만으로는 전체의 방재 능력이 개선되지 않는다. 각각의 유기적 연결고리나 신속한 구조활동과 복구활동을 위해서는 개별 네트워크를 연결하는 것은 네트워크가 전체적으로 방재 기능을 다할 수 있는 것이다. 태풍 루사와 같은 수재와 같은 피해가 여러 곳에 동시다발적으로 발생할 경우에는 중앙재해대책본부 중심의 정보 연락 체계만으로는 대응하지 못했다는 것을 교훈으로 삼아야 한다.

5) 지역 네트워크

외국의 사례를 보면 자발적 방재 활동이 이뤄지는 지역은 피해가 적다는 것은 방재활동이 피해를 최소화시킬 수 있는 지역 네트워크의 힘이다. 내용을 보면 예방 차원의 소화훈련이나 인명구조 활동, 구호물자의 운반 배급과 피난민에 대한 자원봉사 활동 등이다. 특히 자주방재 활동으로서 단지 피난하는 것뿐만이 아니라 피해를 입지 않은 주민 스스로가 자원봉사로서 스스로 이웃을 돕는 것이다.

6) 행정 네트워크

다른 도시로부터의 자원봉사는 행정 당국이나 언론 보도에 의한 참여보다는 자발적 판단에 의한 봉사가 많았다. 그것은 재해가 발생하면 그 지역뿐만 아니라 관련 공무원 자신도 피해자가 되어 본연의 업무가 마비될 수 있는 상황에서는 다른 도시의 업무 응원과 단순 행정 업무는 자원봉사자가 할 수 있도록 정부나 관계 기관과 자원봉사자와의 행정 업무 분담 네트워크는 중요하다(김태환, 2003: 55-57).

제 7 장

재난 대비를 위한 방재교육

제 1 절 방재교육의 필요성

대규모의 재난이 발생할 때마다 재해구호 민간단체의 활동에서 역할에 대한 중요성이 부각된다. 그러나 아직 한국의 경우 재난관리의 과정인 예방, 대비, 대응, 복구 단계에서 민간자원은 행정기관의 보조적인 역할에 머무르고 있다. 이는 민간자원에 대한 행정기관의 신뢰성의 문제, 각각의 역할에 대한 인식 미비와 비전문적인 활동으로 인한 효율성 저하 등을 그 원인으로 지적할 수 있다.

효율적인 재난관리에 필수적이라 할 수 있는 민관 협력 체제 구축을 위해서는 재난관리에 참여하는 지역 주민에 대한 교육이 반드시 필요하다. 교육과 훈련이 수반되지 않는 상태에서 논의되는 민관 협력 체제 구축은 지역 주민의 역할을 단순히 소극적인 참여자로 한정시켜 버리거나 활동은 없이 이름만 존재하는 조직만 양산하게 될 위험성을 내포하고 있다.

지역 주민을 대상으로 하는 방재교육이 필요한 것은 다음과 같은 이유에 근거한다(UNCRD, 2004).

첫째, 지역 주민이 지역의 위험 상황과 재난에 대처할 수 있는 능력 상태에 대해 잘 알고 있기 때문이다. 지역에서 어느 둑이 잘 터지는지, 어느 곳의 지반이 약한지, 어디가 상습 침수 지역인지를 가장 잘 알고 있는 이들이 바로 지역 주민이고, 또 소방서 및 경찰이 어디에 있는지 등에 대한 지역정보를 가장 잘 알고 있는 것도 지역 주민이다.

둘째, 지역 주민은 위험이 다가올 때 다른 지역에서 도움이 도착하기 전에 가장 먼저 대응해야 하는 주체이기 때문이다. 일본의 한신・아와지(阪神・淡路) 대지진 당시 붕괴된 건물 안에서 살아남은 사람들의 대부분(85%)이 지역 주민에 의해 구출되었다는 사실은 지역 주민에 의한 인명 구조활동의 중요성을 말해 주고 있다. 특히 농어촌 지역의 경우 도로가 두절되어 통행이 불가능해지거나 대도시의 경우에도 교통 혼잡으로 인해 응급 구조 차량이 재난 현장에 닿을 수 없어 구조 시기를 놓치는 사례가 발생한다는 점에서, 지역 주민에 의한 응급구조 및 구호활동이 인명 피해와 재산 피해를 줄이는 데 큰 역할을 할 수 있다.

셋째, 다른 지역에서 온 자원봉사자들은 복구활동이 끝나면 전부 떠나게 된다. 그러나 지역 주민은 남아서 복구를 위한 활동을 지속해야만 하기 때문이다. 태풍이나 수해로 인한 피해가 발생하면 외부에서 온 복구 지원활동은 응급구호 시기가 지나면 마무리된다. 그러므로 그 이후의 복구활동은 자연스레 지역 주민의 몫으로 돌아간다. 파손된 주택 복구나 농작물 복구뿐만 아니라 재난으로 인해 마음의 상처를 입거나 가족을 잃은 피해자의 경우 오랫동안 삶의 의욕을 잃거나 외상후 스트레스 장애(PTSD)를 겪게 되어 장기간의 심리적 지원을 필요로 하게 된다. 또한 단순히 피해 주택과 농작물의 복구뿐만 아니라 주민의 생계에 대한 복구활동은 더 많은 시간을 필요로 하므로 그러한 모든 활동은 여전히 지역 주민의 몫으로 남게 된다. 그러므로 재난이 발생하기 전부터 지역을 기반으로 하는 재해 대비 프로그램이 마련되지 않으면 효율적이고 장기적인 복구활동을 지속하기가 어렵게 되어 피해를 입은 주민의 고통이 장기화되는 악순환을 가져오게 된다.

넷째, 지역 주민 중심의 방재훈련을 통해 지역의 단결과 지역 공동체의 협동성을 강화시킬 수 있다. 주민들은 지역의 안전과 재난 대비에 대해 서로 의논하게 되면서 자연스레 지역의 문제를 서로 고민하고 해결 방법을 모색하게 된다. 이러한 과정에서 공동체 의식이 강화되고 프로그램이 지속되면 재난에 대비한 프로그램뿐만 아니라 지역에서 발생하는 모든 문제에 대해 지역 주민 스스로 논의하고 해결해 가는 지역 공동체가 꾸려질 수 있다.

제 2 절 일본의 방재교육 현황

1 일본 내각부의 방재교육 추진 형태

일본은 위치나 지형, 지질, 기상과 같은 자연 조건이 지진, 태풍, 호우, 화산 분화와 같은 자연재난이 발생하기 쉬우며, 실제로 매년 자연재난이 발생하고 있다. 일본의 재해 발생 비율은 매그너튜드(M) 6 이상의 지진 횟수는 20.5%, 활화산 수 7.1%, 사망자 수 0.5%, 자연재난 피해액 16% 등 세계에서 차지하는 국토 면적인 0.25%에 비해 대단히 높은 국가다. 게다가 도시화・고령화의 진전으로 재난 피해의 양상이 점차 복잡해지고 있어 예측하지 못한 사태가 발생하기도 한다(中央防災会議, 2003: 2-3).

재난 다발국인 일본은 과거의 재난 경험의 축적과 발달된 과학기술로 세계에서 가장 선진적인 방재기술을 지니고 있다. 그러나 최근 재난에 관한 제도나 시설, 설비는 세계에서 가장 잘 구축되어 있다고 자부하면서도 이러한 시설, 설비를 운용하면서 신속하고 적확한 재난대책을 세우는 것은 개개인의 자질에 의존한다는 의식이 확산되고 있다. 따라서 주민 개개인이 재난을 의식하고, 그 위기에 대처하기 위해서는 국가, 지방공공단체뿐만 아니라 지역의 방재 리더나 볼런티어 조직・NPO의 중요성이 강조되고 있다.

일본의 방재교육의 틀은 크게 체험형, 참가형, 학습형, 자격제도형, 격려형, 네트워크형으로 나눌 수 있다(伊村, 2002). 체험형은 사람을 모집하기가 쉽고 즐기면서 학습할 수 있는 형태이며, 참가형은 목적 의식을 갖고 활동에 참가해 서로 이야기한다든지, 책임감을 가지게 한다든지 하는 것에서부터 운영에 참가시키는 부분까지를 중시하는 것, 또는 참가자에게 목적 의식을 갖게 하는 것 등 다양하다. 학습형은 흥미를 갖게 하기 위해 즐겁게 학습하는 것을 목적으로 하는 것이 많으며, 대상은 주로 어린이들이다. 자격제도형은 자격 취득을 목적으로 하기 때문에 장래성을 고려하는데 유용하며, 네트워크형의 틀은 사람과 사람의 연결에 큰 의미를 갖기 때문에 인맥을 활용하는 경우가 많다.

일본의 방재교육은 시민이 방재 의식을 갖게 하기 위해서는 어릴 때부터 방재교육을 통해 몸에 익히는 것이 중요하기 때문에 조기교육 실시에 노력을 기울이고 있다.

주로 학교나 지역의 NPO에 의해 이뤄지는데 학교에서는 발생주기가 길어서 재난 경험이 축적되기 힘든 지진재해에 대해 '언제라도 발생할 수 있는 재난'으로 인식하게 하는 데 주안점을 둔다. 과거의 재난 사진과 영상 자료를 통해 유사 체험을 할 수 있도록 하며, 지역에 있는 방재체험관을 방문해 연기 체험, 지진 체험 등 실제 체험을 할 수 있도록 하고 있다. 지역 NPO에 의해 이뤄지는 교육은 대체로 '우리 지역 알기' 프로그램을 이용해 동네를 다니면서 자신이 살고 있는 지역에 대한 이해를 높이고 재난이 발생했을 때 어디로 어떻게 대피해야 하는지에 대한 실제적인 훈련을 중심으로 하고 있다. 어린이들을 대상으로 한 방재훈련은 어린이 스스로가 자신의 안전을 지킬 수 있는 훈련이기도 하지만 이후의 방재 인력을 양성한다는 측면에서도 그 중요성이 강조되고 있어 유소년부터 사회교육까지 생애학습으로서의 방재교육 프로그램을 정비하고 있다.

일본의 중앙방재회의[1)]는 2003년에 「방재에 관한 인재의 육성 · 활용에 관한 보고」에서 재난이 발생하면 활동환경이 격변하고 평상시와는 전혀 다른 상황에 놓이고, 인명에도 관련이 있기 때문에 평소부터 재난을 의식하고, 재난 발생 전의 단계부터 재난 발생을 경감하기 위한 일을 파악해야 하며, 따라서 방재 인력은 다음과 같은 능력을 구비해야 한다고 강조하고 있다.

첫째, 재난 발생 후 시간 경과와 함께 어떤 일이 일어나는가, 자신의 주변에서 무슨 일이 일어나는가 등을 구체적으로 상상할 수 있는 상상력, 둘째, 재난 상황에서는 정보가 부족하거나 집중되기 때문에 상황을 분석하고 이해하는 능력, 셋째, 스스로 재난에 관한 지식을 유기적으로 결합해 상황이나 의견을 전달하는 능력, 넷째, 서로 돕기 위한 커뮤니케이션 능력을 포함해 상황에 맞는 최적의 판단을 하고, 신속하게 행동하는 능력이 필요하다.

또한 지금까지 경찰, 군인, 소방서 직원을 대상으로 한 전문 연수를 제외하고는 체계적인 인재 육성에 대한 충분한 연구가 이뤄지지 않았다고 평가하면서 국가, 지방공

1) 중앙방재회의(Central Disaster Management Council)는 일본의 '내각의 중요 정책에 관한 회의'의 하나로 종합적인 재해대책을 추진하기 위해 내각총리대신을 위시한 방재담당대신 이외의 전 각료, 지정 공공기관의 대표자, 학자들이 위원으로 구성되어 있으며, ① 방재기본계획 및 지진방재계획의 작성 및 실시, ② 비상재해 시의 긴급조치에 관한 계획 작성 및 실시 추진, ③ 내각총리대신 · 방재담당대신의 자문에 따라 방재에 관한 중요 사항의 심의(방재의 기본 방침, 방재에 관한 시책의 종합 조정, 재해긴급사태의 포고 등), ④ 방재에 관한 주요 사항에 관해 내각총리대신 및 방재담당대신에게 의견 제출 등이다. 또한 중앙방재회의는 전문적 사항을 조사하기 위해 의결에 따라 전문조사회를 설치하고 있다.

공단체의 방재 담당 직원을 비롯해 지역의 방재 리더나 볼런티어 조직, NPO 등의 리더에 대한 교육 방안을 모색하고 있다.

이러한 관점을 바탕으로 재난에 대비한 인재 육성의 과제를 다음과 같이 추진하고 있다. 우선 방재에 관한 인재 육성 방법의 개발이다. 일본이 비록 재난 다발국이긴 하지만, 조직이나 개인 차원에서는 대규모 재난인 경우에도 그 상황에 대응하는 사람들은 극히 일부에 지나지 않고, 대부분이 재난을 구체적으로 경험할 수 있는 기회가 많지 않기 때문에 유사 체험을 경험할 수 있는 실천적인 훈련을 위한 방법이 개발되어야 한다는 것이다. 이를 위해서는 상황 부여형, 상황 예측형의 도상훈련과 같은 실천적이고 대처하기 쉬운 방법을 개발·보급할 필요가 있다고 보고 있다. 또한 인재 육성의 방법, 강사 정보 등을 관련 기관이 서로 공유하는 것이 필요하다는 것을 지적하고 있다.

내각부에서는 재난에 대비하기 위한 인재 육성과 활용을 위해 추진해야 하는 기본적인 사항을 다음과 같이 들고 있다.

첫째, 재난대책에 관한 지식의 축적·공유다. 재난이 발생하면 과거에 비슷한 경험을 한 사람이 경험이 없는 사람보다 훨씬 더 적절하게 대응할 수 있으나 개인 차원에서 그러한 경험을 할 수 있는 기회가 많지는 않으므로, 대규모 재난에 대한 경험을

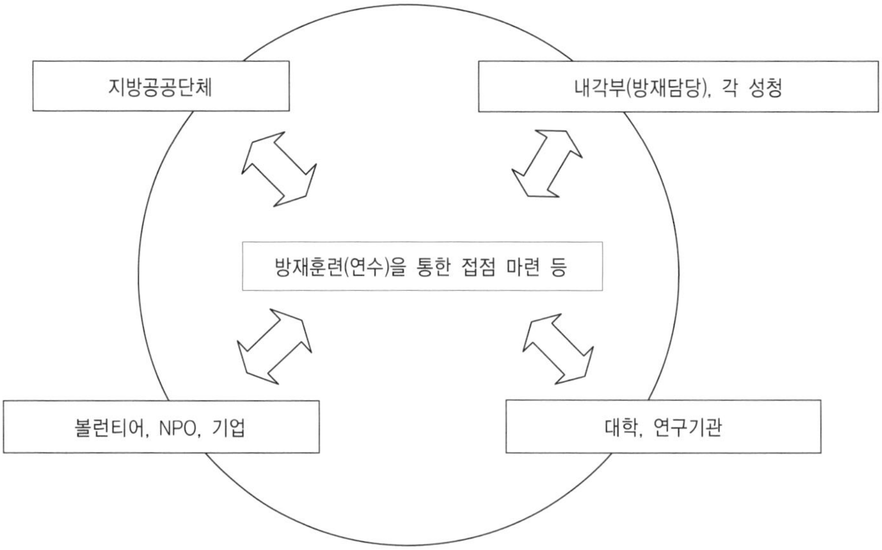

그림 7-1 관련 기관의 네트워크 구축을 위한 방재교육(내각부)

공유하는 것이 필요하다는 것이다. 그러나 과거의 경험에 대해서는 개인의 체험담이나 조직의 기록 형태로만 남아 있기 때문에 체계적으로 축적되기 어렵고, 경험에 기반한 재난대책이 만들어지기도 어렵다. 따라서 과거의 경험과 사례를 축적해 연구하고 분석·검토함으로써 방재대책에 활용하거나 훈련에 반영하는 것이 필요하다는 것이다.

둘째, 방재 업무의 표준화를 들 수 있는데 재난 대비활동은 방재 담당기관이 단독으로 할 수 있는 일이 아니며 관계 기관이 밀접하게 연대해 대응하는 것이 필요하므로 재난 발생 시에 광역 긴급의료·긴급수송 등의 대책활동이나 업무 처리 등을 표준화할 필요가 있다는 것이다.

셋째, 관계 기관의 밀접한 연대라고 할 수 있다. 인재 육성에 관한 정보 공유나 방법 개발, 방재 업무의 표준화와 같이 앞에서 제시한 사항들을 진행하기 위해서는 내각부(방재 담당)를 시작으로 광역단체, 지방공공단체, 대학·연구기관, 볼런티어, NPO, 기업 등이 밀접하게 연대해 대처할 필요가 있다는 것이다.

2 일본의 NPO[2)]에서 실시하는 방재교육의 현황과 특징

한신·아와지(阪神·淡路) 대지진 당시 재난 피해지역의 구호활동에 연 130만 명 이상의 볼런티어가 활동한 것으로 알려져 있다. 지진 발생 직후 이러한 구호활동의 확산은 획기적인 것이었다. 재난지역에서 하루에 2만 명이 넘는 시민이 활동했으며, 일본 중앙공동모금회의 자료에 의하면 성인 국민의 약 80% 이상이 모금에 참여해 1,700억 엔을 넘는 의연금이 모집되었다고 한다(阪神·淡路大震災被災地の人々を応援する市民の会, 1996: 2-3). 이렇듯 재해 볼런티어 활동이 활발하게 진행되고 그 중요성이 대두된 것은 대규모의 재난이 발생해 기존의 재난관리 전담기구인 행정기관의 기능이 마비되어, 재난 초기에 적절하게 대응하지 못하게 되면서 혼란이 가중되던 상황에서, 민간단체의 즉흥적이고 기동성 있는 활동이 재난 피해지역의 구호활동에

2) 미국이나 일본에서 NGO는 NPO의 일부로 환경·개발·인권·평화·여성 권리·난민구호 등과 같은 공공의 이익을 추구하는 자발적 결사체, 특히 국제 원조에 참여하는 단체를 일컫는다. 특히, 일본에서는 시민사회의 자발적 결사체 중에서 국내 문제를 다루는 단체를 NPO라고 부르고, 국제문제를 다루는 단체를 NGO로 부르기도 한다. 일본에서는 시민사회의 각종 단체를 지칭해 NPO라는 용어를 주로 사용한다(박상필, 2005).

크게 기여했기 때문이다. 민간 활동은 행정에 비해 긴급시에 기동성 있는 활동이 쉽기 때문에 신속한 활동이 가능했다. 반면 재난 피해의 규모가 크면 클수록 전체 규모의 피해 상황을 파악하는 데 큰 어려움을 겪게 되어, 공평을 대원리로 하는 행정기관의 활동은 상황의 전체 파악이 이뤄지지 않으면 기동성을 발휘하기 어렵기 때문에 늑장 대응이 되기 쉽다. 이러한 상황에서 시민단체의 유연하고 정형화되어 있지 않은 특성 때문에 행정 서비스를 넘는 기동성과 다양성을 발휘할 수 있었다. 결국 볼런티어 활동은 행정 서비스의 양적 부족을 보완하는 '빈 틈을 메꾸는 역할'에 머물지 않고, 행정이 할 수 없는 역할을 하는 '또 하나의 공공활동'으로 기능하게 된 것이다(市民の会, 1996). 이렇게 민간단체의 활동이 재난 발생 시 중요한 역할을 담당한다는 것을 인식하게 되면서 일반 주민이나 볼런티어에 대한 교육, 훈련의 중요성이 대두되었고 지역 NPO들은 대규모 지진에 대한 경험을 서로 나누고 이 경험을 재난 대비를 위한 방재활동으로 연결시키기 위한 다양한 강좌와 연수를 개최함으로써 지역의 방재 역량 강화를 꾀하고 있다.

일본의 NPO에서 진행하고 있는 재난 대비 교육 및 훈련의 특징은 다음의 몇 가지로 정리할 수 있다.

첫째, 일본의 재난훈련은 대부분 지진 대응을 중심으로 하고 있다. 1995년 한신·아와지 대지진 이후 크고 작은 지진을 경험하면서, 언제 발생할지 예측조차 불가능한 지진에 대비하기 위해서는 주민 스스로 자신의 안전을 지킬 수 있어야 한다는 것을 중요 과제로 삼고 있다. 따라서 자신이 살고 있는 지역의 위험도를 살피고 위험을 예방하기 위한 다양한 방안이 이뤄질 수 있도록 하고 있다. 주요 내용은 지역의 위험지도 만들기와 위험 요소 발견하기 등의 지역 방재훈련과, 지진이 발생했을 때 붕괴사고를 줄이기 위한 주택의 내진설계에 대한 홍보와, 책장 등과 같은 가구가 넘어져 사망하거나 다치는 일을 방지하기 위해 가구를 벽에 고정하는 방법 등에 대한 교육을 중심으로 하고 있다.

둘째, 재난이 일어나면 재난 피해지역은 교통, 전기 등이 두절되면서 지역 자체가 혼란 상황에 놓이게 된다. 이러한 상황에서 주민들을 안심시키고 지역 복구에 앞장설 수 있는 지역방재 리더 양성교육이 이뤄지고 있다.

셋째, 재해 약자를 보호하기 위한 훈련을 활발하게 전개하고 있다. 고령화 사회이고 단독세대가 많은 일본에서 재해가 발생했을 때 재해 약자를 보호하고 신속하게 구호할 수 있는 시스템을 지역마다 갖춰야 한다는 필요성에 따라 지역 주민들을 대상으로 재해 약자에 대한 정보 제공의 방법, 재해 약자와 함께 대피하는 방법에 대한 교육이 이뤄지고 있다.

1) NVNAD의 방재교육

(1) NVNAD의 설립 배경과 활동 내용

NVNAD(Nippon Volunteer Network Active in Disaster)는 한신・아와지 대지진 당시 활동하던 볼런티어에 의해 1995년 2월에 니시노미야(西宮) 시에서 결성된 니시노미야 볼런티어 네트워크(NVN)로 시작되었다. 재난이 발생한 당시, 니시노미야(西宮)시 시청 담당자들은 응급구호를 제대로 실행할 수 없었다. 경험해 보지 못한 대규모 지진인데다 지진으로 인해 가족이 다치거나 집이 파손된 행정공무원들이 많아 긴급활동에 투입할 수 있는 인적 자원이 부족했기 때문이다(渥美公秀, 2001). 이러한 상황에서 이재민에 대한 긴급구호가 필요하게 되었고 니시노미야 볼런티어 네트워크는 원래 행정당국이 해야만 하는 일이지만 미처 하지 못하는 일을 대행하게 되면서 행정 당국은 다소 여유가 생긴 인적 자원을 이재민 지원과 복구활동에 투입하는 형태의 역할 분담이 이뤄지게 되었다.

지진 피해지역의 복구가 일정 부분 안정 궤도에 들어서면서 외부에서 들어온 자원봉사단체가 하나둘씩 활동을 마감하게 되자 NVN도 발전적 해체를 논의하는 과정에 놓이게 된다. 그러나 지금까지 경험해 보지 못한 대규모 재난에 180만 명이라고 하는 대규모 볼런티어 활동을 계승하기 위해 확대 개편해 1999년 1월에 NVNAD를 설립했다.

NVNAD의 활동을 살펴보면, 국내 재난이 발생하면 볼런티어를 모집해 재해지역에 파견하고, 해외 재난의 경우 피해자를 위한 모금활동을 전개한다. NVNAD의 평상시 활동은 다음의 세 가지 방향으로 추진하고 있다.

첫 번째는 네트워크 활동이다. 한신・아와지 대지진의 경험을 통해 재난 시에는 반드시 네트워크가 필요하다는 교훈을 살리기 위해 2000년에 일본 전국 각지에서 활동하는 단체들로 구성된 J-NET가 만들어졌고, NVNAD는 그 사무국의 역할을 하고 있다. J-NET는 평상시에 지역밀착형의 다양한 활동을 하는 단체들이, 재난 발생 시에 운영하는 느슨한 네트워크라 할 수 있다. 구호활동에 참여한 단체들은 서로 정보를 교환하고 서로 협력해 구호활동을 전개하지만, 개별 단체가 구호 활동에 참가할지에 대한 여부는 전적으로 각 단체의 독자적인 판단에 의거하는 유연한 연대로 활동하고 있다는 점이 특징이다.

두 번째는 방재마을 만들기 활동이다. 특히 아이들과 여성들을 대상으로 방재 의식을 높이기 위한 활동에 주력하고 있는데, 이는 재난이 발생한 시점에 대부분의 남자들이 일터에 나가고 없는 경우에도 주부와 아이들 스스로 자신의 몸과 가족을 지킬 수 있는 능력을 기르는 것이 중요하다고 판단하기 때문이다. 특히 아이들과 여성들을 대상으로 하는 방재훈련에 '방재'라는 용어를 사용하게 되면 훈련 참가자가 선입견을 갖기 때문에 '방재'라는 용어를 사용하지 않으면서 생활 속에서 친숙한 행사나 놀이 속에 방재의 요소를 넣어 프로그램을 진행하고 있다.

세 번째는 강좌, 교육활동으로 한신・아와지 대지진의 경험을 널리 알리고 이 경험을 재난에 대비하기 위한 활동으로 연결시키기 위한 다양한 강좌나 교육을 개최하고, 도상훈련, 재해 시뮬레이션 훈련을 통해 지역의 방재 역량을 강화하며, 볼런티어 코디네이터 양성에 힘쓰고 있다.

(2) NVNAD의 방재교육

NVNAD는 지진이 발생하면 어떤 일이 발생하며, 어떻게 대처하는가를 평상시부터 구체적인 이미지로 상상해 위험을 상정하는 훈련이 필요하다고 강조한다. 상상력을 동원해 경험한 것은 물론 체험하지 않은 부분도 과거의 유사한 경험을 끌어내어 탐구하고 응용함으로써 재난 상황을 상상하게 만드는 것이 중요하다는 것이다.

훈련의 구조는 크게 세 가지로 나뉘는데, 첫째, 재해 도상훈련으로 일정한 피해 상정을 기본으로 자신들의 마을이 어떤 상황에 놓여 있는가를 상상하고, 서로 토론하면서 지도상에 기입해 가면서 지역이 안고 있는 문제나 대응 방법을 깨닫고 문제 의식을 공유해 가는 방법이다.

둘째, 재해 볼런티어센터 설립 시뮬레이션으로, 효과적인 지원을 위한 볼런티어센터를 언제, 누가, 어떻게 설치하고 무엇을 준비해야 하는지, 어떠한 자원이 필요한지에 대해 참가자들이 스스로 생각해 보는 것이다.

셋째, 재해구호 볼런티어 시뮬레이션으로, 재난 발생 직후부터의 구호활동을 상정해 시간의 경과와 함께 주어진 정보를 바탕으로 적절한 판단을 하고 그룹 내의 의견을 조정해 가면서 구호활동 계획을 세울 수 있도록 하고 있다.

NVNAD 훈련 프로그램 중 대표적인 것이 지역의 방재 역량을 강화하기 위한 'DIG(Disaster Imagination Game) 프로그램'과 아이들을 대상으로 한 '방재탐험대'다.

DIG는 지도를 이용한 상상훈련 게임으로 개발된 것으로 지역 지도를 이용해 시뮬레이션 훈련을 하는 것인데, 지역의 지도 위에 일정한 피해 상황을 상정하면서 그러

한 규모의 재난이 엄습했을 때 지역의 피해 상황은 어느 정도이며, 위험지대와 안전지대는 어디인가 하는 것을 서로 토론하는 지역 주민 대상의 프로그램이다. DIG의 키워드는 '우리 마을 재발견(わがまち再發見)'이라고 할 수 있는데, 재난 발생을 염두에 두고 지역을 바라보면 미처 알아차리지 못했던 문제점을 알 수 있게 되고, 또 같은 지역을 대상으로 몇 차례 훈련을 반복해 보면 지역에 대한 이해를 좀 더 깊게 할 수 있게 된다는 장점이 있다. 또한 훈련 참가자마다 각기 다른 관점으로 지역을 바라보고 있으므로 지역 방재를 위한 다양한 아이디어들이 만들어지기도 한다.

DIG는 다음의 네 단계로 전개된다.

첫째, 지역 탐사하기 단계로, 참가자들은 자신이 살고 있는 지역을 카메라를 들고 다니면서 '재난'과 '방재'의 관점에서 지역을 살펴본다. 마을을 걸어다니면서 새롭게 발견한 것들을 메모하거나 사진을 찍어 둔다. 지역을 탐사할 때에는 지역 내의 초등학교, 중학교 등의 학교시설을 파악하는데, 이는 도심지역에서 대규모 재난이 발생했을 때에 대피시설이 지정되어 있지만 그 내용을 알고 있는 시민들은 그리 많지 않으므로, 집 가까이에 대피할 만한 장소가 어디에 있는가를 확인해야 하기 때문이다. 동네 걸어보기를 통해 지역의 위험 요소를 발견하는 것과 동시에 지역의 방재자원을 발굴해 내는 것도 필요하다. 재해가 발생했을 때 도움을 받을 수 있는 소방서나 학교, 편의점 등에 대해서도 조사한다.

둘째, 지도에 적어넣기 단계로, 지역에서 발생할 수 있는 태풍이나 지진 등을 상정해 보면서 현실에서 일어날 수 있는 피해를 상상해 보고 재해 시의 대응, 준비 방법을 생각해 본다. 지도에 기입한다는 것은 재해 상황이나 구호기관의 활동 상황을 '알기 쉽게', '정리된 형태'로 마련할 수 있게 만든다. 또 지도를 크게 확대해 사용함으로써 지도는 '정보의 공유'를 위한 도구로도 활용할 수 있다.

셋째, 위험 요소 추출하기 단계로, 지도 위에 적어놓은 피해 요소를 보면서 피해나 대응 방법을 서로 토론한다. 일본의 경우 지진이 빈번하고 지진의 경우 화재로 인한 피해가 크므로 화재가 발생하기 쉬운 장소를 조사한다. 화재는 사무실이나 음식점 등이 많이 있는 상가나 아파트와 같은 고층건물이 많은 곳에서 많이 발생하므로 그런 장소의 위험도를 조사해 본다. 또한 재난으로 도로나 선로가 끊기게 되면 귀가하지 못한 많은 사람이 역 주변에 몰리게 된다. 이렇게 많은 사람이 몰리는 장소에도 위험이 도사리고 있다. 그 밖에 대피소로 지정되어 있는 시민회관이나 학교가 고령자나 장애인의 경우 접근하기가 어려운 위치에 있거나 시설이 불편하게 되어 있지는 않은지에 대해서도 살펴본다.

〈지도에 그려넣기 작업을 하고 있는 참가자들〉

넷째, 성과 발표 단계로, 그룹별로 자신들이 조사한 내용을 가지고 참가자가 살고 있는 지역에 '어떤 피해가 발생할 것인가', 그리고 '얼마나 신속하게 대피할 수 있을까'와 '대피 경로 및 대피 수단, 상호 협조할 수 있는 분야'에 대해 서로 토론해 본다. 이러한 과정을 통해 재난을 대비하는 방안들이 마련되기도 한다.

방재탐험대는 어린이용 '우리 마을 재발견' 프로그램이라 할 수 있다. 주로 초등학생을 대상으로 하는 '방재탐험대'는 사람과 사람의 연결을 소중하게 여기는 마음을 가르침과 동시에, 어린이들에게 자신이 살고 있는 마을에 대한 관심을 높이게 됨으로써 아이들이 방재 의식을 갖도록 하고 있다. 이 프로그램의 키워드는 '방재라고 부르지 않는 방재'다. 아이들이 자신이 살고 있는 동네를 탐험해 가면서 스스로 깨닫지 못한 사이에 저절로 동네를 좋아하게 되고, 동네의 안전에 대한 관심을 갖게 되고, 나아가 방재 의식의 향상으로 연결되는 것을 훈련의 목표로 한다.

프로그램은 초등학생을 대상으로 그룹을 지어 자신들이 살고 있는 마을을 탐험하면서 '어떤 장소가 위험한가', '소화기는 어디에 설치되어 있는가'를 실제로 둘러보고 탐험 결과를 방재 지도에 정리하면서 정리해 보게 한다. 특히 밀림을 '탐험'하는 기분으로 참여해 어린이들이 마을의 위험과 대비에 대한 지식을 몸으로 익히도록 하고 있다. 탐험을 하면서 마을에 살고 있는 사람들이나 소방서, 파출소에서 일하는 사람

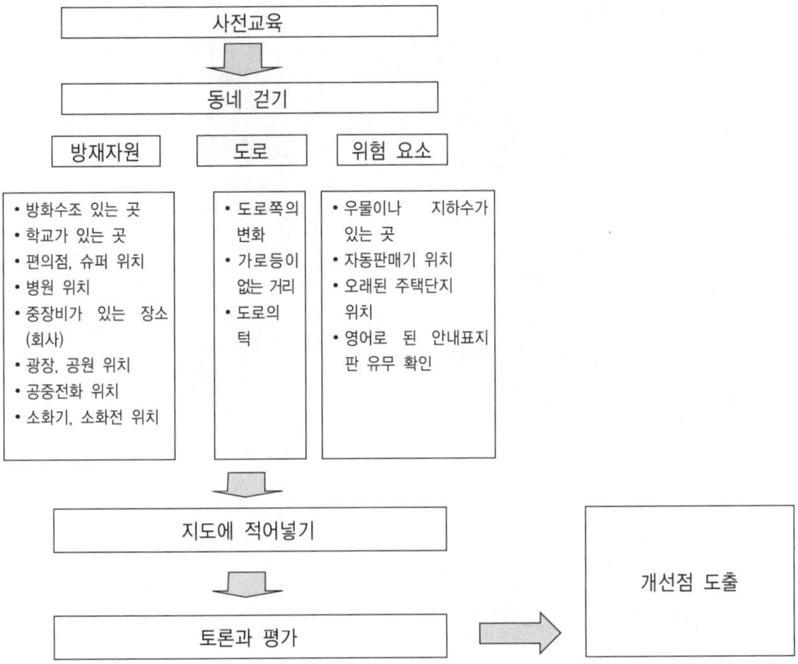

그림 7-2 마을 걷기의 과정

들과 인터뷰를 함으로써, 세대 간의 '유대'를 깊게 하는 것도 핵심적인 목표 중의 하나다.

프로그램 진행은 DIG와 비슷한 형태로 진행된다.

첫째, 아이들이 그룹 단위로 동네를 걸어다니면서 방재시설에 대한 점검을 한다.

둘째, 발견한 소화기나 방화수조 등의 위치나 사진, 그리고 길을 다니면서 발견한 것들을 지도로 정리해 방재 지도를 만든다.

셋째, 그룹마다 동네의 위험한 곳이나 길을 다니면서 발견한 내용들을 서로 발표하게 함으로써 활동을 돌아보게 하는 것이다.

이러한 방재탐험 활동으로 어린이의 시점에서 지역의 위험 요소나 방재 내용을 살펴보게 되는데 교육을 통해 아이들이 다른 사람과의 연결을 소중하게 생각하며, 자신이 살고 있는 지역에 대해 애정을 느끼게 된다. 또한 아이들의 훈련을 위해 학부모, 볼런티어, 지역 주민의 협력이 이뤄져야 한다는 점에서 교육을 통해 지역이 하나로 묶이게 되는 결과를 가져온다.

〈방재훈련에 참가한 어린이들이 만든 방재 지도〉

2) 도쿄 재해 볼런티어 네트워크의 교육 프로그램

(1) 도쿄 재해 볼런티어 네트워크 설립 배경과 활동 내용

도쿄 재해 볼런티어 네트워크는 한신·아와지 대지진이 발생한 후 3년 뒤인 1998년 1월에 설립되었다. 한신·아와지 대지진 이전에는 재해구호 볼런티어에 대한 개념의 확산이 이뤄지지 않았고, 따라서 재해구호 활동 볼런티어단체나, 네트워크 조직이 존재하지 않았기 때문에 지진이 발생한 초기에는 많은 혼란과 어려움을 경험했다. 각기 다른 분야에서 활동하던 단체가 재해지역에 달려가 구호활동을 펼쳤고 개개인의 경우에는 볼런티어 활동의 경험조차 없던 사람들이 대부분이었기 때문에 재해 현장에서는 혼란과 시행착오가 반복되었다. 이러한 시행착오를 경험하면서 볼런티어 단체들은 원활한 구호활동을 위해서는 개별 단체와 개인이 협력해야 한다는 것을 깨닫게 되었고, 이러한 경험에서 몇 개의 네트워크 조직이 탄생하게 되었는데, 도쿄 재해 볼런티어 네트워크도 그 중 하나다.

도쿄 재해 볼런티어 네트워크는 각각의 단체가 평상시부터 정보를 교환하는, 느슨한 형태의 연대를 위한 '장'으로서 탄생했다. 재난 위험이 항상 도사리고 있는 도쿄라는 거대 도시에 재난이 발생한다면 1995년 한신·아와지 대지진을 능가하는 대규모의 피해가 예상된다고 보았을 때 이러한 재해를 상정해 관련 단체들과 '대면 관계(face to face)' 만들기를 목표로 결성되었다.

도쿄 재해 볼런티어 네트워크는 평소부터 각 단체의 정보 교환이나 교류의 '장'이 되는 것을 목표로 하며, 또한 다른 지역이나 행정기관과의 네트워크와 재난 시의 정보 교환이나 연대를 꾀하기 위한 '거점'으로 기능하는 것을 목표로 한다. 이를 위해 네트워크 활동, 테마별 연구활동과 재해 시의 구호활동을 펼치고 있다.

네트워크 활동은 네트워크 단체들과 정례 전체회의를 개최해 각 단체 간의 정보 교환이나 네트워크 방안을 나눌 수 있는 기회를 마련하고 있다. 또한 정보를 교환하기 위해 정기적으로 뉴스레터인 「도사이보 타임스(東災ボ Times)」를 발행하며, 재난이 발생하면 이 소식지에 재난 현장의 정보를 알린다.

테마별 연구활동은 보건의료, 복지, 대피소나 가설 주택의 생활 지원, 외국인 지원, 볼런티어 코디네이터 등 재해 시에 일어나기 쉬운 다양한 문제에 대처하기 위해 테마별 분과회와 연구회를 설치하고 있다.

재난 구호활동을 보면 1998년 호우 당시 후쿠시마(福島)와 도치키(栃木) 현에서 대규모 피해가 났을 때, 정보 수집과 모금활동을 병행했고, 70여 명의 볼런티어를 현지에 파견했으며, 해외에서 재해가 발생했을 때에도 모금활동을 펼쳐 회원단체인 SVA(Shanti Volunteer Association)를 통해 현지에서의 구호활동을 지원했다. 그 밖에도 2000년 미야케지마(三宅島)에서 화산 폭발의 위험성으로 주민 전체가 섬 외부로 대피를 나와 외지에서 생활을 꾸려나가야만 했을 때 미야케사회복지협의회(三宅社会福祉協議会), 도쿄 볼런티어·시민활동센터(東京ボランティア・市民活動センター), 도쿄 핸디캡연락회(東京 ハンディキャブ連絡会) 등과 함께 '미야케지마 재해·도쿄볼런티어지원센터(三宅島災害・東京ボランティア支援センター)'를 설립해 서로 헤어져 피난생활을 보내는 섬 주민들이 용기를 갖고 스스로 생활을 꾸려나갈 수 있도록 지원활동을 펼쳤다.

(2) 도쿄 재해 볼런티어 네트워크의 방재교육

일본 중앙방재회의 '수도직하지진대책 전문조사회(首都直下地震對策專門調查会)' 제1회 자료에 의하면, 독일의 재보험회사 '뮌헨 재보험'이 산출한 세계 각 도시의 자연재해 위험을 수치화한 자료에는 로스앤젤레스의 위험도를 100으로 기준을 삼을 경우 도쿄·요코하마의 위험도는 710으로 세계 최고로 나타나 있다. 이들 수치의 상세한 계산 근거는 밝혀져 있지 않지만 자연재난의 발생 확률, 주택 밀도와 안전대책 수준 등 도시의 취약성, 경제적인 영향의 규모 등 세 가지 지표로 추정된 것이라 한다(Newton, 2006년 1월호: 34-57). 일본 중앙방재회의는 도쿄 북서부 M7.3 지진이 발생할 경우 수도권 전체에서 19만 5,000동의 건물이 전파될 것이라 예측하고 있다. 만일 도쿄만 북부 M7.3 지진이 최악의 조건인 겨울철 오후 6시에 발생할 경우 피해액은 약 1,120조 원으로, 일본의 국가 예산을 훨씬 넘는 피해가 예상된다.

이렇듯 거대 지진의 위험이 도사리고 있는 도쿄 지역의 주민들을 대상으로 하고 있는 도쿄 재해 볼런티어 네트워크 훈련에 가장 핵심적인 것은 "스스로의 안전은 스스로가 지키며, 우리 마을은 우리가 지키자"라는 것이다. 이를 위해 주택의 내진화와 지역 주민 스스로가 서로 돕는 체제를 갖춰야 한다.

도쿄 재해 볼런티어 네트워크의 강좌는 자주방재의 관점에서 지역 살펴보기와 시민 각자가 재난이 일어났을 때 자신들이 살고 있는 지역에서, 예상되는 재난에 대비해 '재난에 강한 삶', '서로 도와 주는 가까운 커뮤니티(인간관계)'를 평상시부터 실천하는 지역사회를 만들어 나가는 것이 핵심이라 할 수 있다.

도쿄 재해 볼런티어 네트워크의 훈련 방법도 DIG를 활용하고 있는데 도쿄도청이 공표한 '지역의 위험도'를 자신이 살고 있는 지역에 대응해 보며, 대규모 재난에 대한 상상력을 키우고, 자신의 안전을 지키는 기술과 지혜를 몸에 익힐 수 있도록 하고 있다. 자신이 거주하는 지역의 방재자원을 재발견하고, 안전한 마을 만들기를 위해 '무엇을 할 수 있으며, 무엇을 해야만 하는가'를 찾기 위한 모의 체험형 워크숍을 추진하고 있다.

방재훈련 프로그램 중에 대표적인 것이 방재 거리 걷기와 귀가 곤란자 대응훈련이다. 방재 거리 걷기는 DIG의 우리 동네 걸어보기 프로그램과 같은 형태로 이뤄진다. 재난이 발생하면 '우리 동네는 우리 스스로 지킨다'는 생각을 갖고 있더라도 실제로 자신들이 살고 있는 지역이 어떤 위험 요소와 어떤 특성을 가지고 있는지 알고 있는 사람은 그리 많지 않기 때문에 스스로 찾아보고 점검해 보기 위한 프로그램이다.

동네 걸어보기가 끝나면 지역의 방재 지도를 만들어 보는데, 화재 시에 필요한 소화전, 소화기의 위치와 재해 시 위험한 곳에 대한 정보를 모은다. 또 참가자가 살고 있는 지역에 대해 '동네에서 경치가 좋은 곳', '남겨두고 싶은 풍경' 등과 같은 장소도 찾아본다. 이는 자신이 살고 있는 동네의 다양한 자원과 문제점, 그리고 이웃들을 생각해 볼 수 있는 기회를 만들어 줌으로써 주민들이 지역이 가지고 있는 특성을 깨닫고 지역사회에 대해 관심을 갖게 만든다.

흔히 방재훈련을 하게 되면 방재라는 관점에서 바라보게 되면서 주로 지역의 '부정적인' 요소에 눈길이 가게 되는데, 동네 걸어보기를 하면서 이러한 부정적인 요소뿐만 아니라 동네의 아름다운 풍경과 장점 등 '긍정적인' 요소도 함께 찾아냄으로써 함께 살아가는 거리에 대한 애정을 느낄 수 있게 한다. 예를 들면 치요다구(千代区)의 주민들이 한 동네 걷기의 사례에서, 오래된 목조 건물이 많고, 사면으로 기울어진 돌담과 도심을 가로지르고 있는 전선 등 위험 요소가 많은 지역이지만, 오래된 거리와 새롭게 조성된 거리가 서로 조화롭게 상존하면서 만들어내는 정취가 동네의 매력으로 느껴진다든지, 외국인 노동자가 많이 살고 있는 지역에서는 세계 각국의 요리를 맛볼 수 있어 '일본 안의 외국'을 느낄 수 있는 거리라는 것을 느끼게 되면서, 호감을 가질 수 있게 하여 자신이 살고 있는 지역에 애정을 갖게 하는 것도 이 교육의 목표 중의 하나라고 할 수 있다.

귀가 곤란자 대응훈련은 도쿄 재해 볼런티어 네트워크가 의욕적으로 전개하고 있는 훈련 중 하나다.[3] 2005년 7월 일본의 중앙방재회의가 발표한 자료에 의하면, M7의 지진이 평일 낮 시간에 발생할 경우 주간과 야간의 인구분포 차이 등을 고려해 보면, 수도권 전체에서 650만 명의 귀가가 곤란해질 것으로 예상하고 있다. 게다가 이 정도의 귀가 곤란자가 나온다는 것은 거꾸로 같은 수의 출근 곤란자가 나와 수도권 교통망의 혼란이 장기화되면서, 그 경제적인 피해는 막대할 것으로 보고 있다.

도쿄 재해 볼런티어 네트워크에서는 도시 특유의 과제인 귀가 곤란자를 위해 1999년부터 '도보 귀가훈련'을 실시하고 있다. 재난 시에는 교통이 두절되는 경우가 많으므로 일터가 있는 시내 중심가에서 거주지인 도심 외곽까지 도보로 귀가해야만 하는 귀가 곤란자에게 유사 체험을 하기 위한 훈련이다. 2001년부터 도보 귀가훈련뿐만 아니라, 귀가 곤란자를 지원하는 거점이 되는 '에이드 스테이션(aid station)'을 개설하기 시작했는데 에이드 스테이션을 지원할 수 있는 기업, 지자체, 지역자치회 등과 연대해 훈련을 실시하고 있다. 2003년부터는 석유업협동조합의 협력을 얻어 도로 주변에 있는 주유소 15개소가 에이드 스테이션이 되어, 화장실을 사용하거나 휴식을 취할 수 있는 장소로 제공되었다. 그뿐만 아니라 넓은 부지를 가지고 있는 회사·학교

3) 도쿄도의 지진 피해 상정(1997년)에는 상정된 규모 M7.2, 진원의 깊이 20~30km의 "겨울, 평일 저녁 6시에 외출하고 있는 사람 가운데 걸어서 귀가하는 것이 곤란한 사람"을 '귀가 곤란자'라고 부른다(東京災害ボランティアネットワーク, 2005).

〈도쿄 재해 볼런티어 네트워크의 도보 귀가훈련 경로도(2005년)〉

·종교시설 등 5개 지점에 에이드 스테이션을 설치했다.

이처럼 시민단체가 주최하는 훈련에 기업이 참여해 지원할 수 있게 된 것은 귀가 곤란자 대응훈련의 주요 테마가 '연대·협동'이기 때문이다. 도쿄 재해 볼런티어 네트워크가 시민, 기업, 행정, 관계 기관, NPO와 연대해 시민 각자가 가지고 있는 힘을 발휘해 시민에 의한, 시민을 위한 훈련을 실시하고 귀가 경로 주변의 시민이 귀가 곤란자에 대해 알게 하는 것이 바로 이 훈련의 목적이다.

3 일본 방재교육의 특징

일본의 경우 지역 자율방재 조직과 같은 방재활동이 비교적 활성화되어 있고 여성이나 아이들을 대상으로 방재 의식을 높이기 위한 활동과, 재해 약자를 보호하기 위한 활동이 활발하게 이뤄지고 있다. 이러한 방재훈련은 대부분 지역의 지자체와 기업, NPO가 함께 협력해 운영되는 경우가 많다. 방재탐험대의 경우에도 각 지역의 NPO가 프로그램을 진행하고 손해보험협회가 지원하는 형태로 운영되고 있다. 일본 손해보험협회는 방재탐험대에서 만들어진 방재지도를 대상으로 경연대회를 개최해 각 지역의 특성을 살린 방재 지도를 서로 비교해 보면서 방재에 대한 정보 교류의 장을 마련하고 있다. 또한 아이들이 방재탐험대 활동을 하면서 지역의 소방서나 경찰서 등을 방문해 소화기 사용 훈련을 받을 수 있도록 지역 NPO와 행정기관이 사전에 협력 관계를 구축해 놓고 있다. 이처럼 행정기관과 기업, 지역의 NPO가 협력해 방재 프로그램을 진행하는 것은 도쿄 재해 볼런티어 네트워크의 활동에서도 특징적으로 나타난다. 귀가훈련의 경우 각 지방자치단체가 후원해 전체 계획에 함께 참여하고 있으며, 체육관이나 초등학교 운동장, 공공시설을 개방하고 실제로 재난이 발생한 상황을 상정해 임시 급식소를 설치하거나, 참가자들이 쉴 수 있는 공간을 마련해 주고 있다. 또한 도쿄석유업협동조합이 함께 참여해 귀가훈련을 하는 참가자들을 위한 에이드 스테이션으로 주유소를 활용할 수 있도록 지원하고 있고 각 지역의 볼런티어 단체들은 에이드 스테이션에서 참가자들의 급식과 음료 제공, 안내지도 배포, 의료활동을 지원한다.

재난 피해지역에서의 구호활동을 위한 연대와 네트워크뿐만 아니라 평상시의 재난 대비 훈련에서도 지역의 행정기관, 기업, NPO가 함께 협력해 추진해 가는 것이 일본의 재난 대비 훈련의 가장 큰 특징이라 할 수 있다.

2008년 아이치(愛知)현에서 이뤄진 재해 볼런티어 체험 프로그램 사례를 보면 방재훈련에 행정기관과 기업, NPO가 어떻게 결합되어 있는가를 잘 알 수 있다. 후생노동성 근로자 지원사업으로 이뤄지고, 지역의 NPO와 지방자치단체가 협력한 재해 볼런티어 체험 프로그램 사업실행위원회가 주최하고 있는데 이 실행위원회의 사무국은 '사회복지법인 나고야시 사회복지협의회', '특정비영리 활동법인 파트너십-서포트센터', '아이치 현 경영자협회'의 세 단체가 맡고 있다. 전체 프로그램은 체험 위주로 짜여져 있으며 모든 참가자는 스스로가 이재민이 되어 대피소로 설정된 체육관에서 이불도 없이 잠을 자면서 급식, 소화기 훈련, 장애인 피난 지원 중에서 선택해 볼런티어 활동을 하도록 짜여져 있다. 급식 체험훈련의 경우에도 전기와 가스가 두절된 상황을 상정해, 참가자 스스로가 주변에 있는 물품을 활용해 음식을 만들어 훈련 참가자뿐만 아니라 지역의 주민들까지도 함께 나눠 먹는 형태로 진행하고 있다. 이처럼 지역 NPO가 프로그램을 기획하면서 실제로 재난이 발생했을 때를 상정해 지역 주민에게 재난 상황을 체험할 수 있게 하며 그러한 훈련을 추진하기 위해 정부기관, 지방자치단체, 기업, NPO가 서로 협력해 방재훈련의 기획 단계에서부터 평가까지의 모든 과정에 걸쳐 협력을 실현하고 있다는 것이 일본의 방재교육의 특징이다.

제 3 절 한국의 방재교육 현황

1 행정기관의 방재훈련 추진 형태

한국의 정부와 지방자치단체는 「자연재해대책법」 22조 및 23조에 의거,[4),5)] 관계 법령 또는 방재계획에서 정한대로 도상훈련·방재전산훈련·실제훈련으로 구분해 법 제16조의 방재집행계획이 정하는 바에 따라 실시하도록 되어 있다. 그러나 대부분 「민방위기본법」에 의한 민방위 훈련으로 대체해 실시하고 있고, 지방자치단체에서 실시하는 훈련은 매년 5월 25일 방재의 날에 즈음해 이뤄지는 지방자치단체 차원의 방재 훈련 및 방재 관련 행사가 대부분이다.

지방자치단체의 방재훈련 중 도상훈련의 경우에는 훈련의 특성상 주로 행정기관 및 기업체에서 재해 발생 시 취해야 할 응급 조치와 복구대책에 관한 사항과 유관 기관 간 공조 체제 확인 등의 사항들이 다뤄진다. 이러한 도상훈련은 각 기관별로 자신들이 수행해야 할 임무를 정리하고 점검할 수 있는 기회가 되고, 재해 대응 체제를 전반적으로 검토할 수 있는 장점이 있다. 그러나 실제로 지방자치단체에서 실시되는 도상훈련은 참여 기관별로 단순히 재해 발생 후의 처리 상황 및 추진계획을 보고하는 형식으로 진행됨으로써 재해를 직접 담당하지 않는 부서에서는 큰 관심을 갖기 어렵고, 재해 담당 직원의 일부만 참가하기 때문에 전 직원이 적극적으로 참여하는 방재훈련이라고 보기 어렵다.

---

4) 자연재해대책법 제22조(재해 예방): ① 방재책임자는 관계 법령 또는 방재계획이 정하는 바에 의하여 다음 각 호의 재해 예방 조치를 취하여야 한다. 1. 방재조직의 정비, 2. 방재교육·훈련 및 재해 예방에 관한 홍보, 3. 방재용 물자와 자재의 비축 및 정비, 4. 방재시설의 점검·정비, 5. 재해 위험 시설의 점검·정비, 6. 재해 위험지구의 지정 및 정비, 7. 기타 재해 예방을 위하여 필요한 사항.

5) 자연재해대책법 제23조(방재교육·훈련 및 홍보): ① 시·도 지사 및 시장·군수·구청장은 제13조의 규정에 의한 협조 체제의 구축과 방재 시책의 효율적인 추진을 위하여 대통령령이 정하는 바에 의하여 방재교육·훈련과 재해 예방에 관한 홍보를 실시하여야 하며, 이를 위하여 관계 기관에 협조를 요청할 수 있다. 이 경우 관계 기관의 장은 특별한 사유가 없는 한 이에 응하여야 한다. ② 제1항의 규정에 의한 방재교육·훈련은 민방위기본법에 의한 민방위 교육·훈련으로 실시할 수 있다. ③ 정부는 대통령령이 정하는 바에 의하여 '방재의 날'을 정하여 재해 예방에 대한 국민의 의식을 높이고 방재훈련을 효율적으로 추진하기 위하여 필요한 행사 등을 할 수 있다.

표 7-1 국립방재교육연구원 교육 인원: 공무원 대상(2010년)

구분			과정명	인원(명)
기본 교육	재난 안전	신임	재난관리 신규과정	25
		보수	재난관리 실무과정	93
		관리	재난관리자 과정	40
			고위관리자과정	35
	민방위	신임	민방위 신규과정	36
		보수	민방위 실무과정	92
		관리	민방위중견관리과정	49
			민방위관리자과정	17
전문 교육		대비 · 대응	재난대비훈련과정	53
			상황관리실무과정	70
			현장상황관리관과정	30
			기후변화대응과정	35
			NDMS – 풍수해과정	525
			NDMS – 이재민과정	140
			NDMS – 인적재난과정	175
			NDMS – 대설과정	280
			범정부재난관리네트워크 시스템과정	140
		예방 · 복구	재해복구실무과정	70
			특정관리대상시설 점검실무과정	36
			방재시설기준 운영과정	20
			풍수해저감 종합계획과정	39
			하천관리실무과정	113
			사전재해영향성 검토과정	47
			풍수해보험 실무과정	34
			지진방재 실무과정	48
			재해예경보시스템과정	50
			재난심리 지원과정	33
			급경사지관리 실무과정	31
			수상레저 실무과정	21
			재난구호과정	14
			저수지댐 수리교육	181
		수탁	국가기간체계재난 관리과정(전염병)	43
			국가기간체계재난 관리과정(정보통신)	36
			통합적 지역재난 대응체계 구축과정	60
			자원봉사자 재난안전 대응역량 강화과정	64
			재난대응 언론소통과정	26
전문 교육	민방위		민방위경보요원과정	18
			화생방 실무과정	38
			경보단말 운영과정	26
			새올행정시스템과정	213
			민방위실전훈련센터교관 양성과정	13
			비상대비능력 향상과정	118
			기술인력동원 실무과정	196
			소계	3,423

※ 2010년 전체 교육과정 71개 과정 14,590명 교육.
자료: 국립방재교육연구원, 「2011년 교육훈련연보」.

실제 훈련은 각 기관에서 방재계획에 따라 상황실 및 야외에서 실제로 훈련을 실시함으로써 관련 직원들의 대처 능력을 실질적으로 향상시킬 수 있는 장점이 있다. 그러나 실제 훈련은 도상훈련 및 실제 재해 발생 후 대처 시에 문제시되었던 경험을 토대로 이를 보완하는 실제 훈련으로 이뤄져야 함에도 불구하고 현실적인 문제로 구조·구호훈련 등에 치중되는 경향이 있다(행정자치부, 2001: 10-11).

정부에서 일반인을 대상으로 하는 방재교육은 주로 국립방재교육연구원에서 이뤄지고 있다.[6] 국립방재교육연구원의 방재훈련은 공무원과 민간인을 대상으로 민방위과정과 방재로 나눠 전개된다. 민방위 과정은 민방위와 관련한 공무원과 지역의 민방위대장 등을 대상으로 한 교육이며, 방재교육은 공무원의 경우 방재 담당자를 대상으로 하고 있고, 2010년의 경우 총 71개 과정의 교육에 연인원 14,590명이 참가했다.

민간인의 경우에는 공동주택 안전관리자, 다중시설 안전책임자 과정, 시민안전 봉사자를 대상으로 하고 있으며, 생활안전 민방위교육은 사회단체 및 직장인을 대상으로

표 7-2 국립방재교육연구원 교육 인원 - 민간인 대상(2010년)

구분		과정명	인원(명)
전문교육	재난안전	지역자율방재단과정	40
		손해평가인양성과정	26
		재난피해자심리전문가과정	30
	민방위	민방위실기강사과정	63
		지역민방위대장과정(도시)	365
		지역민방위대장과정(농촌)	294
		여성민방위대장과정	246
		직장민방위대과정	150
		민방위기술지원대과정	
		비상대비관리자보수과정	89
		비상대비실무자보수과정	75
		신임비상대비담당자과정	55
		소계	1,433

※ 2010년 전체 교육과정 12개 과정 1,433명 교육.
자료: 국립방재교육연구원.

6) 국립방재교육연구원은 민방위 교육의 전담기관인 민방위교육관과 재난연구·개발 기능을 관장하는 국립방재연구소가 통합되어 2006년 3월에 출범했다.

한 생활민방위현지안전교육 과정과 사회단체 및 주부를 대상으로 한 생활민방위 체험 과정이 있으며, 중고등학교 학생들을 대상으로 한 청소년 민방위 안전과정이 있다.

그러나 국립방재교육연구원의 교육은 2006년 이전까지 민방위교육관으로 운영되어 대부분 소방 관계자들을 대상으로 한 소방훈련이나 민방위훈련 중심으로 전개되었다. 이는 소방방재청이 2004년 개청되어 재난관리가 일원화되기 전까지 대부분의 시민을 대상으로 한 훈련이 소방훈련 중심으로 전개되어 왔고, 재난관리에 시민의 참여가 그리 활발하지 않았기 때문에 국가적으로도 시민 대상의 교육에 대한 중요성을 그다지 인식하고 있지 못했기 때문이라고 할 수 있다. 그뿐만 아니라 시민교육을 위한 여러 제도적인 장치도 마련되어 있지 못하고 있는데, 훈련에 참여한 시민들에 대한 강제 규정도 없을뿐더러 인센티브 제도도 없기 때문에 자발적으로 훈련에 참여할 수 있는 동기를 제공하지 못하고 있다. 또한 흥미를 가지고 참여할 수 있는 다양한 프로그램이 구비되어 있지 못한 점도 시민의 자발적인 참여에 장애로 작용한다.

2 시민단체의 방재훈련 사례

한국의 경우 지금까지 지역 단위에서 민간단체가 주체가 되어 이뤄지는 방재훈련은 거의 존재하지 않았다. 구호와 관련된 전문 자원활동 조직이 많지 않기 때문에 별도의 프로그램을 갖고 있는 조직도 거의 없는 형편이다. 대한적십자사와 전국재해구호협회, 한국자원봉사센터협회 정도가 자원봉사자들을 대상으로 이러한 교육을 실시하고 있는 정도다(한동우 외, 2004: 111). 이 가운데 대한적십자사의 방재훈련은 대부분 대한적십자사 소속의 봉사원들을 대상으로 하고 있어 시민 대상의 방재훈련 프로그램이라고는 하기 어렵고, 한국자원봉사센터협회의 교육은 전국재해구호협회와 공동으로 추진하고 있기 때문에 지역의 자원봉사센터를 비롯한 민간단체와 행정기관이 협력해 지역의 주민을 대상으로 방재교육을 하고 있는 단체는 전국재해구호협회가 거의 유일하다.

1) 전국재해구호협회의 설립 배경과 활동 내용

전국재해구호협회는 「재해구호법」에 의해 설립된 법정 민간조직으로 1961년에 발생한 대규모 수해를 계기로 발족한 '전국수해대책위원회'를 1964년에 전국재해대책협의회로 개칭해 활동을 확대해 오다가, 2001년에 「재해구호법」이 전면 개정되면서 전국재해구호협회로 개칭해 오늘에 이른다. 재해구호협회의 활동을 살펴보면 이재민 지원을 위해 의연금품을 모집하고 기탁된 의연금품을 관리·배분하고 있다. 또한 구호물품 제작과 보관을 위한 물류센터를 운영하며, 재난구호에 관한 연구조사 활동과 더불어 국제 교류 및 대외 협력에 주력하고, 기탁자 및 수혜자를 포함한 대국민 홍보 활동을 펼치고 있다, 재해구호 자원봉사자를 모집해 재해 현장에 파견하고, 재난 관련 교육을 전개하고 있고, 재해 현장에서 이재민들이 필요로 하는 물품을 응급구호세트로 만들어 각 지방자치단체에 보급하고 있다.

재해구호 관련 교육활동은 2003년부터 본격적으로 실시해 매년 확대하고 있는데 이는 재해구호 자원봉사 활동의 인프라를 확대하기 위해서는 지역의 자원봉사 리더와 관리자 양성을 비롯한 재해구호 활동에 관련한 인재를 키워나가는 것이 지역의 재해구호 역량을 강화하는 데 필수적이기 때문이다.

2) 전국재해구호협회의 교육 내용

2002년 이후 몇 차례 대형 자연재난을 겪으면서 재난 현장의 문제점들을 해결하기 위한 활동의 일환으로 전국재해구호협회는 2003년부터 재난지역의 정보를 수집해 제공하며, 재난 현장에서 이뤄지는 자원봉사 활동에 대한 관리를 위한 자원봉사 리더를 양성하고 있다.

재난지역에서 이뤄지는 구호활동에서 가장 문제로 제기되는 것이 활동의 중복과 편중, 그리고 재난구호 활동에 대한 관리가 잘 이뤄지지 않고 있다는 점이다. 이러한 문제점들은 대부분 재난 피해지역에서 구호활동을 관리할 수 있는 역량의 미비와 의사소통, 정보 공유의 부재에서 비롯된다. 전국재해구호협회는 재난지역의 정보를 가장 잘 알 수 있는 곳은 재난 현장이므로 지역의 사정을 잘 알고 있는 주민을 대상으로, 자원봉사 리더 양성에 힘을 기울이고 있다. 지역 주민 가운데 양성된 리더는 평상시부터 재난과 구호활동에 관한 다양한 교육 및 훈련을 통해 스스로 재난에 대처할 수 있는 능력을 길러야 하며, 지역 리더 교육은 이러한 능력을 키우는 것을 목적으로 하고 있다. 전국재해구호협회가 추진하고 있는 방재교육은 지역 리더 교육과 재해구호 관리자 교육, 재해구호 자원봉사자 교육으로 나눌 수 있다.

(1) 지역 리더 양성교육

지역 리더 교육의 단기적 목표는 지역의 피해 상황 및 재난 피해자에 대한 욕구 조사와 외부에서 온 자원봉사자 안내 및 관리를 할 수 있는 능력을 배양하고, 지역 주민 스스로가 지역의 위험에 대해 인지하고 대처할 수 있는 능력을 기르는 데 있다. 특히 같은 지역에서, 혹은 이웃 지역에서 활동하는 봉사자들끼리 서로 만나 얼굴을 익히면서 네트워크를 만들어 갈 수 있는 기회를 만드는 것도 교육의 주요 목표다.

전체 교육 과정은 강의와 워크숍을 같은 비중으로 구성하고 있다. 전반적으로 프로그램의 앞부분과 뒷부분은 재해구호 활동에 대한 이해를 돕기 위한 강의를 배치해 재난과 재난구호에 관한 전체적인 모습을 그릴 수 있도록 했다. 재난 현장에서 일어나는 갈등과 문제 해결 방법은 워크숍 및 연극놀이를 중심으로 진행해 직접 몸으로 재현해 보고 상대방의 이야기를 들으며 상대방을 이해할 수 있도록 하고 있으며, 특히 연극놀이는 전문적인 교육연극 단체가 진행함으로써 재난 현장에서 발생하는 갈등 상황을 해결하는 방법을 터득하도록 하고 있다. 재난 현장에는 행정기관과 자원봉사단체, 재난 피해자와 행정기관, 재난 피해자와 자원봉사자 등 다양한 주체들 간의 이해 부족으로 인한 다양한 갈등 상황이 발생하기 때문이다.

역할놀이를 활용하는 것은 역할이란 주어진 지위나 상황에서 보이는 행위 방법으로, 동일한 지위에 있어도 사람마다 행위 방법이 다를 수 있으므로 재난이라는 상황에서 각자 자신의 입장에서 어떻게 재난 상황을 바라보는가를 서로의 행동 속에서 반추해 볼 수 있다(남세진, 1997). 역할놀이를 활용해 각자 재난 상황에서 벌어지는 여러 가지 갈등 상황을 보여 주고, 그러한 갈등을 해결하고 재난 상황을 극복하기 위해 어떠한 방법을 찾아야 하는가에 대해 토론하면서 공동의 해결 방법을 찾아내는 것도 중요하다. 토론 과정에서 서로가 가진 문제 의식을 공유하고 지역의 공통적인 문제점을 생각해 보고 해결 방안을 찾아봄으로써 재난 현장에서 활동하고 있는 각 주체들, 즉 행정기관, 지역 주민, NGO의 역할을 이해할 수 있도록 하고 있다.

이렇듯 역할놀이와 워크숍을 통해 개인의 관점이 아닌 지역사회의 관점에서 재난을 바라보고 재해구호 활동을 바라볼 수 있도록 하는 것이 전국재해구호협회가 추진하는 교육의 특징이다.

전국재해구호협회가 추진하고 있는 지역 리더 양성 교육은 2004년부터 경상남도와 강원도를 중심으로 매년 개최하고 있는데, 경남 지역 리더 교육의 경우, 2003년에 전국자원봉사센터협회에서 개최한 워크숍에 참석한 경상남도 자원봉사센터의 실무자와 재해구호협회 구호팀이 재해구호 활동에 관련한 토론을 벌이다가 리더 교육의 필요성을 절감하고 서로 협력해 실시하기로 의견을 모아 실시하게 되었다. 경상남도 자원봉사센터와 전국재해구호협회는 2004년부터 경상남도와 경상남도 자원봉사센터가 후원하고, 전국재해구호협회가 프로그램을 기획하고, 지역의 자원봉사단체 네트

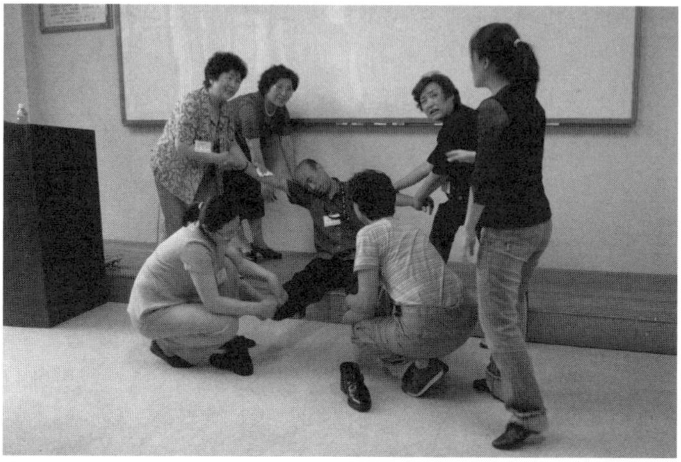

〈이재민과 자원봉사자 간의 갈등을 표현한 역할놀이〉

워크인 경상남도 자원봉사협의회가 참가 인원 모집 및 홍보를 맡아 진행하고 있다. 즉 행정기관과 자원봉사센터, 자원봉사단체 및 재해 전문기관이 함께 연대해 추진하고 있다는 점이 특징이다. 또한 3여년 간 지속된 리더 교육은 지역 상황에 맞는 프로그램 개발 및 진행, 교육이 끝난 후 교육 프로그램이 지역 리더들에게 얼마나 유용한 교육이었는지에 대해 평가하고, 교육 이후의 리더들의 활동을 연계시키는 활동에 주안점을 두고 있다.

(2) 재해구호 관리자 교육

재해구호 관리자 교육은 주로 자원봉사센터 직원 및 행정기관의 재난 관련 담당자들을 대상으로 한다. 그 중 특이할 만한 사례 중의 하나는 경상북도 자원봉사센터의 재해구호 관리자 교육이라고 할 수 있다.

경상북도 자원봉사센터는 2003년부터 매년 재해구호 관리자 교육을 실시하고 있는데, 여기에는 지역의 자원봉사센터 관리자 및 행정기관의 재난담당, 행정기관의 자원봉사 담당자가 함께 모여 지역의 재난관리와 구호활동에 대한 훈련을 하고 있다. 경상북도 자원봉사센터가 추진하고 있는 관리자 교육에 전국재해구호협회가 교육 프로그램 내용을 지원하고 있는데, 이 교육을 통해 경상북도 지역의 재난 관련 관리자들이 서로의 활동에 대해 공유하고, 재난 발생 시 역할에 대한 조정을 할 수 있는 장을 마련하고 있다. 그뿐만 아니라 각 지역의 관리자들이 서로 얼굴을 익히게 됨으로써 인적 네트워크를 만들어가고 있다.

각 지방자치단체의 재난 담당 실무자들의 경우, 담당 업무가 자주 바뀌게 되어 재난관리자의 경험과 역량이 축적되기 어렵다. 반면 자원봉사단체나 자원봉사센터의 관리자들은 대체로 행정기관보다는 활동을 지속할 수 있어 몇 차례의 재난을 겪으면서 실전 경험을 쌓거나 훈련을 통해 역량을 키울 수 있다. 그러므로 이러한 교육의 장에 참여함으로써 재난 경험이 없는 관리자들이 서로의 경험담과 토론 속에서 지식을 축적할뿐더러 각 지역의 경험을 공유하고 협력 네트워크를 만들어가는 기회를 마련하는 것이다.

최근 각 지역의 자원봉사센터가 의욕적으로 재난 대비 훈련을 추진하고 있기는 하지만 아직도 예산 확보의 어려움과 담당자의 부재 등으로 인해 훈련을 추진하고 있는 자원봉사센터 및 단체는 그리 많지 않다. 그러나 지역 단위에서의 행정기관과 민간단체, 지역 주민이 함께 만들어 가는 방재훈련의 필요성은 지속적으로 요구될 것이다.

(3) 재해구호 자원봉사자 교육

재해구호 자원봉사자 교육은 2003년 이후 비교적 활발하게 이뤄져 왔다. 각 지역마다 자원봉사센터를 중심으로 하여 기존에 자원봉사 활동을 하는 단체들을 중심으로 재난이 발생했을 때를 대비해 재난 대비 자원봉사단이 꾸려지고 있다. 그러나 이러한 재난 대비 봉사단이 각기 자신의 역할을 인식하고, 그 역할에 따른 훈련이나 계획이 이뤄지고 있는 곳은 그리 많지 않다. 대부분의 자원봉사센터에서 실시하고 있는 재난 대비 자원봉사자 교육은 자원봉사센터가 만든 재난 대비 자원봉사단의 역할을 알려 주는 차원에 머물고 있고, 교육 또한 일회적인 교육에 머물고 있다. 그러나 그나마 일회적인 교육이라도 매년 실시하고 있는 시·군·구는 그리 많지 않다. 전국적으로 보았을 때 경기지역의 경우 매년 교육을 실시하고 있는 곳이 많은 편이라 할 수 있다. 그 중 재해구호협회가 강사를 지원해 교육을 실시한 곳을 중심으로 살펴보면, 인천광역시 부평구 자원봉사센터, 광명시 자원봉사센터, 김포시 자원봉사센터, 양평군 자원봉사센터 등이다. 특히 인천 부평구 자원봉사센터의 경우 지난 2005년에는 지역의 자원봉사자들을 대상으로 1박 2일 동안 강의와 워크숍, 실습 교육을 실시하는 집중교육을 실시하기도 했다.

경기도를 중심으로 한 자원봉사센터들이 재난에 대비한 자원봉사자 교육을 추진하고 있기는 하지만 아직은 교육비의 부담과 프로그램의 부족 등으로 인해 원활하게 추진되고 있는 곳은 그리 많지 않다. 그러나 이처럼 매년 일회적이나마 자원봉사자들을 대상으로 한 방재교육이 실시되고 있고, 또 지역이 늘고 있다는 것은 일상교육으로서 방재교육이 자리잡을 수 있는 여지를 마련하고 있다는 점에서 희망적이라 할 수 있다.

3 한국의 방재교육 과제

재난관리에 관한 주민들의 참여는 재난 피해를 경감하고 재난 발생 시 신속한 복구를 위해 반드시 필요하다. 그리고 기초자치단체의 재난관리 담당자의 경우 순환근무로 인한 잦은 자리 이동으로 인해 경험이 축적되기 어려운 환경에 놓여 있고, 시민단체의 경우에 재난관리에 대한 관심이 비교적 적었기 때문에, 재난관리에 대한 중추적인 역할을 할 수 있는 전문가도 그리 많지 않다는 점에서 주민이 재난관리에 주체적으로 참여하기 위해서는 주민을 대상으로 한 교육의 필요성이 대두된다. 현재 재난관리 공무원을 대상으로 한 교육은 소방방재청 국립방재교육연구원에서 이뤄지고 있다. 그러나 지역 주민을 대상으로 한 교육은 거의 이뤄지지 않고 있다. 특히 재난에 대비한 지역 주민의 교육, 훈련은 주민의 적극적인 참여와 주민이 필요로 하는 교육이 효과적이라는 점에서 지역 주민과 행정기관과 시민단체가 서로 협력해 프로그램을 만들어가는 것이 필요하다.

방재교육은 지역 NGO가 지역의 행정기관과 연대해 기획하고 추진하는 것이 바람직하다. 주민들에 의한 방재활동은 행정기관과 연결되지 않으면 효과적으로 이뤄질 수 없기 때문에 행정기관과 공동으로 추진하는 것이 효과를 높일 수 있다. 또한 지역의 행정기관의 공무원들이 시민단체가 운영하는 교육 과정에 함께 함으로써 시민단체의 활동 내용에 대해 배우고 익히는 것이 필요하다.

현재 한국에서 추진되고 있는 방재교육은 대부분 기초 소양교육이나 재난에 관련한 지식을 전달하는 형태에 머무르고 있다. 행정기관과 민간단체에서 시뮬레이션 교육이나 워크숍을 통한 실제적인 교육이 필요하다고는 하지만 전문 강사의 부족, 예산 부족, 사전 준비의 어려움 때문에 추진하지 못하고 있다. 지역자치단체에서 이뤄지는 종합 구호훈련도 이미 짜여진 시나리오대로 구조요원이 시범을 보이는 형태로 진행되고 있는 정도다.

좀 더 실질적으로 지역 주민이 스스로 방재 역량을 기를 수 있는 지역 주민 밀착형의 방재교육을 위해서는 스스로 문제점을 찾아보고, 함께 해결해 나가는 방식의 교육

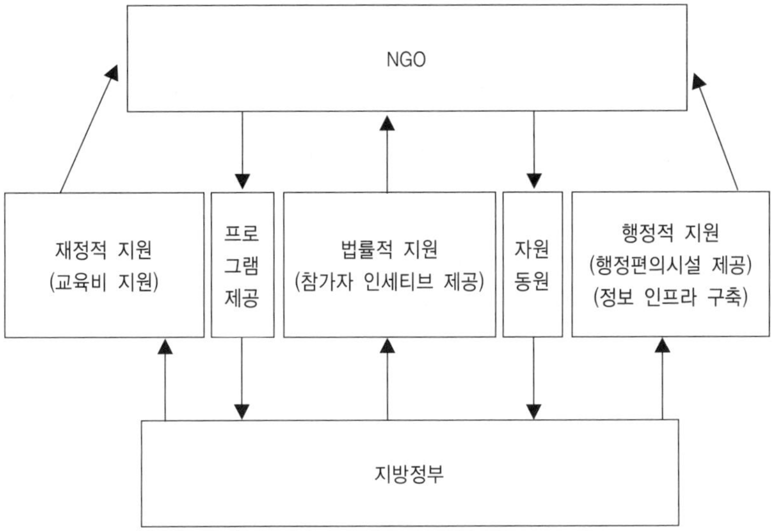

그림 7-3 방재훈련을 위한 민관 협력모형

자료: 박상필(2002: 105)에서 재구성.

방법이 필요하다. 이를 위해서는 지역의 행정기관과 NGO, 지역 주민이 교육기획 단계에서부터 연대해 훈련의 내용과 방향을 만들어가야 한다.

방재교육은 지방정부와 지역 NGO와 지역 주민이 서로 협력해 프로그램을 기획하고 진행하며, 교육 실시 이후에 교육 내용을 검증하고 평가해 피드백하면서 지역 상황에 맞는 지역 맞춤형 프로그램을 만들어야 한다. 그러기 위해서는 지역의 행정기관과 NGO가 서로 머리를 맞대고 지역의 위험도에 대한 연구와 토론을 통해 필요한 방재교육의 틀을 만들어 진행해야 한다. 이를 위해 지역의 행정기관은 지역 방재교육이 일방적으로 행정기관에서 진행하는 프로그램이 아니라 지역 주민과 NGO가 기획 단계부터 주체적으로 참여할 수 있는 통로를 마련해 두어야 한다.

한순간에 발생하는 재난으로 인해 지역 주민의 삶이 어려움에 처하게 되고, 지역공동체가 무너지게 된다. 이러한 상황에서 재난 피해지역에서 구호활동을 펼치는 것뿐만 아니라, 재난이 발생하기 전에 재난에 대비하는 지역 주민과 밀착된 다양한 활동을 통해 지역공동체가 회복될 수 있는 여건이 만들어진다. 지역 주민과 행정기관, 기업 등 재난에 관련한 모든 이해 당사자들이 협력할 때 지역공동체는 재난의 위험으로부터 주민을 보호하는 안전망으로 작용하게 될 것이다.

제 8 장 재해구호복지와 심리 · 사회적 문제

우리나라는 해마다 태풍과 홍수의 피해로 인해 막대한 재산과 인명 피해를 경험하고 있으며 최근에는 강원도 지역의 대규모 산불, 대구지하철 참사나 삼풍백화점 사고와 같은 인재까지 겹쳐 재해 · 재난의 빈도가 점점 증가하고 있는 실정이다. 2001년부터 2010년까지 최근 10년 동안 자연재해로 인한 인명 피해는 평균 68명이고, 1,704,511백만 원의 재산 피해를 경험했다(소방방재청, 2011).

이처럼 재해 · 재난은 재산이나 인명 손실과 같은 인적 · 물질적 피해 외에도 재해 · 재난을 경험한 사람뿐만 아니라 그 가족 및 지역사회 전체의 정신건강에도 막대한 지장을 초래하게 된다. 2003년 10월 강원도 강릉시의 한 농민이 태풍 '매미'로 인한 막대한 재산 피해로 인한 정신적 스트레스를 감당하지 못하고 독극물을 먹고 자살한 사건은 재해 · 재난으로 인한 피해자의 심리 · 사회적 문제에 대한 적극적 개입의 필요성을 단적으로 드러내 준다(한국일보, 2003). 재해 · 재난은 사건에 노출된 개인과 그들 가족에게 정신적 충격(shock), 불안(anxiety), 수면장애(sleep disturbances), 대인 관계 손상(impaired interpersonal relationships), 우울(depression) 및 자살(suicide) 등 다양한 형태로 영향을 미칠 뿐만 아니라 지역사회의 건강에도 심대한 영향을 미친다(Ginexi et al., 2000).

일반적으로 외상(trauma)에 의해 가족이 영향을 받는 경우는 다음의 네 가지 효과를 통해서다. 첫째는 동시(simultaneous) 효과로 지진과 자연재해처럼 온 가족이 외상을 동시에 경험하는 경우이며, 둘째는 대리(vicarious) 효과로 대구지하철 참사처럼 가족의 구성원이 외상을 경험하나 가족과는 단절되어 있는 상태이며, 셋째는 틈새

(chiasmal) 효과로 이는 외상을 경험한 가족구성원과 접촉 후에 모든 가족이 영향을 받는 경우다. 그리고 마지막으로 가족 내(intrafamily) 효과로 아동 학대나 가정폭력처럼 사건이 가족 내에서 발생하는 경우를 말한다(Miller, 1999).

과거에는 주로 외상의 효과에 관한 연구들이 아동 학대나 가정폭력처럼 가족 내에서 발생하는 외상이 아동의 정신건강에 미치는 효과에 집중되어 있었다. 이런 이유로 재해·재난에 관한 연구는 심리학자들과 사회과학자들 사이에서 상대적으로 새로운 연구 영역이다. 그리고 재해의 효과에 관한 초기 연구들은 구체적인 개념적·방법론적 접근을 하기보다는 기술 통계 수준에서 재해의 영향을 살펴보는 수준이었다. 외상이 미치는 영향에 관한 기존 연구들은 크게 세 가지 형태로 분류해 볼 수 있는데, 피해자의 정신건강에 미치는 영향에 관한 연구, 피해자의 약물 남용에 관한 연구, 그리고 지역사회 건강에 미치는 영향에 관한 연구로 나눠 볼 수 있다.

제 1 절 재해·재난과 개인의 정신건강

재해·재난이 개인의 정신건강에 미치는 영향에 관한 연구를 살펴보면 연구 결과들이 합의되지 못하고 상반된 의견들을 제시하고 있다. 몇몇 연구자는 재해 후의 심리학적 고통(distress)이 대부분의 경우 단지 일시적이고 그 정도도 심각하지 않다고 보고하고 있다(Baum & Fleming, 1992). 또한 다른 연구들은 위와 달리 재해·재난이 개인의 정신건강에 상당히 오랜 기간 동안 심각한 영향을 미치는 것으로 보고하고 있다. 예를 들어, 그린 등(Green et al., 1990)의 연구에 의하면 버팔로 수로 댐(Buffalo Creek Dam) 붕괴 사고 시 몇몇 희생자의 경우는 사고 후 14년이 지난 이후에도 임상적으로 중요한 감정적 고통이 있는 것으로 나타났다.

심리학적 연구들은 대부분 외상을 경험한 아동의 정신건강에 초점을 두며, 이것이 부모의 태도나 지지와 어떤 관련성을 갖는지를 밝히는 데 주안점을 둔다. 외상 경험의 장기적인 효과에 관한 연구들에 따르면 외상을 경험한 아동은 상당히 오랜 기간 동안 심리적 문제를 갖고 있는 것으로 나타났다. 즉 외상은 외상 후 스트레스 장애(post-traumatic stress disorders: PTSD)나 우울증(depression) 및 공포(phobias)와 같은 심리적 장애나 성장기에 내재하는 인성적인 측면과의 상호작용 등을 통해 아동의 인성 발달에 부정적인 영향을 미치는 것으로 드러났다(Kilic et al., 2003).

아동의 외상 후 스트레스 장애(PTSD) 연구에 관한 한 개척자인 뉴먼(Newman, 1976)에 의하면, 재해(disasters)가 아동에 미치는 심리적 효과는 아동의 발달 수준, 재해에 대한 가족의 반응에 대한 아동의 인식, 그리고 아동이 외상에 노출된 정도에 따라 영향을 받는 것으로 드러났다. 스트레스에 대한 아동의 반응에 대해 가족이 미치는 영향을 연구한 대부분의 연구는 엄마와 관련된 변수들에 초점을 맞추고 있다. 맥팔레인(McFarlane, 1987)은 오스트레일리아 산불에 노출된 아동의 외상 후 스트레스 수준이 아동이 재해에 노출된 수준보다는 엄마의 불안(anxiety) 수준과 더욱 밀접히 관련되어 있다고 주장했다. 그린 등(Green et al., 1991)도 스트레스를 유발하는 사건에 대한 가족의 대응과 사건 후의 통합이 아동이 사건에 노출된 정도보다 외상 후 스트레스 수준을 더 많이 예측할 수 있는 변수임을 밝혔다.

그러나 이런 초기 연구들은 표본 추출을 할 때 대부분 대표성이 결여되거나 통제-비교집단을 구성하지 않았으며, 연령이나 성별과 같은 인구학적 변수가 매개(moderator) 변수로 기능할 가능성 등을 고려하지 못한 한계를 갖고 있었다. 이에 러보니스와 빅맨(Rubonis & Bickman, 1991)은 메타분석을 통해 기존 연구를 종합한 결과 재해·재난 경험이 정신병리적 현상을 평균적으로 약 17% 정도 증가시키는 것으로 보고했다. 즉 자연재해나 사망률이 높은 사고는 정신병리적 현상과 밀접히 연관되어 있는 것으로 나타났다(Ginexi et al., 2000).

최근의 블라호브 등(Vlahov et al., 2004)의 연구는 2001년 9월 11일 세계무역센터(World Trade Center)에 대한 테러 공격이 있은 1개월과 2개월 후에 맨해튼(Manhattan)에 거주하는 성인 988명을 대상으로 재해가 정신건강에 미친 영향을 살펴보았다. 연구 결과에 의하면 응답자의 57.8%가 최소한 한 개 이상의 외상 후 스트레스 증상을 나타냈으며, 7.5%는 외상 후 스트레스 장애와 일치하는 증상을 가지고 있는 것으로 나타났다. 최근 들어서는 재해·재난이 개인의 정신건강에 미치는 효과에 관한 연구들은 재해의 규모, 인적 책임 정도 및 사망자 수 등과 같이 어떠한 재해 관련 변수들이 재해 후 개인의 정신건강에 주요한 영향을 미치는지를 규명하는 데 초점을 두고 있다.

매개변수에 대한 대표적인 연구자인 반 더 콜크(Van der Kolk, 1987)는 엄마와 아동의 관계가 재해 후 아동의 심리적 반응을 규제하는 매개변수로 기능함을 밝혔다. 라오, 월머와 메이어스(Laor, Wolmer, & Mayes, 1997)는 엄마의 증상에 대한 아동의 심리적 반응과 가족과의 통합 및 아동의 인성 발달이 또 다른 요소로 기능하는 것을 밝혔다. 그러나 최근의 연구조차도 비록 아동의 반응에 대한 부모의 태도가 주요한 요인인 것은 틀림없는 사실임을 밝혔으나 아직까지 그들 변수들 간에 어떤 상호 작용을 거쳐서 영향을 미치는지에 대해 완전히 이해된 것은 아니다.

제 2 절 재해 · 재난과 개인의 약물 소비

다음으로 재해 · 재난을 경험한 사람들의 담배, 알코올 및 마리화나와 같은 약물 사용에 미치는 영향에 관한 연구들이 있다. 앞의 재해 · 재난이 개인의 정신건강에 미치는 연구들처럼 대부분의 유병학(epidemiology) 연구는 외상(trauma)이 알코올 남용 혹은 의존과 관련된 것을 밝히는 데 주안점을 두었으며, 재해 · 재난을 경험한 피해자를 대상으로 알코올 사용이 어떻게 변화되는지에 대해서는 몇몇의 연구밖에 진행된 것이 없으며, 그 결과 또한 상충되고 있어 계속적인 연구가 필요한 실정이다(Pfefferbaum & Doughty, 2001).

일반적으로 외상을 경험한 사람은 약물 이용이 증대되는 것이 일반적 현상이다. 그 이유는 첫째, 외상을 경험한 사람은 스트레스와 부정적 영향에 대처하거나 긴장을 완화시키기 위해 약물을 사용할 가능성이 높아진다. 둘째, 불안장애(anxiety disorders)와 같이 약물 사용을 중단할 경우 증세가 더욱 심화될 수 있기 때문에 약물 사용이 늘어날 수 있다. 그리고 마지막으로 일단 정신병리적 현상이 발전되면 약물 사용은 증세를 더욱 악화시키고, 이는 외상 경험의 해소를 방해하거나 증세를 연장시킴으로써 약물 사용을 증대시킬 수도 있다(Vlahov et al., 2001).

그러나 실제 경험적 연구 결과들은 상충하는 부분도 많은 것으로 드러났다. 조지프 등(Joseph et al., 1993)의 연구에 의하면, 헤럴드 자유기업(Herald Free Enterprise) 재해 후 6개월이 지난 다음에 희생자들을 대상으로 조사한 결과 알코올, 담배 및 여러 가지 약물 소비가 증대된 것으로 나타났다. 반면에 그린 등(Green et al., 1992)은 버팔로 수로 댐의 붕괴를 경험한 희생자들을 대상으로 재해 후 14년이 지난 다음 조사한 결과 알코올과 약물 남용이 거의 나타나지 않는 것으로 보고했다. 스미스 등(Smith et al., 1990)은 비행기가 호텔에 충돌한 사고가 있은지 4~6주 후에 생존자를 대상으로 조사한 결과 알코올 남용과 알코올 의존성이 오히려 감소하고 있는 것으로 드러났다. 애덤스와 애덤스(Adams & Adams, 1984)의 연구에 의하면, 자연재해 후에 알코올 관련된 문제는 증가하지만 운전 관련 알코올 남용은 감소한다고 밝혔다.

이처럼 재해 후 운전 관련 알코올 남용이 줄어드는 이유는 재해에서 살아남은 사람은 운전과 관련된 생명의 위협을 경험함으로써 운전 관련 알코올 사용을 통제하거나 재해로 인한 육체적 손상으로 인해 운전을 못하는 경우가 많기 때문인 것으로 추정된다(Pfefferbaum & Doughty, 2001).

한편, 재해 희생자들의 알코올 이용 장애(alcohol use disorders)와 외상 후 스트레스 장애(PTSD) 간의 관계를 밝힌 연구들도 상치되는 연구 결과를 제시했다(Green et al., 1992; North, Smith, & Spitznagel, 1994; Shore, Vollmer, & Tatum, 1989). 예를 들어, 우울증, 일반 불안(generalized anxiety), 공포(phobia), 및 알코올 남용은 화산 분출로 인한 희생자들에게는 외상 후 스트레스 장애와 동시에 발생하는 공통적인 장애인 것으로 나타났다(Shore et al., 1989).

반면에, 대중에 대한 총기 난사에 관한 연구에서 노스 등(North et al., 1994)에 따르면, 비록 재해 후 알코올 이용 장애의 약 과반수가 사고를 경험한 것과 관련되어 있었으나 외상 후 스트레스 장애(PTSD)와는 직접적으로 관련이 없는 것으로 나타났다. 이와 유사하게 그린 등(Green et al., 1992)의 버팔로 수로 댐 붕괴 시 생존자들에 대한 연구에서도 약물 남용과 외상 후 스트레스 장애 간에는 통계적으로 유의한 상관관계가 없는 것으로 드러났다.

제 3 절 재해·재난과 지역사회 건강

재해·재난은 개인의 정신적 스트레스와 약물 남용에 영향을 미칠 뿐만 아니라, 재해·재난을 경험한 지역사회 전체도 충격과 슬픔을 경험하게 된다. 자연재해, 전염병, 혹은 예기치 않은 사고로 인한 지역 주민의 대규모 사망 등과 같은 집단적인 외상에 대해 첫 번째 반응은 지역 주민들이 즉각적으로 연대감을 형성하고 그들의 경험을 함께 나누게 된다(Rime, Mesquita, Philippot, & Boca, 1991). 이런 단계를 '사회적 연대(social sharing)'라고 하는데, 이를 통해 지역 주민들은 재해에 대한 집단적인 견해를 구성하고 외상의 과정을 촉진하는 여러 가지 측면을 강조하게 된다.

재해·재난을 경험한 지역 주민이 이에 대처하는 과정은 '사회적 단계 모형(social stage model)'을 통해 설명이 가능하다. 사회적 단계모형에서 첫 번째 단계는 긴급단계(emergency phase)로 재해 후 평균 약 2~3주간 지속되며, 개인이 강박적 생각을 토로하거나 감정적 기복이 다시 발생하는 것이 이 시기의 특징이다. 이 시기에는 외상에 대한 개인의 생각과 느낌을 다른 사람과 적극적으로 공유하는 시기로 심지어는 낯선 사람과도 재해에 대해 대화를 나누고자 한다. 두 번째 단계는 억압 단계(inhibition phase)로서, 재해에 대해 이야기를 나누는 횟수가 유의하게 줄어드는 것이 특징이다. 그러나 계속적으로 재해에 대해 생각하거나 상상하고 있는 단계다. 세 번째 단계는 적응 단계(adaptation phase)로, 재해 후 약 6주부터 12주까지 지속되며 재해에 대한 생각이나 대화가 매우 낮은 수준으로 감소하는 단계다(Pennebaker & Harber, 1993).

이처럼 전체 사회적으로 공유된 외상은 전체 지역사회의 스트레스 수준뿐만 아니라 육체적인 건강에도 직접적인 영향을 미칠 수 있다. 개인의 건강 수준을 사례별로 관측할 수 있는 것처럼, 전체 지역사회와 같은 대규모 사회적 집단의 건강 수준도 집단의 집합적인 스트레스로 간주될 수 있다. 실제로 페네베이커 등(Pennebaker et al., 1997)의 연구에 의하면 케네디(John F. Kennedy) 대통령이 암살된 이후 텍사스 주의 댈러스에서는 심장병으로 인한 사망자의 수가 증가된 것으로 나타났다. 또한, 샌프란시스코의 로마 프리타(Loma Prieta) 지진 이후 3주에서 8주 사이에 건강에 문제가 발생했다고 스스로 보고한 사람의 수가 증가했으며, 걸프(Gulf) 전쟁 이후에도 지역사회 주민들의 건강문제가 증가된 것으로 나타났다. 한편, 대학의 건강진료소 방문 기록이 외상의 발생, 집단의 감정적 고통(distress), 그리고 스트레스 정도와 유의한 관련성을 가지며 변화되는 것을 보여 준다(Gortner & Pennebaker, 2003).

우리나라의 경우 아직까지 재해·재난이 지역사회의 정신건강에 미치는 영향에 대한 본격적인 연구는 찾아보기 힘들다. 반면, 재해·재난이 지역사회 주민의 육체적 건강에 미치는 영향에 대해서는 최근 천갑진(2004)의 연구에서 밝혀지고 있다. 그 구체적 내용을 연합뉴스의 기사를 인용해 제시하고자 한다.

> 지난 2002년 동해안을 강타한 태풍 '루사' 이후 동해안 지역에 알코올성 간경변 등 일부 질환의 환자가 급격히 증가한 것으로 나타났다. 울산 의대 강릉아산병원 천갑진 교수는 강릉 아산병원 소화기내과를 찾은 환자를 대상으로 연구 발표한 「영동지역민의 소화기 질환의 발병 추이」란 논문에서 이같이 주장했다. 이 자료에 따르면 태풍 '루사'로 동해안 지역이 경제적 어려움을 겪기 시작한 2002년부터 태풍 '매미'로 연속 피해가 난 작년까지 역류성 식도염과 알코올성 간질환, 간암, 췌장질환, 소화성 궤양 등이 급격히 증가돼 주목된다고 지적했다. 실제로 역류성 식도염의 경우 지난 2000년과 2001년 29명, 26명에 불과하던 환자 수가 태풍 '루사'가 닥친 2002년에는 158명, 작년에는 339명으로 폭발적으로 증가했다. 위 및 십이지장궤양도 2000년과 2001년에는 235명, 267명이던 내원환자가 2002년에는 340명으로 크게 증가한데 이어 작년에는 451명이나 됐다.
>
> 알코올성 간경변도 2000년과 2001년 254명, 342명에서 2002년과 작년에는 445명과 437명으로, 2000년

과 2001년 각 117명이던 췌장질환자도 168명과 194명으로 크게 늘었다. 췌장암도 10명, 18명이던 것이 34명과 28명으로 급등했다. 동해안 지역은 지난 2002년 태풍 '루사'가 휩쓴데 이어 작년에는 '태풍' 매미로 2년 연속 엄청난 수해가 발생했다. 천 교수는 "알코올성 간질환과 소화기성 궤양 등 일부 질환의 경우 지역경제의 부진, 지속적인 자연재해 등으로 인한 스트레스가 증가의 원인이 됐다"며 "지역경제 활성화와 질환에 대한 지속적인 관심, 올바른 식생활 등의 예방이 필요하다"고 말했다(연합뉴스, 2004. 5. 7).

이상에서 재해·재난이 이를 경험한 피해자의 정신건강 및 약물 남용, 그리고 전체 지역사회에 미치는 효과에 대해 간략하게 살펴보았다. 앞에서 살펴본 것처럼 재해·재난은 단순히 인명이나 재산과 같은 물질적 피해 이외에도 재해·재난과 관련된 수많은 사람의 심리·정신건강에 상당한 영향을 미치는 것으로 드러났다. 이런 피해자의 심리적 충격과 정신적 갈등 등을 완화해 주기 위해 서구 선진국의 경우는 단순히 물질적 피해 이외에도 상담 서비스를 제공해 체계적인 치료를 할 수 있는 제도적 장치를 마련하고 있다. 예를 들어, 미국에서는 재해구호 체계에 사회복지사가 직접적으로 관여해 상담 서비스를 제공할 수 있도록 체계적인 제도가 마련되어 있다. 우리나라도 서구 선진국처럼 재해의 피해를 이제는 물질적 피해에만 국한하지 말고 심리적·정신적 피해까지도 치료할 수 있는 좀 더 체계적이고 포괄적인 서비스 제공을 위해 제도 및 체계를 정비해 나가야 할 것이다.

제 9 장 한국 민간 부문 재해구호복지 체계

제 1 절 우리나라 재해구호복지 체계

1 재해관리의 개념

재난이란 인간의 생존과 재산의 보존이 불가능할 정도의 생활 질서를 위협받는 상태를 초래하는 사고 또는 상태를 말하며 그 피해를 재해라 한다.[1] 과거 재해 · 재난 관련법에서는 자연 현상으로 인한 피해는 재해라 하고 인위적인 요인에 의해 발생하는 피해는 재난으로 개념 규정을 했으나, 새로 제정된 「재난 및 안전관리기본법」 제3조에서는 재난을 국민의 생명 · 신체 및 재산과 국가에 피해를 주거나 줄 수 있는 것으로서 자연 현상으로 인한 피해와 인적 요인에 의한 사고로서 대통령령으로 정하는 규모 이상의 피해 그리고 국가 기반 체계의 마비와 전염병 확산 등으로 인한 피해를 포괄해 규정함으로써 자연재해와 인위재해를 통합하는 개념으로 재정립했다. 따라서 여기에서도 재해와 재난의 개념을 동일한 개념으로 취급하고자 한다.

재해관리란 각종의 재해를 관리하는 것으로서 재난으로 인해 피해를 극소화하기 위해 재해의 예방, 대비계획, 응급 대응, 복구에 관한 정책의 개발과 집행 과정을 총

---

1) 재해: 재앙으로 말미암아 받는 피해. 지진, 태풍, 홍수, 가뭄, 해일, 화재, 전염병 따위에 의해 받게 되는 피해를 이른다. 재난: 뜻밖에 일어난 재앙과 고난(국립국어연구원, 1999).

칭하는 것이다. 「재난 및 안전관리기본법」에서도 재난관리를 "재난의 예방 · 대비 · 대응 및 복구를 위해 행하는 모든 활동을 말한다"고 규정하고 있어 재해 발생의 위험을 제거하고 재해 발생 시 피해의 수습과 복구를 행하는 모든 활동을 총괄하는 광의의 개념으로 해석하고 있다.

재해관리의 과정은 보는 시각에 따라 여러 단계로 나눌 수 있으나 일반적으로 재해 발생 시점이나 관리 시기를 기준으로 볼 수 있다. 페탁(William J. Petak)은 재해관리 과정을 재해의 진행 과정과 대응 활동에 따라서 재해 이전과 이후 즉 사전 재해관리와 사후 재해관리로 나눈 뒤 시계열적으로 이뤄지는 재해관리 과정을 ① 재해의 완화와 예방(mitigation and prevention), ② 재해의 대비와 계획(preparedness and planning), ③ 재해에의 대응(response), ④ 재해의 복구(recovery) 등 4단계로 설명한다(Petak, 1985: 3).

이상과 같은 재해관리의 네 가지 과정은 상호 단절적인 과정이라기보다는 상호 순환적인 성격을 갖고 있으며, 재난 예방, 대비, 대응, 복구 등의 과정은 각 과정이 별개로 이뤄지는 것이 아니고 시간적 활동 순서이며 최종의 복구 활동의 결과 및 노력, 그리고 경험은 최초의 완화 단계의 활동에 환류되어 장기적인 재해관리 능력을 향상시키는 데 도움을 주게 된다.

2 재해구호복지 조직 체계

1) 민간 부문

(1) 조직 유형

재해가 발생했을 때 재해에 대응하는 재해관리 조직은 공적인 형태로 이뤄질 수도 있고 사적인 조직의 형태로 이뤄질 수도 있다. 각종의 재해에 대응하는 조직의 유형은 과업 특성이 일상적인가 비일상적인가 하는 측면과 조직의 구조가 재해 전과 동일한가 아니면 새로 구성되는 조직인가에 따라서 이상팔(1989)은 다음과 같이 네 가지 유형으로 설명한다.

첫째, 확립된 조직(established organization)은 평상시 상시적으로 활동하고 있는 재해관리 조직을 말하며, 공식적으로 재해관리 업무가 부여된 기관을 말한다. 여기에 속하는 조직으로는 경찰, 소방서, 군, 구급대 등이 있다.

둘째, 확대된 조직(expanding organization)은 비공식적으로 재해와 관련된 기관으로서 외부 영역에서 아주 적은 활동이나 비활동적인 영역을 담당하지만 재해 시에는 규모가 증가하고 일상적인 과업과는 다른 활동을 수행하는 기관이다. 대표적인 기관으로는 대한적십자사, 자원봉사센터, 새마을 등을 들 수 있다.

셋째, 연장된 조직(extended organization)은 멤버십이나 관리를 통해 재해 발생 이전의 구조를 유지하고 있으며, 익숙하지 않은 재해와 관련된 업무를 교섭하는 조직이다. 구조에 필수적인 중장비나 필수장비를 소유하고 있어 복구사업에서 핵심적인 역할을 수행하게 되는 대형 건설회사, 전기, 전화, 가스회사 등이 여기에 속하는 대표적인 조직이다.

넷째, 응급조직(emergent organization)은 제도화되지는 않았지만 이미 확립된 조직이나 연장된 조직, 확대된 조직들의 활동이 미약할 때 활동을 할 수 있다. 이러한 조직의 대부분은 민간인 혹은 민간단체들로서 주로 수색, 구조, 부상자의 응급조치와 후송, 복구활동에 참가하며 일반적으로 자원봉사자라고 칭한다.

이상팔은 이와같이 소개하면서 대한적십자사를 확대된 조직으로 분류했지만 대한적십자사는 평상시 대형 재해가 없을 때에도 전국에서 매일같이 일어나고 있는 소규모 화재나 수해, 붕괴사고 등에 의한 이재민들을 대상으로 구호활동을 수행하고 있으며, 재난 및 안전관리기본법, 자연재해대책법 등에서 재난관리 책임기관으로 지정된 공식적 기관이라는 점에서 확립된 조직으로서의 특성도 가지고 있다.

대부분의 자원봉사단체는 확대된 조직, 연장된 조직, 응급조직에 속하며, 이들을 통틀어서 민간자원조직이라고 하고, 이들이 제공하는 서비스를 민간 자원봉사 활동이라고 할 수 있을 것이다. 노춘희·송철호(1998)는 우리나라의 경우 경찰, 소방서, 군과 같은 확립된 조직은 그 임무나 역할이 비교적 명확하게 명시되어 있으나 민간자원 활동가들의 영역인 응급조직은 재해관리에서 그 중요성이 날로 증가함에도 불구하고 아직은 그 임무나 역할에 관해 재해관리계획에 거의 명시되어 있지 않다고 지적한다.

최근 재난 및 안전관리기본법이 제정되고 소방방재청이 신설되어 국민 책임형 자율방재 체제를 구축하겠다는 비전은 제시하고 있으나 새로 개정되었거나 입법 예고 중인 재해구호법, 자연재해대책법 등 관련 법에서는 큰 변화를 보이지 못하고 있다. 재해가 발생하기 전에 이들 민간자원조직의 참여를 공식적으로 재해관리를 위한 재해계획에 명확히 하여 공식적인 관련 기관들과 협조 체계를 구축하는 것이 필요하다.

(2) 활동 조직 현황

① 대한적십자사

대한적십자사는 1905년에 고종황제 「칙령」 제47호에 의해 창립되었다가 건국 후 1949년에 「대한적십자사조직법」(법률 제25호)에 의거해 설립된 특별법인이다. 각국 정부는 제네바협약에 가입함으로써 적십자사의 인도주의 사업을 지원하도록 되어 있다.[2)]

대한적십자사는 전쟁터에서 부상자를 차별 없이 보호하려는 의도에서 탄생했으며, 평화 시 재난이 발생하면 전문 재난구호기관으로서 인간의 생명과 건강을 보호하며 인간 존중이라는 취지에 맞게 식량, 침구, 의류, 취사도구, 기타 생필품의 제공과 이재민 수용 보호, 급식, 인명구조 및 응급처치, 의료 지원, 심리적 지지 등의 종합적 구호활동을 펼치고 있다. 대한적십자사에는 전문봉사원을 포함해서 7만여 명의 자원봉사원들과 16만여 명의 청소년적십자단원들을 보유하고 있어 대형 재난이 발생하면 적십자 직원들과 함께 재난구호봉사단으로 편성되어 구호활동을 전개한다.

② 의용소방대

의용소방대는 소방법에 의해 설치된 행정봉사단체로서 소방 업무에 관한 일을 돕기 위해 그 지역 주민들의 희망에 따라 자진해 구성한 비상근 소방대이며, 소방상 필요에 의해 소집된 때에는 소방본부장 또는 소방서장의 소방 업무를 보조할 수 있도록 서울특별시, 광역시와 시 · 읍 · 면에 설치하고 있다. 주임무는 화재 예방과 초기 발견 및 신고, 소화활동은 물론 각종 재난 방지에 적극 참여해 주민의 귀중한 생명과 재산을 보호하는 것이다. 비상근이기 때문에 적은 예산으로 다수 인력자원을 활용할 수 있다는 데 장점이 있으며, 의용소방대만 설치되어 있는 시 · 읍 · 면에서는 전적으로 소방 업무를 도맡아서 수행하고 있으며, 소방본부 등이 설치된 시 · 도 지역에서도 화재 예방, 홍보, 진압, 업무의 보조, 풍수해 등 자연재난 시에도 소방기관을 도와 중요한 역할을 담당한다.

행정자치부의 2000년도 소방행정 통계자료에 의하면 2,815개대에 대원 수는 84,525명

---

2) 정부가 국내 적십자사의 발전과 사업을 지원해야 한다는 것은 후에 국제기구들과 국제적십자회의에 의해 승인되었다. 국가들은 평화 시 자국 적십자사를 지원하기 위한 국내 법령을 제정해야 한다고 권고했는데, 각국 적십자사 발전 촉진에 관한 정부 의무는 1919년 UN의 전신인 국제연맹규약에도 명시되어 있다. 이 규약 제25조는 다음과 같이 말한다: "국제연맹 가맹국들은, 보건의 증진과 질병의 예방, 그리고 전 세계의 고통 경감을 목적으로 하여, 정식으로 허가된 자발적 국내 적십자 단체들의 설립과 협력을 지원하고 촉진시키기로 합의한다"(Bernard, 1996; 450-477).

이고 의용소방대의 소방활동 실적은 화재 진압 11,237회 인명구조 및 구급활동 1,982회 화재 경계근무 12,642회 교육훈련 참가 21,264회, 화재 홍보 등 지역봉사 활동 20,810회 등 총 67,925회에 걸쳐 연인원 1,402,349명이 동원되어 1인당 평균 16,600회의 활동 실적을 보이고 있다(박태유, 2001).

③ 전국재해구호협회

전국재해구호협회는 불시에 발생하는 재난의 복구와 이재민 구호를 위해 국민의 의연금품 모집과 관리 및 배분을 통해 피해 주민을 돕고자 1961년 7월 13일 발족한 민간기관이다.

전국재해구호협회의 재난의연금품 모집과 집행을 살펴보면 다음과 같다. 즉, 모집의 경우에는 방송사 기탁금, 기업체 모금, 학생 모금, 신문사 기탁금, 공무원 모금, 해외교포 기탁금 등을 통해 모금되고 있으며, 주요 집행 내역으로는 사망자와 부상자에 대한 위로금, 한해대책, 생계구호비, 특별위로금, 주택복구비, 구호물품 제공 등에 사용된다.

④ 자원봉사센터

자원봉사센터는 지역 단위에서 자원봉사 희망자와 수요처를 중개하고, 지역의 자원봉사 관리를 위해 행정자치부에서 1996년부터 시, 군, 구 단위에 설치한 자원봉사 조직이다. 자원봉사센터는 지방자치단체 직영과 민간 위탁 운영의 두 가지 방식에 의해 운영된다. 1996년부터 자원봉사센터에서는 자원봉사자와 수요처를 연계하는 업무 외에도 자원봉사 데이터 관리 및 정보 제공, 자원봉사자 교육과 프로그램 개발·보급 등의 업무를 수행한다. 2009년 말 현재 전국에 248개 자원봉사센터가 설치되어 1,221명의 상근 인력이 근무하고 있고, 여기에 등록되어 있는 자원봉사자의 수는 159만여 명에 이른다(행정안전부, 2010).

⑤ 한국자원봉사협의회

한국자원봉사협의회는 2003년 6월, 우리나라의 자원봉사 관련 단체들이 공동 관심사를 중심으로 협력, 조정, 집행하기 위해 설립된 상설적 협의체다. 이 협의회는 우리사회의 심각한 사회문제 해결을 돕고 사회구성원들의 공동체 정신과 삶의 질을 높이며 성숙한 시민사회 건설을 목적으로 설립되었다(www.kcv.or.kr).

⑥ 경제계 네트워크

'재난재해 극복을 위한 경제계 네트워크' 구성 현황을 보면, 전경련이 추진 사무국을 맡게 되고 조직 체계는 행정지원반(연락 · 현장조사 · 애로 사항 접수 등), 물품지원반(구호물품), 응급복구반(인명구조 · 붕괴시설물 복구), 대민구호반(인력봉사 · 급식 · 통신 · 의료 및 약품 · 가전 및 자동차A/S · 금융서비스 지원), 홍보반 등 5개반으로 편성했다. 경제계 네트워크에 참여한 기업은 업종단체를 포함해 200여개 사가 넘었으며, 앞으로 더 많은 기업의 참여로 확대될 것으로 보고 있다(전국경제인연합회, 2004).

2) 정부 부문

재난관리 심의조직은 「재난 및 안전관리기본법」 제정과 함께 인적 재난 분야인 중앙안전대책위원회와 자연재난과 관련한 심의조직인 재해대책위원회가 통합되어 중앙안전관리위원회로 되었다. 또한 중앙재난안전대책본부 본부장은 행정안전부 장관이 되며 재난 예방, 대비, 대응 및 복구활동을 총괄 관리하게 되었다. 지역재난안전대책본부의 경우 시 · 도지사는 시 · 도재난안전대책본부장이 되며, 시장 · 군수 · 구청장은 시 · 군 · 구재난안전대책본부장이 된다.

긴급구조에 관한 사항의 총괄 · 조정, 긴급구조기관 및 긴급구조 지원기관이 행하는 긴급구조 활동의 역할 분담 및 지휘 통제를 위해 소방방재청에 중앙긴급구조통제단을 두며 단장은 소방방재청장이 된다.

긴급구조에 관한 사항을 심의하기 위해 중앙통제단에 위원장을 포함한 15인 이상 20인 이내의 위원으로 구성되는 운영위원회를 두되, 운영위원회의 위원장은 위원 중에서 중앙통제단장이 지명한다.

지역별 긴급구조에 관한 사항의 총괄 · 조정, 당해 지역에 소재하는 긴급구조기관 및 긴급구조 지원기관 간의 역할 분담과 재난 현장에서의 지휘 · 통제를 위해 시 · 도의 소방본부에 시 · 도긴급구조통제단을 두고, 시 · 군 · 구의 소방서에 시 · 군 · 구 긴급구조통제단을 둔다.

시 · 도 긴급구조통제단 및 시 · 군 · 구 긴급구조통제단에는 각각 단장 1인을 두되, 단장은 시 · 도 긴급구조통제단의 경우에는 소방본부장이 되고, 시 · 군 · 구 긴급구조통제단의 경우에는 소방서장이 된다.

재난 현장에서 구호 체계를 이해하기 위해 지역통제단의 조직도와 지역통제단 부서별 임무를 살펴보면 [그림 9-1]과 같다.

긴급구호의 경우, 행정안전부령 제391호 11조에 의거 대한적십자사가 책임기관으로, 그리고 소방방재청, 국방부, 과학기술부, 보건복지부, 해양경찰청이 지원기관으로

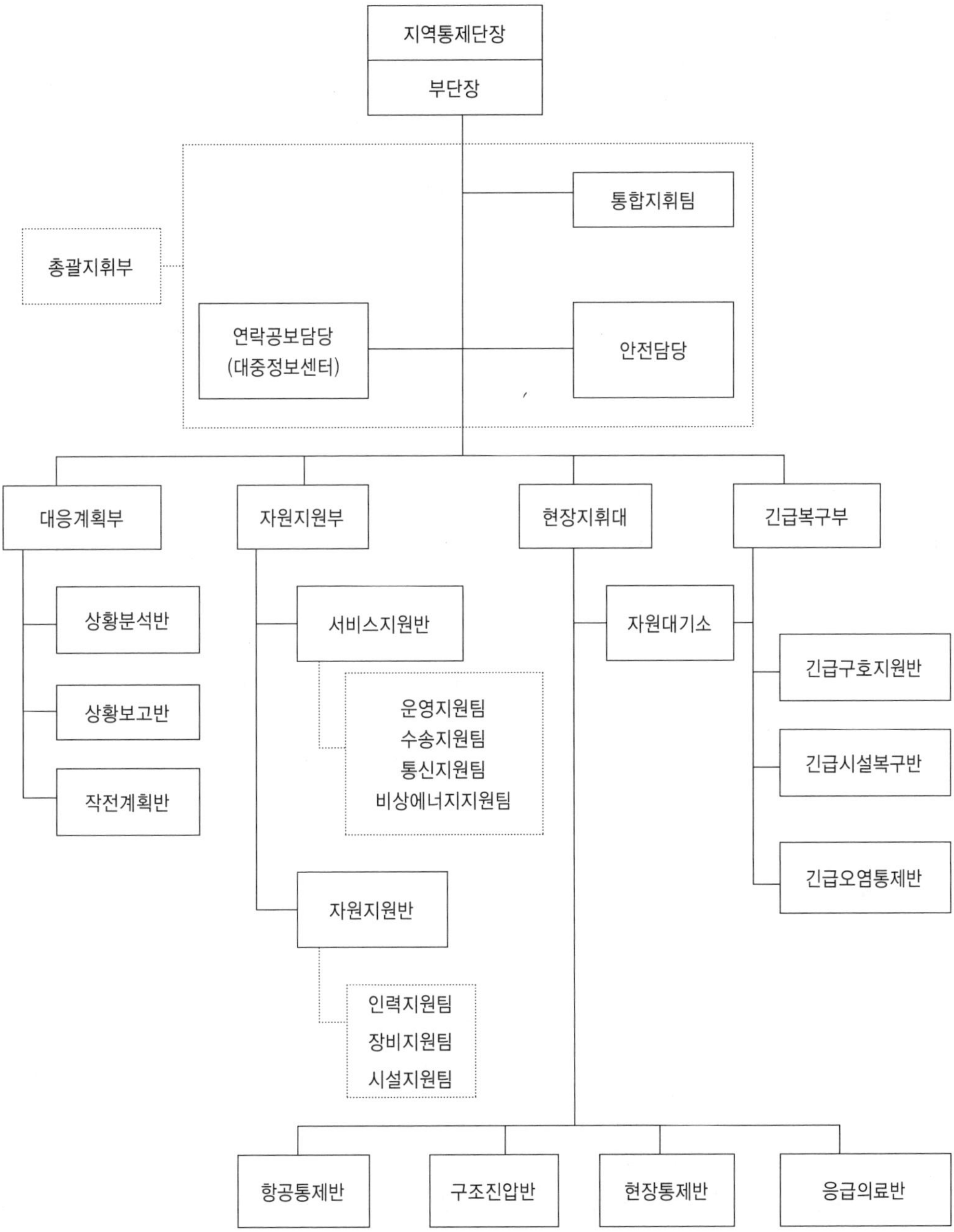

그림 9-1 지역통제단 조직도(행정안전부령 제391호 13조)

자료: 소방방재청(2004), 「긴급구조 표준대응계획」, 소방방재청.

되어 있다.

긴급구호지원반은 재난심리상담팀, 대피수용팀, 구호자원지원팀 등으로 구성되며, 각 팀은 재난의 규모와 성격에 따라 가동되는데 운용요원들은 25시간 2교대 근무를 기본으로 한다.

대피명령이 내려지면 대피수용팀장은 연락공보담당관(대중정보센터)으로부터 긴급대피소 운영 정보를 입수하고 대피소 입구에 대피접수센터를 설치해 대피자들을 수용 접수한다.

대피수용소팀에서 필요자원을 신청하면 구호자원지원팀은 긴급 의식주 수단을 제공한다.

구호자원지원팀은 재난 현장의 희생자 및 긴급구조요원의 식사 등 비상구호품을 제공하기 위해 임시구호 대기지역과 구호자원 집결지를 지정 운영한다. 구호품 등 구호자원 수송은 자원지원부 수송지원팀장의 책임 하에 제공된다. 긴급구호지원반장은 연락공보담당에게 운송 수단이 필요할 경우 사용할 수 있는 비상전화번호를 시민에게 알리도록 요청한다.

현장대응부 대피경계반은 해당 지역의 교통 정체를 통제하고, 긴급구조요원들의 신속한 현장 진입을 지원한다. 재난으로 인한 건물 붕괴, 잔해물 등 교통 진입 장애요인으로 수송이 불가능한 경우의 교통로 확보는 긴급시설복구반의 책임이다. 자원지원부 서비스지원반은 긴급시설복구반장에게 진입로 임시복구를 요청한다. 대량 환자 이송에 따른 구급차 확보는 응급의료소 의료자원지원반(구급차 대기소)과 협의 조정한다.

구호자원지원팀장은 노인, 장애인, 청각장애인, 외국인 등과 같은 특별조치가 필요한 그룹을 식별하고 원조를 제공할 책임이 있다. 재난 발생 시 대피경계반(안전지원팀)에 해당 명단을 제공해 긴급대피 시 특별히 고려하도록 협조한다.

각 시설별 자원봉사자 지원은 자원지원부 인력지원팀을 통해 지원된다.

자원봉사자등록소는 자원 집결지 입구에 설치되고 자원지원부 인력지원팀의 요원이 배치된다. 구호자원지원팀은 구호 분야에 할당된 모든 자원봉사자 그룹의 활동을 조정하고 그들에게 임무를 할당한다.

도로 차단, 폭설, 홍수 등 불가항력적 환경으로 인해 고립되어 있는 상황 발생 시 의식주 물품의 긴급 전달, 의료활동과 같은 특별한 지원 요구가 있을 때, 구호자원지원팀장은 특별구호 임무를 수행한다. 특별구호 임무는 적십자사, 소방, 경찰, 사회복지과 등의 자원을 합동으로 제공한다.

구호자원지원팀장은 재난으로 인한 대량의 실직자가 발생한 경우 대책본부의 실직자 지원 프로그램과 고용정보센터의 취업정보를 제공한다.

3 재해구호복지 재원 현황

이태식(2005)[3]이 분석한 한국과 일본의 방재예산 비교 내용을 살펴보면서 우리의 예산 현황을 설명하고자 한다. 우리나라는 헌법[4]에서 규정한 대로 재해를 예방해야 하는데, 2005년 방재 예산 중 1.03%를 IT방재, 즉 재난 경감 예산에 집행하고 있다. IT 방재에서는 일본과 230배의 격차를 보이고 있다. 우리나라가 전체 방재 예산의 1.03%를 집행하려고 계획했을 때, 일본은 방재 총예산의 45.87%인 1조 5,850억 엔을 재해 예방인 재해 예방 시스템을 구축·운영하는 데 쏟아붓고 있다.

한편 우리나라는 전 국토를 보존하고 재해복구를 하는 데 98.9%의 방재 예산을 집행하고 있는 시점에 일본은 방재 총예산의 53.25%를 국토 보존 및 재해복구 분야에 집행하고 있다. 우리는 전체 예산 규모도 작지만 그나마 있는 예산도 예방은 뒷전이고 복구에 편중되어 있다는 것을 확인할 수 있다.

그리고 대형 재해 시 국민들이 낸 구호성금의 규모는 2002년 태풍 루사 1천 4백억 원, 태풍 매미 1천억 원, 대구지하철 화재사고 6백 70억 원이었다.[5]

표 9-1 우리나라와 일본의 방재예산 비교(2005년도)

구분	한국		일본		일본/한국
항목	예산	%	예산	%	배수
과학기술연구	9,100	0.15	30,326	0.88	30.89배
재해 예방	63,745	1.03	1,585,082	45.87	230.5배
재해복구 등	6,121,359	98.82	1,840,179	53.25	2.79배
합계	6,185,104	100	3,455,587	100	5.18배

*예산(단위: 백만 원)

3) 소방방재신문 2005. 8. 29., "일본의 2005 방재백서-IT재난 경감전략의 점검 및 평가."
4) 헌법 제34조 ⑥ 국가는 재해를 예방하고 그 위험으로부터 국민을 보호하기 위하여 노력하여야 한다.
5) http://www.relief.or.kr/donation/give2002.php

4 재해구호복지 교육 체계 현황

감사원에서 태풍 루사의 피해 주민 500명과 일반 지역 주민 500명을 대상으로 자연재해에 대한 국민 의식 등을 파악하기 위해 방재 전문가의 자문 등을 거쳐 설문조사[6]를 실시한 결과 자연재해에 대해 전체 조사 대상자의 77.1%가 그 위험성은 인식하고 있으면서도 자연재해 발생 시 행동요령에 대해서는 57.8%가 모르고 있고, 피해주민 조사 대상자의 11.4%만이 재난 예방 및 대처 방법에 관한 교육·훈련을 받아본 경험이 있으며 또한 이들 중 57.4%는 이번 재난 발생 시 사전 경고 방송이나 대피경보를 듣지 못했다는 사실 등이 확인되었다. 이와 같은 조사 결과는 교육 기회의 확대, 구체적 행동요령에 대한 교육 강화, 대피 경보 체계의 보완 등 방재정책 수립·조정에 반영되어야 할 중요한 시사점을 제공하며, 특히 대피경보에 대한 주민 청취율은 대피경보 체계의 실효성을 측정하는 유용한 정책지표로 개발할 가치가 있다.

재난 예방 및 대처 방법에 관한 교육·훈련 이수율은 일반인이 18.8%, 피해민이 11.4%로, 일반인의 이수율이 피해민에 비해 더 높은 것으로 분석되었다. 교육·훈련 경험자 중 과반수 이상은 '민방위훈련'을 통해 재난 예방 및 대처 방법에 관한 교육을 받은 것으로 나타나, 민방위훈련이 재난 방지 교육을 위한 효과적인 수단으로 분석되었다. 수해 피해민(교육·훈련 경험자 대상)의 68.4%가 재난 예방 및 대처 방법에 관한 교육·훈련이 자연재해 대처에 '도움이 되었다'는 긍정적 의견을 나타내고 있어, 재난 예방 교육에 대한 국민적 관심도 제고 및 여성 계층을 포함한 교육 기회 확대 노력이 요망된다(감사원, 2003).

5 구호물자 전달 체계

대규모 재난이 발생한 지방자치단체에는 쌀, 라면 등 많은 재난구호 물자가 접수되고 있고, 위 구호물자의 접수와 배부 업무 전반을 재난을 당한 지방자치단체에서 직접 담당한다. 그러나 재난지역 지방자치단체의 경우 긴급한 상황에서 이재민의 피

---

6) 위 설문조사는 전국 단위 여론조사 시 일반적으로 적용되는 조사 방법(전화면접)과 표본 수(1,000명)를 적용했으며, 신뢰 수준은 95%이고 표본오차는 ±3.10%임. 조사 문항 수는 피해민이 17개이고 일반인이 13개다.

해 실태를 신속하게 조사해 구호비와 위로금을 지급하고[7] 복구계획을 수립하는 등 구호 업무를 수행하는 데에도 행정력이 부족한 실정이다. 또한 재난구호 물자의 품목과 수량 확인, 상·하차, 배부계획 수립 등 구호물자의 접수 배부 업무에는 많은 인력과 시간이 소요될 뿐만 아니라 언론매체 등의 집중 보도 여부에 따라 지역 간 기탁되는 재난구호 물자 수량이 크게 달라지고 있어,[8] 재난구호 물자의 지역 간 편중 지원을 해소하고 위 재난구호 물자의 접수 배부 업무에 따른 행정력의 집중을 완화할 수 있는 방안을 마련하는 것이 바람직하다.

해당 피해지역의 기초지방자치단체에서는 위 재난구호 물자 접수와 배부에 많은 인력을 투입[9]하고 있어 재난구호 업무에 지장을 초래하고 있을 뿐만 아니라 위 구호물자가 시·군 본청뿐만 아니라 읍·면·동까지 직접 접수되고 있는데도 읍·면·동에 접수되는 물품의 품목이나 수량을 파악하지 못하고 피해 세대 수를 기준으로 재난구호 물자를 단순 배부하는 데 급급하고 있어 동일 시·군 안에서도 이재민에게 지급되는 재난구호 물자 수량에 많은 차이가 발생하고 있다(감사원, 2003: 52).[10]

제 2 절 재해구호복지 체계의 개선 방안

1 재난관리 개념의 통합성 확립

자연재난과 인적 재난을 통합 관리하기 위해 재난 및 안전관리기본법이 제정되고 소방방재청 조직이 신설되었지만 아직도 하위법에서는 통합되지 못하고 있다. 인적

7) 강릉시의 경우 구호비 지급 대상자 7,082명, 위로금 지급 대상자 8,308명이다(감사원, 2003).
8) 쌀의 경우 김천시는 세대당 14포대가 배부된 반면 광양시는 0.75포대가 배부되어 약 18배의 차이가 발생했고, 같은 김천시 내에서도 부항면은 쌀 32포대(20kg), 라면 75박스(24개입) 등 구호물자가 다량 배부된 반면 양금동의 경우 쌀 9포대(20kg), 라면 11박스(24개입) 배부(감사원, 2003).
9) 김천시의 경우 구호물자 접수·배부에 전담인력 57명이 투입되었고, 김해시의 경우도 50여 명 동원(감사원, 2003).
10) 피해 지역 주민과 공무원들은 "수해 피해조사 과정이 복구를 더디게 하는 큰 요인"이라고 입을 모으고 있다. 가옥 손실 상태에 따라 지원금액이 1채당 2,700만~60만 원으로 엄청난 차이가 나기 때문이다. 도청 관계자는 "이 때문에 수재민과 담당 공무원이 복구는 뒷전이고 현장에서 멱살잡이까지 벌이는 경우도 허다하다"고 말했다(세계일보, 2002. 9.5(종합) 뉴스 3면).

재난을 관리하던 재난관리법은 폐지되었지만 여전히 자연재난을 관리하는 자연재해대책법은 남아 있고, 이재민 구호를 관리하는 재해구호법은 자연재해에 한해서 규정되어 있다.

하위법에서조차 기본 개념이 통합되지 않으면 그에 따라 시행령, 시행규칙, 그리고 훈령 등이 별도로 운영되고 현장에서는 예전과 같이 이원화되는 것이다.

재난관리의 통합적 운영을 위해 많은 진통 끝에 재난 및 안전관리기본법이 탄생했다. 하루속히 입법 취지에 따라 자연재해대책법, 재해구호법 등이 정비되고 현장에서 혼란이 없이 통합적 관리 체계를 이뤄 나가야 할 것이다.

2 재난관리 통합 구호조직 체계 정비

과거 삼풍백화점 붕괴 사고나 태풍 루사, 매미 등의 사례를 보면 통합적인 협력 체계가 갖춰지지 않아 비효율적이고 체계적이지 못한 활동이 이뤄져 많은 문제점이 지적되었다.

항상 우리는 어떤 재난 발생 후에는 시민단체와 국민은 한 목소리를 높여 안전 체계나 조직 그리고 대응의 문제점을 지적하는 등 사후약방문 격의 책임과 처벌을 요구해 왔으며, 또한 피해지역에 대한 국민성금과 자원봉사 등을 통해 아픔을 함께해 왔다. 그러나 주민이나 정부, 그리고 지역의 기업과 시민단체가 예방 차원의 협력 관계를 사전에 네트워크를 구축함으로써 재난 전 안전예방 활동을 통한 유대감이 조성되고 재난 시 신속한 대응과 협력에 의한 수습·복구가 원활하게 될 수 있어야 인명과 재산 피해를 줄일 수 있다. 그것을 위해 인(人)과 물(物)과 장(場)의 네트워크와 그것들을 통합할 수 있는 정보 네트워크, 그리고 지역과 행정의 네트워크 정비가 필요하다. 이에 재해관리 단계별 민관 협력 체제가 어떻게 구성하는 것이 바람직할 것인가를 설명해 보고자 한다.

크렙스(Kreps, 1991: 44-46)는 위기관리 기능 수행 및 목표 달성을 위한 위기관리 활동을 보는 관점을 두 가지로 분류해 살펴보고 있다. 첫째, 명령·통제모형(command and control model)이다. 이는 위기계획을 군사 계획과 유사한 것으로 보는 경향이 강한 것으로서, 명령·통제모형이 가장 잘 기능을 수행한다고 가정하는 것이다. 둘째, 응급자원 조정모형(emergent resource coordination model)이다. 일반적으로 조정은 분열과 서비스 전달에서의 격차, 그리고 불필요한 서비스 중복을 피하기 위한 독립 단위들 사이의 협동이라고 정의된다(Gillespie, 1991: 57). 그러나 위기 기간 동안 권위는 집권화되기보다는 분권화되는 경향이 있기 때문에, 효과적인 위기관리는 명령·통제모형보다는 조정모형에 기초해야 한다(Drabek, 1985: 91; Kreps, 1991: 45).

박석희·노화준·안재승(2004)은 재난관리 서비스의 특성과 재난관리 행정조직의 특성상 네트워크 거버넌스를 통한 연계성과 통합성의 실천으로 이해되어야 함에도 불구하고 관료제적 위계의 방식으로 접근하는 오류를 범하고 있다고 지적하고, 우리나라에서의 재난관리 서비스의 네트워크 적합성을 분석했다. 박석희 등은 재난관리에는 다양한 정부부처, 지방자치단체, 기업, 봉사단체, 연구기관, 군부대 등 여러 조직이 독립된 권한과 자율성을 가지고 참여한다고 보고 재난의 효과적 관리라는 공통목적을 달성하기 위해서는 각자의 기능과 임무를 조정하고 중재할 수 있는 제도가 마련되어야 한다고 했다. 또한 재난 유형의 다양성과 불확실성으로 인해 재난관리 서비스는 높은 불확실성을 갖게 되고, 재난관리 서비스가 매우 고객화된 교환 형태로 이뤄진다고 했다. 더욱이 재난관리 업무의 시간적 급박성과 다양한 조직이 개입하는 직무 복잡성, 우리나라와 같이 재난의 발생 빈도가 높은 경우를 고려하면 재난관리 행정의 네트워크적 전환의 필요성은 더욱 분명해진다고 했다.

재난안전 활동을 위한 네트워크는 봉사단체, 정부, 기업 그리고 학계 간의 유기적인 협력 관계여야 한다. 재난 시 또는 평시 안전활동은 봉사단체가 현장에서 중심적으로 수행하고, 기업은 물적·인적으로, 그리고 학계는 연구개발 분야에서 후원할 수 있을 것이다. 이에 대해 정부는 법적·행정적·재정적으로 지원함으로써 민간재난 활동을 활성화하는 데 촉진자로서 역할을 수행해야 한다고 본다.

정부는 자원봉사 활동에 대한 재난 현장 활동에 대한 보호라든지 봉사활동 시간의 세금 감면과 같은 보상 체계를 통해 법적 지원을 할 수도 있고, 지방자치단체는 평시 민간조직의 재난교육 및 훈련에 대한 재정적 지원을 통해 방재 능력의 향상을 도모할 수 있으며, 미국 정부가 NVOAD(National Voluntary Organization Active in Disaster)나 CERT(Community Emergency Response Training) 프로그램을 보급하기 위해 적극 지원하듯이 자주방재 능력을 확대할 수 있도록 행정적인 후원을 강화해야 할 것이다.

그리고 현장 활동의 중심체로서 재난예방단, 재난대비단, 긴급대응단, 그리고 복구지원단의 구성과 운영이 필요하다.

재난예방단은 국민들에게 안전 의식을 고취하고 생활 속에 안전문화를 정착시키기 위한 활동을 수행하는 중심체로서 안전진단반, 안전고발센터, 생활안전지도반, 안전문화반 등으로 구성할 수 있다.

안전진단반에서는 위험구조물의 안전진단을 통해 사전에 대형 사고를 방지하는 활동을 수행하도록 하고, 안전고발센터를 운영해 시민들의 제보를 통해 주변의 위험들을 제거해 나가는 활동을 전개하도록 한다. 생활안전지도반에서는 자라나는 어린이들의 안전한 교통생활 지도와 같은 활동을 수행하도록 하고 안전문화반에서는 국민들의 생활 속에 안전 의식이 자리잡도록 캠페인을 전개한다든지 재난안전 관련 백일장을 개최한다든지 하는 안전문화 보급을 위해 활동한다.

재난대비단은 재난 발생 이전에 체계적인 재난 준비를 수행하는 중심체로서 재난대책반, 재난구호훈련반, 유관기관협력반 등으로 구성할 수 있다.

재난대책반에서는 지역의 재난안전 관련 문제를 진단하고 종합적인 대책을 유관기관 간에 합동으로 수립하는 활동을 수행하며, 재난구호훈련반에서는 공동으로 수립된 유관 기관 간 역할 분담을 중심으로 합동 구호훈련을 실시하도록 하며, 유관기관협력반에서는 기관 간 비상연락망 체계를 마련하고 비상시 유기적인 협력 관계를 갖도록 정기적인 회의를 개최하는 등의 활동을 수행하도록 한다.

긴급대응단은 재난 발생 시 초동 단계 구호활동을 수행하는 중심체로서 인명구조반, 피해산정조정반, 대피소운영반 등으로 구성할 수 있다.

재난에의 대응은 재난 현장의 긴급성과 위험성에 따라 전문화되고 일원화된 통합관리 체제에 의해 운영될 것이 요구된다. 그러나 조정 기능의 미약, 공공조직과의 연결 접점과 규칙의 미확보 등 일반적인 형성 기반상에 문제점이 있는 것으로 나타나고 있다. 이와 같은 점으로 해서 재난 발생 시에는 현장에 참여하는 다양한 시민단체를 재난통합 관리 시스템으로 편입시킬 수 있는 대응 체제가 이뤄지지 않는데다, 재난 현장의 긴급성과 위험성에 대처할 수 있는 교육·훈련된 시민단체도 부족하다는 점이 시민단체의 위기 상황 대처 능력을 어렵게 하는 요인이 되고 있다. 대형 재난현장에는 다양한 자원봉사자와 조직이 참여하게 된다. 그러나 한국 시민단체의 경우는 현장에서 활동할 요원이 부족함은 물론 훈련된 전문 자원봉사자나 단체도 부족하고, 다양한 자원봉사자나 조직을 일원화된 재난통제 시스템으로 편입시킬 수 있는 체제가 구축되어 있지 않아 오히려 현장 대응활동을 어렵게 하는 요인으로 작용하기도 한다. 따라서 재난 발생 시 초동 단계 구호활동을 수행하는 중심체로서 긴급대응단이 필요하다.

긴급대응단은 인명구조반, 피해산정조정반, 대피소운영반 등으로 구성할 수 있다.

미국의 CERT 프로그램이 주로 인명구조 활동 중심으로 운영되고 있어 자신과 가족, 이웃의 생명을 구하는 데 중점을 두고 있듯이 인명구조반의 구성을 통한 자주방재력 향상은 무엇보다 중요하다고 생각된다. 또한 국제적십자사연맹에서 초기 구호활동에 중요한 역할을 하는 FACT(Field Assessment and Coordination Teams)와 같이 현장 피해 상황에 대한 정확한 조사와 이를 통한 기관 간의 업무 조정을 통한 통합적 활동을 수행하기 위한 피해산정조정반의 운영이 필요하며, 대피한 이재민들을 위한 긴급구호 활동을 수행할 대피소운영반의 운영이 요구된다.

복구지원단은 이재민들의 생활을 회복하기 위한 활동 중심체로서 물자관리반, 봉사자관리반, 보건의료반, 복지지원반 등으로 구성할 수 있다.

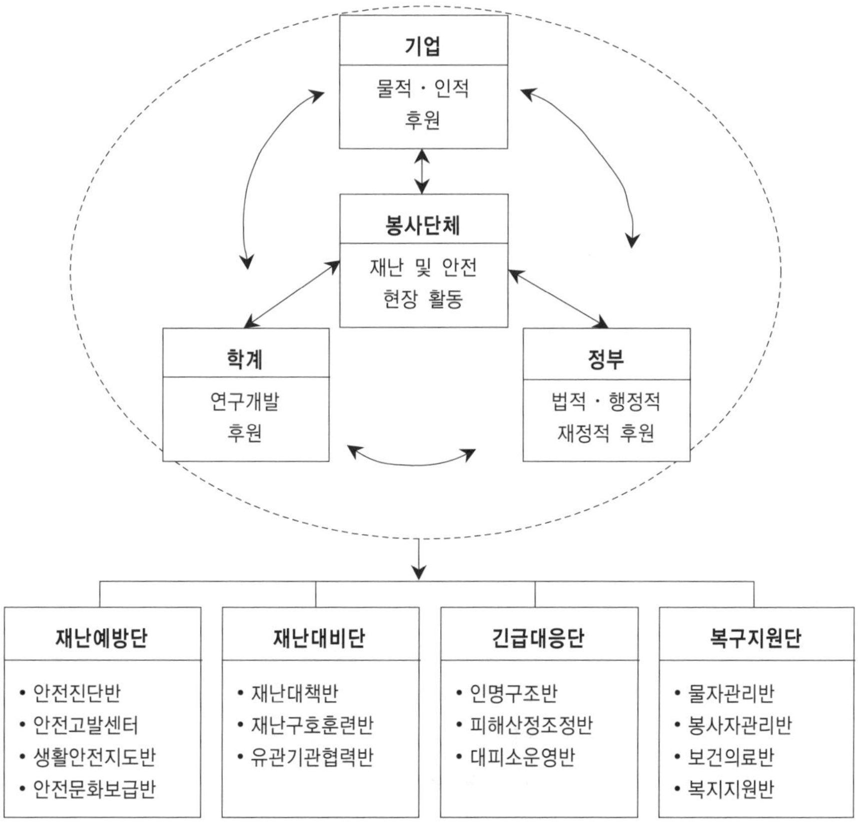

그림 9-2 민관산학 네트워크 모형

자료: 성기환(2005)의 민관산학 네트워크 모형 재구성.

복구 단계에서 이재민들에게 구호품을 제공한다든가 구호장비를 지원하는 활동을 수행하는 물자관리반이 필요하며, 현장에 찾아온 각 자원봉사단체들, 개별 봉사원들을 현장에 배치하며 체계적으로 관리할 봉사자관리반, 방역활동, 예방 접종, 그리고 재난심리상담 등의 활동을 수행하는 보건의료반, 장애인, 노약자, 만성질환자 등의 취약계층의 보호나 유아, 어린이 등의 아동 보호 등을 수행할 복지지원반 등의 운영이 요구된다.

소방방재청에서는 자연재해대책법에 근거해 지역자율방재단을 구성・운영하고자 추진하고 있다. 자발적인 결사체의 구성을 위해서는 그 목적에 동의하는 주민들의 의지가 결집되어야 한다. 따라서 재해 경험을 통해 자율조직을 구성할 수 있는 자생력이 있는 단위는 미국의 NVOAD 발전 역사에서 보듯이 중앙 단위에서 시작해 순차적으로 지역조직으로 확대되는 것이 바람직하다. 다행히 최근 들어 한국에서도 이와 같은 기능을 담당할 민관산학 네트워크 구성에 대한 필요성을 느끼고 2004년도에 대한적십자사 등 9개 민간단체가 주축이 되어 소방방재청 등 협력기관과 함께 중앙 단위에서 '한국재난안전 네트워크'를 발족시켰다. 정기적으로 재난안전시민포럼, 운영위원회의 등을 개최하고 재난구호 합동훈련을 실시했는데, 단체 간의 협력・조정으로 통합적인 이재민 구호 체계를 구축해 나갈 것으로 기대된다([그림 9-2] 참조).

3 재해구호 재원의 효율적 활용

태풍 매미는 마산에서 참변을 일으키기 하루 전에 오키나와(沖縄)를 강타하고 있었다. 당시 최대 순간 풍속은 마산에서보다 두 배인 초속 74.1m로 고속열차가 시속 270㎞로 질주하는 엄청난 속도다. 그러나 놀랍게도 이 엄청난 폭풍 속에서 사망자는 단 1명뿐이었다. 그것도 그의 사망 원인은 태풍의 직접적인 영향이 아닌 평소 지병이 악화돼 숨진 것으로 밝혀졌다. 태풍 매미가 오키나와 섬에 남긴 피해액은 53억 엔, 우리 돈으로 530억 원 정도다. 이에 비해 태풍 매미로 인한 우리의 인명 피해는 130명, 재산 피해는 6조 원이 넘어섰었다. 태풍의 위력이 우리보다 훨씬 더 강력했는데도 일본에서는 인명과 재산 피해가 훨씬 적었다.[11] 이는 사전 예방활동이 얼마나 잘 되어 있었느냐의 여부에 달려 있다고 할 수 있다. 따라서 우리도 일본과 같이 복구예

11) KBS 일요스페셜 2003. 9. 21. 저녁 8시~9시 "태풍 '매미' 사망 실종 130명, 막을 수 없었나."

산 편중을 지양하고 재난관리 시스템을 정비하고 지역 주민들을 위한 자주방재 능력을 향상시키는 등의 예방활동을 위한 예산을 확충해 나가야 할 것이다.

2003년 8월 감사원 감사 결과에서는 1998년도부터 2002년도까지 사단법인 전국재해구호협회가 모금한 수재의연금 중에서 324억여 원을 성금 기탁자의 뜻과 관계 없이 국고 등이 부담해야 할 법정구호비 재원으로 사용해 국민들로부터 성금 사용에 대한 의혹을 가져오고 있다고 지적했다. 수재의연금은 성금을 기탁한 사람의 뜻에 따라 이재민을 위한 위로금 등으로 집행하고 법령에서 국가 또는 지방자치단체가 지원하도록 규정한 법정구호 항목의 소요비용은 국고 또는 지방비에서 전액 부담하도록 해야 한다.[12)]

현행 의연금 모금 및 관리 제도는 변화되어야 한다. 대부분의 선진국에서는 허가제가 아니고 신고제로 운영되고 있다. 기부금 모집은 규제 지향적이 아니라 자발적인 기부행위가 활성화되도록 해야 한다. 우선 일정한 조건을 갖춰 등록하고 신고만 하면 상시적으로 모금할 수 있도록 해야 한다.[13)] 그 대신 여기서 발생할 수 있는 불법적인 요소는 모집 결과의 공개, 공인회계사에 의한 회계검사, 주무관청에의 신고 등으로 대비해야 한다.[14)] 모집행위와 결과의 투명성은 사후감독 장치가 더 중요하다고 볼 수 있다. 모집비용은 기부금품의 20%를 제시하는 세계은행 권고 비율을 참고로 현실화하는 것이 바람직하다[15)](박상필, 2002).

한국에서는 자연재해의 경우 의연금 모금활동이 전국재해구호협회를 창구로 하고 있는데, 미국이나 일본 등 대부분의 외국 사례를 보면 재해 현장에서 실제 구호활동을 펼치고 있는 적십자사 등과 같은 구호봉사단체들이 모금활동을 전개하고 있다. 민간구호단체들의 성장을 위해서는 성금을 통해 구호활동 재원이 조성될 수 있어야 한다. 이는 국민들에게 호소력을 가지고 자발적인 모금운동을 전개할 수 있어 재해 대비, 재해 대응이라는 일련의 과정에서 민간 중심의 자율적이고 체계적인 활동을 수행

12) http://www.bai.go.kr 감사 결과 공개.

13) 1998년 정부가 민주노총의 권영길 위원장을 과거의 모금을 문제삼아 기소하자 이에 대해 위헌법률 제정신청에 대한 헌법재판소 판결에서 기부금의 사전허가제는 헌법에 보장된 행복추구권을 침해한다고 명시했다.

14) 미국에서는 연간 기부금이 10만 달러 이상일 경우 주정부의 회계사가 직접 감사하고, 2만 5,000달러 이상 10만 달러 미만은 외부의 독립 공인회계사가 감사하며, 2만 5,000달러 미만은 단체가 감사를 자청할 때만 감사하기로 되어 있다.

15) 미국에서는 1988년 연방대법원에서 모금비용을 제한하는 것은 표현의 자유를 침해한다고 판결한 적이 있다.

하는 것을 보장해 주는 것이다.

그리고 재해의연금으로 전국 각지에서 답지되어 온 성금이 정부 예산처럼 집행된다고 언론에 의해 비판받고 있듯이, 보건복지부의 요청에 따라 행정기관에 의해 배분되어 왔던 과거 방식이[16] 민간기관의 다양한 재해구호 서비스를 제공하는 데 집행될 수 있도록 개선되어야 할 것이다.

또한 구호자원이 공평하게 지원될 수 있도록 민관 합동으로 의연금배분조정위원회를 구성해 공정한 분배와 투명한 관리가 이뤄질 수 있도록 해야 한다. 의연금배분조정위원회가 제 기능을 다하게 되면 모금하는 단체들은 국민에게서 신뢰를 얻기 위해서라도 자발적으로 배분조정위원회에 참여하게 될 것이고 자율적인 성금관리 체계가 갖춰질 수 있을 것이다.

4 재해구호 교육의 활성화

2002년 김해시 재해복구 자원봉사 활동에 연인원 2만 7천 명이 참가했으나 부산광역시의 모 종교단체의 경우 김해시의 통제(1일 200명씩 순차적으로 방문 요청)를 따르지 않고 장갑, 장화 등 기본 장비조차 갖추지 않은 채 재해 현장을 직접 방문(800명)해 도착하자마자 집단으로 전염병 예방 접종을 요구하는 등 부담만 주는 결과를 초래한 것으로 조사되었다. 또한 재해복구 자원봉사 활동에 대한 사전교육을 실시하지 않고 있어 대한적십자사의 적십자봉사원 등 일부 자원봉사자를 제외한 대부분의 자원봉사자는 사전교육도 받지 못하고 준비도 없이 재해 현장을 방문해 복구활동을 방해하는 일도 발생하고 있는 것으로 밝혀졌다(감사원, 2003).

전문 기능을 보유한 요원들은 별도의 훈련이 없어도 임무 수행에 지장이 없겠으나, 이재민 구호 영역은 그 특성상 민간단체와 자원봉사자가 대부분을 담당하므로 사전훈련이 실시되지 않을 경우 오히려 피해 주민에게 혼란만을 가중시킬 수 있다.

미국적십자사의 경우 대형 재해 구호 요령, 연방정부의 구호사업, 구호소 운영, 급식, 구호품 관리, 재해 시 홍보 요령, 재해 시 보건, 전산 운영, 재해구호 강사 양성, 가족 지원 등 50개의 과정이 73개의 강좌(3시간부터 4일간의 과정)로 개설되어 실시

16) 과거 위로금 등에 대한 정부 부담을 재해의연금을 통해 보충해 왔으나, 최근에는 소방방재청에서 추진하고 있는 국민책임형 자율방재 체제 확립과 관련해 '복구비 무상지원 제도'에 대한 보완, 대체의 수단으로 풍수해보험 제도를 도입했다.

함으로써 연인원 2천여 명 이상의 전문봉사원들을 배출해내고 있다. 이 과정은 적십자사 소속이 아닌 봉사원들도 참여할 수 있으며 다른 봉사단체의 요청에 의해 재해구호 교육을 제공하기도 한다.

평상시 자원봉사자들에 대한 지속적인 재해구호 교육을 전담할 단체를 선정해 올바른 재해에 대한 지식과 이재민에 대한 태도, 재해봉사 활동 시 유의 사항 등을 교육시켜야 한다. 사전에 교육이 되어 있지 않은 상황에서는 무계획적으로 찾아와 현장과 상관없이 자기 마음대로 봉사활동을 하고 가는 일들이 사라지지 않을 것이다. 그리고 재해 현장에 따른 적절한 통제에 대해 제대로 따르려 하지 않는 일들이 줄어들지 않을 것이다.

재해 발생 시 자원봉사하려는 자(단체)는 사전에 신청을 받아 등록이 되어 있어야 하며 지속적인 교육을 통해 재해 현장 활동에 대한 준비를 갖춰 놓아야 한다. 비상연락망 체계도 갖춰서 재해 현장 상황에 따른 적절한 인력과 장비를 동원시켜 적재적소에 배치할 수 있어야 한다.

이러한 활동을 위해서는 재해구호 전문기관에서 교육 등을 실시할 수 있도록 하는 제도적 장치를 마련하고 재해 발생 시 효과적으로 대처할 수 있는 국가 차원의 사전준비 체계를 갖추는 것이 바람직하다.

재해봉사 활동을 신청한 단체에 대해 사전에 자원을 파악하고 재해 현장에서 맡을 수 있는 업무의 성격과 범위를 단체장과 사전 협약을 체결함으로써 재해 발생 시 신속하게 물자와 인력을 투입할 수 있는 체계를 구축해야 한다. 이를 위해서는 강제적인 방법보다는 혜택을 주는 방향으로 제도화가 이뤄져야 하는데, 재해구호 교육을 이수하면 일정 시간 민방위교육 시간을 감해 준다거나 교육 이수 정도에 따라서 현장구호활동에서 일정한 역할을 부여한다든가 하는 것이 필요하다.

재해구호 종합훈련도 적십자사가 실시하는 이재민 구호활동 중심의 재해구호 훈련에 정부는 물론 일반 자원봉사단체와 군도 참여해 민·관·군 합동훈련을 정기적으로 실시함으로써 기관 간의 원활한 업무 협력 체계를 정립해야 할 것이다.

5 구호물자 전달 체계 개선

재난 현장에서는 구호품 전달에 대한 구호기관 간 역할 분담이 없고, 구호품 지출현황에 대한 상호 정보 교류가 없어 중복 지급으로 인한 자원 낭비가 초래되고 있다.

태풍 루사 때 실시한 감사원 실태조사에서 보듯이 과잉 중복 지급 또는 불공평한 배분 등이 지적되었다. 이것은 기관 간의 물품 전달에서 역할 관계가 정립되지 못함으로써 빚어지는 현상으로 볼 수 있다. 앞으로 긴급구호 활동을 전개하고 있는 대한적십자사가 소규모 재난 구호품 및 대형 재난 시 긴급구호품 전달을 전담하고, 2차적으로 지원되는 재가용 구호품이나 보상비 지급 등 어느 정도 시간적 여유를 가지고 전달해도 되는 것은 전국재해구호협회와 지방자치단체에서 보유한 구호품을 전달하는 것으로 구호물품 전달 체계를 확립해야 한다.

그리고 신속한 전달 체계를 갖추기 위해서는 구호물자를 자원봉사원들을 활용해 직접 전달할 수 있어야 한다. 인적 재난은 물론 자연재난조차도 인재로서 인식하고 정부에 대해 농성하고 있는 이재민들을 공무원들이 적절히 질서를 잡으며 구호품을 전달하는 것은 많은 어려움과 지체가 발생하게 된다. 재난구호 전문 연수를 이수한 그 지역의 자원봉사자들이 이재민들에게 직접 물자를 전달하는 것이 이웃의 온정과 함께 전달되어 원활하게 구호가 이뤄질 수 있다.

현행처럼 잦은 인사 이동으로 재난에 대한 이해가 부족한 직원들이 턱없이 부족한 인원으로 농축산물 피해, 산업시설 피해, 도로, 항만 등 공공시설 피해 등을 조사하는 한편 이재민 조사와 구호품 전달을 겸하고 있어 현장에서의 구호품 전달은 지체될 수밖에 없는 실정이다. 피해조사 중 긴급구호에 대한 이재민 피해조사 분야만은 피해조사 과목을 이수한 전문봉사원을 중심으로 실시하도록 하여, 신속한 조사로써 자원봉사자들이 구호품을 전달하도록 해야 한다. 미국 적십자사의 경우 500세대당 20명 이상의 피해조사 자격을 갖춘 봉사원을 파견시켜 이재민들에 대한 피해 상황을 수집하고 있다. 피해조사가 선결되어야 구호물자 전달이라든지 인명구조 활동이라든지 하는 구호활동이 이뤄질 수 있다. 미국에서처럼 주택 수리, 공공시설 복구 등에 관한 피해조사는 정부가 하고, 이재민들의 생계구호 차원의 긴급구호를 위한 피해조사는 봉사원들이 수행할 수 있도록 해야 한다.

구호품 전달에서 기관 간의 공조 체계에도 문제가 있었다. 고립된 지역의 이재민들에 대해 신속한 구호품 전달을 위해 헬리콥터 등을 동원할 수 있도록 관계 기관이 적극 협력할 수 있는 협약이 사전에 체결되고 지원되어야 한다.

제10장

미국 민간 부문 재해구호복지 체계

제 1 절 미국 재난관리 관련 법률 체계

미국의 재난관리 관련 법령은 스태퍼드(Stafford) 법(The Robert T. Stafford Disaster Assistance and Emergency Relief Act)에 근거해 입법/시행되고 있다. 스태퍼드 법은 재난 관련 용어에 대한 정의에서부터 중앙 및 지방정부의 재해 준비 지원, 주요 재난 지원 및 관리, 중 재난 지원 프로그램, 재난 대비, 기타 사항에 이르기까지 중앙정부 및 지방정부 활동의 기본 방향과 절차를 규정하고 있다.[1)]

1) 스태퍼드법의 좀 더 구체적인 내용은 다음과 같다. 제1장에서는 중앙정부와 지방정부의 자금 지원과 주요 재난선포 절차와 용어를 정의 및 규정하고 있다. 제2장에서는 중앙 및 지방정부의 재난 대비 지원에 관한 사항을 다루고 있으며, 중앙정부 및 지방정부의 재난 지원 프로그램과 재난 경고에 관한 내용을 규정하고 있다. 제3장은 주요 재난지원관리에 관한 사항을 다루고 있는데, 관리 조건의 변경 절차, 조정관의 임명 및 기능과 주조정관의 임명, 비상지원팀, 연방 관련국의 자금 상환, 연방정부의 면책권, 주/지방정부의 공공시설 또는 서비스의 활용 및 임시고용직 전문가 조언가의 임명 등을 포함한 서비스 기능 수행 관련 내용, 공공시설 및 공공건축 지원을 위한 특정 적용의 우선권, 재해 지원의 무차별, 구호조직의 협조 및 사용, 보험 업무, 구호기금의 이중 수혜 금지, 과실에 대한 처벌 규정, 물자의 사용, 환경보호, 회계감사 등에 관한 내용을 규정하고 있다. 마지막으로 제4장은 주요 재난 지원 프로그램에 관한 사항으로서 주요 재난선포 절차(일반적인 연방정부의 지원 필수 지원 위험 경감), 연방공공시설의 사용, 재해공공시설의 배치/회복/보수, 잔해 제거, 임시거주 지원, 미취업자 지원, 개인/가구 지원 프로그램, 연방비상 지원 프로그램, 비상 준비(주정부/인접 국가와의 상호 원조, 위험 대비/준비를 위한 자금 사용, 기존 공공시설의 사용) 등을 규정하고 있으며, 기타

제 2 절 NVOAD의 설립 배경 및 역사

NVOAD(National Voluntary Organization Active in Disaster)가 설립된 주된 계기는 재난 피해자들을 돕는 과정에서 공공 및 민간 부문의 다양한 기관이 공통적으로 직면하게 된 역할 및 서비스 조정의 부재 및 훈련의 부재라는 두 가지 문제점에 대한 인식이라고 할 수 있다. 미국의 경우, 상호 원조와 자원봉사라는 기본적인 사회적 가치를 바탕으로 재난 발생 시 재난을 극복하고 재난 피해자들을 위해 도움을 제공하는 노력이 다양한 차원에서 오래전부터 이뤄져 왔다. 이러한 과정에서 재난구호 활동에 참여하는 다양한 공공 및 민간 부문의 기관들 사이에서는 불필요한 구호활동 및 서비스의 중복, 의사소통에서의 어려움 및 자원봉사자들에 대한 훈련의 부재 등과 같은 여러 가지 현실적인 어려움 및 이러한 어려움으로 인해 발생하는 재난구호 활동의 비효율성 및 좌절감을 경험하게 되었다. 그 결과, 재난구호 활동에 참여하는 공공 및 민간 부문의 기관들 대부분은 스스로를 어려움이 발생했을 때 다른 사람들에 의해 '필요로 되는 존재'만이 아니라 자신들 역시 도움을 '필요로 하는 존재'로 인식하기 시작하게 되었다.

민간 부문의 기관들이 이러한 인식의 전환을 경험하면서 해결점을 모색하는 한편, 공공 부문의 기관들 또한 동일한 문제에 직면하게 되었는데, 서로 다른 차원의 정부들 간에 재난구호 역할의 책임 및 범위를 규정하는 문제, 지리적 관할구역이나 재정 능력을 벗어나는 규모의 재난 발생 시 효과적으로 재난구호 활동을 펼치는 방안 등과 같은 문제점들을 경험하게 되었다. 이러한 문제점을 해결하기 위한 노력은 주기적으로 발생하는 홍수, 강풍, 태풍, 지진 등과 같은 대규모 재난이 거듭되는 과정에서 공공 부문의 기관들로 하여금 좀 더 효과적인 재난 극복 및 구호활동을 위해서는 협력과 조정이 필수적이라는 결론에 도달하게 했으며, 그 결과 1979년 연방정부 내에 연방재난관리청(Federal Emergency Management Agency: FEMA)이 설립되었다. FEMA는 그 이전까지 총체적인 재난관리계획의 미비와 재난관리에서 관리 책임이 한 기관에 일임되어 있지 않음에 따라 연방 및 주정부의 재난 대응 능력이 감소되는

사항으로서 기부물자의 접수에 관한 규정, 비상요구 예산을 초과한 재해지원금의 지출 등을 규정하고 있다.

문제점을 획기적으로 해결하기 위해 재난 발생 시 재난관리 및 극복을 통합 관리하기 위한 목적에서 설립되었다.

이러한 공공 부문의 움직임에 앞서 민간 부문의 재난구호 활동 참여 기관들 사이에서도 협력과 조정의 필요성에 대한 논의가 1960년대 말부터 일기 시작했다. 이러한 논의를 통해 1970년 7월, 미국 적십자사의 책임자였던 디브렐(W. D. Dibrell)의 노력으로 7개 민간자원봉사기관의 책임자들이 미국의 수도인 워싱턴(Washington DC)에 모여 전국재난구호자원봉사기관협의회, 즉 NVOAD가 결성되었다. 결성 당시 NVOAD는 조직의 성격은 반드시 순수한 자발 조직이어야 한다는 원칙을 세웠으며 이 원칙을 준수하기 위해 비법인 형태로 출발했다. 그 이후 10년이 지난 1980년까지 총 22개 기관이 전국 회원(national membership)으로 가입했으며, 1995년에는 23개 전국 회원과 5개 회원으로 확대되었다. 이러한 과정에서 좀 더 효과적인 역할 수행 및 원활한 모금활동을 위해 초기 비법인 원칙에 대한 재고의 필요성이 대두되었으며, 마침내 1994년 비영리법인으로 조직의 성격을 전환하게 되었다.

1970년 결성된 이후 재난구호 활동에 참여하는 다양한 민간 자원봉사기관을 대표하는 협의체로 성장하게 된 NVOAD는 2000년 3월, 공공 부문의 재난관리를 총괄하는 FEMA와의 협의를 거쳐 VOAD 운동의 성장 및 강화를 통해 자원봉사 조직들의 재난에 대비 및 대응하고 재난 발생 시 이를 극복하는 데 최적의 효율화를 꾀하는 방안을 모색하기 시작했다. 이러한 협의에서 얻은 결의 사항을 토대로 공공 부문, 즉 FEMA와의 협력 하에 VOAD운동이 성공을 위해 독자적인 개발과 계획을 시작할 수 있게 되었다.

NVOAD가 결성된 후 얼마 되지 않아 여러 주(州)에서 해당 주의 재난구호 활동에 참여하는 기관들의 조정 및 협력을 위한 협의체로서 NOVAD와 유사한 역할을 담당하는 주(州) 차원의 VOAD(State VOAD: SVOAD)의 필요성이 고조되기 시작했으며 1975년경부터 여러 주(州)에서 SVOAD 내지는 지방 VOAD(Local VOAD: LVOAD)가 결성되기 시작했다. 초기 SVOAD 및 LVOAD의 회원 기관들의 대부분은 해당 주에 위치한 NVOAD의 회원 기관의 지부들이었다. 초기 SVOAD와 LOVAD는 물론 NVOAD의 원칙에 따라 결성되었지만 일정 시점 전까지 NOVAD는 VOAD에 대해 지원 또는 제제를 통해 연계를 갖지 못했다. 그러나 점점 더 많은 SVOAD 및 LVOAD가 결성되고 그들의 역할이 중요성을 얻게 되면서 SVOAD 및 LVOAD와 NVOAD 간에 좀 더 긴밀한 의사소통 및 협력이 필요하다는 인식이 양자 모두에서 싹트기 시작했다. 그러한 인식을 바탕으로 1980년대에 들어와서 NVOAD

가 SVOAD 및 LVOAD에 대해 공식적인 회원 자격을 부여하고 상호간의 관계를 문서화함으로써 긴밀한 협력 관계를 공식화하기 시작했다. 이를 위해 NVOAD는 1984년 VOAD를 위한 지침서를 개발해 VOAD의 결성과 운영을 지원하기 시작했으며, 이를 바탕으로 VOAD운동이 성공적으로 활성화되기 시작했다. 그 결과, 2003년 현재 NVOAD의 전국 회원은 36개 기관에 달하며 51개 주(州) 모두에 SVOAD가 결성되어 NVOAD의 회원으로서 역할을 담당하며, 이와 더불어 각각의 주에 다양한 지방 차원의 LVOAD가 결성되어 NVOAD 및 SVOAD와 유기적인 네트워크를 형성하고 있다.

제 3 절 NVOAD의 기본 목표와 운영

NVOAD의 정관에 명시된 NVOAD의 기본 목표와 조직은 다음과 같다.

1 설립 목적과 목표

비영리 법인인 NVOAD의 설립 목적 및 목표는 의사소통, 조정, 협력, 협조, 중재, 회합 주선 및 아웃리치를 통해 재난 피해자들에게 좀 더 효과적인 서비스를 제공할 수 있게 하는 것이다.

2 NVOAD의 역할

NVOAD의 역할은 재난구호를 위한 자원봉사기관들의 활동을 조정하고 참여기관들 간에 협력 관계를 이끌어내는 것이다. 이러한 역할 수행을 위해 NVOAD는 재난구호를 위한 직접적인 서비스를 제공하지 않는 대신 협력(cooperation), 조정(coordination), 의사소통(communication), 교육(education), 중재(mitigation), 회합 주선(convening mechanism) 및 아웃리치(outreach)를 기본 원칙으로 하는 다양한 간접적인 지원 서비스를 회원 기관에게 제공하는 협의체 역할만을 수행한다. 이러한 역할과 함께 NVOAD는 재난구호 활동에서 중요한 지침이 되는 '재난 피해자들의 미충족 욕구조사(study of unmet needs)' 등과 같은 연구 및 조사활동을 지원하는 역할을 수행한다.

3 회원 및 협력기관

1) 자격 및 범주

NVOAD 법인 내에는 아래와 같이 정한 세 가지 범주의 회원과 세 가지 범주의 협력기관이 있다. NVOAD의 회원의 자격 규정은 일정한 원칙을 준수하는 기관에 대해서는 가능한 한 회원 자격을 인정해 줄 수 있게 함으로써 회원 가입을 권장할 수 있게 정해져 있다. 각 회원 및 협력기관 범주에 해당하는 구체적인 기준은 'NVOAD 회원 자격 기준 및 지원 절차 관련 원칙'에 명시되어 있으며, 이사회에 의해 필요에 따라 개정된다.

(1) 회원

① 전국 회원(national membership) 또는 Class A 회원은 의결에 참여할 수 있는 권리를 가진 회원으로서, 다음의 원칙을 준수하는 모든 법인(corporation), 기관(institution), 혹은 그 밖의 법인(entity)에 대해 인정될 수 있다.

첫째, 조직의 규모와 목적이 전국 수준이어야 한다.

둘째, 조직은 자발적 회원 또는 지지자들로 구성되어야 하며, 비영리조직 구조를 가져야 하고, 미국세법 제501c(3)에 명시된 면세 대상의 지위에 해당되어야 한다.

셋째, 조직은 재난 극복에 대해 적극적이어야 하며, 재난에 대응하기 위한 프로그램 및 재난으로 인해 발생한 피해자들의 욕구를, 그들의 인종, 성별, 종교, 나이와 상관없이 무차별적으로 충족시키는 데 필요한 자원(즉, 인력, 재정 및 장비) 제공에 관한 정책을 가지고 있어야 한다.

전국 회원의 책임은 다음과 같다.

첫째, NVOAD의 정관에 명시된 NVOAD의 원칙과 목적에 동의한다는 사실을 문서로 밝혀야 한다.

둘째, 회원들로 하여금 NVOAD와 VOAD 활동에 참여하도록 권장해야 한다.

셋째, NVOAD에 의해 설정된 재정지원금을 매년 NVOAD에 납부해야 하며, 매년 개최되는 NVOAD 회원 총회에 대표단을 파견하고 참석해야 한다.

② 주/지역 회원(state/territorial membership) 또는 Class B 회원의 회원 자격(associate membership)은 공인받은 주(州) VOAD, 즉 SVOAD 가운데 다음의 조건을 만족하는 SVOAD에 대해 인정할 수 있다. 지방 VOAD, 즉 LVOAD의 경우, LVOAD가 NOVAD의 회원인 경우 자동적으로 해당 주의 SVOAD 회원 자격이 인정된다.

첫째, 조직의 규모나 목적이 주(州) 차원의 것이어야 한다.

둘째, 조직의 성격은 자발적 조직이어야 하고 재난 극복에 적극적인 조직들의 연합체(coalitions)여야 한다.

③ 준회원(affiliate membership) 또는 Class C 회원 자격은 재난 관련 계획 및 운영에 관한 책임 또는 역량을 가지고는 있으나 전국 회원이나 회원이 갖춰야 할 자격 조건에 미치지 못하는 모든 조직에 대해 인정될 수 있다.

(2) 협력기관

① 조건부 협력기관은 재난 극복을 위한 프로그램의 수준이 전국 회원이 되기 위한 기준에는 미달하지만 이를 충족시키기 위해 노력하는 기관이어야 한다.

② 정부협력기관은 정부기관으로서 NVOAD운동을 위해 필요한 자원을 제공하고 NVOAD의 역할 수행을 지원하는 데 적극성을 가진 기관이어야 한다.

③ 민간협력기관은 민간 부문의 기관 또는 단체로서 NVOAD운동을 위한 자원을 제공하고, NVOAD의 역할 수행을 지원하는 데 적극적임을 입증할 수 있어야 하며, 매년 NVOAD(혹은 SVOAD 또는 LVOAD 차원의 협력기관일 경우 각 차원에 해당하는 VOAD)에 재정적 지원을 제공하는 데 동의하는 기관이어야 한다.

4 회원 선발, 권리 및 기간

회원 자격 신청은 상기 조건을 증명할 수 있는 자료를 제출함으로써 이뤄진다. 회원 자격을 인정받은 회원기관에 대해서는 정기적으로 자격심사를 실시해 회원 자격 재승인 여부를 결정한다. 회원기관이 준수해야 할 원칙(예를 들자면 연례회의에 2년 이상 참석하지 못하는)을 이행하지 못하는 회원기관은 회원 자격을 상실하게 된다. 회원 자격은 또한 회원기관이 탈퇴 의사를 밝힐 경우나 전국 회원 2/3가 동의할 경우 상실하게 된다.

제 4 절 NVOAD(VOAD) 회원 간의 결속

서로 다른 목적과 이해관계를 가진 다양한 자원봉사기관들이 VOAD의 회원으로서 재난구호 활동을 조정하고 협력을 이뤄내기 위해서는 VOAD에 대한 회원기관의 헌신 또는 결속(commitment)이 무엇보다 중요하며, 이러한 VOAD 회원들 간의 결속이 무엇을 바탕으로 이뤄지고 있는가를 이해하는 것은 매우 중요하다. 일반적으로 VOAD 회원들 간의 결속은 크게 네 가지를 바탕으로 유지된다고 볼 수 있는데, 첫 번째는 회원기관들 간에 조정과 협력이 이뤄질 때에만 개별 기관들의 재난구호 활동이 가장 효과적이 될 수 있다는 인식이다. 이러한 인식 또는 협의체에 대한 필요성이야말로 VOAD 회원 기관들이 VOAD의 회원으로서 결속력을 가질 수 있는 가장 기본적인 바탕이다.

두 번째로는 VOAD 회원이 됨으로써 NOVAD로부터 얻을 수 있는 다양한 지원이다. NOVAD는 SVOAD 및 LVOAD를 위해 경험, 지식, 정보, 교육·훈련 프로그램 및 연구 결과 등의 자원을 제공하는데, 이러한 서비스는 개별 기관들이 쉽게 얻기 힘든 귀중한 자원이다. 이러한 서비스는 VOAD 회원 기관들이 갖는 정기적인 모임을 통해 제공되는데 회원 기관들이 매월 갖게 되는 정기적인 모임은 VOAD 조직의 가장 큰 자원임과 동시에 VOAD를 이루는 가장 중요한 기반이라고 할 수 있다.

회원 기관들 간의 결속을 위한 세 번째 바탕은 NOVAD 및 VOAD가 협의체로서의 역할만을 수행한다는 것이다. 다시 말해서 NVOAD나 VOAD는 직접적인 서비스를 제공하지 않으며 개별 회원 기관이 제공하는 직접적인 서비스의 내용은 전적으로 개별 회원 기관이 결정한다는 기본 원칙을 갖는다. 따라서 개별 회원 기관은 NVOAD 및 VOAD의 일원으로서 협력적 관계를 맺고 있으나 NOVAD나 VOAD로부터 전혀 관리 감독을 받지 않으며 각각의 회원 기관은 각기 고유한 설립 목적을 바탕으로 다양한 역할을 수행한다. 이러한 관계는 한마디로 말해서 느슨한 조직(loose organization)으로 대변될 수 있는데, 이러한 조직의 성격을 통해 개별 회원기관은 NVOAD나 VOAD를 통해 협력과 조정을 제공받으면서도 동시에 개별 기관이 가진 고유한 목적과 가치를 존중받을 수 있다.

마지막으로 VOAD 회원들 간의 결속은 VOAD 회원이 됨으로써 얻을 수 있는 정부, 즉 FEMA 및 EMA와의 연계 및 지원에 바탕을 두고 있다고 볼 수 있다. 이상에서 언급한 세 가지 '결속의 바탕'을 이해하기 위해 NVOAD와 FEMA 및 EMA 간의 관계, NVOAD와 주 VOAD 및 지방 VOAD 간의 관계를 살펴보면 다음과 같다.

1 NVOAD와 FEMA 간의 관계

FEMA보다 먼저 설립되어 민간 부문의 대표적인 협의체로 성장하게 된 NVOAD는 FEMA가 설립된 이듬해인 1979년 FEMA의 요청에 따라 FEMA와 연계하기 시작했으며, 이러한 연계를 통해 민간 부문의 협의체일 뿐만 아니라 더 나아가 재난 극복을 위한 정부의 노력에 중요한 협력자로서 역할을 담당하기 시작했다. NVOAD의 연례회의는 이러한 연계를 위한 장으로 활용되는데 FEMA는 NVOAD의 연례회의에 협력을 위한 자문가(liaison)로서 정기적으로 참석할 뿐만 아니라 NVOAD 연례회의에서 FEMA의 기본 정책 및 정책 변화 등을 발표함으로써 민간 부문의 자원봉사기관에 정부가 가진 유용한 정보를 제공한다. 현재 FEMA는 NVOAD의 운영이사회의에도 정기적으로 참석할 정도로 NVOAD와 긴밀한 관계를 맺고 있다. 일반적으로 정부의 재난 선포나 그 밖의 위기 및 재난 관련 정보는 NVOAD를 통해(주로 NVOAD 회원 기관인 미국 적십자사를 통해) NVOAD 회원 기관 및 VOAD 회원 기관을 포함한 민간 부문의 기관들에게 전달된다. NVOAD와 FEMA 간의 이러한 협력적 관계는 1993년 NVOAD의 의장이 FEMA 자문위원회의 위원의 역할을 담당하게 됨으로써 더욱 공고해졌으며, 이러한 역할을 통해 NVOAD는 연방정부 차원에서 민간 자원봉사기관들의 의견을 전달할 수 있게 되었다. 이러한 관계에서 한 가지 주목해야 할 점은 NVOAD와 FEMA 간의 관계는 수평적 관계라는 점이다. 다시 말해서, NVOAD는 정부로부터 어떠한 관리감독도 받지 않는데, 이러한 사실은 정부가 기본적으로 NVOAD를 협력적 동반자로 인정하고 있음을 단적으로 보여 준다.

일반적으로 FEMA의 NVOAD에 대한 지원은 FEMA VAL(Federal Emergency Management Agency Voluntary Agency Liaison)의 역할을 통해 이뤄진다. FEMA VAL은 미국을 10개 지역으로 나눠 각각의 지역에 해당하는 자원봉사기관을 지원하는 정부기관이다. FEMA VAL은 전국 또는 지역 차원에서 VOAD들을 조직화하는데 필요한 자원(resource)으로서 역할을 담당하는데, 이러한 역할을 통해 공공 부문과 민간 부문 간의 연계가 이뤄지게 된다. NVOAD는 이들 10개 FEMA VAL 각각에 자문가를 파견하고 있다. NVOAD 회원 기관은 FEMA VAL과 정기적인 모임과 연락을 통해 VAL로부터 지식, 경험 및 정보를 제공받는다.

2 NVOAD와 SVOAD 간의 관계

NVOAD는 가능한 한 많은 SVOAD가 NVOAD의 회원으로 가입해 전국 차원의 재난구호 활동에 참여할 것을 독려한다. 한마디로 SVOAD는 해당 주(州)의 VOAD 회원 기관 및 그 밖의 민간 자원봉사기관에 대해 NVOAD와 같은 협의체로서 역할을 수행한다. 앞서 언급한 바와 같이, NVOAD는 각각의 SVOAD가 가진 고유한 설립 목적을 존중하기 위해 느슨한 조직을 유지한다. 그럼에도 불구하고 NVOAD의 회원 SVOAD는 NVOAD와의 정기적인 회합을 통해 해당 SVOAD가 NVOAD의 목적과 프로그램을 수용하고 SVOAD의 재해구호 활동이 NVOAD가 정한 협력, 조정, 의사소통 중재 등의 원칙에 따라 이뤄지게 하는 데 필요한 규정을 정하고 이를 문서함으로써 공식화한다.

SVOAD는 NVOAD의 회원이 됨으로써 NVOAD의 법적 소속단체(legal subsidiaries)가 되며 따라서 비영리법인이 된다. SVOAD는 회원 기관의 명단, 주소, 전자우편(e-mail), 웹(Web) 주소, 회사전화, 긴급전화 등의 정보를 NVOAD와 공유하고 재난구호 활동과 관련된 다양한 분야에서 상호간에 자문가로서 역할을 수행한다. 이와 더불어 대부분의 경우, SVOAD는 해당 주의 민간 부문을 통해 기부된 기부물품을 관리하는 역할을 담당하기도 한다.

NVOAD의 회원이 됨으로써 SVOAD가 얻게 받게 되는 혜택은 다음과 같다.

첫째, NVOAD 연례회의에 정기적으로 참석하고 재난 대응 전문가와 회원기관 간 정보 공유 네트워크에 포함됨으로써 유용한 정보를 공유할 수 있게 되며, 이를 통해 NVOAD와 협력적인 관계에서 전국 차원의 재난구호 활동에 참여하게 된다.

둘째, 재해 관련된 업무와 정부의 제도에 대한 명확한 이해를 얻게 된다. 예를 들어 SVOAD의 의장은 NVOAD가 발간하는 소식지인 *In Touch*를 받아볼 수 있으며, 이를 통해 재난 관련 이슈와 정부의 정책을 이해할 수 있게 된다.

셋째, NVOAD가 FEMA 본부와의 긴밀한 연계 관계를 바탕으로 재난 발생 시 자문가로서 FEMA 재난구호본부의 지도부에 포함되는 것과 마찬가지로 SVOAD는 재난 발생 시 주정부의 재난관리국(Emergency Management Agency: EMA)과 주(州) 또는 관할지역 긴급관리위원회의 지도부에 포함되어 재난 구호활동의 일원으로서 역할을 담당하게 된다. 이를 위해 SVOAD와 EMA는 긴밀한 협력 관계를 맺고 상호간에 정보와 지원을 제공하는데 SVOAD는 재난 발생 및 전개 과정, 피해 사정, 대응 능력, 교육, 제안. 그리고 기부관리 등에 관한 정보를 위해 EMA가 가진 정보 및 지식 등의 전문성을 필요로 한다. NOVAD와 FEMA의 경우와 마찬가지로 SVOAD 또한 EMA와 긴밀한 협력 관계를 맺으나 EMA로부터 어떠한 관리 감독도 받지 않는 독립적인 위치에 있다.

넷째, NVOAD로부터 프로그램 개발 및 교육·훈련 지원을 받을 수 있다.

3 NVOAD와 LVOAD 간의 관계

SVOAD의 경우와 마찬가지로 LVOAD는 가능한 한 많은 LVOAD가 NVOAD에 회원으로 가입해 NVOAD가 가진 정보 네트워크에 참여할 것을 독려한다. LVOAD는 소속 주의 SVOAD가 NVOAD의 회원인 경우 소속 주 SVOAD의 회원이 됨으로써 자동적으로 NVOAD 회원 자격을 얻게 된다. 앞서 살펴본 SVOAD의 경우와는 달리, LVOAD는 자동적으로 NVOAD의 하위 단체(legal subsidiaries)가 되지 않는다. 따라서 LVOAD는 소속 주의 법률에 따라 법인 또는 비법인 형태로 운영될 수 있다.

4 SVOAD와 LVOAD 간의 관계

SVOAD와 LVOAD 간의 관계는 NVOAD와 SVOAD 간의 관계와 매우 유사하다. 모든 VOAD의 기본적인 목적은 기관 간의 협력을 극대화함으로써 재난 피해자들이 가능한 한 효과적이고 효율적으로 도움을 받을 수 있게 하는 것이기 때문에 SVOAD와 LVOAD 간에 긴밀한 협력 관계가 존재할 때에만 VOAD의 기본적인 설립 목적을 달성할 수 있다. 좀 더 구체적으로 살펴보면 SVOAD와 LVOAD 간에는 다음과 같은 관계가 존재한다.

첫째, SVOAD는 특정 지역에 LVOAD를 구성할지의 여부를 결정하는 데 도움을 줄 수 있다. 예를 들어, 태풍 피해가 잦은 특정 지역에서는 VOAD가 설립되는 것을 필요로 하지만 다른 곳에서는 필요로 하지 않을 수 있다. 이러한 경우 SVOAD에서 파견된 대표가 관련 지역, 즉 VOAD를 필요로 하는 지역과 비관련 지역 사이에서 연결자로서 역할을 담당해 도움을 줄 수 있다.

둘째, SVOAD는 LVOAD가 결성된 경우, SVOAD 회원 기관들에게 이러한 사실을 공지하고 결성된 VOAD에 대표를 파견해 VOAD를 지원한다. NVOAD와 SVOAD가 공식적인 회합을 통해 의사소통을 촉진하고 재난구호 활동에 대한 원칙을 정하고 이를 문서화하는 것과 마찬가지로 SVOAD와 LVOAD도 그러한 관계를 설정하고 문서화함으로써 공식화해야 한다.

셋째, SVOAD와 LVOAD는 회원 기관들이 위치한 지역에 발생할 확률이 높은 재난에 대비해 회원 기관들에 대해 재난 대응에 필요한 훈련 및 교육 지원을 제공한다.

넷째, LVOAD는 SVOAD의 회원으로서 정부의 재난 대응기관들과 네트워크를 형성할 수 있다. 예를 들면, LVOAD는 정부의 재난 대응기관에 대해 주정부의 재난 대응정책 전반과 훈련에 관해 전문적 의견을 구할 수 있으며 자문가(liaison)를 요청함으로써 협력적 관계를 형성할 수 있다.

다섯째, LVOAD는 SVOAD의 회원으로서 FEMA와 그 밖의 지원그룹의 협조를 통해 재난 대비, 대응, 복구의 분야에서 주된 역할을 담당하는 기관 및 그들 기관의 연락처를 인지하고 연계를 맺게 된다. LVOAD는 정부의 재난 대응조직과 연계될 때 가장 효과적인 역할을 수행할 수 있다.

제 5 절 한국에의 시사점

이상에서 살펴본 미국의 재난구호 자원봉사기관협의체 NVOAD는 우리나라 재난구호 체계에서 점차 그 비중이 높아가고 있는 민간 부문 재난구호 활동기관들에게 매우 중요한 시사점을 제시해 준다.

무엇보다 먼저 미국의 NVOAD는 우리나라 민간 부문 재난구호 참여기관들에게 NVOAD와 같은 역할을 담당하는 협의체의 필요성을 제시해 준다. 우리나라의 경우, 최근 들어 민간 부문 재난구호 활동과 관련해서 나타나고 있는 가장 큰 우려의 목소리 가운데 하나는 재난구호 활동에 참여하는 자원봉사기관들의 구호활동이 지나치게 중복적이고 체계적이지 못함에 따라 민간기관들의 재난구호 활동이 비효율적으로 이뤄지고 있으며, 심지어 재난구호 활동이 재난 피해자들의 입장에서보다는 재난구호 활동기관의 입장에서 이뤄지고 있다는 점이다. 이러한 문제점은 재난구호 활동에서 민간 부문의 역할이 점차 증대됨에 따라 필연적으로 나타나게 되는 문제라고 볼 수 있으며 실제로 이러한 문제점은 1970년 이전의 미국의 경우에도 마찬가지였던 것을 알 수 있다. 중요한 것은 미국의 경우 앞서 살펴본 것처럼 1970년대에 들어서 NVOAD가 자생적으로 결성되고 뒤이어서 VOAD운동을 통해 SVOAD와 LVOAD가 결성되어 이들이 협력적인 네트워크를 형성함으로써 이러한 문제점을 해결해 왔다는 것이다.

이러한 미국의 경험에 비춰볼 때, 우리나라에서도 서로 다른 목적과 이해관계를 가진 다양한 민간기관들의 역할이 재난구호에서 증가할수록 이들의 재난구호 활동을 조정하고 이들 간에 협력적 관계를 이끌어낼 수 있는 협의체 결성이 반드시 필요하다는 것을 알 수 있다. 이러한 현실적 필요성에 비춰볼 때, 미국의 NVOAD는 우리나라의 민간 부문 재난구호 활동을 좀 더 효과적이고 효율적으로 발전시켜 나아가기 위한 대안 가운데 하나가 될 수 있다고 하겠다. 실제로 지진으로 인한 재난이 빈번하게 발생하는 일본의 경우, 재난 피해자들을 위한 민간기관의 구호활동을 좀 더 효과적으로 만들기 위해 지난 1999년 일본 재해구호 자원봉사자 네트워크인 NVNAD (Nippon Volunteer Network Active in Disaster)가 비영리법인으로 인증받았으며, 1997년 미국의 NVOAD와 상호 협력할 것을 내용으로 하는 협정을 체결한 바 있다. 이러한 일본의 사례 또한 우리나라에도 NVOAD와 동일 또는 유사한 협의체가 설립되어야 할 필요성을 다시 한 번 보여 주는 것이라 하겠다.

NVOAD가 주는 또 다른 시사점은 NVOAD는 민간 재난구호기관들이 NVOAD와 같은 협의체에 대한 필요성을 바탕으로 자생적으로 출발했다는 점이다. 자원봉사라는 사회적 가치가 뿌리 깊은 미국에서도 NVOAD는 1970년대에 들어와서야 비로소 결성하게 되었다. 이러한 사실은 NVOAD와 같은 협의제가 나타나게 되기 위해서는 민간 재난구호기관들이 '협력과 조정' 없이는 재난구호 활동이 효과적일 수 없다는 인식을 공유하게 되기까지 상당한 시간이 필요했다는 것을 단적으로 말해 준다. 우리나라의 경우도 충분히 오랜 기간에 걸친 시행착오를 통해 '협력과 조정'만이 가장 효과적인 방법이라는 확고한 인식이 공유되고, 이러한 인식을 바탕으로 서로 다른 목적과 이해관계를 가진 민간기관들이 한자리에 모여 협력과 조정을 위한 합의를 도출하는 것이 NVOAD와 같은 협의체를 만드는 데 가장 이상적인 방법이라고 하겠다. 따라서 NVOAD와 같은 협의체를 성공적으로 구성하기 위해서는 처음부터 다수 민간기관이 참여하기보다는 협력과 조정의 필요성을 분명하게 인식하는 소수의 민간기관이 NVOAD와 같은 협의체를 결성해 출발점을 제시한 다음 이를 모범적으로 운영함으로써 다른 민간기관들로 하여금 협의체의 필요성을 인식할 수 있게 하는 것이 바람직할 것이라 판단된다. 미국의 경우도 1970년 NVOAD가 처음 결성되던 당시 NVOAD에 참여한 회원 기관의 수는 불과 7개 기관이었던 것을 고려해 본다면, 중요한 것은 확고한 인식을 공유한 기관들의 주도적인 초기 역할이 무엇보다 중요하다.

NVOAD의 역할과 운영 원칙에 대한 고찰이 주는 또 한 가지 중요한 시사점으로는 NVOAD의 역할 범위를 꼽지 않을 수 없다. NVOAD를 비롯한 모든 VOAD는 그 역할을 협의체로서 역할로 분명하게 제한하고 있으며, 바로 이러한 VOAD의 속성이 VOAD운동의 성공을 가능하게 한 가자 중요한 요건이라고 볼 수 있다. 다시 말해, 만일 VOAD가 재난구호와 관련된 어떤 직접적인 서비스를 제공하고자 했다면 VOAD가 서로 다른 목적과 이해를 가진 다양한 민간기관들로부터 공통 분모를 찾아낸다는 것이 불가능했을 것인 반면, VOAD가 협력과 조정을 도출해낸다는 협의체로서 역할에만 주력함으로써 다양한 민간기관들로부터 폭넓은 참여를 이끌어낼 수 있었다. 이러한 의미에서 볼 때, VOAD는 하나의 네트워크 또는 협약이라고 보는 것이 가장 타당하다고 하겠다. VOAD가 가진 이러한 속성은 각각의 민간기관이 VOAD에 회원이 되더라도 각각의 기관이 가진 고유한 특성, 즉 개별 기관이 가진 독특한 목적과 이해는 그대로 보장받으면서 최소한의 것만을 양보함으로써 재난구호를 좀 더 효과적으로 만드는 데 필수적인 협력과 조정을 도출하는 데 참여할 수 있게 해 주었다. 이러한 NVOAD의 속성은 향후 우리나라에서 NVOAD와 같은 민간기관들 간의 협의체를 구성할 때 반드시 담보되어야 할 속성이라고 하겠다.

NVOAD가 주는 마지막 시사점은 NVOAD의 성공적인 정착을 위해서는 정부의 역할이 무엇보다 중요하다는 것이다. 미국의 경우, NVOAD의 발전 과정에서 정부는 두 가지 점에서 크게 기여했다. 첫째는 정부가 NVOAD를 재난구호 활동에서 동반자로 인식하고 수평적인 관계에서 지원했다는 것이다. 이는 NVOAD와 FEMA와의 관계에서 두드러지게 나타난다. 즉, 연방정부기관인 FEMA가 NVOAD를 관리 감독하고자 시도한 것이 아니라 지식과 경험을 공유할 수 있는 상호 보완적인 협력자로 인식했다는 점이다. 이러한 정부의 입장은 NVOAD가 가진 장점을 발전시키는 데 가장 중요한 요건 가운데 하나로 작용했다. 둘째는 정부가 NVOAD를 민간 부문의 신뢰할 만한 대화 창구로 인정함으로써 NVOAD 결성 이후 SVOAD와 LVOAD의 활성화 및 이들이 NVOAD에 회원으로 가입해야 할 실질적인 이유를 제공했다는 점이다. 물론, 개별 민간기관들이 NVOAD(VOAD)의 회원이 됨으로써 얻게 되는 혜택은 여러 가지가 있으나 그 가운데 아마도 가장 중요한 혜택은 연방, 주 및 지방정부와 긴밀한 연계를 맺고 지식과 정보를 공유할 수 있게 된다는 것이다. 이러한 의미에서 볼 때, 연방정부가 NVOAD를 재난구호 활동에서 동반자로 인정하고 NVOAD를 민간 부문의 기관들과의 대표적인 대화 창구로 활용한 것은 VOAD의 활성화에 적지 않은 영향을 미쳤다. 따라서 향후 우리나라에 NVOAD와 같이 민간기관들 간의 조정과 협력을 목적으로 하는 민간협의체가 만들어질 경우 미국에서와 같은 정부의 인정과 지원은 민간협의체의 성공적인 정착과 발전을 위해 반드시 필요하다고 하겠다.

제11장 일본 민간 부문 재해구호복지 체계

제1절 개 요

일본은 위치, 지형, 지질, 기상 등의 자연 조건으로 미뤄볼 때 지진, 태풍, 호우, 화산 분화 등에 의한 재해가 발생하기 쉬운 국토다. 세계 전체에서 차지하는 일본의 재해 발생률은 매그너튜드(M) 6 이상의 지진 횟수 20.5%, 활화산 수 7.1%, 사망자 수 0.5%, 재해 피해액 16.0% 등 세계 0.25%의 국토 면적에 비해 상당히 높다(방재백서, 2003: 1).

일본 정부는 1946년 난카이(南海) 지진을 계기로 「재해구조법(Disaster Relief Act)」을 제정하고, 이어 「농림수산업시설 재해복구사업비 국고보조의 잠정 조치에 관한 법률」, 「공공토목시설재해복구사업비국고부담법」을 제정했다.

대규모 피해를 초래한 1959년의 이세만(伊勢灣) 태풍을 계기로 종합적이고 계획적인 방재 체제를 정비하고자 하는 인식이 대두되어 「치산치수긴급조치법」, 그리고 1961년에 「재해대책기본법(Disaster Countermeasures Basic Act)」을 제정했다. 이어 1962년에 중앙방재회의를 설치하고, 이듬해에 방재기본계획을 결정했다. 그 후에도 커다란 자연재해나 사고 발생을 계기로 방재 체제가 충실・강화되어 왔다. 특히 1964년 니가타(新潟) 지진을 계기로 「지진보험에 관한 법률」을 제정하고 「방재를 위한 집단이전 촉진사업에 관한 국가배정상의 특별조치 등에 관한 법률」, 「재해조위금의 지급 등에 관한 법률」, 1973년에는 「활동화산대책특별조치법」을 제정했다. 더욱이

1976년에 지진학회에서 도카이(東海) 지진 발생 가능성에 관한 연구 발표를 계기로 「대규모지진대책특별조치법」을 제정했다.

최근 1995년 한신·아와지(阪神·淡路) 대지진으로 인해 과거와는 다른 성질의 재해를 경험하게 됨으로써 「지진방재대책특별조치법」, 「재해대책기본법」의 일부 개정, 「대규모지진대책특별조치법」의 일부 개정, 「특정 비상재해의 피해자의 권리 이익 보전 등을 도모하기 위한 특별조치에 관한 법률」, 「밀집시가지에 있어서 방재가구(防災街區)의 정비 촉진에 관한 법률」, 「피재자생활재건지원법」을 차례로 제정함으로써 국가 재난관리에 관한 근본적인 검토 및 체제 정비를 도모했다. 또한 1999년 히로시마(廣島) 호우재해 및 JCO임계(臨界)사고(JCO Nuclear Accident)를 계기로 「토사재해경계구역 등에 있어서 토사재해 방지대책 추진에 관한 법률」과 「원자력재해대책특별조치법」을 제정했다.

일본 정부는 2002년 1월 「구조개혁과 경제재정의 중기 전망」에서 일본 사회가 안고 있는 중기적 과제를 해결하기 위해 "민간이 할 수 있는 일은 민간이, 지방이 할 수 있는 일은 지방에서"라는 원칙을 제시했다. 이에 방재 부문에서 각 주체의 역할을 재인식하고 검토함으로써 주민이나 기업이 평상시부터 재해에 대한 준비를 강화하고, 일단 재해가 발생된 경우에는 자신을 지키고 나아가 서로 협조하는 것을 강조하게 되었다. 즉 향후 방재대책에서 주민·기업이 스스로를 재해로부터 지키는 '자조(自助)'와 지역사회가 서로 협조하는 '공조(共助)', 중앙·지방의 행정에 의한 시책을 통한 '공조(公助)'의 적절한 역할 분담에 의해 주민, 기업, 지역사회·NPO 및 행정부문 각각에 상응하는 역할을 담당할 것을 요구하게 되었다.

이에 따라 중앙정부 차원에서는 재해에 대한 강력한 대응을 위해 다음과 같은 요소들을 강화했다.

① 수상의 리더십이 발휘되기 쉬운 방향으로 권한이 강화되었다. 현저한 비상재해인 경우에는 각의(閣議)를 개최해 긴급재해대책본부를 설치할 수 있고, 수상에게 중앙정부의 행정기관의 장에 대한 지시 권한을 인정하게 되었다.

② 방재기본계획의 전반적인 수정 및 충실화를 도모했다.

③ 「재해대책기본법」의 개정에 따라 수상에게 현지대책본부를 설치할 권한을 부여했다.

④ 자위대가 방재정책 네트워크에 깊이 관여하게 되었다.

⑤ 정보 연락 체제를 강화했다. 예를 들어, 대지진 발생 시에 수상 등에 정보를 전달하는 관저의 창구가 내각정보조사실로 일원화되어 내각정보집약센터가 수상관저

별관에 설치되어 24시간 체제로 내각정보조사실의 요원 20명이 대응하게 되었다. 또한 시정촌(市町村)에서 도도부현(都道府縣)에 피해 상황을 보고할 수 없는 경우에는 수상에게 직접 보고할 수 있도록 하는 등 자치단체로부터의 정보 전달 경로가 복선화되었다.

⑥ 방재기본계획을 정정해 해상재해, 항공재해, 철도재해, 도로재해, 원자력재해, 위험물 등 재해 등 자연재해 이외의 사고재해에 대한 대응을 방재기본계획에 포함시켰다.

이와같이 새로운 방재기본계획에서는 사고재해의 정보 전달 경로를 국토청을 경유하지 않고 직접 소관 관청으로부터 관저에 보고할 수 있도록 함으로써 기존의 정책 커뮤니티를 통한 정보 전달 방식이 채용되었다. 또한 인명구조 등에 관해 소방청・방위청・해상보안청 간에 다양한 협정이 체결과 함께 자위대의 재해 파견 요청은 해상보안청 장관, 관할구역 해상보안본부장, 항공사무소장이 직접 할 수 있도록 했다. 수상은 필요에 따라 비상재해대책본부를 설치하지만 본부장은 국토청 장관이 아니라 소관 부처장이 담당하게 되었다.

또한, 지방정부 차원에서는 ① 지역방재계획의 개정작업에 따른 조정을 통해 방재 담당자의 정책 커뮤니티가 강화되었다. 특히 도도부현과 시정촌 간의 연계를 확실하게 구축했다.

② 방재 담당자의 정책 형성 및 결정 능력이 향상하는 등 정책 메뉴가 확대되었다. 이는 시정촌 차원에서 중앙・지방자치단체・관계 공공기관 및 자치회나 자주방재조직 등 조정해야 할 대상이 확대되고 협의한 결과를 방재계획에 반드시 포함시키도록 했다. 결과적으로 인재 및 정보자원이 충실화되었다.

③ 자치단체 내의 초동 체제가 강화되었다. 예를 들어 오사카 시(大阪市)의 경우, 모든 직원이 자주 소집(自主召集)할 수 있고 인력 및 자원을 비상 배비(非常配備)할 수 있는 비상 배분 및 비축 체제를 구축했다. 현지정보는 약 200명의 긴급정보조사원이 시내 각 장소에 설치되어 있는 행정서비스센터를 중심으로 재해정보 및 관계 기관・보도기관 등의 정보를 근거로 피해정보 지도를 작성한다. 또한 재해대책본부를 보조하는 조직으로 참모 기능을 담당하는 사무국, 수집 정보의 정리 보고를 위한 정보조사부, 직원활동을 파악・직원 재배치・방재 관계 기관 등과의 연락 조정을 담당하는 조정부가 설치되었다.

④ 가장 큰 변화로는 주민을 방재정책 네트워크 속에 포함시켰다.

이와같이 새로운 방재기본계획에서는 방재훈련, 소방단・자주방재조직을 연수・

훈련하는 센터정비, 자원봉사단체의 등록·연수 제도 등 구체적인 프로그램이 기본계획에 포함시켜 방재 관련 예산이 집행되도록 했다. 지역방재계획에서도 방재훈련계획, 자주방재조직의 조직계획, 자원봉사 육성계획 등을 구체적으로 규정하고 있다.

제 2 절 재해·재난 관련 법률

일본의 재해대책은 재해 예방, 재해 응급대책 및 재해 복구·부흥의 각 단계에 따라 이뤄진다. 1962년에 제정한 「재해대책기본법」은 종합적이고 계획적인 방재행정의 정비 및 추진을 도모하는 것이며, 일본의 재해대책을 강구하는 데 가장 기본이 되는 법률이다. 「재해대책기본법」의 주요 내용은 방재 책임의 명확화(definition of jurisdictions and responsibilities for disaster management), 방재 체제(disaster management system), 방재계획(disaster management plan), 재해 예방(disaster preparedness), 재해응급대책(disaster emergency response), 재해복구(disaster recovery), 재정금융 조치(financial measures), 재해 긴급사태(state of emergency)를 규정하고 있다. 기본법 관계 5개 법률(대규모지진대책특별조치법: 내각부, 소방청, 원자력재해대책특별조치법: 문부과학성, 경제산업성, 국토교통성, 도난카이[東南海]·난카이(南海)지진에 관한 지진방재대책 추진에 관한 특별조치법: 내각부, 소방청, 석유콤비나트 등 재해방지법: 소방청, 경제산업성, 해양오염 및 해상재해 방지에 관한 법률: 해상보안청, 환경성), 재해 예방 관계 16개 법률(하천법, 해안법, 사방법, 토지 함몰 등 방지법, 급경사지 붕괴에 의한 재해 방지에 관한 법률, 삼림법, 특수토양지대 재해 방제 및 진흥임시조치법, 토사재해 경계구역 등의 토사 재해방지대책 추진에 관한 법률, 활동화산대책특별조치법, 호설지대대책특별조치법, 지진방재대책특별조치법, 태풍상습지대의 재해 방제에 관한 특별조치법, 건축기준법, 건축물 내진 개수 촉진에 관한 법률, 밀집시가지의 방재가구 정비의 촉진에 관한 법률, 기상업무법), 재해 응급대책 관계 3개 법률(소방법, 수방법, 재해구조법), 재해복구·부흥, 재정금융 조치 관계 24개 법률(극심 재해에 대처하기 위한 특별재정 원조 등에 관한 법률, 방재를 위한 집단이전 촉진사업에 관한 국가재정상의 특별조치 등에 관한 법률, 공공토목시설재해복구사업비국고부담법, 농림수산업시설 재해복구사업비 국고보조의 잠정조치에 관한 법률, 공립학교시설재해복구비 국고부담법, 공영주택법, 천재에 의한 피해 농림어업자 등에 대한 자금 융통에 관한 잠정조치법, 지진방재대책 강화지역에 있어서 지진대책 긴급정비사업에 관한 국가재정상의 특별조치에 관한 법률, 철도궤도정비법, 항공정비법, 피재시가지부흥특별조치법, 피재구분 소유건물의 재건 등에 관한 특별조치법, 특정비상재해의 피해자의 권리 이익 보전 등을 도모하기 위한 특별조치에 관한 법률, 피재자생활재건지원법, 농림어업금융공고법, 농업재해보상법, 삼림국영보험법, 어업재해보상법, 어선손해 등 보상법, 중소기업신용보험법, 소규모 기업자 등 설비자금조성법, 주택금융공고법, 지진보험에 관한 법률, 재해위로금 지급 등에 관한 법률), 조직 관계 5개 법률(소방조직법, 해상보안청법, 경찰법, 자위대법, 일본적십자사법)에 의해 재해대책이 추진되고 있다. 재해대책의 실효를 위해 재해대책기본법에 따라 국가, 지방공공단체, 지정공공기관에서는 방재계획을 책정하고 적절하게 실시할 수 있도록 하고 있다.

제 3 절 재해 · 재난관리 체계

2001년의 중앙성청 개편에 따라 내각부가 방재행정에 관련된 정부 전체의 연계를 확보하고, 내각부 정책통괄관(방재 담당)이 방재에 관한 기본적인 정책의 기획 입안, 대규모 재해 발생 시의 대처 방안에 관한 각 성청의 종합 · 조정 등을 하게 되었다. 또한 특명 담당대신인 방재 담당대신이 신설되었다. 한신 · 아와지(阪神 · 淡路) 대지진 이후 대규모 재해, 중대 사고 · 사건 등의 긴급사태 시에 정부의 위기관리 기능을 충실 · 강화하기 위해 내각위기관리감, 내각정보집약센터의 설치 등의 체제 강화를 도모했다.

1 중앙방재회의

중앙방재회의(Central Disaster Management Council)는 '내각의 중요 정책에 관한 회의'의 하나로, 종합적인 재해대책을 추진하기 위해 내각총리대신을 비롯한 방재 담당대신 이외의 전 각료, 지정공공기관의 대표자, 학식 경험자가 위원으로 구성되어 있다. 주요 역할은 ① 방재기본계획 및 지진방재계획의 마련 및 그 실시, ② 비상재해 시의 긴급 조치에 관한 계획 작성 및 그 실시 추진, ③ 내각총리대신·방재 담당대신의 자문에 따라 방재에 관한 중요 사항의 심의(방재의 기본 방침, 방재에 관한 시책의 종합 조정, 재해 긴급사태의 포고 등), ④ 방재에 관한 중요 사항에 관해 내각총리대신 및 방재 담당대신에게 의견 상신 등이다.

중앙방재회의는 성청 재편 후 2003년 3월 말까지 제6회 개최되었으며, 2003년 회의의 주요 사항은 다음과 같다. 우선 ① 방재정보 시스템 정비의 기본 방침에 관해, ② 2003년도 종합방재 훈련대강에 관해, ③ 도카이(東海) 지진에 관한 피해 가정 결과에 관해 등이다. 더욱이 중앙방재회의는 전문적 사항을 조사하기 위해 의결에 따라 전문조사회를 설치할 수 있다. 성청 재편 후 2003년 4월 말까지 7개 전문조사회가 설치(이 중 3개 조사회는 조사 종료)되었다.

2 방재기본계획

방재기본계획은 일본 재해대책의 근간을 이루며 재해대책기본법 제34조에 의해 중앙방재회의가 작성하는 방재 분야의 최상위 계획이다. 이러한 계획에 의해 지정행정기관 및 지정공공기관은 방재업무계획을, 지방공공단체는 지역방재계획을 작성한다.

방재기본계획의 구성은 한신·아와지(阪神·淡路) 대지진에서 얻은 교훈을 통해 구체적이며 실천적인 계획이 되도록 1995년 및 1997년에 전면 개정되었다. 내용 구성은 ① 재해 종류별로 편성, ② 대응 시간적 순서를 고려하여 각 편으로 구성, ③ 중앙, 지방공공단체, 주민 등 각 주체의 책무를 명확화, ④ 자주방재, 자원봉사 등 국민의 방재활동을 명시, ⑤ 최근 사회·경제구조의 변화를 감안한 대응, ⑥ 사고 재해대책의 강화로 구성되어 있다.

또한 2000년 5월에는 1999년 9월에 발생한 우라늄 가공시설 임계사고나 원자력재해대책특별조치법의 제정 등에 대응하고자 방재기본계획 원자력재해대책편이 수정되어, 2000년 12월에는 중앙성청 재편에 대응해 새로운 성청 간의 적절 및 원활한 연계를 명시하기 위해 수정했다. 더욱이 2002년 4월에는 최근의 풍수해 대책·원자력재해대책의 진전을 감안한 각각 재해대책의 충실 및 강화를 위한 방향으로 수정했다.

방재 업무계획은 방재기본계획에 따라 각 지정행정기관의 장 및 지정공공기관이 소장사무 또는 업무에 관해 작성하는 계획이다. 지역방재계획은 방재기본계획에 의해 지방공공단체가 해당 지역의 방재에 관해 작성하는 계획이며 2002년도에는 21개

도도부현이 수정하는 등 많은 변화가 있었다.

3 국민의 방재활동

1) 소방단

소방단은 소방조직법 규정에 의해 설치된 시정촌의 소방기관으로 거의 모든 시정촌에 설치되어 있다. 2009년 현재 전국 2,336개단이 설치되었다. 소방단 활동을 담당하는 소방단원은 보통 각자의 직업에 종사하면서 화재 등의 재해가 발생한 때에 '내 지역은 내가 지킨다'라고 하는 향토 애호의 정신에 따라 활동하고 있는 특별직의 지방공무원(비상근)으로 2009년 현재 88만 5,394명에 이르렀다.

소방의 상비화가 진전되고 있는 오늘날에도 소방단이 지역의 소방방재에 미치는 역할은 지극히 중요하며, 소방본부 · 소방서(상비소방)가 설치되어 있지 않은 비상비 시정촌에서는 소방단이 소방활동을 전면적으로 담당한다.

소방단의 활동은 상비소방과 연계하면서 소화 · 구조 등의 활동을 전개함과 동시에 대규모 재해 시 등에는 많은 소방단원이 출동해 주민 생활을 지키기 위한 중요한 역할을 담당한다. 일상적으로도 각 가정의 방화지도나 방화훈련, 순회홍보 등 주민 생활에 밀착된 지극히 꼼꼼한 활동을 하고 있으며 지역의 소방방재의 요체가 되고 있다.

소방단은 사회경제 정세의 변화나 도시화에 의한 주민 연대 의식의 희박해지는 등의 영향을 받아 단원 수의 감소, 단원의 고령화, 샐러리맨 단원의 증가 등이 진행되고 있다.

단원 수는 1995년 97만 5,512명에 비해 2009년 현재 88만 5,394명으로 약간 감소했고, 단원의 평균 연령은 상승했으나, 여성 단원이 꾸준히 증가하고 있다. 2009년 현재 17,879명의 여성 단원이 지역 방재활동에서 활약하고 있다.

2) 수방단

수방은 예부터 촌락 등을 중심으로 하는 자치조직에 의해 운영되어 발전한 역사적 경위에서 보듯이 제1차적 수방 책임은 시정촌(혹은 수방사무조합, 수해예방조합)이 가지고 있다. 수방법은 이러한 단체를 수방관리 단체로서 정하고 수방사무를 처리할 수 있도록 되어 있다.

수방단원은 소방단원과 함께 수방관리단체(수방관리자)의 소관 하에 수방활동을 펼치고 있으며 평상시는 각자의 직업에 종사하면서 비상시에는 수방관리자의 지시에 따라 소집하고 수방활동에 종사한다.

수방단의 활동은 홍수, 고조(高潮) 등에 의한 재해를 방지하기 위해 수방활동은 정확 및 신속한 행동이 최대한 요구되기 때문에 사전에 면밀한 계획과 충분한 준비가 필요하다. 이를 위해 도도부현은 ① 수방상 필요한 감시, 경계, 통신, 연락, 수송, ② 수방관리단체 상호간의 협력 응원, ③ 수방에 필요한 기자재·설비의 정비 및 운영 등에 관해 정한 수방계획을 책정하고 있다.

수방단은 재해 발생 시의 홍수나 고조 등의 피해를 최소한으로 막기 위한 활동 이외에 수방원 간이나 수방훈련 기회를 통해 널리 지역 주민 등에 대해 수방의 중요성을 주지시키거나 수방 의식의 고양을 위한 계발, 훈련 및 위험 장소 순회·점검 등의 활동을 하고 있다.

수방단원 수는 최근의 수방 자체에 대한 인식 저하와 맞물려 감소 경향에 있고, 대도시 주변에 단원의 지역 외 근무에 의한 낮시간 부재, 혹은 계절적 지역 외 근무에 의한 장기 부재로 인해 현실적으로는 출동할 수 없는 단원이 증가하고 있는 것이 현실이다. 이러한 상황에 대처하고자 수방관리단체는 매년 정보 전달 훈련, 수방 기술의 습득, 수방 의식의 고양 등을 목적으로 수방단원 등에 대한 수방 연습을 실시하고 있다.

또한 수방단의 활동에 관한 주민에의 PR과 수방단에의 참가를 호소함과 동시에 수방단원의 처우 등에 관한 개선 조치를 도모하고 있다.

3) 주민에 의한 자주방재

자주방재조직은 지역 주민이 '우리 마을은 우리 스스로가 지킨다'라는 연대감에 따라 자주적으로 결성하는 조직으로 2002년 4월 현재 전국 3,241 시정촌 중에 2,525 시정촌에 설치되어 그 수는 104,539개로 조직률(전국 세대 수에 대해 조직되어 있는 지역의 세대 수 비율)은 59.7%(전년 대비 1.8 증가)로 되어 있지만 지역에 의해 결성 상황은 커다란 차이가 있다. 이 밖에 '부인방화클럽', '유년소방클럽'이나 '소년소방클럽'이 설치되어 전국에서 다양한 활동을 벌이고 있다.

자주방재조직의 활동은 평상시에는 방재훈련의 실시, 방재 지식의 계발, 방재 순시, 기자재 등의 공동 구입 등을 하고, 재해 시에는 치기 소화, 주민 등의 피난 유도, 부상자 등의 구출·구호, 정보 수집·전달, 급식·급수, 재해 위험 장소 등의 순시 등을 하고 있다.

자주적인 방재활동이 효과적 및 조직적으로 행해지기 위해서는 자주방재조직의 정비, 재해 시의 정보 전달·경계 체제의 정비, 방재용 기자재의 비축, 대규모 재해를 가정한 방재훈련 등의 반복이 중요하다. '자주방재조직의 충실을 도모하는 것은 시정촌의 책무'로 하고 있는 재해대책기본법의 취지에 입각해 특히 시정촌에서는 앞으로도 ① TV 등에 의한 계발 및 리더 연수회에 의한 지도, ② 방재활동용의 기자재 정비를 위한 조성, ③ 방재에 관한 정보의 적극적인 제공 등의 시책 촉진 등, 주민이 참가하기 쉬운 환경 만들기에 노력해 방재조직의 육성과 활동을 더욱 적극적으로 추진할 필요가 있다.

소방청에서는 자주방재조직 활성화 사업에 의한 지원 확충(훈련·연수 등의 소프트사업 지원) 이외에 사회 정세의 변화 등에 입각해 '자주방재조직의 절차'를 검토하고 IT를 활용한 리더 육성이나 재해 약자에의 배려, 재해 시의 자원봉사 활동과의 협동 등의 내용을 포함시켜 개정하는 등 자주 방재조직의 결성·활성화를 촉진하고 있다.

4) 방재와 자원봉사

1995년 1월 17일에 발생한 한신·아와지(阪神·淡路) 대지진에서 각종 자원봉사활동 및 주민의 자발적인 방재활동에 관한 방재상의 중요성이 널리 인식되었다. 같은 해 7월에는 방재기본계획이 개정되어 '방재 자원봉사활동의 환경 정비' 및 '자원봉사의 접수'에 관한 항목이 설치되었다. 또한 같은 해 3월에 설치된 방재문제 간담회는 9월에 '방재문제 간담회 제언'을 정리해 그 중에서 방재 자원봉사의 중요성이나 이를 위한 보급 계발활동의 필요성이 지적되었다. 이를 받아들여 같은 해 12월의 각의 동의를 거쳐 '방재와 자원봉사의 날' 및 '방재와 자원봉사 주간'이 마련되어 매년 이 시기에는 전국에서 방재와 자원봉사에 관한 각종 행사가 개최된다.

더욱이 같은 해 12월에는 『재해대책기본법』이 개정되어 국가 및 지방공공단체가 "자원봉사에 의한 방재활동의 환경 정비에 관한 사항"의 실시에 노력하지 않으면 안된다(동법 제8조)고 법률상 명확하게 규정되었다. '자원봉사'라고 하는 용어가 국가 법률에 명기된 것은 이것이 처음이다.

그후 1997년 1월에 발생한 나홋카(Nakhodka)호 해난·유출유 재해나 2001년 9월의 도카이(東海) 호우재해 등에서도 다수의 자원봉사자가 활동했다.

제 4 절 일본의 민간 긴급구호 체계

1 고베시 재해자원봉사자[1)]정보센터

1) 재해자원봉사자정보센터의 조직

일본 고베(神戶)시는 1995년 한신-아와지 대지진을 계기로 재난 발생 시 자원봉사활동이 순조롭게 진행될 수 있도록 시·구 사회복지협의회의 역할을 분담하고, 구체적인 지원을 실시하기 위한 네트워크를 구성했다.

재해자원봉사자정보센터는 재난 발생 시 지방정부와 사회복지협의회, 그리고 민간자원봉사조직들과 재난 관련 정보를 공유하면서 긴급구호 활동을 조정하고 연계하는 역할을 수행한다. 재해자원봉사자정보센터의 조직과 역할은 <표 11-1>과 같다.

2) 재해자원봉사자정보센터의 역할

(1) 재해자원봉사자 현지지원센터 설립 지원

고베시 재해자원봉사자정보센터는 재난 발생 시 자원봉사자반 회의에서 요청이 있는 경우, 재난 발생지역에 현지 지원센터를 빠른 시간 안에 설치해 해당 구(區)의 사회복지협의회와 연대해 구호활동을 지원한다.

(2) 재해대책연락회의 개최

재해자원봉사자정보센터는 필요에 따라 재해대책 연락회의를 소집, 개최할 수 있다. 재해대책연락회의는 재해자원봉사자정보센터의 센터장과 부소장, 재해자원봉사자 현지지원센터의 업무국 부장, 자원봉사자센터 소장, 그리고 보건복지국 지역복지과의 지역복지과장과 지역복지계장으로 구성된다.

---

1) 재해 자원봉사자는 재해 발생 후에 피재해자의 생활과 자립을 지원하고 행정과 방재 관계 기관이 실시하는 대응대책을 지원하며, 자발적인 능력과 시간을 제공하는 개인, 단체를 말한다. 재해자원봉사자는 직능에 따라 의사, 간호사, 통역 등 전문적인 기술과 지식을 활용하는 전문 자원봉사자와 일반 자원봉사자로 구분한다. 자원봉사자의 활동은 직접 피해지에서 활동과 피해지역 외에서 지원활동, 자금, 기자재 등의 지원활동으로 구분된다.

표 11-1 고베시 재해자원봉사자정보센터 조직과 역할

직책	역할
센터장 (복지활동부장)	재해자원봉사자정보센터 업무 총괄 사회복지협의회와의 관계에서 재해대책연락회의 소집, 개최
센터 부소장 (자원봉사자정보센터 소장)	각 담당을 모집해 업무의 원활한 진행을 도모
섭외담당(2명)	관계 기관, 자원봉사자 단체, NGO 등과 연대 필요한 자원봉사자 그룹을 조직화 재해 자원봉사자 활동 지원금 구좌를 개설해 활용
정보담당(2명)	피해정보, 뉴스정보, 자원봉사자 신청 등 정보를 수집, 정리 정보 시스템, 인터넷 등을 통해 정보를 현지 지원센터 및 대외적으로 발신
현지 지원센터 담당(약간명)	현지에 직접 가서 현지 지원센터의 상황을 명확히 파악해 구체적 지원을 실시 현지 지원센터 활동 거점을 확보 물자, 자재 제공(휴대폰, 복사기 등) 필요에 따라 코디네이터 파견 검토
코디네이터 (약간명)	현지 지원센터 코디네이터와 연대해 외부로부터의 문의에 대해 정보 제공 재해자원봉사자 보험창구 업무 담당

재해대책연락회의는 피해 현황과 자원봉사자 지원 등에 대한 현황을 보고하고, 피해지역에 대한 정보를 제공하며, 재해자원봉사자 활동 지원책을 검토한다.

(3) 정보 공유

재해자원봉사자정보센터는 행정기관, 다른 민간기관, NGO 등 단체와 연대해 정보를 수집, 정리, 발신한다. 정보센터는 시 방재 시스템을 활용해 피해지역의 정보와 자원봉사에 대한 욕구를 파악하고, 여타의 민간기관 및 협력 관계에 있는 NGO 등으로부터 정보를 수집해 관련을 맺고 있는 기관들과 이 정보를 공유한다.

(4) 재해자원봉사자 활동지원금 조달

재해의 규모와 상황에 따라 재해자원봉사자 활동지원금 구좌를 개설해 활용하며, 공동모금회에 설치되어 있는 대규모 재해 시 자원봉사자 활동 지원 제도에 신청해 지원금을 조달하기도 한다.

(5) 자원봉사자 단체 조직화

개인 자원봉사자는 필요에 따라 조직화해 물자 배분 및 급식 지원 등을 위해 현지 지원센터에 파견하며, 정보센터로부터 다른 도시 사회복지협의회에 조직화된 자원

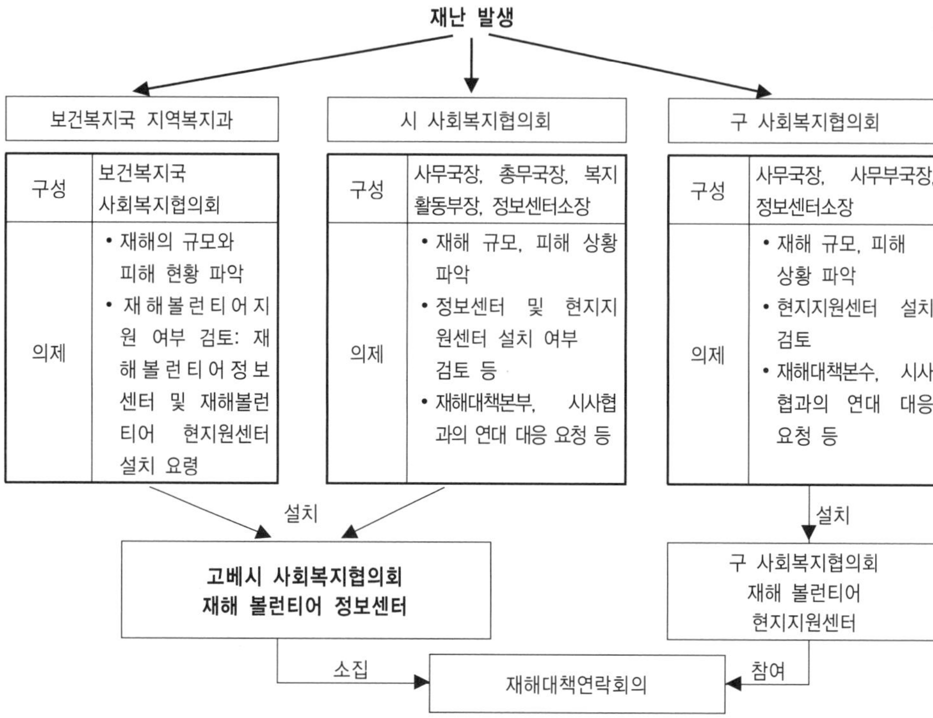

그림 11-1 고베시 사회복지협의회 재해자원봉사자정보센터의 구조

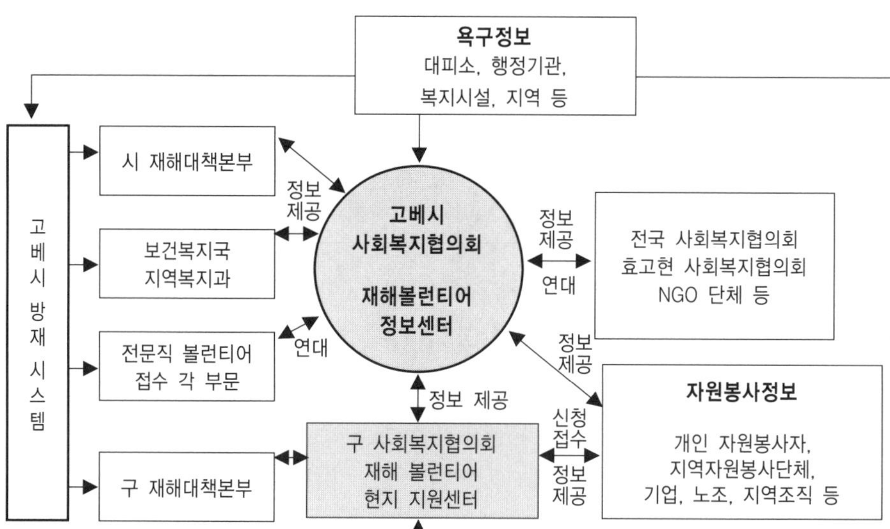

그림 11-2 고베시 재해자원봉사자정보센터의 정보 흐름도

봉사자들의 파견을 의뢰한다. 또한 광범위한 조직, 자원봉사자 단체 등을 조직화해서 정보를 공유하고 현지지원센터의 욕구에 대응한다.

2 재해자원봉사자 현지지원센터

1) 재해자원봉사자 현지지원센터의 조직

재해자원봉사자 현지지원센터는 각 구의 자원봉사자 센터 내에 설치한다. 재해 발생 후 시간의 경과와 함께 시민의 필요, 자원봉사자 활동의 주체, 내용 등이 많이 변화하기 때문에 활동에 대한 지원책도 거기에 맞춰 변화해 간다. 담당자와 업무 내용은 <표 11-2>와 같다.

2) 재해자원봉사자 현지지원센터의 역할

(1) 활동 지원을 위한 정보 수집 및 발신

피해 상황, 자원봉사자, 욕구에 대한 정보, 물자, 기자재 등에 대한 정보를 수집, 정

표 11-2 재해자원봉사자 현지지원센터의 구성과 역할

직책	역할
센터장(업무국부장)	• 재해자원봉사자 현지지원센터의 업무를 총괄 • 재해대책연락회의에 참가해 시사협, 구와 연대를 도모
센터 부장 (자원봉사자센터 소장)	• 각 담당을 모아서 업무를 원활히 진행할 수 있도록 조정
정보, 섭외담당 (1~2명)	• 피해정보, 필요 사항, 자원봉사자 등의 정보를 수집, 정리 • 정보 시스템을 통해 정보를 재해 자원봉사자 정보센터, 각 구 재해자원봉사자 현지지원센터 등에 발신 • 관계 기관, 구 재해대책본부와 연대 • 자원봉사자들과의 연락, 조정 • 자원봉사자 보험 가입 수속
코디네이터 (1~2명)	• 자원봉사자의 모집, 접수 • 고베시 방재 시스템을 통해 피해정보를 수집하는 것 외에 복지시설, 지역 등에서 요보호자의 욕구를 접수, 파악 • 자원봉사자 활동의 수급 조정 • 자원봉사자에 대한 활동 거점을 확보, 물자, 기자재 제공 등 활동 지원

리한다. 또한 게시판, 안내지, 자원봉사자 그룹을 통해 자원봉사자들에게 정보를 제공하며, 구 정보 시스템을 통해 재해자원봉사자정보센터, 각 구의 재해자원봉사자 현지지원센터에 정보를 제공한다.

(2) 재해자원봉사자 코디네이터 업무

재해자원봉사자 접수 창구를 설치, 재해자원봉사자를 접수한다. 자원봉사자를 접수할 때는 기본적인 인적 사항 외에 어떠한 전문적 자원봉사를 할 수 있는지를 파악하고 전문 자격을 소유하고 있는 사람은 담당 기관에 소개하고, 담당 기관이 코디네이트한다. 개인 자원봉사자는 상담을 통해 소집단으로 나눠 조직화해 활동을 체계적으로 할 수 있도록 진행한다.

재해자원봉사자 현지지원센터는 자원봉사자 접수뿐 아니라 피해자들의 욕구를 접수하고, 이에 맞는 자원봉사자를 배치하는 일도 수행한다. 또한 민간 자원봉사센터, 자원봉사 그룹과의 네트워크를 형성해 효율적인 자원봉사 활동을 할 수 있는 환경을 조성한다.

자원봉사 코디네이터는 자원봉사자에 대한 요청과 공급의 균형을 고려해 '자원봉사자 정보시스템'을 통해 재해자원봉사자정보센터에 의뢰해 충족한다.

(3) 재해자원봉사자 활동 지원

재해자원봉사자 현지지원센터에서는 재해자원봉사자가 원활히 활동할 수 있도록 <표 11-3>과 같은 사업을 지원한다.

표 11-3 재해자원봉사자 활동 지원 내용

활동	내용
활동 거점의 확보	• 재해자원봉사자가 활동하기에 필요하다고 생각되는 거점을 확보
물자, 기자재 제공	• 재해자원봉사자가 활동하는 데 필요하다고 생각되는 물자, 기자재를 확보하고, 제공
재해자원봉사자 보험 가입 창구 설치	• 재해자원봉사자가 활동에 들어가기 전에 현지 지원센터가 창구가 되어 적절한 종류의 재해자원봉사자 보험 가입
자원봉사자 모임 개최	• 재해자원봉사자 정보 제공, 재해자원봉사자로부터 정보 수집 및 활동 조정, 네트워크화를 도모하기 위해 자원봉사자 모임 실시

3 자원봉사자 보험

자원봉사자 활동 중의 사고에 대비하기 위해 시·구 자원봉사자센터에서는 보험 제도를 준비해 자원봉사 활동을 지원하고 있다. 재해구호 활동 중에는 사고가 일어날 가능성이 많기 때문에 자원봉사자에게는 반드시 보험에 가입하도록 하고 있다. 대규모 재해의 경우에는 보통의 보험 제도로 대체할 수 없기 때문에 재해의 규모, 범위에 따라서 별도의 특정한 보험 제도의 설치를 검토할 필요가 있다.

보험료는 매년 1인당 500엔이며, 보상 기간은 매년 4월 1일부터 익년 3월 31일까지다. 자원봉사자 보험 가입 대상자는 자원봉사 활동 참여자, 자원봉사기관의 직원이며, 대상이 되는 활동은 무급 자원봉사 활동이어야 한다.

제 5 절 한국에의 시사점

일본 정부는 한신·아와지(阪神·淡路) 대지진을 계기로 과거와는 다른 성질의 재해를 경험하게 됨으로써 「지진방재대책특별조치법」, 「재해대책기본법」의 일부 개정, 「대규모지진대책특별조치법」의 일부 개정, 「특정비상재해의 피해자의 권리이익보전 등을 도모하기 위한 특별조치에 관한 법률」과 「원자력재해대책특별조치법」 등을 제정해 자연재해뿐만 아니라 인위재난에 대해서도 국가재난관리의 구체적인 대상 영역으로 포함시켰다.

이러한 재난에 강력하게 대응하기 위해 중앙정부 차원에서 새로운 방재기본계획에서는 사고재해의 정보 전달 경로를 국토청을 경유하지 않고 직접 소관 관청으로부터 관저에 보고할 수 있도록 함으로써 기존의 정책 커뮤니티를 통한 정보 전달 방식이 채용되었다. 또한 인명구조 등에 관해 소방청·방위청·해상보안청 간에 다양한 협정의 체결과 함께 자위대의 재해 파견 요청은 해상보안청 장관, 관할구역 해상보안본부장, 항공사무소장이 직접 할 수 있도록 했다. 수상은 필요에 따라 비상재해대책본부를 설치하지만 본부장은 국토청 장관이 아니라 소관 부처장이 담당하게 되었다.

지방정부 차원에서는 새로운 방재기본계획에서 방재훈련, 소방단·자주방재조직을 연수·훈련하는 센터정비, 자원봉사단체의 등록·연수 제도 등 구체적인 프로그램이 기본 계획에 포함시켜 방재 관련 예산이 집행되도록 했다. 지역방재계획에서도 방재훈련계획, 자주방재조직의 조직계획, 자원봉사 육성계획 등을 구체적으로 규정하고 있다.

위와 같은 내용에서 알 수 있듯이 일본의 국가재난 관리시스템은 중앙 차원의 역할이 강화됨과 동시에 지방정부 차원에서는 자조(自助), 공조(共助), 공조(公助)의 시각을 서로 나눠 대응하는 방향을 구축하게 되었다. 이에 따라 중앙정부 차원에서 국가재난에 대응하는 성격은 대부분 재난정보의 흐름 체계에 역점을 두는 한편, 지방정부 차원에서는 중앙에의 정보 흐름을 복선화함으로써 일원적이고 체계적으로 대응할 수 있도록 강화되어 지방정부 역할의 중요성이 재차 부각되었다. 아울러 지방정부 차원에서 재난관리 시스템은 각 지방정부의 주어진 자연환경이나 지역 실정을 고려한 방재정보 시스템을 구축하고 있다. 지방정부 특유의 재해 유형에 대해 서로 공유함과 동시에 인근 지방정부와의 연계를 위한 시스템 만들기를 향후 5년을 계획으로 추진하고 있다.

특히 도쿄도(東京都)의 경우는 종합방재 정보시스템에 수도권 지진을 가정한 피해 조기 평가시스템과 이를 근거로 한 응급대책 지원시스템을 동시에 가동할 수 있도록 구성했고, 현장 정보를 신속하게 수집하고 전달하기 위해 도청 주변 도보 30분 이내 거리에 방재주택을 건설해 방재 담당자 및 지원자 선발을 통해 초기 정보 수집 전달에 대응하고 있는 것이 특색이다. 더욱이 기존의 민간조직으로 구성된 소방단, 수방단 및 자주방재조직을 통해 기존의 역할을 강화시킴과 동시에 자원봉사조직을 행정이 지원하고 연계함으로써 재해 발생 후의 조직적 대응을 위한 방재 커뮤니티의 형성에 역점을 두고 있다.

재해가 발생하기 쉬운 자연 조건으로부터 일찍이 자주적 방재 및 복구 연계 체제가 구축되어 있는 일본에서는 향후 지구 규모의 자연환경 변화와 근대화 과정을 통한 도시형 재난에 대해 정부 차원에서는 신속하고 정확한 정보 수집 및 전달에 역점을 두고, 지방정부 차원에서는 행정의 대응에 발맞춰 기존의 방재에 관한 민간조직의 힘과 에너지를 활용하는 방향으로 이동하고 있다. 모든 재난에 대해 정부 및 행정이 대응하는 데에는 한계가 있다는 점을 지적할 수 있다. 이에 재난에 관한 정보의 공유 및 재난 예측은 국가가 구축해야 할 것으로, 그리고 이를 통한 주민의 자조적인 대응 행동을 통한 피해 규모의 조기 축소화는 최소 행정 단위을 중심으로 주민조직 및 자원봉사조직이 뒷받침하게 되었다.

일본의 국가재난에 관한 기본적인 시각은 중앙이 선도하는 지방자치의 시각이 관철되어 있다. 이는 미래의 예측하기 어려운 재해 및 재난에 대한 공동 대응 능력을 강화하고, 이를 위한 끊임없는 정부와 주민 간의 연계 및 지역 커뮤니티를 강화하는 방향으로 구축되어 가고 있다.

앞에서 실례로 든 고베시의 재난구호 네트워크를 통해 한국에의 시사점을 살펴보면 다음과 같다.

1) 지역 단위의 재해구호 자원봉사 네트워크 구축

고베시의 재해자원봉사자정보센터는 공공 부문과 민간 부문, 그리고 민간 부문과 민간 부문의 재해구호 관련 조직들을 유기적으로 연결하고, 이들의 활동을 효과적으로 조정함으로써 재난 발생 이후 구호활동의 효과를 극대화하는 데 초점이 맞춰져 있다. 또한, 기관들 간의 역할과 기관협의체의 역할이 명확히 구별됨으로써 위기 상황에 신속하게 대응할 수 있을 뿐 아니라 효율적인 자원 배분도 가능하게 된다.

현재 우리나라의 민간 부문 재난구호 체계에는 이러한 네트워크가 매우 미약하며, 구호활동 간의 연계나 조정이 거의 이뤄지고 있지 않는 점을 감안할 때, 고베시의 이러한 네트워크는 우리나라에도 재난 관련 민간 조직들 간의 협의체가 설치되어야 할 필요성을 강하게 시사한다고 하겠다.

2) 재해구호 관련 정보의 통합적 관리 및 데이터베이스화

고베시 재해자원봉사자정보센터는 재난이 발생했을 때 동원할 수 있는 자원봉사자와 기관들을 유형별로 구분하고, 실제 피해지역의 욕구에 맞는 구호활동을 할 수 있도록 정보를 공유하고 있다. 정보센터는 공공 부문의 재해대책본부 및 지방자치단체, 그리고 민간 부문의 자원봉사조직 및 피해지역으로부터 다각적인 정보를 수집하고, 이를 관련 기관들에 다시 발신함으로써 신속하고도 효과적인 대응을 할 수 있도록 준비해 두고 있다.

우리나라도 전국재해구호협회와 한국자원봉사센터협의회가 재해자원봉사자들을 접수받고, 이들을 대상으로 교육을 실시하고 있다. 그러나, 이러한 정보가 체계적으로 관리되고, 재해 피해 현장에서 유용하게 사용될 수 있도록 기초적인 준비가 미흡한 상태다. 따라서 재해구호에서 정보의 수집과 공유, 그리고 통제가 효과적으로 이뤄질 수 있는 장치가 마련되어야 한다.

3) 재해지역 현지지원센터의 필요성

고베시에서는 재해가 발생했을 때 재해대책위원회와 재해자원봉사자정보센터에서 필요하다고 인정하는 경우에 재해지역에 현지지원센터를 설치하도록 하고 있다. 이 현지지원센터는 시·군·구 단위의 기초자치단체 수준에 설치되는 것이므로, 재해 현장의 급박한 요구나 상황을 시 단위의 정보센터로 전달하고, 이를 토대로 필요한 구호활동을 전개하도록 하는 역할을 하고 있다. 고베시의 재해구호를 위한 지역 단위의 네트워크는 실제 재해가 발생한 소규모 지역사회에서 어떻게 구호활동을 전개할 것인지를 전제로 구성되어 있는 것이다.

또한 현지지원센터에서는 개별 자원봉사자나 자원봉사단체의 등록을 접수받으며, 이를 시 정보센터로 전달해 통합적인 자원봉사자 관리 시스템에서 이들을 배치하고, 이들의 활동을 조정할 수 있도록 하는 기능을 한다.

이러한 현지지원센터의 설치는 자연재해가 빈번하게 발생하고 있는 우리나라에서도 반드시 필요한 서비스 접근 구조(access structure)이자 찾아가는(outreach) 서비스 구조라고 할 수 있다.

4) 민·관 협력의 강화

재난구호에서 민·관 협력은 가장 필수적인 요소다. 고베시의 재해자원봉사 네트워크는 민간 부문과 공공 부문이 유기적으로 협력함으로써 재해에 신속하게 대응하고 피해를 최소화하며, 피해자들에 대한 구호를 효과적으로 실시할 수 있도록 하고 있다. 특히, 공공 부문에서 수집한 정보가 민간조직에 신속하게 전파됨으로써 민간 부문에서 활동하고 있는 개별 자원봉사조직들이 정보센터의 조정과 통제 하에서 효과적으로 활동할 수 있도록 설계되어 있다.

오사카부(大阪府)의 경우에는 평소에 재난구호 자원봉사자들을 등록받아, 데이터화해 관리하다가, 재난이 발생하게 되면 피해지역의 요구에 따라 적절한 자원봉사자를 배치한다. 또한, 민간 부문의 자원봉사자들이 재해지역을 방문하고, 피해자들을 직접 만나 수집한 정보들이 재해대책본부로 전달되어 공적인 구호활동의 기초 자료로 활용되기도 한다.

고베시의 자원봉사자들은 구호품을 전달하거나 의연금품을 모집하는 일을 직접 수행한다. 즉, 재해 피해자들의 구호에 필요한 의연금품 모집과 배분을 민간의 자원봉사자들(특히 적십자 자원봉사자들)이 담당함으로써 공공 부문의 비효율성과 관료주의를 배제할 수 있다.

우리나라는 의연금품의 배분을 대부분 공공 부문이 담당함으로써 신속성과 효율성의 문제가 발생하고 있다. 특히, 민간 부문에서 모집한 의연금품의 대다수가 공공 부문을 통해 배분되는 것은 행정기관에 대한 민원을 증가시켜, 재해구호와는 별도로 행정 수요를 일으키기도 한다. 따라서, 공공 부문과 민간 부문의 적절한 역할 분담과 조정이 반드시 필요하며, 이를 지침이나 매뉴얼로 확정해 재해가 발생했을 때 혼란 없이 움직일 수 있는 체제를 갖춰야 할 것이다.

제12장 우리나라의 재해의연금품 모금 및 지원 체계

제 1 절 우리나라 재해구호복지 체계

1 재해구호복지의 법적 체계

우리나라 이재민 구호와 관련된 체계상 상위법으로는 「헌법」이 있다. 즉, 헌법 제34조 6항을 보면, "국가는 재해를 예방하고 그 위험으로부터 국민을 보호하기 위하여 노력하여야 한다"고 규정하고 있다(헌법, §34). 또한, 「재난 및 안전관리기본법」(법률 제10442호)을 보면, 각종 재난으로부터 국토를 보존하고 국민의 생명·신체 및 재산을 보호하기 위하여 국가와 지방자치단체의 재난 및 안전관리 체제를 확립하고, 재난의 예방·대비·대응·복구와 그 밖에 재난 및 안전관리에 필요한 사항을 규정하고 있다(재난 및 안전관리기본법, §1). 그러나, 직접적인 이재민 구호와 관련 기본법으로는 「재해구호법」(법률 제11038호)이 있으며, 시행을 위해 「재해구호법시행령」(대통령령 제22725호)과 「재해구호법시행규칙」(행정안전부령 제222호)을 두고 있다.

재해구호법 구성은 총 36개 조항과 부칙으로 되어 있고, 주요 내용은 목적, 정의, 구호의 대상, 구호의 종류, 임시주거시설 사용, 재해구호계획의 수립, 응급구호, 지역구호센터의 설치 및 운영, 재해구호기금의 적립, 의연금품의 모집, 배분위원회 구성 및 운영, 의연금품의 배분 및 사용, 전국재해구호협회의 설립과 사업, 벌칙, 과태료 등을 포함하고 있다. 즉, 재해구호법은 이재민(罹災民)의 구호와 의연금품(義捐金品)의 모집 절차 및 사용 방법 등에 관하여 필요한 사항을 규정함으로써 이재민 보호와 그 생활 안정에 이바지함을 목적으로 하고 있다(재해구호법, §1). 또한, 이재민 및 일시 대피자의 거주지를 관할하는 특별시장·광역시장·도지사·특별자치도지사 및 시장·군수·구청장을 재해구호기관으로 정하고 있고, 구호기관의 업무를 지원하기 위해 필요한 인력·시설 및 장비를 갖춘 기관 또는 단체로서 「대한적십자사조직법」에 따른 대한적십자사 및 「재해구호법」 제29조에 따른 전국재해구호협회 등 대통령령으로 정하는 기관 또는 단체를 재해구호 지원기관으로 정하고 있다(재해구호법, §2). 한편, 재해구호의 종류와 관련해서는 동법 제4조에 의해, 임시 주거시설의 제공, 급식이나 식품·의류·침구 또는 그 밖의 생활필수품 제공, 의료 서비스의 제공, 전염병 예방 및 방역활동, 위생지도, 장사(葬事)의 지원, 그 밖에 대통령령으로 정하는 사항으로 하고 있으며, 구호기관은 필요하다고 인정하는 경우에는 이재민에게 현금을 지급하여 구호할 수 있다고 규정하고 있다(재해구호법, §4). 한편, 재해구호 시행을 위해 「재해구호법시행령」(대통령령 제22725호)과 「재해구호법시행규칙」(행정안전부령 제222호)을 두고 있다.

2 구호 대상과 구호기관

재해구호법은 이재민(罹災民)의 구호와 의연금품(義捐金品)의 모집 절차 및 사용 방법 등에 관하여 필요한 사항을 규정함으로써 이재민 보호와 그 생활 안정에 이바지함을 목적으로 하고 있다(재해구호법, §1).

재해구호법에서 제시하는 구호기관은 이재민 및 일시 대피자의 거주지를 관할하는 특별시장·광역시장·도지사·특별자치도지사 및 시장·군수·구청장을 말하며, 구호지원기관이란 구호기관의 업무를 지원하기 위하여 필요한 인력·시설 및 장비를 갖춘 기관 또는 단체로서 「대한적십자사조직법」에 따른 대한적십자사 및 「재해구호법」 제29조에 따른 전국재해구호협회 등 대통령령으로 정하는 기관 또는 단체를 의미 한다(재해구호법, §2).

한편, 구호의 종류와 관련해서는 동법 제4조에 의해, 임시 주거시설의 제공, 급식이나 식품·의류·침구 또는 그 밖의 생활필수품 제공, 의료 서비스의 제공, 전염병 예방 및 방역활동, 위생지도, 장사(葬事)의 지원, 그 밖에 대통령령으로 정하는 사항으로 하고 있으며, 구호기관은 필요하다고 인정하는 경우에는 이재민에게 현금을 지급하여 구호할 수 있다고 규정하고 있다(재해구호법, §4).

특히, 시·도지사 및 시장·군수·구청장은 구호활동을 효율적으로 하기 위하여 시·도 및 시·군·구에 지역구호센터를 두도록 규정하고 있고, 지역구호센터의 구성 및 운영에 필요한 사항은 행정안전부령으로 정하도록 하고 있다(재해구호법, §8).

3 전국재해구호협회의 역할

1) 설립 배경

1960년대 초 매년 예고 없이 다가오는 호우와 태풍에 대해 정부는 별다른 대책이 없었고, 이에 대한 대비나 사후관리를 해줄 만한 기관이나 단체도 없었다. 이 같은 이유로 각 언론사에서 모집한 의연금품을 통합적으로 관리, 배분할 통합단체의 필요성이 제기되었고, 그 결과 1961년 7월에 발생한 대규모 수해를 계기로 사회 각계 대표자들과 함께 '전국수해대책위원회'를 발족시켜 구호사업의 일원화 발판을 마련했는데 이것이 전국재해구호협회 창립 배경이 되었다.

2) 설립 목적 및 역할

전국재해구호협회는 정부와 역할을 분담해 불시에 발생하는 재해의 복구와 이재민 구호를 목적으로 재해구호법에 의해 설립된 법정단체다. 협회는 재해 피해자들의 고통과 아픔을 나누기 위해 국민 의연금품을 모집·관리·배분하고, 자원봉사 활동을 통해 직접 구호활동에 참여, 이재민들이 하루속히 일상으로 돌아가도록 하는 데 최우선순위를 두고 있다.

협회는 전국의 언론사가 주축이 되어 1961년 7월 전국수해대책위원회로 첫걸음을 내딛었고, 1964년 전국대해대책협의회를 거치면서 본격적인 재해 복구와 이재민 구호 활동을 하고 있다. 협회는 이후 40여 년 동안 7,000여억 원 이상의 구호비와 총 3,000여만 점(4,000억 원 상당)의 물품을 지원하는 등 국민과 재해, 재난 피해자들을 잇는 가교 역할을 해왔고 명실상부한 민간 재해구호단체로 자리매김했다. 특히 2002년 재해구호법 개정에 따라 전국재해구호협회로 개칭, 법정단체로 거듭나면서 정부와 역할 분담을 통한 의연금품 모집 및 관리, 배분은 물론 재해 현장에서 자원봉사 활동과

표 12-1 전국재해구호협회 설립 역사

구분		내용
1961년	07. 13	전국수해대책위원회 조직
	09. 26	(가칭) 전국재해대책위원회 창립준비위원회 조직
	10. 26	전국재해대책위원회 창립총회
	11. 07	전국재해대책위원회 발족
1964년	09. 03	사회단체 등록
	10. 31	전국재해대책협의회로 개칭
1067년	05. 30	7월을 '재해구호의 달'로 제정
1968년	10. 15	사단법인으로 개편
1970년	05. 10	'사랑의 열매' 전국 기관 및 학교 · 기업에 배부
1979년	05. 30	문교부 '사랑의 열매' 모금 시행 승인
2001년	12. 19	재해구호법 제정
2002년	12. 10	'전국재해구호협회' 개칭
2005년	11.	파주재해구호물류센터 준공
2006년	12.	재해구호법 전부 개정법률안 국회 통과
2007년	08.	재해구호 공모전 개최

자료: 전국재해구호협회 홈페이지(검색일 2005. 9. 3).

교육 지원 등 활동 영역을 넓혀가고 있다(전국재해구호협회, 2004: 10-11).

전국재해구호협회의 역할은 크게 다음과 같이 분류된다(전국재해구호협회, 2004: 11).

첫째, 재해 의연금품 모집 및 배분 역할로 재해 피해자 지원을 위한 의연금품 모집 및 기타 의연금품 관리 및 배분을 한다. 그러나 배분에서는 직접적인 배분이 아닌 행정기관을 통해 배분되고, 국고지원금에 의연금이 일정 비율 포함되어 지급되는 경우가 있어 일반 국민이 방송을 통해 모은 의연금의 사용처나 사용 시기 등에 대해 의문을 가지는 경우가 종종 발생한다[1](심성화, 2004: 13).

둘째, 구호물품 비축과 지원이다. 신속하고 체계적인 구호를 위해 구호물품 준비와

1) 현재는 재해의연금 모금이 언론사를 통해 이뤄지고 있고, 신뢰성 부분 역시 전국재해구호협회를 내세우지 않고도 언론사에 대한 신용을 가지고 여태까지 모금을 수행해 왔기 때문에 많은 국민은 재해구호협회의 존재 자체를 잘 모르는 것 같다(김재호, 2005. 6. 14).

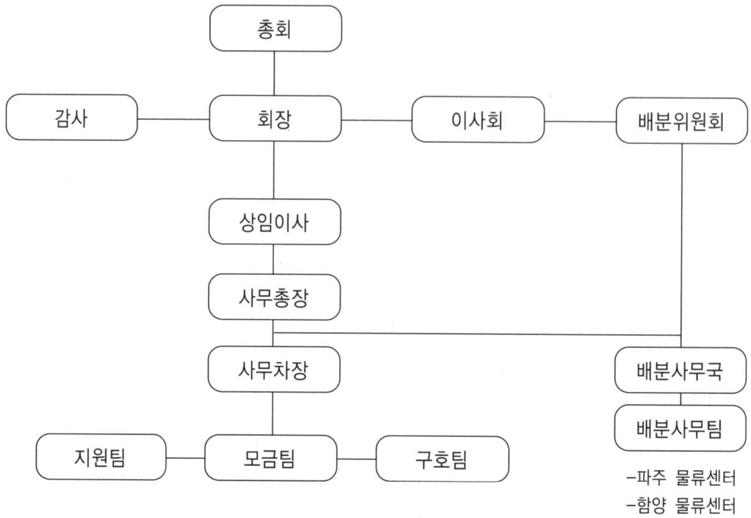

그림 12-1 전국재해구호협회 조직도

자료: 전국재해구호협회 홈페이지(검색일 2012. 1. 15)

물류센터를 운영하고 있으며, 이의 효율적 지원을 위해 유관 기관과의 협력 체계를 구축하고 있다.

셋째, 재해구호의 연구조사 및 홍보다. 즉, 재해구호에 관한 연구 조사활동 및 선진화된 재해 프로그램 개발과 기탁자 및 수혜자를 포함한 대국민 홍보활동을 하고 있다.

넷째, 재해구호 자원봉사 등 재해구호 활동이다. 협회 소속의 재해구호 자원봉사자 모집 관리 및 재해구호 교육 관련 사업을 수행하고 있다.

다섯째, 응급구호 세트 지원이다. 재해 현장에서 피해자들이 가장 필요로 하는 물품을 엄선, 세트화하여 지원하고, 응급구호 세트는 재해 발생 시 신속한 지원이 가능하도록 체계적인 시스템을 완비하고 있다.

이러한 역할을 담당하는 전국재해구호협회의 조직도는 [그림 12-1]과 같다.

4 유관 기관 역할 및 연계 체계

1) 기탁자

성금을 기탁하고자 하는 자는 누구나 성금을 전국재해구호협회, 대한적십자사, 방송사나 신문사, 그리고 ARS 등을 이용해 기탁할 수 있다. 즉, 기부금품모집규제법 제4조에 의해 기부금품 모집 허가를 받은 자에게 성금을 기탁할 수 있다.

우리나라는 기탁자가 의연금을 전국 어느 기관이나 장소에서 성금을 내더라도 일단 전국재해구호협회로 일괄적으로 전달된 후 기준에 따라 균등하게 배분되는 관리체제다. 또한 기탁자는 용도(일정 지역, 소년소녀 가장, 농민 등 용도 지정 지원)를 정해 기부할 수 없다. 그 결과 지방자치단체에서 접수된 성금이라 하더라도 해당 지역에서 사용되지 못하고 전국재해구호협회로 이관되거나, 재해지역(자연재해대책법에 의한 중앙지원 대상) 행정기관의 재해구호기금 등이 부족해 이재민 응급구호에 사용하고자 할 경우 「재해구호 및 재해복구비용 부담 기준 등에 관한 규정」 및 소방방재청 훈령 제48호 「의연금품 관리 · 운영규정」에서 정한 기준 이내의 범위에서 우선 사용할 수 있고, 이 경우에도 재해구호사업 지침에 의거해 사용 내역을 반드시 전국재해구호협회에 통보하도록 하며, 전국재해구호협회는 추후 의연금 지급 시 사용한 금액만큼 차감해 지원해야 한다(심성화, 2004: 81).

또한 물품을 기탁하고자 하는 자는 먼저 기탁물품의 종류, 수량을 파악해 물품을 분류하고 포장한 다음 전국재해구호협회의 담당 직원과 사전 약속(한꺼번에 물품이 몰리는 경우를 막고 신속한 지원을 위해 담당 직원과 전달 일정 및 장소를 사전에 약속)을 하여 기탁한 후 영수증을 교부받으면 된다.

- 성금 기탁하기
  1) ARS 이용하기
     - 한 통화당 2,000원
  2) 은행계좌로 송금하기
  3) 직접 방문기탁(방송사, 신문사, 본회)
  4) 영수증 수령

•• 언론보도를 원하는 경우는 보도를 원하는 언론사 총무국을 방문하시거나 해당 언론사 성금모금 계좌로 입금해야 합니다. 영수증이 필요한 경우는 전국재해구호협회 홈페이지(www.relief.co.kr)에서 신청 가능합니다.

그림 12-2 의연금 기탁 방법

자료: 전국재해구호협회 연보(2004: 36).

• 물품 기탁하기
1) 기탁물품 종류, 상태, 수량 파악하기
2) 물품 분류 및 포장하기
3) 협회 담당 직원과 사전 약속
– 한꺼번에 물품이 몰리는 경우를 막고 신속한 지원을 위해 담당 직원과 전달 일정 및 장소를 사전에 약속
4) 영수증 수령

•• 언론보도를 원하는 경우는 보도를 원하는 언론사 총무국을 방문하시거나 해당 언론사 성금모금 계좌로 입금해야 합니다. 영수증이 필요한 경우는 전국재해구호협회 홈페이지(www.relief.co.kr)에서 신청 가능합니다.

그림 12-3 의연품 기탁 방법

자료: 전국재해구호협회 연보(2004: 36).

2) 모집기관

"모집자"라 함은 기부금품모집규제법 제4조의 규정에 의해 기부금품 모집 허가를 받은 자를 말한다. 기부금품모집규제법 제4조 제1항은 기부금품의 모집을 하고자 하는 자는 대통령령이 정하는 바에 따라 행정안전부 장관 또는 특별시장·광역시장·도지사(이하 "허가권자"라 한다)의 허가를 받아야 한다고 명시하고 있다.[2] 그리고 제2항에서는 기부금품의 모집 허가에 해당하는 사업으로는 국제적으로 행해지는 구제사업, 천재·지변, 기타 이에 준하는 재난의 구휼사업, 불우이웃돕기 등 자선사업, 공익을 목적으로 국민의 적극적인 참여가 필요한 경우로서 대통령령이 정하는 바에 의해 기부금품의 모집의 필요성이 인정된 사업에 한한다고 하여 기부금품을 모집할 수 있는 사업을 한정하고 있다.

또한 국가 또는 지방자치단체 및 그 소속기관과 공무원은 기부금품의 모집을 할 수 없다고 규정해 국가 등의 기부금품 모집을 제한하고 있다(동법, §5). 즉, 국가 또

2) 기부금품모집규제법 제4조 제1항의 규정에 의한 기부금품의 모집 허가권자는 1. 모집 금액이 3억 원(특별시의 경우에는 5억 원) 이하인 경우(법 제4조 제2항 제4호의 규정에 해당하는 경우를 제외한다)에는 모집자의 주소지(모집자가 법인·정당 기타 단체인 경우에는 그 주된 사무소의 소재지를 말한다. 이하 같다)를 관할하는 특별시장·광역시장 또는 도지사(이하 "시·도지사"라 한다)이고, 2. 제1호 외의 경우에는 행정안전부 장관이 된다(동법 시행령 §2).

는 지방자치단체 및 그 소속기관과 공무원은 자발적으로 기탁하는 금품이라도 법령에 다른 규정이 있는 경우를 제외하고는 이를 접수할 수 없다. 다만, 대통령령이 정하는 바에 의해 사용 용도와 목적을 지정해 자발적으로 기탁하는 경우로서 기부심사위원회의 심의를 거친 경우 또는 모집자의 의뢰에 의해 단순히 기부금품을 접수해 모집자에게 전달하는 경우에는 그러하지 아니하다(동법, §5②).

기부금품은 국가기관·지방자치단체·언론기관·금융기관 기타 공개된 장소에서 접수해야 한다(동법, §6①). 또한 모집자 또는 모집 종사자는 기부금품의 접수 사실을 장부에 기재하고, 기부자에게 영수증을 교부해야 한다. 다만, 익명 기부 등 기부자를 알 수 없는 경우에는 그러하지 아니하다(동법 §6②). 모집 종사자는 기부금품의 모집을 중단하거나 종료한 후 5일 이내에 모집자에게 접수 내역과 접수 금품을 인계해야 한다(동법, §6③).

각 신문사 및 방송사에 기탁되는 의연금은 종합구호계획에 의한 중앙일원화 방침에 따라 한국신문협회, 한국방송협회 및 한국케이블TV방송협회에서 집금해 전국재해구호협회에 전달된다. 단, 신문·방송협회에 가입되지 않은 언론사는 전국재해구호협회에 직접 송금한다(전국재해구호협회, 2004: 39). 중앙언론기관에 접수된 의연

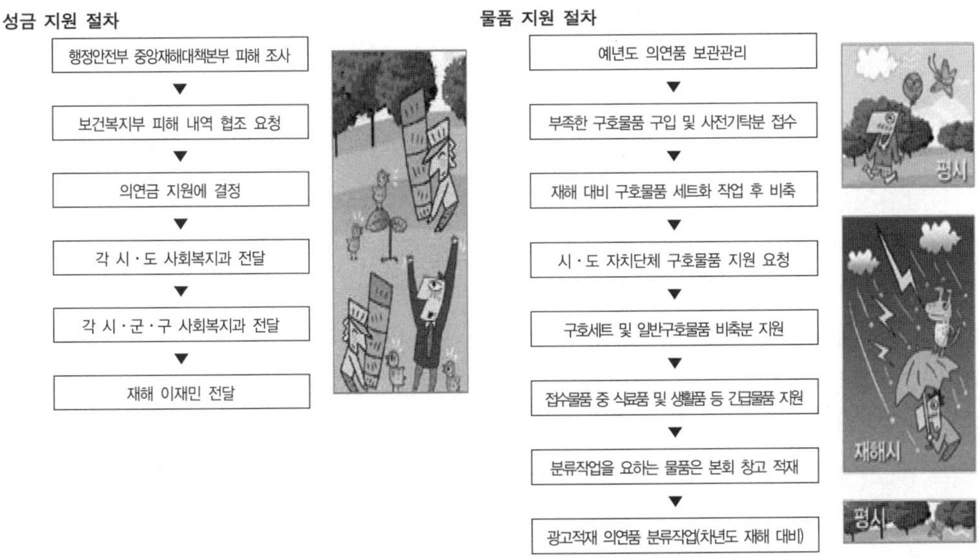

그림 12-4 의연금품 지원 절차

자료: 전국재해구호협회 연보(2004: 38).

품은 전국재해구호협회에서 수령해 재해지역 행정기관의 요청 및 재해지역 이재민 가구 수와 재해 피해액에 의거 균등하게 배분하고, 재해 피해지역 언론기관에 접수된 의연품은 해당 시·도 재해대책본부 및 지역 적십자사에 전달해 직접 이재민에게 배분된다. 단, 재해 발생지역이 아닌 시·도 및 언론기관에 접수된 의연품은 해당 적십자사에 전달하거나 재협과 협의해 전달한다.

각 시·도 및 시·군·구에 기탁되는 수재의연금은 자치단체에서 접수를 대행 언론기관이나 전국재해구호협회에 이관된다. 재해지역 행정기관에 지정 기탁된 수재의연금은 「재난구호 및 재난복구비용 부담 기준」에 의해 사용하되 사용 내역을 소방방재청 및 전국재해구호협회에 통보해 재해의연금 지급 시 정산한다. 언론기관은 특정인이나 전달 절차를 지정한 수재의연금품은 접수할 수 없으며, 기탁자가 지정기탁을 희망할 경우 직접 희망지역에 전달한다.

3) 전국재해구호협회

기탁자들이 모집기관을 통해 낸 의연금과 의연금품은 중앙일원화 원칙에 따라 전국재해구호협회로 모여 각 시·도 사회복지과와 각 시·군·구 사회복지과를 통해 이재민에게 전달된다. 전국재해구호협회는 이재민의 구호에 필요한 재해의연금품의 모집·관리·배분 및 구호활동 등을 위해 「재해구호법」 제10조에 근거해 설립되었다.

4) 지방자치단체

지방자치단체란 국가로부터 법인격과 자치권을 부여받아 국가 내의 일정한 지리적 범위, 즉 일정 지역을 관할구역으로 그 권한을 행사하는 공공단체를 의미한다(김병준, 2000: 69). 현행 「헌법」 제117조는 "지방자치단체는 주민의 복리에 관한 사무를 처리하고, 재산을 관리하며, 법령의 범위 안에서 자치에 관한 규정을 제정할 수 있다"라고 규정해, 지방자치단체의 존립 목적이 주민 복리에 관한 사무의 처리에 있음을 명백히 하고 있다. 주민의 복리는 주민의 모든 일상생활과 관련된 것으로서 그 내용은 매우 광범위하고, 지역에 따라 그리고 개인에 따라 다르게 나타날 수도 있다(최창호, 1995: 251).

그리고 이러한 주민 복리의 중점도 시대에 따라 변한다. 즉, 과거에는 주민 복리를 주로 경제면에 치중했으나, 경제 성장이 어느 정도 이뤄진 오늘날에는 복리의 중점을 점차로 사회면과 환경면에 두는 경향이 늘어가고 있다. 그리하여 오늘날에는 주민 생활에 관해 사회지표(social indicator) 또는 환경지표(environmental indicator)를 설정하거나, 또는 주민 생활의 최저 수준을 정하는 시민적 최저 수준(civil minimum)을 정하는 경향이 늘어가고 있다. 시민적 최저 수준이란 주민이 안전, 건강, 쾌적, 능률적인 생활을 영위해 나가는 데 필요한 최저의 조건으로서, 지방자치단체가 이를 위해 하지 않으면 안 되는 최저 행정 수준을 말한다(최창호, 1995: 252).

근래 들어 기상이변에 의한 재난이 증가하면서 재난관리가 지방자치단체의 중요한 사무로 되고 있다.[3] 이는 최근 우리나라의 재난 발생 건수와 피해액을 살펴보면 쉽게 이해할 수 있다, 먼저, 자연재해의 피해는 지난 10년 동안 지속적으로 증가해 2002년도에는 6조 원에 이르고 피해복구액을 포함해 15조 원에 이르는 피해가 발생했다. 이러한 피해액은 산업 활동의 지장 등 통계에 잡히지 않은 것을 고려할 때 훨씬 더 클 것으로 예상된다. 또한 2003년 가울, 태풍 매미로 인한 피해도 재난대책본부에서 최종 집계한 결과 인명 피해 130명(사망 117, 실종 13), 이재민 4,089세대 10,975명에 이르며, 재산 피해도 5조 원에 육박하는 수준이다(중앙재해대책본부, 2003. 9.). 이러한 피해를 복구하기 위한 복구비용만도 대략 6조 7,500억 원에 이를 것으로 재해대책 당국에서는 예상하고 있다.[4]

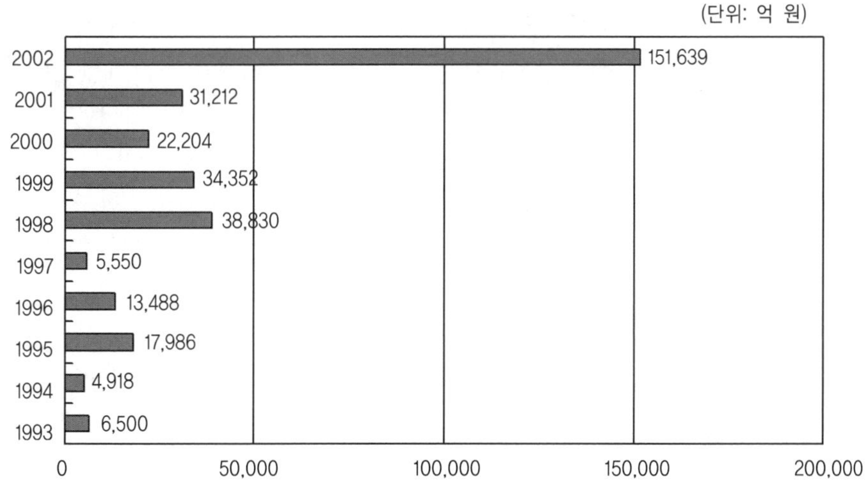

그림 12-5 최근 10년간 기상재해로 인한 경제적 손실 현황

자료: 과학기술부(2003).

---

3) 지방자치법 제9조는 지방자치단체의 사무 범위를 예시하고 있는데 이 중 재해대책의 수립 및 집행이 이에 속한다(동법, §9②4호).

4) 극단적인 경우를 제외하면 복구비용은 일반적으로 피해액의 1.4배~1.7배다 (국회사무처, 2003).

오늘날 세계 어느 곳에서나 이상 기상으로 인한 기상재해로 몸살을 앓고 있다. 더구나 도시화·산업화에 따른 도시의 인구 및 재산 과밀화로 집중 호우(홍수) 및 태풍과 같은 기상재해에 의한 인명 및 재산 피해의 규모도 점점 증가하고 있다. 최근에 들어서는 전 세계적으로 지구온난화에 따른 각종 기상이변-폭우, 태풍, 극심한 가뭄, 폭설 등-이 빈번히 발생하는 가운데 우리나라 또한 최근 10년 동안 기상재해로 인한 경제적 손실이 32조 원에 이를 정도로 엄청난 규모의 경제적 손실을 보였으며, 기상재해의 피해 규모가 커지는 경향을 보이고 있다(오재호, 2005: 68).

재해구호에 필요한 비용은 구호기관이 부담한다(재해구호법, §13①). 이를 위해 시·도지사는 구호비용을 부담하기 위해 매년 재해구호기금을 적립해야 한다(동법, §14①).[5] 또한 재해구호기금은 이재민의 구호 등 대통령령이 정하는 용도 외에는 이를 사용할 수 없다(동법, §14②). 재해구호기금의 매년도 최저 적립액은 최근 3년 동안의 지방세법에 의한 보통세의 수입결산액의 평균 연액의 1천분의 5에 해당하는 금액으로 한다. 다만, 특별시의 경우에는 1천분의 2.5에 해당하는 금액으로 한다(동법, §15①).

또한 시·도지사는 매년 4월 말일까지 시·도의 재해구호계획을 세우고, 이를 시장·군수·구청장에게 통보하여야 한다(동법 시행령, §2①). 시장·군수·구청장은 시·도의 재해구호계획에 따라 지역 실정을 고려하여 매년 5월 말일까지 시·군·구의 재해구호시행계획을 세우고, 이를 시·도지사에게 제출하여야 한다(동법 시행령, §2②). 이때 재해구호계획 및 재해구호시행계획에 포함되어야 할 사항은 재해구호 조직과 그 운영 체계에 관한 사항, 재해구호에 대한 교육 및 훈련에 관한 사항, 응급구호·의료·전염병 관리 및 위생 등 보건의료에 관한 사항, 재해구호를 위해 필요한

---

5) 심성화(2004: 106)는 기초자치단체의 재해구호기금의 신설을 주장하고 있는데 그 이유는 다음과 같다. 실질적으로 초기의 긴급한 응급구호는 광역자치단체의 재해구호기금이나 예비비를 활용해 우선 지원되고 있지만, 이후 구호비를 포함한 복구비는 예산 절차상의 문제로 적시성을 놓치는 경우가 발생한다. 일반적인 재해 예산 절차는 재해 발생→자치단체 피해조사→중앙합동조사단의 피해조사→복구계획 수립→중앙재해대책본부에서 기획예산처로 예산 조치 요구→추가경정예산안 편성→당정 협의→국회 심의→예산안 통과→국무회의 심의→ 대통령 재가→중앙부처로 예산 배정→광역자치단체 배정 및 예산 편성→기초자치단체 배정 및 예산 편성→현장 집행 등 복잡한 절차를 거치다 보니(이백호, 2000: 72-73), 재해 발생 이후 본격적인 복구비의 지출은 최소한 3개월 이상이 소요된다. 그리고 이러한 복잡해 보이나 민주주의 절차상 하나라도 빠지기 어려운 절차이므로, 기초자치단체 재해구호기금을 신설해 피해조사와 복구계획을 수립하고나면 바로 기초자치단체 재해구호기금을 투입하고, 모자라는 경우에는 시·도 재해구호기금을 사용하고 그래도 부족하면 국고를 지원받는 것이 안정적인 재원 확보와 효과적 지원이 가능할 것이다.

인력・시설・물자 등의 조달 및 비축・수송에 관한 사항, 그 밖에 재해구호에 관해 필요하다고 인정하는 사항(동법 시행령, §3)이다.

이렇듯 지자체는 재해구호에서 가장 중요한 역할을 수행하고 있다고 보인다. 재해의연금품의 전달 또한 종국적으로는 지방자치단체를 통해 이재민에게 전달되고 있는 실정이다. 그러나 현재의 의연금 배분 제도는 다음과 같은 이유로 문제가 있다고 본다. 의연금이 국민의 자발적인 성금으로 국가 예산과는 성격이 다름에도 불구하고 행정자치부에서 발간한 「최근 10년간 피해복구비 지원 현황」에는 의연금 항목이 없고 대신 의연금과 국고를 합쳐서 '국고'로 표시하고 있다(민방위재난통제본부, 2004: 144). 이는 성금은 국민이 내고 생색은 정부가 내는 것으로 아무리 일선 현장에서 '국민성금'으로 표시되어 지급된다고 하더라도 의연금 본연의 취지에서는 벗어나 보인다(심성화, 2004: 103).

의연금은 이름 그대로 국민들의 자발적인 성금이므로 이재민 구호 시 일정 기준에 의한 국고 지원과는 그 성격이 다르다. 그럼에도 불구하고 법정 이재민 구호의 재원으로 국고와 통합되어 의연금이 사용되고 있다.[6] 물론, 구호금 재원이 의연금인 경우 반드시 '국민성금'이란 표시를 하도록 되어 있으나, 현실적으로 통장 입금의 지급이 많아 일부 주민이나 공무원은 모두 국고로 지급된 것으로 알고 있는 경우도 있어 의연금 본연의 색깔이 퇴색되고 있는 것이다.

5) 이재민

이재민은 원칙적으로 "자연재난으로부터 피해를 입은 주민"이 된다. 그 이유는 재해구호법이 구호의 대상으로 「자연재해대책법」 제2조 제2호의 규정에 의한 재해로 인해 피해를 입은 자를 이재민으로 한정하고 있기 때문이다(동법, §2).

이재민 구호정책은 이재민에게 생계를 유지하고 정상적인 생활을 영위할 수 있도록 지원하는 정부의 조직적인 활동으로 풀이할 수 있다. 이러한 이재민 구호는 복구정책에 포함되어, 행정안전부를 중심으로 15개 중앙부처가 참여하고 있으며, 이재민을 대상으로 한 생계비 같은 직접적인 이재민 구호는 행정안전부 등 유관 기관의 공동 피해조사[7]와 재난구호 및 재난 복구비용 부담 기준 등에 관한 규정에 의거 소방

6) 이재민 구호비 중 의연금의 비중은 위로금은 100%, 생계보조금은 50%, 장기생계구호는 15%, 생계지원은 30%까지다.

7) 긴급구호를 위한 피해조사는 해당 자치단체에서 실시하고, 중앙합동 조사는 본격적인 복구계획 수립과 국고 지원 등 예산 확보를 위해 실시한다.

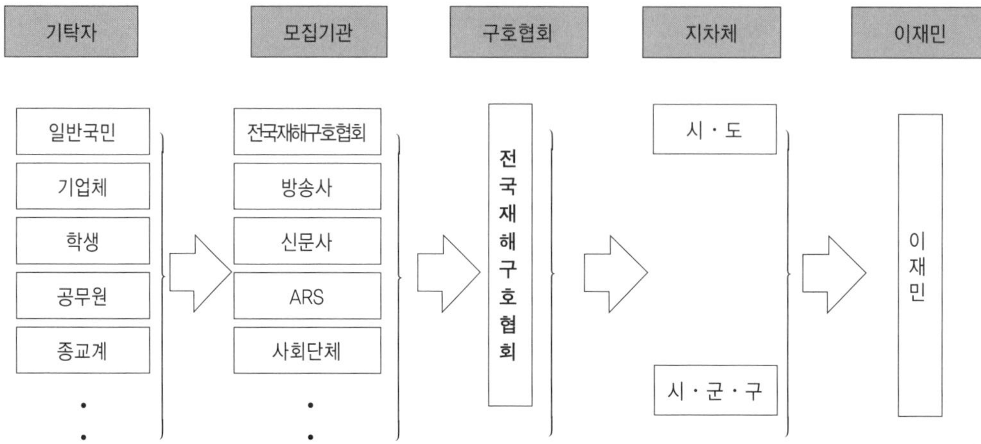

그림 12-6 유관 기관 역할 및 연계 체계

방재청이 지침을 정하고, 자체 지방비나 지원받은 국고를 사용해 기초자치단체가 직접 전달한다.

이상의 유관 기관 역할 및 연계 체계(기탁자 -모집기관-구호협회-지자체-이재민)를 하나의 흐름도로 나타내면 [그림 12-6]과 같다.

5 우리나라 재해구호의 역사

1) 삼국 시대까지의 구호사업

삼국 시대의 재해와 구호의 사례를 『삼국사기(三國史記)』[8]에서 찾아보면 세 나라 모두 기상재해의 비중이 높았고 의외로 지진으로 인한 피해도 많았음을 알 수 있다. 재해가 발생하면 임금이 나라의 창고를 열어 곡물을 백성에게 나눠 주는 구제정책을 베풀었으며, 병자, 자활 지원 대상자에 대해 위로를 하거나 먹을 것을 주는 사례도 있다.[9]

8) 김중권 역판, 김부식 저(1980), 『삼국사기』, 선진문화사 재인용.

9) 일례로 신라 3대 유리왕은 국내를 순례하다가 한 노파가 굶주림과 추위에 못 이겨 거의 죽어가는 것을 발견하고 "내가 왕위에 앉아 능히 백성을 양생치 못하니 이는 나의 죄다"라고 하면서 백성의

한편 재해 빈도를 살펴보면, 신라의 경우 서기전 57년 박혁거세부터 992년 경순왕에 이르기까지 기상재해가 61.4%, 지진재해가 21.9%, 충해(蟲害) 5.3% 정도로 나타났으며, 고구려는 서기전 37년 동명성왕부터 642년 보장왕 27년에 이르는 기간 동안 발생된 재해를 분석해 보면 기상재해 42.3%, 지진재해 32.2%, 충해 13.6%, 기아 11.9%로 나타나고 있으며, 백제의 경우는 기상재해 50.5%, 지진재해 22.2%, 충해 7%, 기아 20.8%로 나타나고 있다(심성화, 2004: 14-16).

이러한 통계는 오늘처럼 과학적이지는 못하고 구전되어 내려온 것 중 큰 피해만을 엮은 것으로 보이나 이를 통해 삼국 시대부터 각종 자연재해로부터 백성을 구제하기 위해 노력했다는 흔적을 엿볼 수 있다. 고대사회부터 구휼정책의 목적은 국가 존립을 위한 목적에서 취해진 것이라고 볼 수 있으며, 씨족 또는 혈연적 관계에 의해 씨족 간의 상호 부조의 형태로 이뤄졌으며 제3자에 의한 구호는 필요하지 않은 수준이었다고 여겨진다. 그러나 삼국 시대 이후 민생 구휼행정이 역사적으로 나타나고 있으며, 점차 중국의 영향을 받아 각종 구제 제도와 양로사업 등이 기록되고 있다(이대희, 2004: 214).

2) 고려 시대의 구호사업

고려 시대의 재해와 구호사업은 『고려사(高麗史)』에서 찾아볼 수 있다.[10] 고려에서 발생한 재해를 보면, 서기 935년 태조 왕건부터 458년 동안 기상재해 56.5%, 지진재해 32%, 충해 5.5%, 기아 6%의 비율을 보이고 있다. 고려 시대의 구호 대책은 삼국 시대보다 진보한 것으로 각 주(州)와 부(府)에 의창(義倉)을 두어 평상시에 곡물을 쌓아 두었다가 전쟁, 흉년, 재해 등 비상시에 미곡과 소금을 진대했으며, 궁민, 재민, 질병, 기아자를 구제하기 위해 동서대비원(東西大悲院), 제위보(濟危寶), 구제도감(救濟都監) 등의 기관이 있었다. 이 중 제위보는 최초로 설치된 구제기관으로 빈민과 이재민 구제사업을 맡아 왔으며, 백성들의 조세와 부역을 3년 동안 면제케 하는 은면사업(恩免事業), 곡식에 피해를 입거나 질병으로 농사를 실패했을 경우 백성에게 그 피해 정도에 따라 조세를 감면케 하는 재면사업(災免事業) 등이 있었다(이정호, 1993: 16-17).

구휼을 지시했다는 기록이 있다(김만두, 1993: 120).

10) 고려 시대는 봉건적 토지제도와 문무 양반의 관료 체제를 확립한 시기로서, 역대 군주는 국가의 안정을 실현시키기 위해 불교사상과 유교주의를 지도 원리로 삼아 궁민구제(窮民救濟)를 국정의 기본으로 삼았다(이대희, 2004: 216).

이러한 제도는 단순히 구휼의 단계를 넘어 조세 감면과 부역 면제라는 제도가 도입되었다는 것은 오늘날 재해복구 정책의 일환으로 각종 세제를 감면하는 것의 기원이라 할 수 있으며, 동서대비원과 혜민국(惠民局)을 통해 의료구호도 시작되었다는 것을 알 수 있다.

3) 조선 시대의 구호사업

진휼정책은 삼국 시대부터 계속되어 왔으며, 고려 시대 이후 민간구제사업이 확장되었는데, 조선 시대에 들어와 유교적 정치 이념을 바탕으로 제도의 정비를 추진하게 되었다. 조선 시대 구호사업은 『조선왕조실록(朝鮮王朝實錄)』 등에서 찾아볼 수 있다. 조선 시대의 재해도 자연재해가 주를 이루는 시대와 비슷한 유형의 재해가 발생했다. 그 시대의 구호대책은 고려 시대보다 훨씬 진일보한 것으로 고려 시대까지 주로 불교의 영향으로 종교적 자선이나 자비를 베푸는 시혜가 구호활동의 중심이었다면, 조선 시대는 왕도(王道)사상을 기반으로 국가통치자의 백성에 대한 책임감과 의무감이 강조되어 좀 더 체계적으로 실시되었다고 할 수 있다.

조선 시대 구호사상의 원칙을 요약하면, 왕의 책임주의, 현물주의, 구제의 적시성, 구호의 1차적 책임은 지방관 등 오늘날 구호정책의 근간을 이루는 부분이 기본적으로 도입되고 있다(김만두, 1993: 121-122).[11]

대표적 구제사업으로 비황(備荒) 제도인 평창(平倉), 사창(私倉) 제도가, 재해구호와 관련이 깊은 구황(救荒) 제도로 시식(施食), 조적(糶糴), 방곡(放穀) 등이 있었고, 의료구호 제도로는 대비원, 제위보, 혜민국, 월령(月令醫)의 등이 있었으며, 진휼청을 통한 수용 보호 사업이 시작되었다.

그러나 조선 시대 중반기를 넘어서면서 3정(三政)의 문란, 지방관의 착취 등의 요인으로 갖춰진 제도만큼 실제 이재민이나 백성들에게 돌아가는 혜택은 크지 않았다.

4) 일제 시대의 구호사업

일제 시대에는 주로 전재민(戰災民)을 구제하기 위한 일시적이고 미봉책인 구호사

---

11) 조선 시대에는 봉건적인 중앙집권 체제가 완성되고 유교적 사회 질서가 확립됨에 따라 빈민구제의 책임은 왕으로 대표되는 국가에 있다는 유교적 왕도주의에 입각해 종래 진휼정책을 확대, 조직화하기 위해 중앙정부가 진휼정책의 지침을 마련하고, 각 지방에 대해 지시·감독을 시행하고 구체적인 운영 실무는 지방관에게 위임하는 형태로서 진제사, 진휼사, 구황순찰사 등을 운영했던 것으로 나타났다(이대희, 2004: 225).

업의 연속이었다. 그나마 오늘날의 구호사업의 법적인 토대라 할 수 있는 구호 관련 법률도 일본에서는 1929년에 제정되었으나 우리나라에서는 1944년 3월에야 「조선구호령」이 공포되었으며, 실질적으로 그 속을 들여다보면 구빈 목적보다는 식민지 통치의 효율성 제고가 목적임을 알 수 있다. 따라서 이 시기의 이재민 구호는 이전 시대에 비해 크게 나아진 것이 없다고 할 수 있다. 다만, 행정조직에서 구호 업무를 담당하는 부서가 신설되어(조선총독부 산하의 내무과, 사회과 등) 오늘날 행정조직의 기반을 마련했다는 정도로 평가할 수 있다(심성화, 2004: 16).

5) 『목민심서』의 진황육조와 시사점

『목민심서(牧民心書)』는 조선 시대 지방관리가 지켜야 할 준칙을 서술한 책으로, 다산 정약용이 지방관으로 있던 때의 체험과 1801~1818년 강진으로 귀양가 있을 때 보고 들은 여러 가지 사실에 기초해, 지방관리의 윤리적 각성을 도모하고 농민경제의 정상화를 위해 지었다고 한다. 내용은 전체 12항목으로 되어 있으며, 한 항목을 다시 6개 조항으로 나눠 모두 72개의 조목으로 분류했다. 지역행정을 보살피기 위한 원칙을 부임육조(赴任六條), 율기육조(律己六條), 봉공육조(奉公六條), 애민육조(愛民六條), 진황육조(賑荒六條), 해관육조(解官六條) 등으로 구분해 제시하고 있다(다산연구회 역주, 1988: 6-157).

이 중 진황육조는 지역의 수해 등의 재해로 인해 주민들이 어려울 때 관리로서 해야 할 행정의 원칙을 설명하고 있다. 진황육조는 비자(備資), 권분(勸分), 규모(規模), 설시(設施), 보력(補力), 그리고 준사(竣事)로 되어 있는데 이 중 재해구호 및 재해의 연금품과 관련이 있는 비자, 권분, 규모 및 설시를 중심으로 살펴본다(이대희, 2004: 237-250).

(1) 비자(備資)

흉년에 백성을 구제하기 위한 정사는 예비하는 것이 최선이니 예비하지 않으면 모두 구차할 뿐이다. 풍년에 예비하지 않고 흉년에 구제하지 않으면 그 죄가 칼로 사람을 죽이는 것과 다름이 없다.

황정(荒政)은 선왕이 마음 깊이 그 중요성을 깨닫고 있으므로 목민(牧民)하는 재능은 이를 어떻게 잘 하느냐에 달려 있다. 원래 황정 12가지[12]란 곡식 종자와 양식을

12) 유교 경전으로 의례(儀禮), 예기(禮記)와 함께 삼례(三禮)라고 하며, 중국 국가 제도를 기록한 가장 오래된 책이다. 원래 이름은 주관(周官)이었는데, 전한(前漢)의 무제(武帝) 때(기원전 2세기)에 발견

대여하는 산리(算利), 조세를 가볍게 해 주는 박정(薄征), 형벌을 관대하게 하는 완형(緩刑), 요역을 쉬게 하는 이력(弛力), 백성들이 산지 등에서 음식을 취하도록 하는 사금(舍禁), 관문이나 시장에서 기찰(譏察)을 하지 않는 거기(去幾), 길례(吉禮)와 빈례(賓禮)를 줄이는 생례(眚禮), 상례(喪禮)를 생략하는 쇄애(殺哀), 악기를 치우고 노래를 삼가는 번악(蕃樂), 예를 갖추지 않고 혼례를 많이 치르도록 하는 다혼(多婚), 폐지되었던 제사를 찾아내서 지내는 색귀신(索鬼神), 기근 때문에 도적이 많아지는 것을 없애는 제도적(除盜賊) 등이다.

또한 예비의 정사에는 두 가지 방법이 있는데 하나는 곡식을 사들이는 것이고, 둘째는 포흠(逋欠)[13]을 징수하는 것이다. 포흠을 하려면 풍년에 적발해 곡식이 흔할 때에 포흠을 모두 징수해서 창고를 채워야 한다.

곡부(穀簿) 중에는 진곡(賑穀)이 따로 있으니 본 고을에서 저장하고 있는 진곡의 유무와 허실을 자주 검사해야 한다.

한 해 농사의 작황이 판명되면 속히 감영에 가서 이속(移粟)[14]할 일을 의논하고 조세의 견감을 의논해야 한다. 먼 도에서 이속해 오는 것은 현지에 물자를 비축해 두는 것만 못하다. 양쪽이 다 편리한 정사를 마땅히 논해서 앙청(仰請)[15]해야 한다.

공명첩(空名帖)은 고려 시대의 납속보관제에서 기인한 것으로 백성을 진휼하는 데 급하기 때문에 허가하지 않을 수 없으나 필요악적인 요소가 많았던 것으로 다산은 판단했다.[16] 다산은 직첩 1장마다 돈 5냥 또는 7냥을 거두는데 백성들이 모두 원치 않으므로 끝에는 모두 강제로 배당하는데 관에서 벼슬을 판다는 거리낌이 있고, 백성은 가렴주구(苛斂誅求)의 원망을 품으니 아름다운 제도라고 볼 수 없다고 했다. 어진 말로 권분(勸分)을 하고 의연(義捐)을 내도록 기다렸다가 봉사(奉事)나 직장(直長)[17]의 직함을 주어 보상하는 것만 못하다고 언급했다.

되었다고 하는 주례(周禮)에서 대사도가 주장하는 황정의 12가지 방식을 의미한다.

13) 미납한 세금 등을 징수하는 것.

14) 다른 고을에 있는 곡식을 옮겨 옴.

15) 간곡히 청하는 것.

16) 이러한 내용은 영조 원년에 하교한 다음과 같은 내용에서도 잘 드러난다. "공명첩은 백성을 진휼하기에 급해 허자하지 않을 수 없으나 각 아문에서 처리하는 일을 내가 보지 못했다. 서울이나 지방에서 백성을 진휼하는 데 부득이한 경우 외에는 첩문을 일체 팔지 못하도록 할 것이다."

17) 봉사(奉事)는 훈련원, 군기사 등에 속하는 종8품의 관직이고, 직장(直長)은 의금부, 상서원 등에 소속된 종7품의 관직인데 공명첩에 의해 광해군 이후 가선대부(嘉善大夫), 절충장군(折衝將軍) 등 명목상의 직함이 흔해지면서 오히려 이러한 직급을 바라는 기이한 현상이 나타났다.

(2) 권분(勸分)

권분이란 흉년이 들었을 때에 부유한 사람들에게 권장해 식량이 없어 고생을 하는 절량농민(絶糧農民)을 구제하기 위해 곡식이나 재물을 직접 나눠 주는 일을 의미한다.

예부터 백성들은 목인임휼(睦婣任恤)[18]의 예를 가져야 한다고 배웠으며 이를 따르지 않는 자는 형벌로써 다스렸다고 한다. 그러나 조선 시대에 이르러 권분의 형태가 모두 백성의 재물을 억지로 빼앗아 거저 나눠 주도록 하는 형태로 변질하게 된 것을 다산은 매우 딱하게 여겨 다음과 같이 언급하고 있다.

"중국의 권분하는 법은 모두 곡식을 팔도록 권하는 것이지만 거저 먹이도록 권하는 것이 아니었고, 모두 베풀어서 권하는 것이었지 바치도록 권하는 것이 아니었으며, 모두 몸소 솔선하는 것이었지 입으로만 말하는 것이 아니었고, 모두 상을 주어 권장하는 것이었지 위협하는 것이 아니었다. 지금은 권분이란 것은 비례(非禮)의 극치다."

기근이나 수재 등으로 인해 백성이 먹고 살기가 곤란한 경우 이를 국가적으로 지원하기 위해 권분을 하는 경우 권분의 대상을 요호(饒戶)[19]라는 기준을 사용해 추진하는 것이 타당하다. 요호를 기준으로 상·중·하로 구분하고 각 등급을 9개 세부 등급으로 세분했다. 다산에 의하면, 당시 상등에 해당하는 자가 한 개 도에 불과 몇 사람에 불과하고, 중등 역시 한 고을에 불과 몇 사람에 불과했기 때문에 고을에 여러 명이 있을 수 있는 불과 2~3석의 여유가 있는 백성들에도 권분을 요구할 수밖에 없는 상황에 대해 무척이나 안타깝게 생각하고 있었던 것으로 생각된다.

또한 권분에서도 여유가 많은 백성과 적은 백성을 구분해 권분 이후에도 큰 손해가 없도록 하는 방식을 다산은 필요하다고 주장한다. 이에 따라 상등급은 권분 이후 별도로 국가로부터 지원을 받지 않는 진희(賑餼) 방식을, 중등급은 권분을 대여해 주는 형태로 하여 나중에 싼 값을 받고 곡식을 주는 진조(賑糶)로 풍년에 권분을 보상해 주는 방식을 제안하고 있다.

또한 요호를 선정하는 방식도 고을의 신망 있는 사람들을 모이게 하여 그들의 공론을 받아들여 정해서 객관성을 확보하려는 방안을 강구하고 있다. 권분의 양이 결정

18) 목(睦)은 형제 간에 화목한 것을, 인(婣)은 인척 간에 사랑하는 것을, 임(任)은 이웃 간에 도움을 주는 것을, 휼(恤)은 가난한 사람을 도와 주는 것을 말한다.

19) 요호(饒戶)란 자기 집에 저축한 곡식이 8명 식구가 먹고 남는 자를 칭하는 용어다.

되면 부민은 크게 놀라고 가난한 사람들은 탐욕스러워지기 마련이므로 신중하게 정사를 추진해 엉뚱하게 뇌물과 공로를 자기 것으로 삼으려는 자를 경계하도록 하고 있다.

(3) 규모(規模)

규모란 진휼을 합리적으로 해야 함을 의미하는 것으로 현대적인 의미로는 각각의 시기에 맞춰 이재민을 보호하고, 규모를 정해 이재민의 지원 범위와 정도를 결정하는 것을 의미한다. 진휼에는 두 가지 관점이 있는데, 이것이 시기를 맞추는 것[20]과 사람들에게 물자를 나눠 주는 것이므로 합리적이어야 한다는 것이다.

중국 북송 시대에 월주라는 지역을 맡던 조변이라는 관리의 구제 방식은 첫째가 각종 복구를 위한 토목공사를 일으키는 홍역(興役), 둘째가 각종 창고에서 곡식을 나눠 주는 발창(發倉), 셋째가 권분을 하는 모속(募粟), 넷째가 구휼을 위해 승려들에게 양곡을 거두는 모승속(募僧粟), 다섯째가 남녀를 구별하는 것, 여섯째가 버려진 아이를 거둬 기르는 기아(棄兒), 일곱째가 병자를 요양하는 것, 여덟째가 사망자를 매장하는 것으로 구분해 시기를 맞췄다는 내용이 있다.

진휼의 대상이 되는 구호는 그 정도에 따라 기구(飢口)[21]를 뽑아 3등급으로 나누고, 그 상등은 또 3등급으로, 중등과 하등은 각각 1급으로 정한다. 이 중 상등인 자는 그 목숨이 위급해서 진희해야 할 자, 중등인 자는 정상이 급하기는 하나 봄에 잠시 살려 주면 가을에는 곡식을 낼 만하므로 진대해야 할 자, 하등인 자는 정상이 급하기는 하나 약간의 돈과 포목이 있으므로 진조해야 할 자다.

이러한 내용으로 볼 때 너무 가난한 사람들에게는 국가가 무료로 곡식을 지원해 주는 진희(賑餼) 방식, 급박한 식량을 지원해 주면 되갚을 수 있는 자에 대해 빌려 주는 진대(賑貸) 방식, 약간의 여유가 있는 자에 대해서는 저가로 식량을 지원해 주는 진조(賑糶) 방식 등으로 구분해 지원하는 방식을 권유하고 있는데, 이는 현재 우리나라의 이재민 구호 및 지원 방식에서도 충분하게 검토·도입해야 할 것으로 판단된다.

또한 빈민을 조사하기 위해 각 도에 병관(兵官)과 보정(保政)을 파견, 빈민을 조사하고, 먹을 것이 넉넉한 집에서부터 호소할 곳이 없는 사람까지 누락되지 않고 조사해 그 결과를 도 본부에서 부로(父老)와 빈민을 모아 놓고 하나하나 읽어 듣게 하고,

---

20) 해당 지역에서 어느 사람이 자기 힘으로 양식을 해결할 수 있는지, 해결할 수 없는지를 정확하게 파악해야 진휼의 규모와 권분의 범위가 결정되므로 신속하고 정확하게 추진해야 함을 의미한다.
21) 기구(飢口)란 너무 가난해 살 수 없는 자를 의미한다.

여러 사람의 의논이 정해지면 곧바로 증명을 주는 방식을 택하도록 하고 있는데, 온당치 못한 결과가 있을 경우 해당 병관과 보정은 중벌에 처하도록 하고 있다.

이와 같은 피해 지원의 공개를 통한 객관성 확보 방식을 취하기 위해 피해조사 및 지원 결과를 공개하도록 하는 방식은 현재 복구비 지원 방식에서도 많은 시사점을 주고 있다.

(4) 설시(設施)

설시란 전제에 필요한 일체의 시설과 행정기구 및 구체적인 진제 시행 방법 등을 의미한다. 이를 위해 진청을 설치하고 여기에 감리를 두고, 가마솥을 갖추고 염장, 미력, 마른 새우 등을 갖추고 이재민의 식량을 지원한다. 진휼사목(賑恤事目)에서는 남녀노소에 따라 배식하는 정도를 정했는데, 진희(賑饎)의 경우 남정(男丁)은 1인당 하루 희미(饎米) 5홉(아침, 저녁 각 2홉 5작), 여장(女壯) 1인에 4홉(아침, 저녁 각 2홉), 노인 1인 하루 4홉, 소아 1인 3홉 등으로 규정하고 있다. 또한 진조(賑糶)의 경우 대호(大戶)는 5두, 중호는 4두, 소호는 3두, 요호(幺戶)[22]는 2두를 팔도록 한다. 이러한 기준은 진대(賑貸)의 경우에도 동일하게 적용된다.

또한 사망자의 명부는 평민과 기민(饑民)을 각각 따로 1부씩 만들고, 기구(饑口) 중에서 사망하는 경우에는 희구(饎口)는 따로 한 책을 만들고, 대구(貸口)와 조구(糶口)는 합해 한 책을 만든다.

기근이 든 해에는 반드시 전염병이 있으므로 구체하고 치료하는 방법과 거둬 매장하는 일에 마음을 다해야 하며, 유기된 갓난아이는 길러서 자녀로 삼고, 떠돌아다니는 아이는 길러서 노비로 삼되, 마땅히 국법을 거듭 밝혀 상호(上戶)에게 알아듣게 타이르도록 한다.

(5) 보력(補力)과 준사(竣事)

이 밖에도 보력과 준사가 있다. 보력이란 백성의 살림에 보탬이 되는 방안을 강구한다는 뜻으로 권농(勸農), 구황(救荒), 금도(禁盜), 박정(薄情) 등을 말한다. 이는 오늘날의 민생경제를 말하는 것으로 보인다.

준사란 진휼하는 일을 마칠 즈음에 처음부터 끝까지 점검해서 잘못된 허물을 하나하나 살피는 것이다. 다산의 『다산필담(茶山筆談)』에 의하면 속리(俗吏)가 진장(賑場)을 설치하는 데에는 오도(五盜,) 오익(五匿), 오득(五得,) 오실(午失이) 있는데, 이

22) 요호(幺戶)란 잔독호(殘獨戶)라 하여 어른이 없이 소년소녀가 가장인 가정을 의미한다.

런 점을 스스로 반성해 과오를 범하는 일이 없어야 한다고 주장했다.

(6) 진황육조의 시사점과 응용 · 발전 방향[23]

① 재해 예방의 중요성

진황육조의 여섯 가지 항목 중에서 가장 중요한 것으로 다산은 비자(備資)라고 생각한 것으로 판단된다. 이러한 비자는 풍년에 가뭄과 흉년을 대비해 곡식과 장비를 준비했다는 점에서 현재 우리나라에서 시행하는 우기(雨期) 이전의 사전 대비와 유사한 개념이다. 특히 재해가 다양화 · 대형화되면서 과거와는 달리 구호물자와 응급대처 장비 외에도 다양한 예방대책이 더욱 적극적으로 연구, 도입되어야 할 것으로 생각되는데, 이러한 의미에서 다산의 비자라는 개념은 재해대책의 패러다임을 재구축하는 데 중요한 개념으로 활용될 수 있을 것으로 판단된다.

② 자율적인 재해 의연금 모집

다산 정약용의 주장에 따르면, 여유가 있는 자가 피해를 입은 이재민을 지원해 주기 위해 권분(勸分)을 하는 방식은 다산 시대 이전에 공명첩(空名帖) 등과 같은 매관매직을 해서라도 충당하는 등의 폐해를 주었기 때문에 이를 시정하기 위한 조치로서 재산의 보유 정도에 따라 기준을 정하는 요호(饒戶) 방식이었다.

특히 당시의 상황을 추측해 볼 때 상중하의 3개 등급과 등급별로 9개 등급으로 재구분하는 등 총 27개 등급을 통해 권분의 규모를 결정하는 매우 세부적인 기준이 있었다는 점에서 매우 과학적이고 합리적이었다고 생각된다.

또한 권분을 강압적으로 권유하지 않고 스스로 솔선해 베풀도록 해야 한다는 것과 이를 성실하게 이행한 사람에게 포상으로서 하위직의 관직을 베푸는 방식을 제안한 것은 동일한 권분과 포상에서도 우선적으로 본인의 자율성을 전제로 했다는 점에서 매우 큰 시사점을 준다.

③ 이재민 지원 기준의 차등화

현대 시대에도 동일한 상황이 발생하는 경향이 크지만 당시에도 이재민은 국가가 더 많은 지원을 해 주기를 바라는 의지 성향이 강했을 것으로 추측된다. 그러나 다산은 이러한 경우를 합리적으로 대처하기 위해 진휼 대상을 3개 등급의 기구(饑口)로 구분해 무료로 지원하는 대상을 진희(賑餼), 일시적으로 대여해 주고 다음 해에 갚도

23) 이 부분은 이대희(2004: 244-246)의 내용을 참조해 작성함.

록 대여하는 진대(賑貸), 싼 값을 받고 곡식 등을 지원해 주는 진조(賑糶) 방식을 채택했다.

또한 각 등급을 3개 등급으로 세분해 지원의 규모를 결정하는 방식을 제안했던 것은 현시대에도 많은 시사점을 준다. 그리고 중국의 사례를 통해 각종 구휼정책으로서 우선순위를 두어 일자리 마련을 위한 공공 복구공사의 시행(興役), 이재민에게 곡식을 나눠 주는 것(發倉), 권분을 시행하는 것(募粟) 등 여덟 가지를 제안하는 등 다양한 정책을 제안했는데, 이는 오늘날의 이재민 정책에서도 매우 중요한 의미가 있다고 보여진다. 더 나아가 지원 대상의 등급을 선정할 때 관리의 부정이나 불합리한 요소를 없애기 위해 지역 주민의 의견을 들어 공개성과 객관성을 확보했다는 점 또한 중요한 시사점을 준다.

④ 합리적 · 객관적인 복구 시책의 정산

다산은 여러 가지 진휼을 시행하고 마칠 때 잘못된 점을 되짚어보고 개선할 수 있도록 준사(竣事)하는 방안을 강조한다. 특히 관리가 부정을 저지를 수 있는 여러 가지 폐단을 경계하고 이에 대해 구체적으로 오도(五盜), 오익(五匿), 오실(五失)의 문제점을 지적하면서 청렴하고 객관적인 구휼정책을 시행할 것을 주장한다.

이러한 점들은 현재 각종 수해복구 조사에서부터 복구공사 시행 등의 절차에서 발생할 수 있는 부조리를 검토하고 관리할 때에도 좋은 귀감을 제시할 수 있을 것으로 판단된다.

제 2 절 우리나라 재해의연금품 모금 및 지원 체계

1 의연금품의 모집 및 관리

1) 공통 내용

의연금은 이재민 구호의 주요 재원 중 하나로 「기부금품모집규제법」(법률 제5631호)과 「의연금품관리운영규정」(소방방재청 훈령 제48호) 등을 근거로, 천재지변이나 사회적 문제가 생겼을 때에 국민의 참여를 전제로 하여 모금되며, 그 목적은 재해로

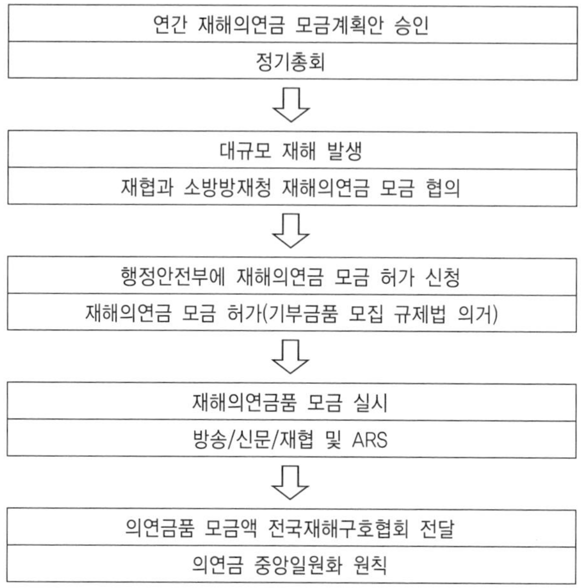

그림 12-7 재해의연금 모금 절차

자료: 전국재해구호협회 홈페이지(2005. 9. 5).

인해 생활의 보금자리를 잃어버리고 깊은 실의에 잠겨 있는 이재민들의 구호와 생활 안정을 이룩할 수 있도록 언론기관 등 관련 기관을 통해 모금되고 있다(전국재해구호협회, 2004).

모금 절차는 [그림 12-7]과 같이 전국재해구호협회에서 연간 모금액을 사전에 정하고, 대규모 재해가 발생하면 소방방재청과 모금 관련 제반 사항을 협의한 뒤 행정안전부의 승인을 받아[24] 언론기관, ARS를 중심으로 모금이 전개되고, '의연금 중앙일원화'의 원칙에 의거 전국재해구호협회로 전달된다. 모집된 재해의연금은 균등한 분배를 위해 전국재해구호협회에서 통일된 지원 기준에 따라 이재민에게 지급하되, 다음의 경우에 사용할 수 있다.

① 이재민에 대한 위로금 지급, ② 재난구호 및 재난복구비용 부담 기준에 관한 규정 제2조의 규정에 의해 의연금이 부담하는 금액, ③ 이재민 재해구호를 위한 물품

24) 기부금품모집규제법 제4조 제1항은 "기부금품의 모집을 하고자 하는 자는 대통령령이 정하는 바에 의하여 행정안전부 장관 또는 특별시장 · 광역시장 · 도지사(이하 "허가권자"라 한다)의 허가를 받아야 한다. 허가받은 사항 중 대통령령이 정하는 중요 사항을 변경하는 경우에도 또한 같다"라고 규정하고 있다.

구입, ④ 의연금품 모집 · 배분 · 관리 경비, ⑤ 협회의 운영, 그리고 ⑥ 기타 소방방재청장이 재해구호를 위해 필요하다고 인정하는 경우 등 여섯 가지로 공공시설의 복구비 등으로는 사용할 수 없으며, 전액 이재민 구호비(직접 지원금)로만 사용할 수 있도록 되어 있다.

2) 의연품의 접수

각 시 · 군 · 구는 의연품을 접수하는 경우 수령증을 교부(별지 제4호 서식)하고, 의연품 접수 처리에 애로가 있는 시 · 군 · 구에서는 관할 시 · 도에 지원을 요청하고, 요청받은 시 · 도는 관할지역 중 피해를 입지 않은 시 · 군 · 구의 인력을 지원하는 등 적극 협조해야 한다.

각 시 · 군 · 구는 의연품 접수 시 재해구호에 불필요한 물품은 접수하지 않도록 하고, 대한적십자사 또는 전국재해구호협회는 언론기관 등에 재해구호와 상관없는 불필요한 물품은 기탁하지 않도록 홍보 요청하거나 홈페이지에 게재해야 한다.

각 시 · 군 · 구는 피해 규모가 크고 인력이 부족한 경우에는 의연품 운송 등 행정기관의 보조 업무에 자원봉사자를 활용할 수 있다.

2 의연금의 배분 용도 및 지급 기준

1) 의연금의 배분 용도

모금된 의연금은 이재민에 대한 위로금 및 재해구호비의 지급에 소요되는 비용, 이재민의 구호를 위한 물품 구입에 소요되는 비용, 재해의연금품의 모집 · 배분 · 관리에 소요되는 경비, 협회의 운영에 소요되는 비용, 그 밖에 소방방재청장이 이재민의 구호 및 생계 지원을 위해 특별히 필요하다고 인정하는 비용에 배분된다.

2) 의연금의 지급 기준

일반 재난지역의 경우에는 의연금품 관리 · 운영규정(소방방재청 훈령 제48호) 제5조에 의한다. 즉, 의연금품 관리 · 운영규정 제5조(위로금의 지급 기준)에 의하면, 이재민에 대한 위로금의 지급 기준은 다음 각 호와 같다(의연금품 관리 · 운영규정, §5①).

1. 재해로 인한 사망자 유족 등에 대한 위로금

가. 사망·실종자 유족: 1인당 1,000만 원

나. 부상자(산업재해보상보험법령의 규정에 의한 신체장애 등급 7급 이상): 1인당 500만 원

2. 재해로 인한 주택 침수·파손에 대한 위로금

가. 주택 전파: 세대당 300만 원

나. 주택 반파: 세대당 150만 원

다. 주택 침수: 세대당 60만 원

3. 재해로 인한 장기 구호세대에 대한 위로금

가. 연료비: 세대당 1일 2,000원

나. 월동대책비: 세대당 30만 원

다. 명절위로금(설날, 추석날, 석가탄신일 및 성탄절로서 재해 발생 후 처음 맞게 되는 날에 한한다): 세대당 50만 원

다만, 협회장은 제1항의 규정에 불구하고 의연금의 모금 금액에 따라 소방방재청장과 협의해 지급 기준을 달리할 수 있다(동 규정, §5②).

특별재난지역의 경우에는 「재난 및 안전관리기본법」 제60조에 의거 특별재난지역으로 선포된 지역의 이재민에 대해 추가적인 지원이 필요하다고 인정하는 때에는 일반 재난지역에서 사용하고 남은 의연금의 범위 내에서 특별위로금을 지급할 수 있다(의연금품 관리·운영규정, §6①). 「의연금품 관리·운영규정」 제6조 제1항의 규정에 의한 특별위로금의 지원 대상 및 금액은 협회장과 소방방재청장이 협의해 정한다(의연금품 관리·운영규정 §6②). 그 근거는 「재난 및 안전관리기본법」 제61조[25]와 동법시행규칙 제17조다.

3 의연품의 배분 및 처리

1) 의연품의 배분

대규모 재해 발생 시 의연품을 체계적으로 접수·배분하기 위해 지방자치단체에

25) 제61조(특별재난지역에 대한 지원) 국가 또는 지방자치단체는 제60조의 규정에 의하여 특별재난지역으로 선포된 지역에 대하여는 대통령령이 정하는 바에 의하여 응급대책 및 재난구호와 복구에 필요한 행정·재정·금융·의료상의 특별 지원을 할 수 있다.

의연품 접수·배분센터를 설치·운영한다.

2) 의연품의 처리

각 지방자치단체는 사용 연한에 이른 의연품 또는 재해구호와 관련 없는 의연품을 기탁자의 의사를 존중해 기부받은 목적과 유사한 용도로 사용할 수 있다. 예를 들면, 시·도지사의 허가를 얻어 다른 재해지역의 자치단체나 불우이웃을 수용하고 있는 사회복지시설에 기부하는 것이 가능하다.

의연금 지급 시 유의 사항은 <표 12-2>와 같다(2005년도 재해구호사업 지침: 18).

표 12-2 의연금 지급 시 유의 사항

의연금 지급 시 유의 사항
□ 의연금 지급 시 반드시 '국민성금'임을 표시할 것
□ 주택 파손 세대에 대한 위로금 지급
• 전파(반파) 주택에 소유자와 세입자가 함께 거주한 경우
− 소유자 위로금: 세대당 500만 원
※ 위로금 380만 원(반파 230만 원) + 특별위로금 120만 원(반파 60만 원)
− 세입자 위로금: 세대당 80만원
• 전파(반파) 주택에 세입자만 거주한 경우
− 소유자 위로금: 세대당 420만 원
※ 위로금 300만 원(반파 150만 원) + 특별위로금 120만 원(반파 60만 원)
− 세입자 위로금: 80만 원
□ 장기 구호세대에 지급하는 위로금 중복 지급 제한
• 주택과 농지를 동시에 피해 본 장기 구호세대의 경우 위로금은 한 번만 지급

의연금품의 모집 및 지원 체계도는 다음 [그림 12-8]과 같다(2005년도 재해구호사업 지침: 19).

제 3 절 우리나라 재해의연금품 모금 및 지원 체계의 장·단점

SWOT분석이란 환경분석을 통해 강점(strength)과 약점(weakness), 기회(opportunity)와 위협(threat) 요인을 규정하고 이를 토대로 전략을 수립하는 기법이다. 이러한 SWOT분석 기법을 통해 우리나라 재해의연금품 모금 및 지원 체계를 보면 <표 12-3>과 같다.

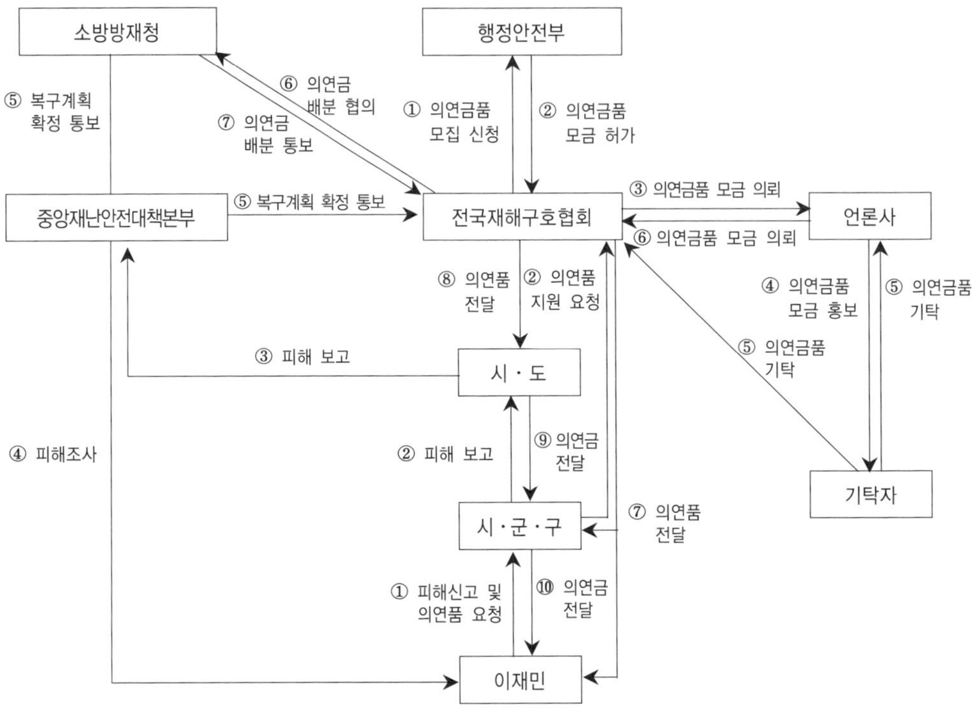

그림 12-8 의연금품 모금 · 지원 체계도

자료: 2005년도 재해구호사업 지침.

먼저, 우리나라 재해의연금품 모금 및 지원 체계의 장점으로는 국민들의 적극적인 참여와 동참,[26] 중앙일원화 원칙에 의거 전국재해구호협회를 통한 균등한 배분과 형평성 있는 배분 체계,[27] 재해구호의 오랜 역사, 그리고 현금 급여 방식 등을 들 수 있다.

26) IMF 경제 위기를 맞은 1998년도의 모금액은 어느 연도의 모금액보다 많아 이변을 보였다. 더군다나 종전의 일반 국민에 의한 일반모금액이 기업체 모금액에 훨씬 미치지 못했으나, 1998년도에는 일반모금이 전체의 42.2%를 차지해 기업체 모금액 41.1%를 상회했다. 이는 1998년도의 모금액은 전반적으로 증가하면서, 특히 일반모금액이 기업체모금액보다 큰 폭으로 증가했기 때문으로 판단된다. 이와 같은 특징은 국가 전체가 경제적 어려움에 처한 상황에서 나타난 국민의 저력으로 역사적인 깊은 뿌리를 가진 상부상조의 국민정신이 잘 나타난 결과다(김승권, 2000).

27) 이러한 내용은 일본의 아베(阿部陽一郎)와의 인터뷰에서도 잘 드러난다. 즉, 그는 "형평성 확보 차원에서 한국의 경우 일정 기준에 따라 나눠 주고, 의연금을 걷지 않는 소규모 재난에도 이재민에게 나눠 주고 있는데, 일본에서도 한국의 이러한 제도를 받아들이고 싶어하고 있다. 한국의 제도가 훨씬 발전되어 있다고 생각한다"고 언급하고 있다(자세한 내용은 일본 심층면접자료(II) 참조).

표 12-3 우리나라 재해의연금품 모금 및 지원 체계 SWOT분석

강점	약점
• 국민들의 적극적 참여와 동참 • 중앙일원화 원칙에 의거 재협을 통한 균등배분 • 형평성 높은 배분 체제 • 재해구호의 오랜. 역사 • 현금 급여 방식	• 국고와 통합되어 지원되는 의연금 배분 방식으로 의연금의 본질 훼손 • 자연재해로 인해 피해를 입은 자로 구호 대상 한정 • 사회복지 시스템의 미구축으로 재해의연금품에 대한 지원에 과다 기대 • 해마다 반복되는 재해와 피해액의 급증 • 지정 기탁 불가 • 재해보험 제도의 미비 • 차등 지원의 필요성은 있지만 실현은 어려움
• 재해의연금 모금 및 지원 체계 개편 • 재해구호법 전부 개정법률안 입법예고 등 • 재협의 정체성 확립 기회 • 재해 피해액의 급증에 따른 의연금품의 모금 및 지원 효율화 필요와 기대감 증대	• 재해의연금 모금 및 지원 체계 개편 • 재해구호법 전부 개정법률안 입법예고 등 –배분위원회를 통한 소방방재청의 의연금 배분 간여 현실화 • 재협의 정체성 문제 대두
기회	**위협**

두 번째, 우리나라 재해의연금품 모금 및 지원 체계의 단점으로는 국고와 통합되어 지원되는 의연금 배분 방식에 따른 예산과 구별되는 국민의 자발적 성금인 의연금의 본질 내지는 성격 훼손, 재해구호법(동법, §2) 규정에 따라 자연재해로 인해 피해를 입은 자로 구호 대상을 한정하고 있는 점, 사회복지 시스템의 미구축으로 재해의연금품에 대한 이재민의 과다한 지원 기대, 해마다 반복되는 재해와 피해액의 급증, 지정 기탁의 불가에 따른 문제점, 그리고 재해보험 제도의 미비 등을 들 수 있다.

세 번째, 우리나라 재해의연금품 모금 및 지원 체계의 기회 요인으로는 최근의 재해의연금 모금 및 지원 체계 개편 움직임(재해구호법 전부 개정법률(안) 등의 개정안 입법예고), 전국재해구호협회의 정체성 확립 기회, 그리고 재해 피해지역의 급증에 따른 의연금품의 모금 및 지원 효율화 필요와 기대감 증대 등을 들 수 있다.

마지막으로, 우리나라 재해의연금품 모금 및 지원 체계의 위협 요인으로는 기회 요인이 될 수도 있지만 또 다른 한편으로는 위협 요인이 될 수도 있는 재해의연금 모금 및 지원 체계의 개편과 재해구호법 전부 개정법률(안)의 입법예고, 배분위원회를 통한 소방방재청의 의연금 배분 간여의 가능성, 그리고 전국재해구호협회의 정체성 문제 대두 등을 들 수 있다.

제13장 미국의 재해구호와 재해의연금품 모금 및 지원 체계*

제 1 절 총 론

미국[1]에서 의연금의 경우 연방정부나 대부분의 주정부에서는 기존의 자선기관을

* 미국의 재해의연금품 모금 및 배분 체계에 관한 연구는 2005년 8월 31일(14: 30-17: 00) 노스캐롤라이나 주정부 EOC 상황실에서 Faye W. Stone(Deputy Executive Director, NC Commission on Volunteerism and Community Service), Paul Latham(NC Emergency Management), Dianne Waddell(Carolina Conference, Adventist Disaster Response State Coordinator), 노스 롤리(North Raleigh) 힐튼호텔(Hilton Hotel)에서 Jane Dendy(Carolina Conference, Adventists Community Services), 2005년 9월 1일(10:00~11:30) Jae G. Park(Senior Program Manager, Risk and Emergency Management, PBS&J)와의 심층면접을 통해 이뤄졌음을 밝힌다.

1) 재난은 피해자에게 인적·물질적 피해 이외에도 심대한 정신적 피해를 끼침에도 불구하고, 우리나라는 재해 후 정신보건 서비스를 공공기관뿐만 아니라 어떤 민간기관에서도 제공하지 못하고 있는 실정이다. 미국의 경우는 1970년대 말부터 재해정신보건사업이 활성화되어, 연방응급관리청(FEMA) 및 주정부 응급관리과(DEM) 등의 공적 기관과 보건복지부(DHHS) 산하의 정신보건사업센터(Centers for Mental Health Services: CMHS), 그리고 민간조직인 적십자사(ARC) 등의 기관들이 중심이 되어 재해 후 정신보건과 관련된 서비스를 제공하고 있다. 이 밖에 미국 사회복지사협회(NASW)도 민간조직으로서 재해 후 정신보건 서비스를 제공하는 데 중추적인 역할을 수행하고 있다. 재해 후 정신보건 서비스를 제공하는 위의 네 기관에 대해 좀 더 구체적으로 살펴보면 아래와 같다(신선인, 2003). 먼저, 재해 후 정신보건 서비스를 제공하는 공적 기관으로서 가장 중추적인 역할을 수행하는 것은 FEMA의 위기상담 원조 및 훈련 프로그램(Crisis Counseling Assistant and Training Program)이다. FEMA는 미국의 재해대책을 총괄하는 기구로서 재해가 발생하면 재해지역에 재해복구센터(Disaster Recovery Centers)를 설치하고 여기에서 위기상담 서비스를 제공하고

통해 의연금을 모금하고 분배하는 것을 적극 권장하고 있다(Park, 2005. 9. 1). 특히, 연방정부(FEMA)에서는 의연금 모금이나 분배에 절대 개입을 하지 않고 있다.[2]

있다. 위기상담 프로그램(Crisis Counseling Program: CCP)으로 지칭되는 이 프로그램은 재해·재난을 경험한 피해자들의 정신·심리적 문제들을 경감시키기 위해 제공되는 단기 서비스이며, 해당 주나 지방의 정신보건 서비스 관련 기관과의 긴밀한 협조 관계를 통해 이뤄지고 있다. 두 번째 제공 주체로는 보건복지부(DHHS) 내 정신보건서비스센터(Center for Mental Health Services: CMHS)로서 이의 하부조직인 응급 서비스 및 재해구호지부(Emergency Services and Disaster Relief Branch: ESDRB)에서 주로 재해지역의 재해정신보건 서비스 대책을 마련하고 있으며, 이를 위해 FEMA, 약물 남용·정신보건사업국(Substance Abuse and Mental Health Services Administration: SAMHSA) 및 다른 센터들과 긴밀한 협조 관계를 맺고 있다. 이들은 주로 위기상담 서비스(CCP)를 제공하는 것을 주 임무로 하고 있다. 이상이 재해정신보건 서비스를 제공하는 공적 기관이라면, 민간조직으로서는 미국 적십자사(ARC)와 미국 사회복지사협회(NASW)를 들 수 있다. 먼저, 미국 적십자사는 대한적십자사와 마찬가지로 재해·재난 시 응급구호를 하는 민간단체로서 재해·재난 시 매우 중요한 역할을 수행한다. 한국의 대한적십자사와 다른 점은 정신보건 서비스를 주요 서비스의 하나로 제공하고 있다는 점이며, 재해 피해자의 정신보건 서비스를 제공할 뿐만 아니라 재해 복구 과정에 참여한 자원봉사자들이 겪는 정신적 스트레스까지 치유함으로써 자원봉사자들이 좀 더 원활한 구호활동을 할 수 있도록 도와 주고 있다. 마지막으로 미국 사회복지사협회에서는 미국 적십자사와 협력 관계를 맺어 사회복지사들이 재해정신보건을 위한 훈련을 받을 수 있도록 도와 주며, 미국 적십자사와 별도로 사회복지사들의 재해위원회를 구성해 독자적인 모임 및 훈련을 갖고 정신보건 서비스 제공을 위해 활동하고 있다. 이상에서 살펴본 것처럼 미국의 경우는 공적 기관과 민간기관이 긴밀한 협조 관계를 갖고 재해 후 정신적 스트레스를 해소하기 위해 다양한 자원들을 동원하여 재해 피해자뿐만 아니라 재해 시 자원봉사 활동을 한 자원봉사자들의 정신보건에까지 관심을 갖고 있다. 우리나라의 경우, 지금까지는 오직 인적·물질적 재해의 복구에만 관심을 가졌으나, 이제부터라도 피해자의 심리·정신적 스트레스를 해소하기 위한 서비스 제공을 신중하게 고려해야 할 것이다. 이를 위해 정부의 중앙 재해대책 기구 내에 심리상담가나 임상 사회복지사를 고용해 재해 후 정신적 스트레스를 완화시키는 것의 중요성을 부각시키고 이를 위한 프로그램 개발을 준비해야 할 것이다. 또한 기존 민간조직인 사회복지사협회나 심리상담가 조직 등의 협력망을 구축해 이들 자원을 재해 시 활용하는 구체적인 방안을 수립해야 할 것이다.

2) 주정부가 성금을 모금하는 경우, FEMA에 등재된 이재민 숫자에 따라서 지방정부에 의연금을 나눠 주고 있다. 그 후 지방정부 자체의 배분위원회에서 구체적인 용도를 결정하게 된다. 대부분의 주가 성금을 자체에서 걷지 않지만, 노스캐롤라이나, 플로리다 등 일부 주에서만 주정부가 직접 성금을 모금하고 있다. 이는 주지사가 명망이 높고 신뢰할 수 있는 경우 주정부가 돈을 걷는 것으로서, 주지사가 TV에서 구호 지원을 국민에게 호소하고 보좌관들이 기업에 기부를 당부한다. 중요한 것은 주지사가 주정부에서 모은 성금은 연방정부 프로그램이나 자선기관 단체에서 충족시킬 수 없는 이재민들의 수요(need)를 충족시키는 데 사용되기 때문에 주로 갭 펀드(Gap Funding)라고도 불린다. 예를 들면, 연방정부의 지원 자격 요건이 안 되는데 지원이 꼭 필요한 피해자나 용도 등에 제공된다. 가령, 연방정부에서 나오는 돈이 한정되어 있는데, 피해자에게 제공되는 돈이 최대 2만 달러로 한정되어 있기 때문에 이보다 훨씬 더 필요한 경우나 저소득 계층에 추가적인 지원금이 제공된다. 일반적으로 의연금은 이재민만을 위해 사용되고 공공시설 복구에는 사용되지 않는다(Park, 2005. 9. 1).

FEMA Website에서도 의연금을 자선기관을 통해 제공하도록 권장하고 있고, 절대 개입하지 않는다. 연방 차원에서 배분위원회는 존재하지 않는다. 단지 각 모금기관 자체에서 각 주별로 모금된 의연금은 해당 모금기관의 본부로 일단 모였다가 피해지역으로 나눠 주는 시스템으로 운영된다. 예를 들면, 허리케인 카트리나의 경우, 재난피해 발생 시 각 주별로 적십자사가 의연금을 모금하고, 이 모금된 의연금이 적십자 본사로 모여진 후 다시 루이지애나 주, 미시시피 주 등의 피해지역에 배분되는 체계를 지니고 있다.

미국의 재난 발생 시 의연금품 관리(donations management)는 의연금, 의연품, 자원봉사 서비스의 세 가지로 구분되어 관리되고 있다. 지난 1999년 9월 29일 노스캐롤라이나 주에서 가장 컸던 허리케인 플로이드(Hurricane Floyd)로 인해 85,00세대의 주택이 파손되었다. 이와 함께 재해의연금은 적십자와 주정부로 제공되었으나 이와 관련한 전례가 없어 주정부로서는 매우 당황스러운 상태에서 일단 수령했던 것이다. 그 이후 의연금품의 관리에 대한 방안을 모색하기 시작했다(Latham, 2005. 8. 31).

주정부는 재난이 발생하는 경우 주정부가 의연금을 받아서 분배할 때 가장 중요한 것은 주정부가 애초에 돈을 받지 않는 것이 원칙이다. 그렇기 때문에 주정부는 원칙적으로 시민들에게 재해의연금을 NGO로 보내 줄 것을 호소하고 있다. 이는 재해의연금의 분배 문제 등에서 정부가 개입하면 스캔들 등의 여러 가지 문제가 발생할 소지가 있기 때문이다. 그렇기 때문에 정치지도자들은 재해의연금을 받는 것에 대해 잠재적인 문제들이 있다고 보고, 주지사가 의연금을 직접 받겠다는 결정을 내리는 데는 정치적 위험을 감수할 용기가 있어야 한다(Latham, 2005. 8. 31).

미국에서는 의연금품 관리 시에 지켜야 할 운영 원칙 또는 운영 개념으로 다음과 같은 다섯 가지가 있다.

첫째, 주지사의 공공정보 캠페인이다. 재난 발생 시 주지사는 이런 물품이 필요하니 보내 달라, 혹은 이런 물품은 불필요하니 보내지 말라 등의 내용을 주지사가 직접 하거나 주지사 공보관이 TV, 라디오, 신문 등에 캠페인을 한다. 또 재해의연금은 주정부로 보내오지 말고 적십자사 등으로 보내라는 등의 캠페인을 한다. 주지사는 정치적 영향력이 크기 때문에 주지사가 TV에서 시민에게 의연금품을 보내 줄 것을 호소하는 경우, 이에 대한 시민이나 기업의 호응이 크다. 그리고 이를 통한 의연금품이 주정부로 모이면 이것을 주정부에서 관리하기 어렵기 때문에 NGO, 예를 들면 노스캐롤라이나 주에서는 ACS(Adventists Community Services)에 보내서 관리하도록 하고 있다.[3] 이에 소요되는 비용은 주정부에서 대고 있으며 실제 활동은 NGO에서 하고 있는 것이다. 이러한 공공정보 캠페인의 목적은 주정부의 의연금품 정책(donation policy), 조직, 서비스 내용 등을 시민에게 알려 주기 위한 것으로서, 허리케인 플로이드 당시에는 주정부의 이러한 캠페인이나 시스템이 없었으나, 2003년도에 설치되어 효과적으로 수행되고 있다. 특히, 주지사의 대중 연설이 의연금품의 관리에서 가장 효과적인 수단인 것으로 입증되고 있다. 주지사는 대중연설을 통해 자원봉사 서비스, 물품(기저귀, 분유 등)을 구체적으로 제시하고, 불필요한 것을 시민에게 알려 주는 한편, 의연금과 관련된 주정부의 정책을 시민에게 설명해 주고 있다. 그리고 상황실이 업무를 시작하면 의연금 관련된 사항이 접수되고, 그러면 연락관인 스톤(Faye W. Stone)이 주지사에게 보고하게 된다.[4]

둘째, 의연금품 관리를 위한 핫라인(Governor's Information Hotline)을 운영한다. 물리적 공간 개념으로서의 핫라인에서는 적십자사(Red Cross), United Way, 시민, 자원봉사자 등과의 연락 창구 역할을 수행한다. 핫라인은 현재 15대의 전화기와 컴퓨터가 있고, 자원봉사자가 의연금품 및 자원봉사 접수를 받는 곳으로서, 물리적인 공간의 이름이다. 이곳에서는 주에서 발생하는 재난에 관한 모든 사항, 예를 들면 민원상담을 포함한 모든 사항을 전화로 할 수 있다. 이곳에서는 상담 내용을 컴퓨터에 입력하고(상황실에서도 볼 수 있음), 일처리를 신속하게 수행할 수 있다. 자세히 접수된 상황을 ACS에 정보를 주면 의연품을 언제, 어떻게, 누구에게 주는가를 조정하게 된다. 핫라인은 일반 시민 및 재난 피해자를 위한 원스톱(One-Stop) 센터로 볼 수 있으며, 의연금품 기증자에게 어디로 돈이나 물품을 보내는지도 알려 주고, 재난 피해자 역시 필요한 물품이나 서비스를 요청할 수 있다.

셋째, 주정부에 있는 EOC(Emergency Operation Center) 내에 의연금품 관리 조정팀을 운영한다. 노스캐롤라이나 주의 경우 의연금품 관리에서 다음과 같은 세 가지 문제점이 제기되고 있다. ① 불필요한 물품의 기증, ② 무작위하게 출처를 알 수 없는 곳에서 쏟아져 나오는 것을 물류창고에서 관리하는 데 따르는 어려움, ③ 주정부

3) 노스캐롤라이나 주의 경우 적십자는 주정부와 대피소 운영에 대한 양해각서(MOU)를 맺어 활동하고 있고, ACS는 주정부와 의연품 관리에 대한 MOU를 맺었으며, 구세군(Salvation Army)은 주정부와 임시 음식 제공에 대한 MOU를 체결해 재난관리 활동을 수행하고 있다. 그리고 재해의연금 관리에서는 United Way가 주정부와 MOU를 맺고 있다(Latham, 2005. 8. 31).

4) 상황실(EOC)의 정보 시스템을 통해 보고가 들어오고, 적십자(대피소 관리)에서 올라오는 내용을 연락관이 주지사에게 보고한다. 주지사는 안전수칙 등과 같은 사항에 대해 언급도 하지만 의연금품이 중요하기 때문에 이 부분에 대해서도 발표를 하고 있다(Stone, 2005. 8. 31).

에서 관리할 사람도 없고 노하우의 축적도 없음 등이 그것이다(Latham, 2005. 8. 31).

넷째, 의연품 관리 물류창고를 제공한다. 다만, 주정부가 관리창고를 지어 주고, 의연금품도 보내 주지만 운영은 NGO에서 하고 있다. 주정부는 창구 역할만 수행하고, 주정부와 ACS가 함께 운영하는 것이다. 민간에서 걷는 의연품 물류창고만으로는 부족할 수 있기 때문에 주정부에서도 긴급구호물품 등 필수물품을 관리할 창고를 갖고 있다.

다섯째, 지역 재난자원봉사자협회(Volunteer Organizations Active in Disaster: VOLAD) 분배센터를 지원한다. 노스캐롤라이나 주의 경우에는 의연금 배분을 위한 배분위원회가 있다. 주지사 사무실에 정책자문위원회가 있는데, 주지사가 직접 모금한 의연금은 여기에 있는 사람들이 각 지역의 피해 상황을 확인한 후에 지방정부에 의연금을 지원해 주고 있다. 그러나 중요한 것은 FEMA나 EMI가 권고하는 것은 다음과 같다. ① NGO에 의연금 배분권을 주는 것이 원칙이다. ② 정부는 의연금 모집 및 배분에 관여하지 말라는 것이 원칙이다(Stone, 2005. 8. 31). 노스캐롤라이나 주지사가 의연금 모집 및 배분에 개입하는 것은 주지사의 정치적 의지인 것이다. 이는 주지사 사무실 모금은 정치적 영향력이 있기 때문에, 비록 기업인이나 일반인이 대가를 바라는 것은 아니지만 의연금 모금액이 커진다.

제 2 절 미국의 재해의연금품 모금 및 지원 체계

1 재해의연금 모금기관의 등록제 및 허가제

의연금 모금 및 배분기관은 등록제다. 그러나 일반 국민은 신뢰 있는 기관에 기증하고 있다. 이 기관들은 재난자원봉사자협회(VOLAD)에 가입해야만 물품을 받고 전달할 수 있다. 의연금 모금기관이 법적으로 허가 사항 자체가 없지만 사회 시스템에 의해 돈을 걷고 나눠 주려면 오랜 기간 동안의 명성과 활동을 보고 기증하게 되기 때문이다.

노스캐롤라이나에서 성금을 걷는 경우, 임시적으로 위원회를 구성해서 운영하고 있다. 위원회는 주지사가 주도한다. 이는 노스캐롤라이나 주의 경우 주지사가 의연금을 걷는 데 중요하고도 큰 역할을 했기 때문에, 즉 자신이 돈을 걷었기 때문에 배분에 중요한 역할을 하게 되는 것이다. 그러나 각 NGO들이 자체적으로 돈을 걷는 경우에는 NGO가 배분 등을 자체적으로 결정하게 된다. 즉 미국의 시스템에서는 정치적 영향력과 의연금 모금 및 배분 간에 매우 밀접한 관계가 있다.

2 재해의연금 기탁자의 선택권 보장

의연금을 내는 경우 용도를 의연금 기증자가 선택·지정해서 기증하고 있다. 예를 들면, 적십자의 경우 9·11테러나 동남아시아 쓰나미, 아니면 카트리나 재난 피해를 지정해 의연금을 제공할 수 있다.

의연품이나 자원봉사 서비스에 대해서는 NGO기관(협회)과 FEMA, 주정부 간의 조정 및 협의가 있으나, 의연금에 대해서는 조정 및 협의가 없고, 모금기관 자체에서 결정하고 있다(Park, 2005. 9. 1). 의연금을 기증하는 경우, 현금(cash)으로 기증하는 경우가 극히 드물고 전화나 인터넷을 통해 의연금 액수만큼을 신용카드(Credit Card)로 지불하거나 은행계좌 번호를 알려 주고 여기서 자동으로 이체한다. 또 하나의 방법은 한국처럼 계좌를 설치해 돈을 보내거나 수표책(Personal Check)을 보낸다. 이러한 방법을 사용하는 이유는 연말 소득 정산의 증빙 자료로 사용하고, 기증에 대한 투명성 확보 차원에서 이뤄지는 것이다.

3 재해의연금 모금에서 모집 경비 및 운영비 사용 문제

의연금 모금에서 운영비 공제에 관해서는 때로는 모금 경비의 경우, 자선활동을 위해 성금을 걷는 것인지 조직운영비를 걷기 위한 것이 목적인지 알 수 없는 경우가 있다.

의연금 모금 기간은 장기간에 걸치는데 보통 큰 재난의 경우 2~3년에 걸쳐서 복구가 끝날 때까지 의연금 모금이 이뤄지고 있다. 의연금 모금기관이 신문, 라디오, TV 등의 언론매체를 통해 홍보되고, 각 언론사별로 자체에서 신뢰하는 기관을 선정해 홍보해 주며, 믿을 만한 기관을 선정하는 것은 언론의 몫이다. 무료로 홍보해 주고 있다. 다만, 언론사는 홍보 및 국민에 대한 의연금 기증 권장 역할에 그치고 자체에서 모금해 전달하는 경우는 극히 드물다. 이는 언론이 직접 돈을 만지는 것은 매우 민감한 사항(hot potato)이므로 가능하면 회피하려고 한다. 대부분의 경우 자선단체가 돈을 모금하는 경우 외부 회계감사를 받고 공개한다.

보통 재해의연금에서 9~10%를 운영비로 제하는 것이 일반적이다. United Way가 주정부와 의연금 관리에 대한 양해각서(MOU)를 맺었는데, United Way는 의연금 모금 및 배분 시에 운영비를 제하지 않는 대신에 의연금에서 나오는 이자를 운영비로 사용한다. 원금은 건드리지 않고 이자만 사용하고 있는 것이다. 이와는 달리 종교단체나 적십자도 의연금을 걷고 있으며, 대부분의 경우 운영비를 제하고 있다.

특히, 노스캐롤라이나 주정부에서 주지사가 의연금을 걷는 경우에는 의연금 모금 및 배분을 하는 데 운영비를 전혀 제하지 않기 때문에 어떤 경우에는 시민들이 주정부에서 의연금을 직접 모금하기를 바라고 있다.

4 이재민에 대한 재해의연금의 지원 내용

의연금 분배의 가장 중요한 기준은 재난 피해자가 입은 피해 정도다(Park, 2005. 9. 1). 이재민은 FEMA에 핫라인을 통해 의무적으로 이재민 신고를 하면서 피해 정도를 알려 주어야 한다(전화번호: 1-800-FEMA). 그 후에 FEMA 피해 조사관이 직접 피해 현황을 확인한 뒤 정식으로 이재민으로 등재된다. 그에 따라서 FEMA가 국민세금으로 걷은 이재민 구호자금이 나가게 된다. FEMA가 제공하는 구호자금의 용도는 ① 집수리, ② 가재도구 구입, ③ 임시 거처 마련, ④ 사망 시 장례비 지원 등이다. 연방 차원에서 피해자에게 수표를 보내 주고, 이재민은 우편을 이용하거나 지역재해구호 현장사무소에 와서 받아갈 수 있다. 최근에는 해당 액수를 신용카드로 제공하는 방안을 추진하고 있다.

의연금을 현금으로 재난 피해자에게 주는지 아니면 다른 서비스나 물품으로 주는지에 대해서는 지방정부마다 다르다. 현금을 줄 수도 있고 물품이나 서비스를 줄 수도 있다. 그러나 공식적으로 연방재난관리청(FEMA)에서는 (세금)예산에 의해 집수리비, 가재도구 등의 돈을 주는 것이 있다. 현재 적십자에서 개선하려는 사항은 그동안 직접 돈을 주는 것 대신에 기프트 카드나 바우처 등을 주는 것으로 전환하려고 한다(Waddell, 2005. 8. 31). 9・11 테러 당시에는 성금을 재난 피해자에게 현금으로 주기도 했다. 또한 뉴스 미디어는 직접 의연금을 걷지 않고, 돈을 걷는 기관을 알려 주는 역할을 하고 있다.

의연금 모금 및 지원 시에 ① 돈을 걷고 분배하는 것은 거의 NGO가 하고 있다. 그리고 ② 연방정부 차원에서는 의연금 모집의 책임기관이 없고 NGO가 그 기능을 하고 있다. ③ 현금으로 지원하는 경우가 있지만 자연재난의 경우에는 물품과 서비스로 제공하고 있다. 이와 함께 배분위원회의 경우에는 각 지방정부의 경우에는 시장, NGO 대표가 참여하며, 노스캐롤라이나의 경우에는 지방정부의 공무원, 시장, NGO 대표들이 함께 어떻게 분배할 것인지를 결정한다.

제 3 절 시사점

미국의 재난 발생 시 의연금품 관리는 의연금, 의연품, 자원봉사 서비스의 세 가지로 구분되어 관리된다. 여기서 의연품이나 자원봉사 서비스에 대해서는 NGO기관(협회)과 연방재난관리청(FEMA), 그리고 주정부 간의 조정 및 협의가 있으나, 의연금에 대해서만은 조정 및 협의가 없으며, 의연금 모금기관 자체에서 결정한다. 특히, 연방정부(FEMA)에서 의연금 모금이나 분배에의 개입은 절대적으로 없다고 한다. FEMA는 웹사이트를 통해 의연금 모금 자선기관을 통해서 제공하도록 권장하고 있고, 연방 차원에서의 배분위원회도 존재하지 않는다. 다만 FEMA의 경우는 국민 세금으로 거둔(즉, 예산 항목으로) 이재민 구호자금이 있어 집 수리, 가재도구 구입, 임시 거처 마련, 사망 시 장례비 등에 지원한다. 이러한 관점에서 보면 최근에 입법예고된 재해구호법 전부 개정법률(안)에서 정부의 의연금 모집 및 배분권을 강화하고 있는 것은 바람직한 방향이 아님을 알 수 있다. 또한 신문, 라디오, TV 등의 언론매체는 홍보 및 국민에게 의연금 모금에 적극 참여할 것을 권장하고 홍보하는 역할만 하지 직접 모금활동을 해서 전달하는 경우는 극히 드물다. 그 이유는 언론이 직접 의연금을 만지는 것은 매우 민감한 문제이기 때문이다. 결론적으로 미국의 재해의연금 모금 및 지원 체계는 각 모금기관 자체에서 각 주별로 모집된 의연금을 해당 모금기관의 본부로 일단 모았다가 피해 지역으로 나눠 주는 시스템을 갖추고 있다.

그러다 보니 연방 차원에서의 모금기관에 대한 허가제나 등록제는 생각할 수 없다. 다만 각 주별로 사정은 다른데, 노스캐롤라이나 주의 경우는 의연금 모금 및 배분기관에 대해 등록제를 취하고 있다. 노스캐롤라이나 주는 의연금 배분을 위한 배분위원회가 있고, 배분위원회는 지방정부의 공무원, 시장, NGO 대표들로 구성되며, 이들이 함께 어떻게 분배할 것인지를 결정한다.

의연금을 기부하는 자는 의연금의 사용 용도를 선택해 지정해서 기증하고 있다. 의연금 기증은 현금으로 기증하는 경우는 극히 드물고 전화나 인터넷을 통해 신용카드(Credit Card)로 지불하거나 은행계좌로 이체하거나 수표책(Personal Check)으로 대부분 이뤄진다. 그 이유는 연말 소득공제 혜택과 의연금 기증에 대한 투명성 확보 차원이라 한다. 그리고 의연금 모집 기간은 장기간에 걸쳐서 이뤄지며, 보통 복구가 끝날 때까지 계속된다.

의연금 모금에서 운영비를 공제하는지는 명확하지 않다. 재해구호 및 자선활동을 위해 성금을 모금하는지 혹은 조직운영비를 조달하기 위해 모금하는지 알 수 없는 경우가 많다고 한다. 그러나 노스캐롤라이나 주에서는 재해의연금에서 보통 9~10%를 운영비로 제하는 것이 일반적이나 때로는 의연금의 원금에 대해서는 건드리지 않지만 의연금에서 나오는 이자를 운영비로 사용하는 경우도 있다.

모금된 의연금으로 제공하는 내용 서비스는 지방정부마다 다르다. 즉, 지방정부에 따라 현금을 줄 수도 있고, 물품이나 서비스를 줄 수도 있다. 다만 연방재난관리청(FEMA)은 예산에서 마련된 재해구호기금으로 집 수리비, 가재도구 구입비, 장례비 등에 현금을 제공하고 있다. 최근 적십자사 등을 중심으로 해서 그동안 직접 돈으로 주는 것 대신에 기프트 카드나 바우처 등을 주는 것으로 전환하려 하고 있다.

제14장 일본의 재해구호와 재해의연금품 모금 및 지원 체계*

제1절 총론

일본의 경우 재해의연금이 각 단체별로 따로 모여져서 피해를 입은 지역의 지방자치단체로 전달된다(村野淳子, 2005. 6. 22). 피해 범위로 보았을 때 예를 들어 피해가 시정촌(市町村)에 국한되면, 시정촌의 사회복지협의회(이하 '사회복지협의회')가 시정촌 자치단체에 의연금을 전달하게 된다. 그리고 배분과 관련된 특별한 규정은 없으나, 대부분의 경우 피해를 입은 지방자치단체로 의연금이 모아지는데, 지역마다 약간의 차이는 있다. 예를 들어 만일 오이타현(大分縣)이 재난 피해를 입은 경우, 관련된 모금기관들이 오이타현에 의연금을 전달하기로 협의하면, 오이타현이 이재민에게 전해 주게 된다. 다만, 모금기관별로 각각 특정 피해 지역에 전해 주기로 결정하면 직접 전해 줄 수도 있다. 그리고 모금기관 대표(적십자 대표, 시장, 행정기관 대표)들이

* 일본의 재해의연금품의 모금 및 배분 체계에 관한 연구는 2005년 6월 22일(20:00~21:30) 서울 중구 스타벅스 커피숍에서 村野淳子(社會福祉法人 大分縣社會福祉協議会), 林芳宏(財團法人 神戸國際觀光コンベンション協会), 2005년 8월 1일(10:00~12:40) 도쿄 중앙공동모금회 5층 회의실에서 阿部陽一郎(中央共同募金会 企劃課長), 本田章博(中央共同募金会 常務理事), 2005년 8월 1일(13:30~15:20) 高橋良太(全國社會福祉協議会 地域福祉部 副部長 代理), 2005년 8월 1일(15:30~16:40) 渡部元 (内閣府 參事官補佐), 그리고 2005년 8월 2일(10:00~12:10), 松原明 [シーズ(市民活動を支える制度をつくる会) 事務局長], 轟木洋子[シーズ(市民活動を支える制度をつくる会) プログラム ディレクタ]와의 심층면접을 통해 이뤄졌음을 밝힌다.

모여서 배분을 어떻게 할 것인지 의논하며, 사회복지협의회의 대표는 퇴직 공무원이 주로 하고, 배분은 배분위원회가 수행한다. 그리고 이 배분위원회에는 모금기관 대표들과 지방자치단체장이 함께 포함되어 있다. 지방자치단체 자체에서도 모금을 실시한다.

그러나 두 개 이상의 '현'에 걸쳐 재해가 발생하는 경우 모금액의 배분은 '현' 사이에서 불균등하게 이뤄질 수 있고, 이러한 불균등한 배분은 어쩔 수 없는 것으로 본다. 그러나 전파 세대를 기준으로 최근 오쿠 시에서 조그마한 지진이 발생했을 때, 1인당 약 1억 5,000만 원을 받은 반면에, 한신(阪神) 대진재의 경우 피해자가 많았기 때문에 약 200만 원밖에 받지 못한 사례가 있다. 매스컴의 경우에도 모금을 하는 경우 사회복지협의회, 행정기관, 적십자사 등에 전달하게 되어 있는데, 전체 모금액을 갖고 배분하기 때문에 공평한 것처럼 보이지만, 내용적으로는 지역별로 배분되는 액수의 차이가 있게 된다(村野淳子 · 林芳宏, 2005. 6. 22).

행정기관은 전파 · 반파 여부만을 결정하고 피해자에게 이 사실을 통보해 주는 한편, 은행 계좌를 통해 성금을 이재민에게 전달해 준다. 한신대지진 당시까지는 정부나 지방자치단체에서 지원해 주는 경우가 없었으나, 그 이후부터는 의연금만으로는 이재민의 생활이 불가능했기 때문에, 정부가 『생활지원법』에 따라 세대당 최대 300만 엔까지 지원해 주고 있다. 이 경우 소득 수준에 따라 못 받는 경우도 있다. 그리고 이것도 부족하면 독거노인이나 장애인을 대상으로 '현(縣)' 차원에서 지원해 주고 있다.[1] 다만, 재해 지역을 선포하는 경우에는 300만 엔을 지원해 주고, 이에 더해 추가적으로 의연금도 같이 주고 있다(村野淳子 · 林芳宏, 2005. 6. 22).

일본의 경우, 정부는 재해의연금 활용에 절대 관여하지 않는다. 재해의연금 배분위원회에 지방자치단체의 장이 참여하고 있는데, 이는 관여가 아니라 3자로 구성된 위원회에 참여해 함께 논의할 뿐이다. 전국적 차원에서 국가기관이 관여하는 일은 전혀 없다(阿部陽一郎 · 本田章博, 2005. 8. 1).

일본 광역자치단체의 배분위원회 구성은 다음과 같다. ① 지방자치단체의 장(도도부현), ② 재해 피해지역 단체장(기초자치단체; 시정촌), ③ 피해 지역의 적십자사 지사, ④ 피해지역의 언론기관(TV, 신문), ⑤ 지역 사회복지협의회가 그것이다. 여기서

1) 한신대지진이 발생하기 전에는 개인의 위험은 개인이 지키고, '현'의 위험은 '현'이 지키는 것이 원칙이었다. 또한, '야케부도리(焼け太り)'라 해서 화재가 나서 지원을 받는 사람이 예전보다 더 잘살게 되는 것을 인정할 수 없다는 분위기가 지배적이다(村野淳子 · 林芳宏, 2005. 6. 22).

배분위원회 위원장은 없고, 사무국이 있으며, 사무국이 간사 역할을 하고 있다. 그리고 사무국은 적십자사 직원이 사무국 직원을 맡고 있다.

혼다(本田章博, 2005. 8. 1)에 의하면, 의연금을 행정기관에서 걷어서 일률적으로 30만 엔, 50만 엔씩 나눠 주면 재해 이재민과 국민의 동의를 얻기 어렵다. 그래서 배분위원회에서 재해 이재민 한 사람 한 사람의 입장에 서서 얼마를 나눠 줄지를 결정한다. 즉 권력자가 배분위원회에 들어가서 참여할 수 없는 것이 일본의 실정이다.[2)]

예를 들면, 지방자치단체는 이재민을 사망자, 부상자, 재산 피해 정도로 조사하고 이에 대해 피해자 수로 나눈 금액을 배분한다(阿部陽一郎, 2005. 8. 1). 이 조사의 목적은 의연금을 배분하기 위한 것뿐만 아니라 정부보조금이나 피해자가 가입한 민간보험에서 활용하기 위한 것으로서 이를 위해 지방자치단체가 조사를 하게 된다. 구호 및 지원의 내용을 살펴보면, 일본은 사회적 합의 차원에서 피해자에 대한 위로금의 형태로 돈을 주고 있다. 돈을 피해자 수로 나누다 보니 1인당 30만 엔씩을 주는 경우도 있고, 홋카이도(北海道) 지진이나 나가사키(長崎) 지진 때는 300억 엔이 모였는데 피해자가 적다 보니 세대당 1,000만 엔씩을 나눠 주는 경우도 있다.[3)]

일본의 재해의연금 모금 및 배분의 문제점은 다음과 같다. 첫째, 의연금 지급에서 피해지역별로 격차가 발생해 이재민 사이에 불만이 제기되고 있다. 둘째, 피해지역에서 모금활동을 하는 활동가들 중에는 활동비용(운영비) 모금 차원에서 의연금을 모금하는 것이 활성화되어 있는 실정이다. 셋째, 주택 피해자들의 경우에는 민간보험에 가입하지 않은 경우 정부보조금이 없기 때문에 곤란에 처하는 경우가 발생하고 있다.[4)]

모금기관들은 의연금이 다 모아질 때까지는 각 모금기관별로 적립하고 있다가 배분위원회의 방침이 결정되면 위원회가 갖고 있는 계좌로 송금해서 모여지게 된다. 배

2) 의연금의 흐름과 관련해 살펴보면, 일본적십자사는 본사와 지사 체제이기 때문에 본사가 관여할 수밖에 없지만, 일본 공동모금회의 경우에는 법인 체제이기 때문에 지역법인이 별도의 독립법인인 관계로 지역공동모금회에 맡기고 있다(本田章博, 2005. 8. 1).

3) 우리나라의 경우, 형평성 확보 차원에서 일정 기준에 따라 나눠 주고, 의연금을 걷지 않는 소규모 재난 시에도 이재민에게 의연금을 나눠 주고 있다. 일본에서도 한국의 제도를 매우 긍정적으로 인식하고 있으며, 한국의 제도가 훨씬 발전되어 있다고 생각하고 있음을 발견했다. 또한 한국의 제도를 도입하려는 의사를 표명하고 있다.

4) 이러한 문제점을 해결하기 위해 일본 효고(兵庫)현에서는 공제제도를 마련해 지원하고 있다. 즉 효고현 공제 제도는 예를 들어, 1년간 한개 5천 원짜리 보험을 들 경우 피해를 입었을 때 600만 원을 지원해 주는 제도다(阿部陽一郎, 2005. 8. 1).

분 방식은 지방자치단체별, 피해 세대 수만큼 배분위원회에서 지방자치단체로 의연금을 보내면, 지방자치단체가 피해 세대한테 배분하는 형태다. 소규모 피해의 경우에는 모집 기간이 1개월이 걸리고 그 후 1개월이 지나서 배분한다. 그러나 대규모 피해의 경우에는 모집 기간에 1년이 걸린다. 처음에는 1개월이었으나 성금이 안 모여서 모집 기간을 늘리다보니 1년이 되었다. 그 중에서도 일정 기간별로 모은 금액은 일단 배분한 후에, 추가 모금과 배분을 하는 형태를 띠고 있다.

사회복지협의회에 봉사활동을 조정하는 역할을 하는 위원회는 없다. 그러나 본부 형태로 수천 명의 자원봉사자들을 관리하는 조직은 있었다. '부흥본부'로 바뀠을지는 모르나, 사회복지협의회 차원에서는 30~40명의 조정자를 부흥본부에 보내 주고 지원을 한다.

다른 협회들과의 연대 문제는 사회복지협의회보다는 행정기관 차원에서 하는 경우가 많다. 볼런티어 활동이기 때문에 더욱 그러하며, 대부분의 경우 피해지역의 지방자치단체가 재난 발생 시 필요한 위원회를 만들어서 일을 해나가고 있다. 해당 지방자치단체가 지원이나 협조를 요청하면 지원하고 있지만 그렇지 않은 경우에는 지방자치단체 수준에서 해결하고 있다.

사회복지협의회의 코디네이터(조정자)의 역할은 다음과 같다. 재난 피해자의 욕구(needs) 조사, 이후에 참여하는 볼런티어(volunteer)들이 갖고 있는 능력(care: 건축능력 등)을 판단해서 피해자 욕구와 일치하는 사람들을 파견하고 있다. 보통 볼런티어는 의무활동이 아니라 자발적인 활동이므로 대체로 쓰레기 분리 등 청소에 종사하는 사람이 많지만 접수하는 차원에서 볼런티어의 능력 파악을 해놓으면, 능력을 활용해서 좀 더 유익한 봉사활동을 할 수 있다. 지역의 사회복지협의회 내에 물자조달팀과 자원봉사자가 필요한 것들을 조사해서 지원하는 코디네이터가 따로 있다.

재난 피해자 욕구조사에 관한 통계는 사회복지협의회 차원에서는 없다. 행정적 차원에서 파고들면 알아볼 수 있지만, 니가타(新瀉)현의 경우는 욕구조사가 어려운 지역이었다. 현장 차원에서는 욕구조사를 청문(방문)조사를 통해 얻은 결과를 게시판에 붙이고, 볼런티어가 게시판을 보고 자기가 가능한 피해자를 방문해서 도와 주고 있다. 지역에 가서 주민들을 통해 들으면 대충 알 수는 있지만 정확한 통계는 어렵다. 볼런티어들이 대체로 하는 일은 주택의 파손을 처리하는 것 등이다. 정확하게 볼런티어의 욕구와 이재민의 욕구가 일치하는 경우가 많지 않다. 그래서 주로 주택 파손물 처리 등의 일을 하게 된다. 일본 국민성을 보면 인내심이 강해서 자기가 무엇이 필요한지 2개월이 지나서 말하는 사람도 있다.

사회복지협의회의 조직은 다음과 같다. 도도부현이나 시정촌의 사회복지협의회는 독립법인 체계이므로 독립적으로 운영된다. 전국 사회복지협의회는 도도부현 사회복지협의회의 연합체, 도도부현 사회복지협의회는 시정촌 사회복지협의회의 연합체다. 공동모금회는 도도부현까지는 법인화되어 있는 반면에, 사회복지협의회는 시정촌까지 법인화되어 있다. 따라서 시정촌의 사회복지협의회가 공동모금회의 업무를 담당하는 경우가 많다(高橋良太, 2005. 8. 1).

사회복지협의회의 재정구조를 살펴보면 다음과 같다.

먼저, 시정촌 사회복지협의회의 재정구조는 ① (주민 대상) 회비 모금(수익 적음), ② 개호(介護) 보험(노인 케어: 흑자), ③ 행정기관 위탁사업의 보조금(과거에는 70~80%, 지금은 40~50%)으로 구성되어 있다.

다음으로, 도도부현 사회복지협의회의 재정구조다. 도도부현의 경우에는 ① 보조금, ② 위탁금, ③ 연수회비 등 기타 사업 수익으로 이뤄져 있다.

마지막으로, 전국 차원 사회복지협의회의 재정구조는 ① 본사의 빌딩 임대료, ② 출판사업 수익, ③ 연수회비, ④ 현에서 거두는 회비(10% 이하)로 구성된다.

이러한 사회복지협의회 활동의 주요 취지 중 하나는 볼런티어의 장을 제공하는 것이지만, 사회복지협의회가 전국의 볼런티어들을 관리하는 것은 아니고, 사회복지협의회를 통해 자원봉사를 하려는 사람들의 매개체가 되고 있는 것이다.

일본의 경우 이미 지역 차원에서 재난에 대응할 수 있는 네트워크가 형성되어 있고, 사회복지협의회는 네트워크를 지원하는 활동도 하고 있다. 지역에서 재난 피해가 발생했을 때는 해당 지역 주민은 서로 잘 알고 있기 때문에 해당 사회복지협의회는 코디네이터의 필요성이 적어서 욕구 파악이 안 되는 경우도 있다.

일본의 경우 2004년도와 같이 피해자가 많이 발생한 해는 재해의연금도 많이 걷히고 자원봉사자 활동도 많았다. 그러나 2005년도와 같이 피해자가 적은 경우에는 의연금이나 자원봉사자 활동이 적으며, 이런 문제를 해결해야 하는 것이 일본의 과제라고 할 수 있다.

일본의 방재백서에는 '방재문화'에 대해 국민적 운동으로 정착시키는 데 중점을 두고 있다. 보통 안전불감증에 걸린 사람들이 피해를 보는 경우가 많기 때문에, 이런 사람들에게 안전에 대한 지식교육 실시를 강화하는 정책에 집중하고 있는 것이다. 이러한 정책에 중점을 두게 된 것은 2004년부터라고 할 수 있다. 왜냐하면 재해에 대해서는 예측 불가능한 재난이 발생하는 것이 있다는 것을 인식하게 되었고, 그럴 경우에는 기존의 전통적인 하향식(top-down) 결정으로는 대응 속도가 느리다는 점에서 정책을 보완하고 있는 것이다.

즉, 매년 되풀이되는 재난에 대해 어떻게 하면 조직 체계와 정책 체계를 유연하게 할지를 고민하고 있다. 일본 중앙방재회의는 대표적인 재해대책기관이지만, 재해대책에 관해서는 현장 중심으로 움직여야 하기 때문에 모든 것은 시정촌의 판단에 맡기고 있다고 볼 수 있다. 중앙방재회의의 조직구조는 피라미드 형태이지만 정책 결정은 상향식(bottom-up) 방식으로 갈 수밖에 없다. 시정촌의 판단과 지원 요구 내용에 따라 정책 결정을 하고 있는 것이다. 중앙방재회의의 구성원은 정부 관계자 외에 일본은행, 적십자사, NHK 회장, NTT(통신) 회사 등을 주요 멤버로 하고 있다. 이 밖에도 휴대폰 회사 등 업체 관계자도 멤버에 참가시키고 있으며, 앞으로는 자원봉사 활동에 참여하는 기업 관계자도 멤버에 포함시킬 계획이다(渡部元, 2005. 8. 1).

일본에는 후생노동성이 관리하는 「재해구조법」이 있다. 「재해구조법」은 일정 규모 이상의 재해가 발생했을 때 효력이 발생하며, 재정 지원뿐만 아니라 공사비, 우송료, 인건비 등의 비용을 전면으로 국가가 부담하는 시스템을 가지고 있다. 왜냐하면, 처음 재해가 발생했을 때 일본이 가난한 나라였기 때문에 지역에 맡겨두면 복구가 제대로 이뤄지지 않았기 때문이다. 그리고 또 하나의 제도로서 의연금 제도가 있다. 우선, 의연금에 대해서는 방송국, 공동모금회, 적십자사가 모은 모금을 의연금 배분위원회(도도부현 차원)에 보내서 그 활용 방침을 모두 위원회가 결정하도록 하고 있다. 대신 배분위원회 멤버로서 행정기관의 관계자(공무원), 공동모금회, 적십자사, 다수의 언론기관이 포함되어 있다. 따라서 정부의 개입이 없다는 인식은 맞지만 지방자치단체 관계자가 그 활동에 전혀 관여하지 않는 것은 아니다(渡部元, 2005. 8. 1).

현마다 배분위원회를 두는 이유는 재해가 일어난 현마다 배분위원회를 두면 불합리한 배분이 일어나지 않을 것이라고 판단했기 때문이다. 조직 차원에서 보면, 배분위원회를 어디 밑에다 둔다기보다는 배분위원회가 업무 흐름 중의 하나라는 인식으로 운영되고 있다. 배분위원회는 지방자치단체가 준 돈을 '현'이 직접 주민에게 줄 수도 있고, 시정촌에 내려줘서 배분할 수도 있다. 이와 관련된 모든 결정 권한은 '현' 정부가 갖고 있으며, 일부는 '시정촌'에 일부는 '현'이 나눠 줄 수도 있다. 만일 피해 주민에 가까이 있는 시정촌이 주는 것이 좋다고 생각하면 시정촌에 돈을 내려보내게 된다(渡部元, 2005. 8. 1). 배분위원회의 배분 기준은 두 가지, 즉 신속성과 형평성(공평성)이다. 그리고 최근에 나온 것이 유효성이다.[5)]

---

5) 유효성은 언론이 보도하는 피해 지역만 지원을 받기 쉬운 경향이 생긴 데 따른 기준이다. 그래서 언

마지막으로 일본에서는 현재 광역 차원에서 교통망이 발달해 있기 때문에 광역적으로 기부금이 직접 전달될 수 있는 시스템을 마련하고 있다. 굳이 '현' 정부로 갈 필요가 없기 때문이다. 재정 지원보다는 자원봉사자 활동에서 나타나는 현상인데 다른 '현'의 피해자를 도우러 오는 자원봉사자들, 이들을 운송 수단 등의 측면에서 어떻게 지원해 줄 수 있느냐 하는 것이다(渡部元, 2005. 8. 1).

한국에서는 재해의연금을 지방자치단체가 나눠 주는 것보다는 지역의 NGO들이 나눠 주는 것이 어떠냐는 의견이 있는데 반해, 일본에서는 한국과 정반대의 논의가 있다. 시정촌, 현정부의 의견은 가능하면 피해자 수만큼 나눠서 균등 배분하는 것이 바람직하다고 본다. 왜냐하면 배분위원회가 국민에게 직접 전달하게 되면 개인이 필요한 재정 지원은 될지 모르지만 지역 부흥은 속도가 느려질 수밖에 없기 때문이다. 예를 들면, 금액의 형평성을 두지 않고 돈을 주면, 돈을 받은 사람은 개인적인 다른 용도로 써버리고 말 것이기 때문이다. 예컨대, 빚을 갚는다든지, 불안정한 미래를 극복하지 못하고 또 다른 용도로 쓸 수 있다. 그러나 시정촌에서 배분할 경우에는 배분할 때 어떤 용도로 쓰느냐에 대한 지정이 있고, 기준이 있고 이를 바탕으로 공평하게 배분하기 때문에 지역 진흥 차원에서 바람직하다고 본다. 시정촌에서 지정하는 내용은 예를 들면, 주택 피해를 입은 증명서를 가져오면, 전파냐 반파냐에 따라 보조 금액이 결정되기도 하고, 호적 등본에 자녀가 있으면 부양비 지원 등이 대체적으로 메뉴에 들어 있으며, 지출 용도로 교육비 얼마, 주택보수비에 얼마 쓰라고 지정한다. 그러나 지정된 용도에 사용하지 않아도 별 제재는 없다(渡部元, 2005. 8. 1).

배분위원회가 있는 이유는 지역사회의 의견을 확실하게 반영할 수 있다는 점이다. 그러나 공평성의 관점에서 문제가 있다. 즉 세대당으로 이야기하지만 세대가 10명인 집과 3명인 집이 있는 경우가 있기 때문이다.

일본의 경우 아직 NGO가 뿌리내리지 못했고, NGO에 대한 신뢰가 낮은 편이다. 그러나 지방자치단체에 대한 신뢰도가 높으며, NGO를 활용한 지원 체계의 운용이 아직은 요원한 실정이다.

피해조사 방법에는 두 가지가 있다. 첫째, 긴급 상황 시 중앙정부가 업체에 부탁해서 업무를 수행하거나, 둘째, 자원봉사자를 활용하는 것이다. 주택 피해 등은 건축회

론에 보도되지 못한 지역은 지원을 못 받은 점이 네트워크 사회에서는 인터넷을 통해 크게 문제화되기도 해서 이 부분에 대해 '유효성'을 강조하고 있다. 또 하나는 기부자의 배려가 잘 전달될 수 있는 방안으로 예를 들어 피해자보다 자원봉사자에게 주고 싶은 기부자에게는 '선택권'을 주게 하고 있다(渡部元, 2005. 8. 1).

사에 부탁해서 피해조사를 해야 하나, 재난 발생 시 당장 재난 피해자가 할 수 없으므로 전문 능력을 지닌 건축학과 학생들이 자원봉사자로 와서 해 주고 있다.

일본의 시즈(シ-ズ: 市民活動を支える制度をつくる会)는 시민단체의 활동을 지원하는 제도를 형성하는 모임이다.[6] 현재 일본에서 모금활동을 가장 활발하게 벌이고 있는 단체이며, 현재 일본의 많은 NPO들이 이곳을 방문하고 있다.

재해의연금 모금단체를 유형화해 보면, 일본 중앙공동모금회는 일본 국내의 복지 및 재해활동에 종사하는 단체다. 즉 국내적 차원에서는 중앙공동모금회가 최대 규모의 모금단체이고, 해외 재난에 대해서는 일본적십자사가 주로 모금활동을 하는 단체다. 그 밖에 UNICEF, NGO 등과 관련한 국제협력단체가 모금활동을 하고 있다(松原明・轟木洋子, 2005. 8. 2). 일본적십자사는 국내 모금도 하고 있다.

시즈(シ-ズ)는 모금활동을 직접적으로 하는 것은 아니고, 사회제도를 형성하는 단체다. 일본의 재해의연금을 모금하는 단체는 ① 공동모금회, ② 적십자사, ③ 행정기관인 지방자치단체, ④ 시민단체(NGO, NPO) 등 네 가지 구조로 이뤄져 있다(松原明・轟木洋子, 2005. 8. 2).

의연금 모금 주체의 차이를 아는 것이 중요하다. 이들 네 유형 중에 공동모금회가 국내를 대상으로 하고, 일본 적십자사가 국제적으로 모금활동을 한다는 것도 중요한 점이다.

제 2 절 일본의 재해의연금품 모금 및 지원 체계

1 재해의연금 모금기관의 등록제 및 허가제

일본에서는 단체가 모금을 하는 경우 특별한 허가는 필요없다(阿部陽一郎, 2005. 8. 1). 단지 의연금 기부자에 대해서는 세제 혜택이 주어지고 있는데, 세제 혜택을 받

6) 시즈(ミーズ)가 사회 제도를 형성한다는 의미는 선진국에서 많이 하는 기부금 세제 혜택을 일본에서 늘리는 방안을 마련하는 것과 두 번째로 지방자치단체에서 모금활동을 하는 NGO와 NPO들이 늘어나고 있기 때문에 이들이 중요 활동가로 나타나고 있다는 점에서 이들이 모금활동을 좀 더 용이하게 하도록 지원하고 있는 것이다(松原明・轟木洋子, 2005. 8. 2).

을 수 있는 단체가 정해져 있다. 즉 일본 국세청에서 일본 적십자를 포함해서 위원회를 구성하고 있고, 위원회에 등록되어 있는 단체에 한해 세제 혜택을 주고 있다. 구체적으로 살펴보면, 일본 적십자사, 광역자치단체(도도부현), 기초자치단체(시정촌), 공동모금단체 등에서는 세제 혜택을 받을 수 있다. 일반적인 NPO들의 경우 세제 혜택은 없지만 시민들이 의연금을 많이 기부하고 있다. 중앙공동모금회나 광역자치단체가 언론에 계좌번호 홍보를 요청하면, 언론에서 직접 돈을 걷지는 않고 국민들이 모금단체의 계좌로 직접 송금하고 있다. 또한, 일반 소규모 모금단체들도 언론에 계좌번호를 홍보해 줄 것을 요청할 수 있다.

공동모금회, 적십자사, 지방자치단체가 모은 돈은 일단 배분위원회로 가는 것을 전제로 하는 구조라는 점을 이해해야 한다. 앞서 논의된 바 있는 정신적·의료적 치료와 같은 지원활동을 담당한 것은 지금까지 지방자치단체였다. 그런 활동을 NGO, NPO가 담당하고 주목받게 된 것은 10년 전 한신대지진(1995) 이후부터다. 그 이전까지는 NGO, NPO 활동이 공론화되지 못했다. 행정기관이 아닌 활동기관에 대한 신뢰감이 부족했지만 한신대지진 이후에는 NGO, NPO 활동을 활성화시키는 데 대한 논의가 공론화되기 시작했다. 그런 의미에서 제도 개혁이 이뤄지기 시작했으며, 1998년 NPO법이 제정되어서 모든 NPO가 법인활동을 할 수 있게 되었다. 이전까지는 허가제였으므로 작은 단체는 활동하기 어려웠던 것이다. 현장에서는 정신적 치료나 생활 지원·외국인 지원을 하는 데는 소규모 단체가 활동하기 편했던 것이다. 이런데 주목해서 허가제는 그대로 보유한 채 법인활동을 할 수 있도록 새로 법안을 만들었다(松原明, 2005. 8. 2).

2 재해의연금 기탁자의 선택권 보장

이와 함께 일본에서는 기업의 재해의연금 기부액을 언론에서 공개하지 않고 있다. 의무적으로 기부하지는 않는다. 기업의 경우에는 기부금 전액이 세제 혜택을 받고 있으며, 개인의 경우에는 일부분 혜택을 주고 있다. 일본경제단체연합에서는 기업을 상대로 현금 기부금도 모금하고 자원봉사자 활동비를 지원하는데, 창구는 중앙공동모금회로 하고 있다. 예를 들면 도요타의 경우, 피해지에 렌탈영업점에서 줄 수 있는 차를 피해 주민에게 차량 지원을 했고, 장애인에게도 특수차량을 지원했다. 즉, 기업의 특성을 살린 기부가 있으며, 이런 경우에도 세제 혜택을 받고 있다.

3 재해의연금 모금에서 모집경비 및 운영비 사용 문제

모금기관이 모금액을 전해 줄 때, 일정 비율의 운영비를 제하지 않고 모금액 전액을 전달하고 있다. 재해의연금 모집 및 지원과 관련된 운영비에 대한 규정은 없으나, 관례적으로 모금액 전체를 전달하고 있다(村野淳子, 2005. 6. 22). 사회복지협의회는 사회복지협의회 자체에서 수행하는 고유 업무가 있기 때문에 그렇지만, 모금 전문단체인 공동모금회의 경우에도 재해 상황에서는 운영비를 따로 떼지 않고, 다른 모금활동 과정에서 확보한 운영비를 조달해 사용하고 있다.

일본의 경우, 정서적으로나 국민 감정상 국민이 재해성금으로 보낸 돈은 다른 용도로 쓸 수 없다(林芳宏, 2005. 06. 22). 예를 들면, 의연품으로 모포가 들어왔음에도 불구하고 자원봉사자들이 날씨가 추운 상황에서도 모포조차 사용하지 않을 정도다. '현' 단위에서 재해가 난 경우, '현'이 알아서 해야 한다. 공공시설 복구는 국가에서 해 주지만, 재해 주민 위로금 등을 국가에서 지원해 주지 않는다. 다만, '현' 단위에서 대규모 재해가 발생한 경우 다른 지역을 대상으로 해서도 모금을 할 수 있다. 예를 들어, 오이타(大分) 현에서 재해가 발생한 경우 주로 '오이타현' 내의 사회복지협의회가 모금을 하지만, 다른 '현'의 적십자 등 단체도 모금을 해서 오이타현에 보내 준다. 주로 사회복지협의회, 행정기관, 적십자 등이 주로 하는데, 이 세 기관만 해야 된다는 규정은 없으나, 대체로 일반 국민의 경우 신뢰성이 있는 이들 세 기관에 주로 의연금을 내고 있다.

일반 불우이웃돕기 성금 모금 시에는 운영비를 제할 수 있는 반면에 재해의연금의 경우에는 국민이 납득하지 못하기 때문에 운영비를 제할 수 없는 것이 일본의 실정이다. 예를 들면, 비용면에서 은행·우체국의 경우에는 수수료를 면제해 주고 있어 비용이 들지 않고, 이 일을 담당하는 직원이 자원봉사자이기 때문에 인건비도 들지 않는다. 다만, 기부자가 영수증을 요구하는 경우 우송료가 매우 많이 들게 된다. 예를 들면, 니가타(新潟) 지진 당시 적십자사나 공동모금회 등이 전국적으로 모은 금액이 317억 엔에 달했다. 이때 공동모금회로 들어온 의연금 36억 엔이 니가타 지진에 충당되었는데, 이와 관련해 든 비용이 공동모금회의 경우 500만 엔이었고, 이 비용을 재해의연금에서 운영비로 쓰지 못하고 일반경비로 지출해서 적자를 보기도 했다.

일본 사회복지협의회[7]에서는 재해의연금 모금이라는 용어를 쓰지 않는다. 주로 활

7) 사회복지협의회는 한신대지진 이후에 생긴 조직으로서, 각 지역에 있는 사회복지협의회가 자원봉사

동자금을 모금하는 활동을 하고 있다. 재난 피해자에 대한 모금활동은 일본 중앙공동모금회에서 하고 있기 때문에 일체 관여하지 않고, 사회복지협의회는 지역의 재해민을 위한 활동비를 지원하는 데 초점을 두고 있다.[8] 사회복지협의회에서 제공하는 지원금은 그 사용에 일체 제약을 두지 않고 있다. 예를 들면, 사람이 필요하면 인건비로 써도 되고, 몸이 피곤해서 한잔 하고 싶을 때는 술값으로 써도 된다(高橋良太, 2005. 8. 1).

재해볼런티어센터에 자원봉사자들이 봉사활동을 신청하면 자동으로 자원봉사 활동 상해보험에 가입되는데, 보험료는 명목은 사회복지협의회가 내주지만 재원은 중앙공동모금회에서 나온다. 대신 볼런티어들이 부상하거나 사망했을 경우 보험금이 나오게 된다. 즉 사회복지협의회는 자원봉사자들의 '자원봉사 플랫폼(platform)'의 역할을 한다. 효고(兵庫)현에서 재해가 없는 경우 50엔, 재해 시 보험료 600엔이다. 원래 이 보험 가입도 참여자들이 자기 부담으로 하게 되어 있으나, 어떻게 할지는 지방자치단체가 결정하게 된다. 원칙적으로는 볼런티어이기 때문에 모든 소요 비용은 자기 부담으로 해야 한다. 다만, 사회복지협의회 차원에서는 볼런티어에 참여해 주기 때문에 그것을 참작해서 지원할 수 있는 부분은 지원해 주고 있는 것이다.

복구활동은 주로 위험하기 때문에 행정기관이 하고 있다. 위험스러운 지역이나 건물은 노란색이나 빨간색 딱지를 붙여 놓고 있으며, 노란색 딱지가 붙어 있는 건물은 볼런티어들이 들어가서는 안 된다(高橋良太, 2005. 8. 1).

그 이후로 NGO, NPO 활동에서 재원을 어떻게 확보할 것인가가 논의되었다.

첫째, 세제 지원 조치로서 기부자에 대해 세제 혜택을 줌으로써 모금활동이 용이하도록 했다. 이에 따라 2001년 '인정(認定) NPO법인 제도'(① 해외에서도 기부자 세제 혜택 제도, ② 민간 재원을 NPO 재원으로 획득하는 것이 가장 빠른 것이라고 생각)를 두었다. 그러나 이 제도는 "인정 기준이 매우 엄격해서 2,200개 단체 중에 단지 34개만이 인정 기준을 받게 되어 지금은 이에 대한 개선 방안을 생각하고 있다. 시즈(C's)가 생각하고 있는 것이 통과는 안 되었지만, 특별세제 제도를 통해 NPO나

자(볼런티어) 활동을 주체적으로 주관하고 있지만, 사회복지협의회 본부 자체에서도 해당 지방자치단체하고 협의해서 조정자가 더 필요하면 지원하는 형태를 지니고 있다(高橋良太, 2005. 8. 1).

8) 아베(阿部陽一郎, 2005. 8. 1)에 따르면, 사회복지협의회의 사업수익은 중앙공동모금회로 들어온다. 대신에 사회복지협의회 활동에 대한 재정은 중앙공동모금회가 책임지는 형태다. 즉 사회복지 차원은 국가 차원에서 지원하고 있고, 자원봉사조직에 대해서는 사회복지협의회에서, 재정 지원은 중앙공동모금회에서 하고 있다.

NGO 활동이 더욱 용이하게 이뤄질 수 있도록 '피해자 지원활동 특별조치법'을 고안해 놓고 있다. 현재 일본 민주당이 국회에 상정해 놓은 상태이므로 검토 후 통과 결과가 나올 것으로 보인다.

이것이 시즈(C's)의 가장 큰 방향이고 시즈(C's)의 두 번째 역할은 공공 부문과 NGO·NPO 간의 파트너십 형성이다. 현재 이런 파트너십에 대한 논의는 국제 분야에서 주로 이뤄지고 있다. 국제 분야는 일본의 '외무성-경단련-NGO·NPO'가 파트너십을 형성하는 네트워크로서 'Japan Platform'(2000년 설립)이 형성되어 있다. 이 일본 플랫폼 네트워크(Japan Platform Network)는 국제협력단체 약 20개가 소속되어서 활동하는 것인데, 해외에서 재해 발생 시 외무성이 자금을 적립해 두었다가 활용하고, 필요에 따라 경단련이 모금활동을 하는 역할구조로 되어 있다. NGO나 NPO는 해외에 국한해서 재해나 전쟁 등과 같은 긴급 상황이 발생하는 경우에 직접 활동을 수행하는 역할을 한다. 외무성은 자금 적립 역할뿐만 아니라 NGO·NPO에 보조금을 지원하는 역할도 한다. NGO와 NPO의 관리비(활동비, 통신비 등)는 약 10%인데, 현재 외무성과 NGO 사이에서 정기협의회를 통해 비율을 늘릴 것인지 협의 중이다.

비용에는 두 가지가 있다. 첫째, 실제 프로젝트를 수행하는 사업비가 있고, 둘째, 사업을 수행하는 데 따르는 관리비가 있다. NGO 입장에서는 관리비 10%가 적다는 의견이 있다. 인건비에 관련된 비용은 사업비와 관리비 중에서 프로젝트 사업비에 포함된다.

일본 플랫홈은 해외에 한해 NGO·NPO 활동을 정부가 보조하는 제도다. 국내에서는 각 지방자치단체가 보조하고 있다. 재해는 불특정한 일시와 장소에서 발생한다. 가장 중요한 것은 현지 NGO의 역할이다. 이들이 모금활동을 하려면 이미 재해가 발생해 활동이 어려운 실정이다. 그리고 NGO는 재해 전문가가 아니기 때문에 어떻게 지원할지가 문제로 제기된다. 이들을 도와 줄 수 있는 네트워크가 구축되고 있는 중

표 14-1 NGO·NPO 활동 수행 비용

비용 유형	비용 내용
사업비[project(90%)]	Personal Cost (Field or Direct Cost of Project)
관리비[admin.(10%)]	Head Office Cost, Personal Cost of Accounting & Reporting, Rental Cost, Communication Cost

으로서, 예를 들면, 공동모금회 · 시즈(C's) 등의 단체가 포함된다. 시즈(C's)는 재해 구호 활동을 직접 하지는 않는다.

일본 적십자사도 기본은 국내 활동이고 국제 활동도 한다는 의미로 생각해야 한다. 중요한 것은 중앙공동모금회는 국내 피해자에 대한 모금활동을 하고, 만일 해외에서 재해 발생 시 적십자사의 국제적십자위원회에서 모금활동을 하고 비용도 국제적십자사에서 지원한다(松原明, 2005. 8. 2).

4 이재민에 대한 재해의연금의 지원 내용

일본의 「생활지원법」 제정 이후 민간단체가 주는 것은 당장 먹고 사는 문제를 해결해 주는 차원에서 이뤄지는 것이고(당장 필요한 곳에 쓰라는 차원), 정부의 생활지원법은 성격상으로 보면 부동산 차원의 피해를 보전해 주는 데 초점을 두고 있다. 그러므로 많은 경우 모금단체의 경우 주로 지방자치단체 수준에서 활동할 수밖에 없으며, 소규모 재난 발생 시 지방자치단체 수준에서 돈을 모으고 있다. 일본의 경우, 전국적으로 돈을 모은 경우는 세 번밖에 없다. 즉 한신(阪神) · 나가사키(長崎) · 미야케지마(三宅島) 지진의 경우에만 전국적으로 모금되었다. 배분위원회는 해당 지방자치단체에서만 결성되기 때문에 돈은 전국적으로 모으더라도 결국은 해당 지방자치단체별로 배분되고 있는 실정이다. 대규모 지진이 발생하는 경우에도 단일 광역자치단체 내에서만 피해가 발생했기 때문으로 볼 수 있다.

NHK의 경우, 한신대지진처럼 대규모 재해 발생 시 전국 방송을 통해 모금활동을 벌이지만, 히로시마(廣島)에 태풍이 오는 경우 해당 지방자치단체 차원에서만 보도하고 있다.

일본에서의 모금 및 배분의 효율화 방안은 다음과 같다(阿部陽一郎, 2005. 8. 1). 첫째, 형평성 문제를 해소하는 것이 우선 과제다. 일본의 경우 기금을 만들어 적립하는 방법, 정부가 간여하는 방법 등 여러 가지를 생각할 수 있지만 결국 비용문제를 어떻게 해결할까 하는 문제에 대한 해답이 필요한 실정이다. 둘째, 현재 재해의연금에 대한 이슈가 피해자에 대한 의연금 외에 활동자를 위한 모금활동을 강화할 필요가 있다는 점이다. 셋째, 해외 재난에 대한 대응력을 강화하는 것이다. 정보 공유를 통해 교류 · 협력 체제를 구축하고 금전적 교류가 이뤄질 수 있어야 한다.

모금된 재해의연금은 광역자치단체인 도도부현에 있는 사회복지협의회에 배분하고, 기초자치단체인 시정촌에 있는 사회복지협의회에는 도도부현 차원에서 주고 싶으면 얼마든지 줄 수 있다. 한신대지진 때부터 생긴 제도라고 할 수 있는데, 당시에는 돈이 없어서 지원을 할 수 없었다. 그런 문제가 있어서 사회복지협의회에서는 2,000만 엔을 마련해 놓고 여기에서 지원비(활동비)를 주고, 만일 돈이 줄면 준만큼 사회복지협의회에서 마련한다. 그리고 사회복지협의회 안에 '지역복지진흥위원회'가 있고 여기서 시정촌에 있는 사회복지협의회을 대상으로 모금활동을 한다. 지역의 사회복지협의회에서 사업을 해서 얻는 수익에 대해 모금하는 형태를 띤다.

재난 피해지역에서 사회복지협의회의 활동은 다음과 같다. 즉, 재해가 발생하는 경우 피해지역의 시정촌에 주민과 NPO들이 참여하는 '재해볼런티어센터'를 창설한다. 이는 한신대지진 이후 시작된 것으로서, 이후부터 전국에서 참가하는 사람이 늘어나고 있고, 사회복지협의회가 자원봉사자들을 조정하는 역할을 수행한다. 즉, 지원이 필요한 피해지역에 자원봉사자인 볼런티어들을 내보내서 활동하게 하고 있다. 재해 발생 시 수익을 살펴보면, 일단 재해가 발생했기 때문에 일본 중앙공동모금회에서 200만 엔(2,000만 원) 정도를 지원받은 적이 있고, 피해 지방자치단체에서도 지원을 받은 적이 있다. 수익성 차원보다는 필요한 곳에 가서 돕다 보면 재정 지원이 되겠지 하는 차원에서 시작된 것이다. 피해가 크면 클수록 비용이 늘어나게 된다. 그리고 1차적인 책임은 행정기관에 있으므로 행정기관과의 교섭을 통해 지원해 달라는 형태를 띤다(高橋良太, 2005. 8. 1).

또 하나 중요한 것은 모금의 성격을 아는 것이다. 재해의연금은 피해자에게 직접 주는 돈이고, 또 하나 피해자를 지원하는 활동비(이것은 피해자에게 직접 가는 것은 아니지만 정신적인 치료나 의료, 정보 공유 차원에서 활동하는 데 드는 비용을 말함)가 있다. 이것이 NGO와 NPO의 활동을 의미하는 것이다. 재해의연금 모금 및 배분기관의 경우 운영비를 공제하지 않는다. 그렇기 때문에 시즈(C's)가 공동모금회 등

표 14-2 일본의 재해의연금 모금기관과 시즈의 역할

재해의연금 모금기관	시즈(C's)의 역할
① 공동모금회(Community Chest)(1947년 설립)	–
② 일본 적십자사(Japan Red Cross)	–
③ 지방자치단체(Local Government)	–
④ NGO/NPO	시즈(C's)가 제도적으로 지원하는 부분

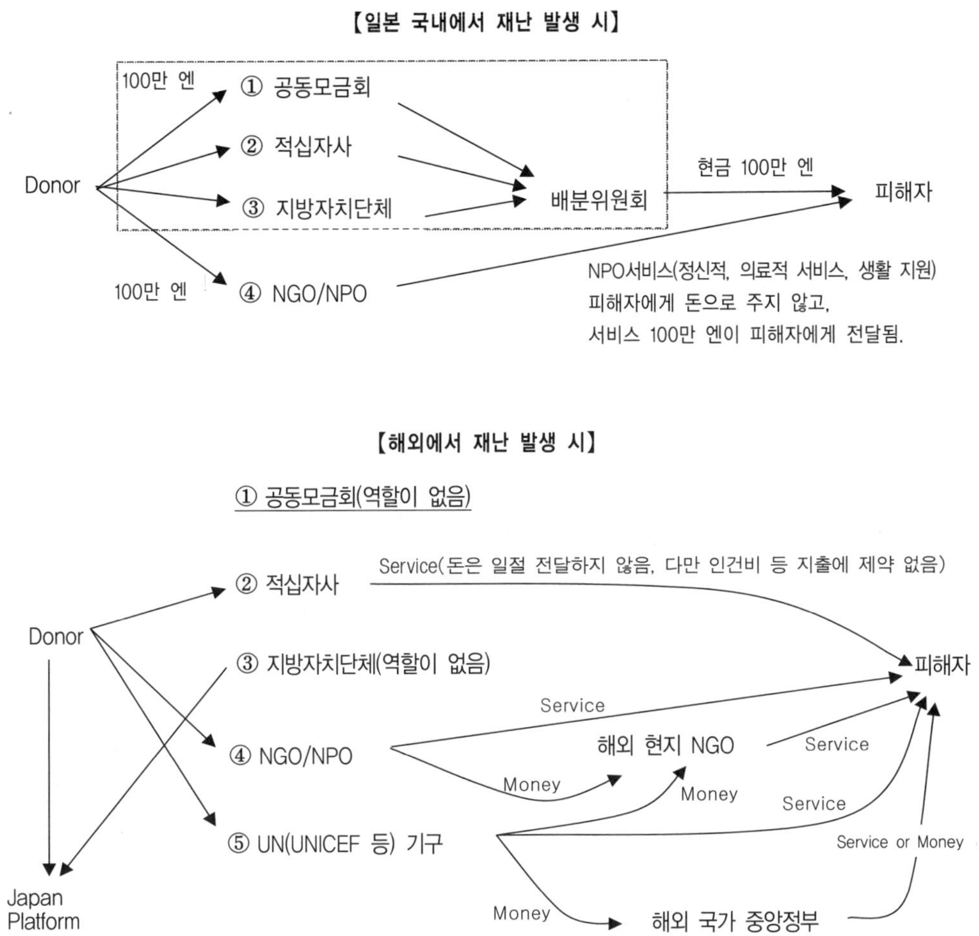

그림 14-1 일본의 국내·외 재난 발생 시 이재민 지원 체계

모금기관의 운영비를 국가가 보조하도록 지원하게 하는 제도를 만들고 있는 것이다(松原明, 2005. 8. 2).

일본의 국내·외 재난 발생 시 이재민 지원 체계는 [그림 14-1]과 같다.

첫째, 국내에서 재난이 발생한 경우 의연금 기부자가 중앙공동모금회, 적십자사, 지방자치단체에 재해의연금을 기부하면 이들 기관은 의연금을 모아서 피해지역의 배분위원회에 전달한다. 그리고 배분위원회는 재난 피해자에게 의연금을 배분해 준다. 이와는 달리 의연금 기부자가 의연금을 NGO나 NPO에 전달하는 경우에는 의연금을 받은 NGO와 NPO는 의연금을 재난 피해자에게 현금으로 전달하지 않고, 정신적·의료적 서비스나 생활 지원 등을 통해 의연금 액수에 해당하는 서비스를 제공하게 된다. 따라서 기부자가 재난 피해자에게 의연금을 주기보다 서비스를 제공해 주고 싶을 때는 의연금을 NGO나 NPO에게 주고, NGO·NPO는 피해자에게 서비스를 제공하게 된다.

둘째, 해외에서 재난이 발생한 경우에는 일본 중앙공동모금회는 역할이 없다. 의연금 기부자는 적십자사, NGO·NPO, 일본에 있는 UN기구, 그리고 일본 플랫폼에 의연금을 기부할 수 있다.

우선, 적십자사에 기부하는 경우, 적십자사는 해외 재난 피해자에게 의연금을 현금으로 전달하지는 않고 의연금 액수만큼의 서비스를 제공해 준다. 다만, 인건비 등의 지출에는 제약이 없다.

다음으로, NGO와 NPO에 의연금을 기부하는 경우, 의연금을 받은 NGO·NPO는 해외 피해자에게 현금으로 의연금을 전달해 주지는 않는다. 즉 의연금을 기탁받은 일본의 NGO·NPO가 해외 재난 피해자에게 직접 서비스를 제공하거나, 재난 피해가 발생한 해외 현지의 NGO·NPO에게 의연금을 전달하고 이 돈을 전달받은 해외 NGO·NPO가 피해자에게 전달받은 액수만큼의 서비스를 전달하게 된다.

셋째, 의연금 기부자가 일본에 있는 UN 기구에 의연금을 내는 경우에는 세 가지 방식으로 해외 재난 피해자를 지원하게 된다. ① UN 기구가 직접 해외 재난 피해자에게 의연금에 해당하는 서비스를 제공할 수 있다. ② UN 기구가 재난 피해가 발생한 해외 현지 NGO·NPO에게 의연금을 전달하고, 이 돈을 전달받은 해외 NGO·NPO가 피해자에게 전달받은 액수만큼의 서비스를 전달할 수 있다. ③ UN 기구가 재난 피해가 발생한 해외 국가의 중앙정부에 의연금을 전달하고, 이 돈을 전달받은 해외 국가의 중앙정부가 피해자에게 전달받은 액수만큼의 서비스를 전달하거나 또는 의연금을 전달할 수 있다.

넷째, 의연금 기부자나 지방자치단체가 일본 플랫홈에 의연금을 기부하는 경우다. 이러한 경우에는 일본 플랫홈은 의연금을 일본에 있는 NGO·NPO에 전달함으로써, 의연금을 기탁받은 NGO·NPO가 해외 재난 피해자에게 직접 서비스를 제공하거나, 재난 피해가 발생한 해외 현지의 NGO·NPO에게 의연금을 전달하고 이 돈을 전달받은 해외 NGO·NPO가 피해자에게 전달받은 액수만큼의 서비스를 전달하게 할 수 있다.

제 3 절 시사점

일본의 경우는 재해의연금이 각 모금단체별로 따로 모여져서 피해를 입은 지역의 지방자치단체로 전달된다. 모금은 중앙공동모금회나 광역자치단체가 언론에 계좌번호 홍보를 요청하면, 언론에서는 직접 의연금을 모금하지 않고 국민들이 모금단체의 계좌로 직접 송금하도록 홍보만 한다. 많은 경우 모금단체는 주로 지방자치단체 수준에서 활동하며, 소규모 재난 시는 해당 지방자치단체 수준에서 모금이 이뤄진다. 그러므로 전국적 차원의 모금활동은 한신, 나가사키, 그리고 미야케지마 지진의 세 번밖에 없었다. 그리고 배분과 관련된 특별한 규정은 없으나, 대부분의 경우 피해를 입은 지방자치단체로 의연금이 모아지는데, 모금기관 대표들이 모여서 배분을 어떻게 할 것인지를 의논한다. 즉, 배분은 모금기관 대표들로 구성된 배분위원회가 수행한다. 재해의연금 배분위원회에 지방자치단체의 장이 참여하지만, 이는 관여가 아니라 지방자치단체에서도 자체적으로 모금을 함으로 모금기관으로서 3자로 구성된 위원회에 참여해 함께 논의할 뿐이다. 그리고 전국적 차원에서 국가기관이 관여하는 것은 전혀 없다.

일본에서 단체가 모금을 하고자 하는 경우 특별히 허가를 받거나 등록을 해야 할 필요는 없다. 단지, 의연금 기부자에 대해서는 세제 혜택이 주어지고 있는데, 세제 혜택을 받을 수 있는 단체가 일본 국세청에서 적십자를 포함해서 구성하고 있는 위원회에 등록되어 있는 단체에 한하기 때문에 간접적으로 규제가 이뤄지고 있는 셈이다.

일본의 경우도 우리처럼 재난이 발생하면 의연금을 모금하는데, 이때 의연금을 기부하는 자가 의연금의 사용 용도를 선택해 지정해서 기증하지는 않는다. 기업의 경우는 현금 기부금도 내지만 기업의 특성을 살린 기부가 많으며, 이런 경우에도 세제 혜택을 받는다.

재해의연금 모금 및 지원과 관련된 운영비에 대한 규정은 없으나, 일본은 불우이웃돕기 성금 모금 시에는 모금된 성금에서 운영비를 제할 수 있는 반면에 재해의연금의 경우에는 운영비를 제하지 않는다. 그 이유는 국민 정서상으로나 국민 감정상 재해성금으로 보낸 돈은 다른 용도로 사용하는 것이 용납되지 않기 때문이다.

한신대지진 때까지는 정부나 지방자치단체에서 지원해 주는 경우가 없었으나, 그 이후부터는 의연금만으로는 이재민의 생활이 불가능하기 때문에 정부가 「생활지원법」에 의해 세대당 최대 300만 엔까지 지원해 주고 있다. 물론 이 경우에도 소득 수준에 따라 지원을 받지 못하는 경우도 있다.

일본의 재해의연금 모금 및 지원에서 가장 크게 문제가 되는 것은 형평성 있는 배분을 어떻게 확보하느냐 하는 것이다. 따라서 일본은 우리의 균등한 배분 체계를 배우려 하고 있다. 그러고 보면 우리의 재해의연금 모금 및 지원 체계가 나름대로 장점이 있는 부문도 있음을 알 수 있다.

제15장

독일의 재해구호와 재해의연금품 모금 및 지원 체계*

제 1 절 총 론

독일에서 175년의 역사를 지니고 있는 개신교통합미션(Vereinte Evangelische Mission: VEM)은 자국에서의 재해구호 및 아프리카, 아시아 등 외국과의 구호 네트워크와 관련해 주로 활동하고 있다. 처음에는 미션 그룹으로 출발해 독일의 7개 교회와 아시아, 아프리카가 참여했으나, 100년 전쯤부터 인도네시아, 아프리카 자체 내에서도 교회를 세우고자 하는 움직임이 있었다. 현재 120명의 직원이 있고, 독일 7개 교회, 인도네시아 14개 교회, 아프리카 13개 교회가 함께 일하고 있다.

이러한 VEM은 3개 대륙의 교회가 동등한 입장에서 함께 일하고 있으며, 정부의 조직처럼 입법, 행정, 사법 기능을 모두 지니고 있다. 또한, 국민은 종교세를 내고, 종교세의 일부인 일정 비율을 7개 교구를 통해 VEM이 지원받고 이것을 운영자금으로 사용한다. 아울러 순수 종교단체로서 국가에서 받는 돈을 7개 교구에도 주고, 외국에

* 독일의 재해의연금품의 모금 및 배분 체계에 관한 연구는 2005년 7월 5일(15:00~17:30) 독일 VEM 사무실에서 Elke Heinsius [VEM(Vereinte Evangelische Mission)], 2005년 7월 6일(08:50~10:30) 쾰른 ASB 2층 회의실에서 Harald Schottner[Referatsleiter Notfallvorsorge, ASB], Björn Sündermann[Referat Notfallvorsorge, WM Beauftragter, ASB], 2005년 7월 6일(12:20~14:10) 독일 뒤셀도르프 Deutsches Rotes Kreuz 3층 회의실에서 Hartmut Krabs-Höhler[Abteilungsleiter Nationale Hilfsgesellschaft/ Landesschule, Deutsches Rotes Kreuz]와의 심층면접을 통해 이뤄졌음을 밝힌다.

도 주고 있다. 이러한 자금은 독일에서 나가지만 쓰이는 것은 각 아시아 등 국가에서 결정하고 있고, 학교를 세우거나 병원을 세우는 등에 쓰인다.

특히, 학교·병원 등을 설립하는 것은 정규적으로 나가는 예산이나, 쓰나미 지원 등은 특별 프로젝트(Special Project)[1]로서 쓰여졌다. 하지만, 재난 때마다 항상 도움을 주는 것은 아니고, 이번 쓰나미 도움과 같은 경우는 특별한 사례에 속한다. 이 경우 구호물자 지원은 이뤄지지 않고 있는데, 그 이유는 자금만 전달해 주면, 인도네시아 등 교회에서 자체적으로 구호물품을 구입해서 지원하기 때문이다. 특히, 쓰나미 발생 3일 후에 이미 도움을 주겠다고 약속했고, 지금은 긴급대책보다는 사회기반시설(infrastructure) 등 장기적인 대책에 도움을 주겠다고 한 바 있는데, 인도네시아의 경우 90%가 회교도여서 처음에는 인도네시아 정부가 지원을 받는 것을 주저했으나 VEM은 이러한 점을 감안, 종교적 선교의 의도가 아님을 보여 주기 위해 신중하게 지원했다.

한편, 성금을 걷는 경우 세금을 내지 않지만, 1년 이내에 거둔 성금을 어떻게 쓸 것인지 신고하지 않으면 국세청에 세금을 내야 한다. 이것은 단지 성금을 가지고 있으면 세금을 내라고 요구하기 때문이다. 즉, 1년 이내에 구체적인 계획을 제출해야 한다는 것이다. 그러나 기금 형태로 두고 단계적으로 지출될 것이 계획된 경우에는 세금을 내지 않아도 된다.

VEM은 종교단체이므로 국내 재해의 경우에는 적십자사나 ASB가 더욱 활발한 활동을 하고 있다. 즉, VEM은 독일 국가 내의 경우에는 문화 교류, 연중 행사, 세미나 개최 등을 하고, 주로 국제 구호활동을 펴고 있다.

과거에는 장기간 고정적이면서 주기적으로 성금을 내는 사람이 많았으나, 요즘 젊은 사람들은 고정 성금을 내는 경우가 줄어들고 있는 실정이다. 즉, 예전에는 별도의 홍보 없이도 성금이 걷혔었다. 그러나 현재는 그렇지 않다.

이와같이 VEM은 주로 제3세계 지원을 우선적으로 하고 있다. 그러나 국내 재해 발생 시 일부러 성금을 별도 모금하지는 않는다. VEM의 제3세계 지원 사례 중 쓰나미 사례를 살펴보면, 쓰나미 당시 별도의 홍보활동을 하지 않은 상태에서 30억 원 정도를 걷게 되었다. 이를 피해지역 교회가 VEM에 지원 사항을 요청하고 VEM에서

1) 특별 프로젝트란 쓰나미 지원의 경우 구호물자 지원은 하지 않고, 30억 원 정도의 성금이 들어왔는데 이는 인도네시아 등을 위해 받은 것으로 이 경우 한푼도 쓰지 않고 인도네시아 교회에 전액을 전달했다. 특히, 성금이 모일 때까지 기다린 것이 아니라 예비기금에서 30억 원 정도를 먼저 주고 나중에 성금으로 받았다.

지원을 결정하는 방식을 취한다.

이러한 VEM은 독일 사람만 60명이 종사하고 있고, 해외까지 포함하면 120명 정도가 된다. 구체적인 구성원을 살펴보면, 사무총장 1명에 각 아프리카 Ⅰ(프랑스어권), 아프리카 Ⅱ(영어권), 아시아 Ⅰ, 아시아 Ⅱ 등에 사무국장을 두고 있고, 인권과, 인사과, 총무과, 여성·아동과, 홍보과, 지역조정과(아시아, 아프리카, 독일)가 각각 세부 부서로 있다. VEM에서 해외(아시아, 아프리카)에 파견한 직원만 해도 25명 정도가 된다. 특히, 청소년들도 연간 10여 명 정도가 아시아, 아프리카 등지로 봉사를 간다.

독일에서의 재해성금 모금 시 방송사의 역할을 쓰나미의 경우를 통해 살펴보면, 우선 방송사가 방송사 이름으로 된 자체 계좌를 국민에게 알려 주고, 다음으로 방송사가 성금을 모은 후 다른 교회나 자선단체에 성금을 전달한다. 국민은 방송사 계좌로 성금을 보낼지 아니면 직접 자선단체에 보낼지를 결정해야 하며, 민간단체가 방송사를 이용해 돈을 모으고 싶은 경우에는 방송사에 광고비를 내고 홍보를 해야 한다(Elke Heinsius, 2005. 7. 5).

특히, 엘베 강 범람 시 피해자들이 지방자치단체에 피해 보상을 요구한 것이 큰 이슈가 되었었다. 즉 엘베 강 홍수 시 홍수 피해자들이 지방정부에 피해 보상을 요구해 지방정부들로서는 난감했던 적이 있었다고 한다. 최악의 경우 극히 예외적인 경우로 돈을 주는 것은 지방자치단체에서 하고, 물품이나 기술 지원은 민간단체가 하기도 한다. 또한 재해구호에 대해서는 지방정부에 1차적 책임이 있다는 사회적 합의가 이뤄졌고, 또한 연방정부는 특별예산 항목을 두어 지방정부에 지원하고 있다. 그리고 재해가 크든 작든 간에 해당 재해 이름으로 모은 돈은 이 재해에 대해서만 사용한다. 즉, 재해 피해자에 대한 형평성에 관계 없이 해당 재해에 대해서만 성금을 사용한다.

ASB 기관 내에는 긴급구호용 예산으로, 즉시 도움을 줄 수 있는 특별예산이 준비되어 있어 성금이 모이지 않은 경우에도 기관의 자체예산을 사용할 수 있으며, 성금 모금 이전에 긴급을 요하거나 성금이 걷히지 않을 경우 혹은 성금 모금을 하지 않은 경우에는 특별예산으로 이재민을 구호하고 있다(Harald Schottner & Björn Sündermann, 2005. 7. 6). 이는 ASB뿐만 아니라 지방자치단체들도 모두 특별예산이 준비되어 있기 때문이다.

이재민에 대해 지방자치단체 차원에서 도와 줄 것인지, 보험회사가 지원할 것인지, 자선단체가 지원할 것인지, 즉 누가 도와 줄 것인지를 결정하는 데에는 시간이 걸리기 때문에, 이재민은 도움이 필요한 부분을 지방자치단체나 ASB 등에 지원 신청 서류로 제출해야 한다. 또한 지방자치단체는 돈을 형평성 있게 배분해야 하며, 보험회사가 자체적으로 피해를 조사하는 것과는 별개로 피해조사에 대한 1차적 책임은 지방정부에 있다(Harald Schottner & Björn Sündermann, 2005. 7. 6).

그러나 인명 피해의 경우 책정된 액수가 없고, 법정 지원 금액은 따로 정해져 있지 않다. 이로 인해 보험회사와의 보험금 문제로 해결하고 있어 보험회사와 지방정부와의 책임 소재 문제가 자주 발생한다. 한편, 피해 이재민 간 보상의 형평성을 위해 지방자치단체 담당조직, 자선단체, 보험회사가 1년에 한 번씩 회의를 하고, 각 조직이 역할 분담을 위한 회의를 하고 있다.

하르트무트 크랍스-횔러(Hartmut Krabs-Höhler, 2005)에 따르면, 노르트라인 베스트팔렌 주에서 카타스트로펜슈츠(Katastrophenschutz)의 기본 내용을 다음과 같이 설명하고 있다. 우선, 성금은 프로젝트나 재해 발생에 따른 성금, 일상적이지만 비정규적인 성금, 그리고 회비가 따로 있다. 즉, [회비]+[성금]+[재해성금]으로 이뤄진다. 한편, 적십자사는 연방과 16개 주에 지사를 두고 있다. 연방정부가 1년 예산 중에서 각 지방자치단체의 인구와 크기에 비례해 16개 지방자치단체에 돈을 보내면, 지방자치단체는 적십자사에 재정 지원을 해 준다. 16개 주정부는 각 적십자사 지사의 직원 월급, 적십자사 물품과 직원교육 등을 위해 재정 지원을 하게 된다.

한편, 노르트라인 베스트팔렌 주에 288개의 긴급출동대(Einsatzeinheit NRW)가 존재하는데, 288개 중 137개는 적십자사 소속이고, 나머지 151개는 다른 민간자선단체 소속이다. 적십자사는 1만~5만 명 정도의 자원봉사자를 보유하고 있다. 그리고 각 차량별로 연방정부, 지방자치단체, 적십자 등의 관리 주체가 비용, 인력, 장비, 주차 장소 등에 책임을 맡고 있어, 출동대원별로 돈을 지원받는 곳은 다르지만, 전체적으로는 시정부에서 관할하고 있다.

긴급출동대는 란트(Land: 주정부, 녹색-Kombi+Anhinger), 분트(Bund: 지방정부, 파란색-Kombi, ArztTrw), DRK(적십자, 적색-Kombi)로 이뤄져 있고, 연방정부, 지방정부 및 적십자사 각각이 재정 지원을 하는데 그 운영은 시정부가 하고 있다.

재해 발생 시 독일에서의 성금 배분은 언론의 도움에 따라 다르지만 민주적으로 골고루 혜택이 돌아가게 하지는 못하고 있다. 즉, 형평성 있게 하는 것은 정부 차원이나 보험회사 차원에서는 가능하지만 민간단체 차원에서는 불가능한 것으로 이는 하나의 민간단체 차원에서는 성금 액수 한도 내에서 하게 되고, 재해 발생 시 민간단체에서 충분한 지원을 하지 못하더라도 정부나 보험회사에서 다시 일어설 수 있도록 지원해 줄 것이라고 보기 때문이다. 따라서 정부나 보험회사 차원에서 충분히 재해구호가 이뤄지고 있다고 보며, 민간단체는 보조적 재해구호 역할을 수행한다.

그리고 재해 발생 시에는 3개 분야(주정부, 보험회사, 민간자선단체)가 함께 모여서 협의회(Committee)를 구성해 누구에게 무엇을 얼마나 줄지를 결정하고, 여타 다른 기관과 협의해 지원이 이뤄지나, 이런 협의회 구성은 흔한 일이 아니고 1962년 함부르크 홍수나 2002년 엘베 강 범람 때처럼 큰 재난이 발생했을 때만 구성되었었다. 즉, 적십자사는 긴급구호에 주된 초점을 두고 있으며, 독일은 재해에 대한 1차 책임은 정부에 있고, 형평성은 정부가 해야 한다는 입장이다.

제 2 절 독일의 재해의연금품 모금 및 지원 체계

1 재해의연금 모금기관의 등록제 및 허가제

일반적으로 성금의 모금기관은 허가제 또는 등록제 모두라고 볼 수도 있다. 이것은 비영리단체(종교단체, NGO, 적십자 등)의 경우 설립 허가를 받을 때 이미 성금을 모을 수 있는 허가(성금 모금 허가)를 받은 것과 같으나, 다른 민간조직의 경우(예: 의사단체－아프리카 등 다른 국가에 의료봉사를 하기 위해 성금을 모으는 경우, 미리 국가에 허가를 신청해야 함)에는 허가를 받아야 하기 때문이다.

성금 모금기관의 성금 모금활동 시 ASB와 같은 자선단체는 기관 설립 당시부터 재해의연금 모금의 권한을 부여받고 있어 별도의 정부 허가나 등록은 필요없다. 즉, 독일의 경우 공공자선단체로 설립 당시에 성금을 모을 수 있는 자격과 권한이 처음부터 주어져 있다는 것이 특징이다. 또한, 연방정부가 재해구호 및 관리를 위한 자금을 지방자치단체에 주고(주민 수, 지방자치단체의 규모 등을 고려해), 지방자치단체는 각 자선단체의 인원 수, 분야 등을 검토해서 나눠 주고 있고, 지방자치단체의 경우 재난 발생지역의 지부와 협력해 일을 하고 있다.

2 재해의연금 기탁자의 선택권 보장

성금기탁자의 경우 지로 용지에 본인이 기탁하고 싶은 프로젝트명(名)을 적어서 보내고 있다. 즉, 성금의 기탁자는 본인이 낸 성금의 용도를 학교 설립, 불우이웃돕기 등 프로젝트명을 적음으로써 성금의 용도를 지정할 수 있다.

그리고 성금기탁자는 모금기관에 대해 성금의 용도, 사용처에 대해 문의할 권리를 지니고 있고, 모금기관은 알려 줄 의무가 있어 VEM은 성금의 용도 및 사용처에 대해 기탁자에게 공지하고 있다(Elke Heinsius, 2005. 7. 5).

3 재해의연금 모금에서 모집경비 및 운영비 사용 문제

특히, 독일에서 재해성금 모금의 경우(특정 목적을 지닌 성금) 운영비로 쓸 수 없다는 것이 특징이다(Elke Heinsius, 2005. 7. 5). 즉, 국가에서 지원하는 보조비로 운영비를 쓰게 되어 있다. 이처럼 각 성금 모금기관은 은행에 공개 구좌(계좌)를 갖고 있고, 모금된 액수는 모금기관과 국가에 동시에 보고되며, 직원의 월급 등은 국가에서 지원해 주는 지원금이 7개 교구[2]에 주어지고, 7개 교구가 VEM에 지원을 해 주는 체계다.

국민의 종교세 → 국가 → 7개 교구 → VEM에 후원 또는 지원 → 외국에 지원

독일의 경우 정부의 1년 예산 중 일부가 지방자치단체 재해구호 예산으로 지원되고, 지방자치단체는 연방 예산에 지방자치단체 예산의 일부를 더해 재해구호단체에 나눠 주고 있다. 그리고 성금이 아니라 회비 방식으로 돈을 받고 있으며, 국민들이 성금을 내지 않고 기관을 선택해서 회비를 내게 되고 회비를 모아 성금처럼 사용한다(Harald Schottner & Björn Sündermann, 2005. 7. 6).

한편, 회비의 일부는 운영비로 사용되며, 정부의 예산 지원은 공익 목적에 사용하고 있다(공익 목적: 자연재난, 사고 발생 시 심리 상담, 의료 지원, 물품 지원, 기술 지원 등). ASB의 회원 회비는 학생·저소득층의 경우에는 1년에 12유로, 정기 소득자(회사원 등)는 1년에 24유로 이상, 그리고 기업의 경우에는 1년에 많은 액수를 기부하고 세금 공제 혜택을 받고 있다.

특별재해 시에는 신문, 책자, TV를 통해 국민에게 성금 모집 홍보를 하고 있다. 그

2) 7개 교구는 Rheinland, Westfalen, Leippe, Kur Hessen, Waldecka, Hessen Nassau, Reforme다.

러나 성금 모집 홍보 시 신문사나 방송사에 광고비를 주지는 않는다. 그리고 은행의 자체 계좌로 돈을 받는 경우 프로젝트를 정해(예: 부서진 다리, 주택 수리, 학교 수리 등) 성금을 활용하는 일명 프로젝트별 모금 및 지원 방식을 취하고 있다(Harald Schottner & Björn Sündermann, 2005. 7. 6). 이처럼 홍보 시 방송사나 신문사에 광고비를 주지 않고 협찬으로 해결하는 경향이 있으며, 이재민이 성금 사용 목적을 ASB나 지방자치단체에 신청서를 제출하면, 지방정부나 ASB가 검토해 지원하고 있다.

독일 적십자사는 재해성금의 7~10%를 운영비로 사용하고, 90~93%는 재해구호자금으로 사용한다(Hartmut Krabs-Höhler, 2005. 7. 6). 이는 ASB와 비교해 볼 때 ASB는 상대적으로 기관의 규모가 작아 회비나 주정부 지원금만으로도 기관 운영이 가능하나 적십자사는 규모가 크다보니 회비나 주정부 지원금만으로 기관 운영이 어렵고, 따라서 성금의 일부를 운영비로 사용할 수 있다는 것이다.

또한, 성금에 대한 감사에서는 국세청이 사용 내역을 감사하고, 민간자선단체를 지휘하는 기관인 독일사회문제센터(German Central Institute of Social Problem: Deutsches Zentralen Sozialer Fragen)에서 민간자선단체의 운영규칙 준수 여부 등을 감독한다.

모집 홍보에서, 적십자사는 신문, 방송사, 은행에 적십자 계좌를 비용 부담 없이 재해성금 모집 광고방송을 할 수 있고, 이 밖에도 여러 자선단체의 재해성금 모금 광고방송이 동시에 이뤄지고 국민들은 자기가 신뢰하고 믿는 기관에 재해성금을 기부하게 되어, 다양한 기관의 성금 모집 홍보, 광고에 대해 일반 국민은 자신이 가장 신뢰하는 기관의 계좌로 기부하고 있다.

적십자사의 기본 원칙은 다음과 같다. 일반 및 재해성금으로 이윤만 남기지 않으면 세금을 내지 않고 가지고 있을 수 있고, 일반성금은 재해성금으로 사용할 수 있으나, 재해성금은 프로젝트별로 사용해야 한다. 즉 재해성금은 일반성금용으로 사용하지 못한다(Hartmut Krabs-Höhler, 2005. 7. 6).

4 이재민에 대한 재해의연금의 지원 내용

쇼트너(Harald Schottner, 2005)에 따르면, 쓰나미 문제로 많은 아시아 국가들이

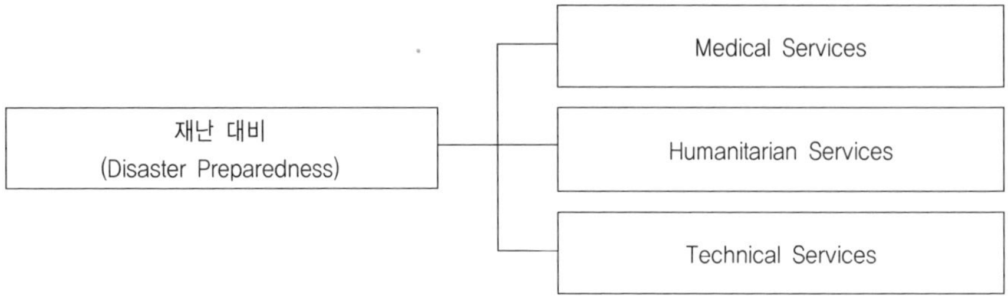

그림 15-1 ASB의 주요 임무

자료: Harald Schottner & Björn Sündermann, 2005. 7. 6.

ASB를 방문하고 있으며, 유럽에서도 재난구호 문제는 중요한 문제가 되고 있다고 한다. ASB가 현재처럼 조직이 정비된 것은 100년쯤 되었고, ASB는 적십자처럼 종교단체도 아니고 정부산하기관도 아닌 자선단체로 직접 재해 희생자들에게 자금 지원과 물품 및 의료 지원을 하고 있다. 특히 직접 희생자에게 자금과 물품·의료 지원을 하고 있다는 것이 특징이다.

지방자치단체는 재해 예전의 상태로 복구해야 할 책임이 있다. 즉, 지방자치단체 및 자선단체는 지원금을 주는 것이 주목적이 아니고 신청서에 의거해 재해 이전의 상태로 재건할 수 있도록 지원하는 역할을 하게 된다. 여기서, ASB의 활동은 이재민이 스스로 일어설 수 있도록 도와 주는 것으로, ASB는 직접 집을 지어 주는 것이 아니라 텐트나 천막 등을 지원하는 역할을 담당하게 된다.

그리고 병원, 제약회사, 식료품 회사 등에 ASB가 현장 출동 및 물품 지원을 요청하면 현장으로 바로 지원되는 시스템이다. 따라서 ASB가 창고에 구호품을 따로 두고 있지 않고 현장으로 바로 지원을 요청하고, 또한 기업들이 재해구호에 필요한 물품들을 기부하기도 한다. 그리고나서 후에 ASB가 해당 기업이나 조직에 비용을 정산해 준다. 즉, ASB는 지원을 조직화하는 역할을 수행하고 있다. 따라서 유효 기간 만료 등의 이유로 16년 전부터 물품을 창고에 쌓아두지 않는다.

재해가 발생하면 현장 본부가 설치되고, 대부분의 경우 적십자사는 직원을 현장에 파견해 본부를 구성하고, 이곳에 이재민들이 피해 신고와 지원을 요청하면 도와 주게 된다. 즉, 지원금 지원은 거의 없고, 물품이나 필요한 것들을 지원해 준다. 여기서 재해성금은 1년, 2년, 3년, 그리고 5년에 걸쳐 지출해야 하고, 작은 재해의 경우에는 일반성금을 갖고 있다가 지출하고 있다(Hartmut Krabs-Höhler, 2005. 7. 6).

제 3 절 시사점

독일의 경우는 자선단체 중심으로 활발하게 이뤄지고 있으며, 연방정부는 정부의 1년 예산 중 일부를 지방정부에 재해구호 예산으로 지원하고, 지방정부는 연방 예산에 지방정부 예산을 일부 더해서 재해구호단체에 지원하고 있다. 독일은 주정부 차원에서 재해구호에 만전을 기하고 있으며, 사회복지 시스템이 잘 구축되어 우리나라와 같이 재해의연금이 사회적으로 크게 요구되지 않는 실정이다. 다만, 우리나라의 경우에는 사회복지가 불충분한 관계로 일시적인 생활 안정 및 위로금의 현금 지원이 필요한 동시에 물품 및 기술 지원이 함께 요구된다. 따라서 당분간은 현금 지원과 물품 지원, 기술 지원이 병존할 필요가 있다. 이번에 방문한 VEM, ASB, Rotes Kreuz와 같은 독일의 민간자선단체들은 오랜 전통에 따라 재해구호 시에 왕성한 활동을 수행하고 있지만, 정부에 비해 2차적 보조적 차원에서 지원금이 아닌 재해구호품 지원과 이재민들의 재해 이전 상태로의 재건활동을 주로 수행하고 있었다. 그리고 주정부 차원에서 협의회 구성을 통해 배분을 결정하고 있다. 전국적 차원에서 민간자선단체의 성금을 모집하고 배분하기 위한 시스템이 부재한 실정이다. 프랑스의 경우에는 민간자선단체들이 자발적으로 UNOGEP를 구성해 조정하는 것에 비해 독일은 연방 차원에서 시스템이 제대로 갖춰져 있다고 보기 어렵다. 그리고 정부나 민간자선단체들의 재해구호 활동에 대해서는 사회적으로 신뢰가 구축되어 있어 재해구호품이나 극히 예외적인 경우의 재해지원금 배분 시에 공정한 배분에 대한 이의가 거의 없었던 것이 우리나라와 확연히 다르고, 또한 독일은 우리나라나 일본과 달리 재해 자체가 빈번하게 발생하지 않는 국가라는 것이다. 결론적으로 우리의 경우는 우리 사회 시스템에 맞는 재해의연금 및 의연품 모금 및 지원 체계 모형을 개발하고 발전시켜 나가야 할 것으로 본다.

독일의 성금 모금기관은 허가제 또는 등록제 모두에 해당된다. 이는 비영리단체(종교단체, NGO, 적십자 등)의 경우 설립 허가를 받을 때 이미 성금을 모을 수 있는 권한까지 허가를 받은 것과 같으나, 아프리카 등 다른 국가에 의료봉사를 하기 위해 성금을 모으는 의사단체와 같은 민간조직의 경우에는 국가기관에 신청을 해서 허가를 받아야 모금활동을 할 수 있기 때문이다.

독일의 경우 성금은 크게 프로젝트나 재해 발생에 따른 성금, 일상적이지만 비정기적인 성금, 그리고 회비로 구분된다. 그리고 재해의연금을 기탁하고자 하는 자는 지로 용지에 본인이 기탁하고 싶은 프로젝트명(학교 설립, 불우이웃돕기, 쓰나미 등)을 적어서 보내게 되므로 기탁자가 사용 용도 중 기탁하고자 하는 재해를 한정하고 있다고 볼 수 있다. 그러나 본인의 성금으로 지원 내용, 즉 현금이냐 혹은 다른 어떤 형태의 지원이어야 하는 것까지는 결정하지 않는다. 물론 독일의 경우 현금 지원은 하지 않는다.

독일은 모금된 재해성금의 일부를 운영비로 쓸 수 없는 국가다. 대신 국가에서 지원하는 보조비로 운영비를 쓰게 되어 있다. 또한 회비의 일부는 운영비로 사용된다.

지원 내용을 보면, ASB 등과 같은 재해구호나 자선단체들이 병원, 제약 회사, 식료품 회사 등에 현장 출동 및 물품 지원을 요청하면 재해 현장으로 바로 지원되는 시스템이다. 따라서 구호물품 창고를 따로 두지 않고 재해구호나 자선단체들에 의해 현장으로 바로 지원 요청이 된다. 그리고 기업들이 재해구호에 필요한 물품들을 기부하면 사후에 ASB 같은 단체가 해당 기업에 비용을 정산해 준다.

제16장 프랑스의 재해구호와 재해의연금품 모금 및 지원 체계*

제 1 절 총 론

방송의 홍보와 관련해 개인의 경우에는 TV 광고비가 너무 높아 활용하기가 어렵다. 그러므로 정부의 압력을 통해 6개 방송국 중에서 2개 TV 방송국에서만 하고 있다. 즉, 정부 압력 하에 TV1 방송국은 적십자사, TV2 방송국은 자원봉사의사단체 등에 주게 되어 있다. UNOGEP는 방송국에 압력을 넣는 역할을 하고 있다. 그러나 일반적인 소규모 구호단체의 경우에는 구호 광고비를 TV 방송국에 내야만 한다.

적십자사 등 50개 단체의 배분활동에 대한 감시·감독은 신뢰위원회(Comite de la charte du don en confiance)에서 하고 있고, 또한 각 기관 자체적으로 통제하고 있다.

적십자사는 이재민이 119나 소방서, 경시청을 통해 신고한 후에 활동을 하게 된다. 폭발 사고가 나는 경우에는 프랑스의 100개 적십자사와 모든 NGO들이 구호활동을

---

* 프랑스의 재해의연금품의 모금 및 배분 체계에 관한 연구는 2005년 6월 30일(10:00~12:30) 프랑스 파리 UNOGEP 2층 회의실에서 Veronique Gay[UNOGEP Directrice], 2005년 6월 30일(16:00~18:00) 파리 Croix-Rouge Français 3층 회의실에서 Luc Guittet[Direction de la Communication, Croix-Rouge Française], Nicole Fourn [Direction de la Communication et du Developpement des Ressources, Croix-Rouge Française], Anne-Juliette Rohrbach[Service des Relations Internationales, Croix-Rouge Française]와의 심층면접을 통해 이뤄졌음을 밝힌다.

수행한다. 재난 발생 시에는 신문이나 방송국에서 방송하고 성금편지를 모든 국민에게 돌린다.

프랑스 적십자사는 전국에 4개의 물품 창고가 있다. 이재민에게 직접 구호물품을 전달하는 것이 아니라 구호물품 세트를 기업이나 개인에게 판매하고 해당 기업이 이재민에게 전달한다. 기업이 자율적으로 원하는 만큼 사서 배분하는 형태다(Luc Guittet, Nicole Fourn & Anne-Juliette Rohrbach, 2005. 6. 30). 재난 발생 시 재난 이재민 구호 책임은 우선적으로 ① 개인 자신에게 있고, 다음으로 ② 지방자치단체, 그리고 ③ 국가에 책임이 있다고 본다.

제 2 절 프랑스의 재해의연금품 모금 및 지원 체계

1 재해의연금 모금기관의 등록제 및 허가제

프랑스의 경우 모든 구호단체는 국가의 허가를 받아야 한다. 물론 UNOGEP도 정부에서 허가를 한 구호단체다. 기본적으로 프랑스에서 모금을 하기 위해서는 정부에서 허가를 받아야 한다. 모든 기관은 허가제이지만, 허가제 하에서 자율적으로 움직이고 있다고 볼 수 있다. 쓰나미처럼 세계적으로 도움을 줄 때는 UNOGEP에서 50개 단체에 돈을 할당해 주고 있다.

UNOGEP는 1989년 설립된 단체로서, UNOGEP 설립 이전에는 대규모 50개 구호단체가 각각 활동을 했었다. 그러나 점차적으로 50개 단체가 함께 활동할 필요성을 인식하게 되었고, 50개 단체가 발전해 하나의 기관처럼 활동하게 된 것이다. UNOGEP는 직접적으로 의연금을 나눠 주는 역할을 하지는 않으며, 50개 단체에 각각 어떻게 나눠 주라고 지시한다. 각 기관이 얼마를 걷든지 간에 80%를 이재민에게 나눠 주고 있다. 20%는 모집경비로 사용하고 있는 것이다. 예를 들어, 적십자사가 100유로를 걷든 1,000유로를 걷든 80%를 UNOGEP에 내야 한다. 80%는 법으로 정해져 있으나, 단체별로 90%, 100%를 줄 수도 있다. 즉 최저선인 80% 이상을 기부금으로 줄 수 있다(Veronique Gay, 2005. 6. 30).

2 재해의연금 기탁자의 선택권 보장

UNOGEP는 대규모 구호단체인 50개 단체의 수장 역할을 수행한다. UNOGEP는 피해분석기관의 역할을 수행하고, 50개 단체는 지원을 하고나서 UNOGEP에 보고한다. 컴퓨터, 창문, 옷 등 의연품도 받고 있으며, 기부자의 이름을 밝히지는 않는다. 회사 등에서 크게 받는 경우는 두 달에 한 번 날짜를 정해서 받고, 개인의 소규모 물품은 항상 받고 있다. UNOGEP는 1년에 300만 유로의 기금을 갖고 있다. 물건 창고를 지을 수 있지만, 큰 재해가 없었기 때문에 할 필요는 없고, 만일 필요하면 국가가 하게 된다.

3 재해의연금 모금에서 모집경비 및 운영비 사용 문제

UNOGEP는 독립적인 기관으로서, 프랑스의 NGO들 중에서 가장 큰 조직이다. 프랑스의 적십자사는 집 없는 사람이나 재난 피해자를 담당하고, UNOGEP는 적십자사를 지원한다. UNOGEP 운영비의 50%는 기부금, 즉 헌 옷이나 빈 병 등을 판매해서 기부해 준 기부금으로 충당하고, 이 기부금으로 직원 월급 또한 주고 있다. 그리고 국가에서 일부 보조금을 주고 있으며, 직원 중 2명만 월급을 받고 나머지 50명은 자원봉사자로 구성되어 있다.

프랑스에서는 50개의 재해구호단체들이 1년 내내 돈을 걷고 있다. 프랑스의 TV, 라디오, 신문사는 2005년에 최초로 돈을 걷었으며, 이들은 UNOGEP로 돈을 모아서 나눠 주었다. 프랑스에는 100만 개의 소규모 구호단체가 있고, 이들 각자가 성금을 모금해서 배분한다. 그러나 이들 구호단체 중에서 대규모 50개 단체가 있으며, 이들은 UNOGEP로 집계되어 배분하고 있다(Veronique Gay, 2005. 6. 30).

그리고 일반적으로 성금을 모금하는 경우에는 6 : 4로 나눠 4는 구호비로 사용하고, 6은 100여 개 적십자사 운영비로 사용한다. 다만, 재난 발생 시에는 100%를 재해구호로 사용한다(Luc Guittet, Nicole Fourn & Anne-Juliette Rohrbach, 2005. 6. 30).

4 이재민에 대한 재해의연금의 지원 내용

재난 피해자에 대한 지원은 돈을 직접 주는 것이 절대로 아니다. 집을 지어 주거나 물건을 주거나 음식을 주거나 학교를 지원하거나 하는 등으로 지원한다(Veronique Gay, 2005. 6. 30). 쓰나미의 경우에는 긴급 상황이므로 가능한 빠르게 지원해 주기 위해 24시간 내내 일을 한다. 그러나 평소에는 분석을 해야 하고 분석이 끝나야 지원을 할 수 있다. 분석이 끝나야 집을 지어 주고 자동차를 주고 하는 등의 일을 하게 되는 것이다. 피해 분석에 매우 오랜 시간이 걸리는데 보통 몇 달이 걸리고, 1년이 걸릴 수도 있다. 한 사람 한 사람의 피해를 분석하고, 누구에게 옷을 주고 누구에게 무엇을 주어야 하는지를 분석해야 한다. 이재민은 안타깝지만 분석이 끝날 때까지 기다려야 한다. 실제로 이재민들은 기간이 오래 걸리더라도 기다리며, 본인이 필요로 하는 것 이상을 지원받으면 다시 보내 준다. 그리고 이재민 각자가 본인이 필요한 부분을 자발적으로 신고하고 있다. 지원 과정은 ① 이재민의 피해 신고→② UNOGEP 피해조사 분석→③ 지원 순으로 이뤄진다(Veronique Gay, 2005. 6. 30).

마을의 행정기관은 주민들에 대해 너무 잘 알고 있으며, UNOGEP에서 피해를 분석해 마을의 행정기관에 가면 해당 기관이 다시 이재민 피해를 분석하게 된다. 예를 들면, 쓰나미가 발생한 경우, 배가 파손되었다면 개인마다 배를 만들어 주는 것이 아니라 5명에게 배 한 척을 만들어 주는 방식이다. 그리고 이재민들이 학교 교실에 있는 경우, 개인에게 주는 것이 아니라 교실 하나마다 얼마 하는 식으로 제공하고 있다.

프랑스에서는 정부가 재난 피해자 지원에 많은 도움을 준다. 특히 군인이나 예비군을 동원해서 지원해 주고 있으며, 정부에서도 민간단체와 마찬가지로 일을 하고 있다. 정부는 직접 도와 주지도 않고, 돈으로 사람을 도와 주는 일도 없다. 그러나 프랑스에서는 정부가 100만 개 재해구호단체에 대해 정부보조금을 조금씩이라도 주기 때문에 결국 정부가 도와 주는 것으로 볼 수 있다.

재난 피해자에게 돈을 직접 주지는 않고 있으며, 적십자에서 자체적으로 분석한 후에 집을 지어 주거나 심리적 치료, 바우처(voutcher) 등을 제공한다.[1)]

---

1) 재난 피해자에게 돈을 직접 주지는 않고 있으며, 집을 지어 주거나 심리적 치료, 바우처를 제공한다. 예를 들면, ① 식·음료품, 여행, 영화 관람, 휴일놀이 상품, CD-ROM 구입 등을 위한 바우처나, ② 냉장고, TV, 세탁기, 무알코올 음료(Not Alcoholic Drinks)를 위한 서비스 티켓(Service Ticket)을 제공한다(Luc Guittet, Nicole Fourn & Anne-Juliette Rohrbach, 2005. 6. 30).

UNOGEP에서 분석하고, 적십자에서 자체적으로 분석한 후에 제공하고 있다. 성금모금이나 성금모금 편지를 보내는 데 특별한 법적 규정은 없다. 성금을 모금하고 배분하는 데 매우 긴 시간이 걸린다. 예를 들어, 2001년 폭발사건 발생 시 2년 정도의 시간이 걸렸다. 그리고 프랑스의 모금 방법에는 수표, 카드, 인터넷, 지로(우편환) 등이 활용되며, 프랑스의 경우에는 내무부에서 재난관리를 담당한다. 그리고 응급구조[SAMU 15(전화)], 소방서[Pompier 119(긴급전화)], Security Civil[Emergency No. 18] 등이 있다.

제 3 절 시사점

프랑스의 재해구호와 재해의연금 모금 및 지원 체계에서 정부의 역할은 2차적이고 간접적으로 이뤄진다. 이는 재난 발생 시 이재민 구호 책임이 우선적으로 개인에게 있고, 다음으로 지방정부이고, 국가는 최종적으로 책임을 지되 주로 UNOGEP를 비롯한 50개의 구호단체를 통해 간접적으로 지원하고 있다. 그러다 보니 모금 및 배분에서 정부의 개입은 거의 없다고 봐야 한다. 프랑스에서의 주요 재해구호단체로는 50개가 있으며, 이들 구호단체들은 1년 내내 모금활동을 하고 있다. 그리고 모금된 돈은 일단 UNOGEP로 모이고 UNOGEP가 모금기관과 협의해서 배분한다. 프랑스에는 100만 개의 조그만 구호단체들이 있는데, 이들은 각 단체별로 성금을 모금해서 배분하고 있다. 그러나 이들 구호단체 중 대규모 50개 구호단체는 단체별로 모금해서 UNOGEP로 보내고 UNOGEP와 협의해서 모금한 돈을 배분한다.

프랑스의 경우 모든 구호단체는 국가의 허가를 받아야 한다. 모든 모금기관은 허가제이지만 활동은 자율적으로 이뤄진다.

재난 피해자에 대한 지원은 돈을 직접 주지 않고, 집을 지어 주거나 필요한 물품을 주거나 음식을 주거나 학교를 지원하거나 하는 등으로 이뤄진다. 지원 과정은 이재민의 피해 신고, UNOGEP의 피해조사 분석, 그리고 지원의 순으로 이뤄지는데, 피해조사와 분석에는 통상 많은 시간이 걸린다.

UNOGEP 운영비의 50%는 기부금으로 충당되고, 일부는 국가의 보조금으로 해결한다. 이것이 가능한 것은 직원 중 월급을 받는 직원은 2명뿐이고 나머지 50명은 자원봉사자로 이뤄져 있기 때문이다. 적십자의 경우를 보면, 일반 성금 모금 시에는

6 : 4로 나눠 4 정도를 구호로 사용하고 6 정도는 100여 개의 적십자 운영비로 사용한다. 그러나 재난 발생 시에 모금한 재해의연금의 경우에는 100% 전액 재해구호로 사용한다. 물론 이때에는 돈을 직접 주지는 않으며, 적십자에서 자체적으로 분석한 후 집을 지어 주거나 심리적 치료, 혹은 바우처 등으로 제공한다. 그리고 재해구호 물품을 지원하는 경우에도 직접 물품을 전달하는 것이 아니라 구호물품을 기업이나 개인에게 판매하고 해당 기업이나 개인이 이재민에게 전달한다.

제 4 절 미국, 일본, 독일, 프랑스의 재해의연금품 모금 및 지원 체계 비교

미국, 일본, 독일, 그리고 프랑스의 재해의연금 모금 및 지원 체계를 ① 모금 및 배분에의 정부 개입 여부, ② 모집기관의 허가제 및 등록제 여부, ③ 기부자의 의연금품의 용도 지정 여부, ④ 재해의연금의 운영비 사용 여부, 마지막으로 ⑤ 지원되는 내용을 중심으로 비교 분석해 보면 다음과 같이 정리된다(<표 16-1> 참조).

첫째, 모금 및 배분에서 정부의 개입 정도를 보면, 조사 대상 국가인 미국, 일본, 독일, 그리고 프랑스 모두 정도의 차이는 있지만 정부의 개입은 거의 없었다. 미국의 경우만 의연금과 의연품 및 자원봉사 서비스로 나눠 봐야 하는데, 역시 의연금에 대해서는 정부와의 조정 및 협의는 하지 않고 모집기관에서 자체적으로 결정하고 배분한다.

둘째, 모집기관의 허가제 및 등록제 여부다. 미국은 주별로 다르나 노스캐롤라이나 주는 의연금 모집 및 배분기관에 대해 등록제다. 일본은 허가나 등록 사항은 아니나 국세청에서 적십자를 포함해 구성하는 위원회에 등록되어 있어야 세제 혜택을 받기 때문에 세제 혜택을 받기 위해서는 등록해야 하므로 간접적으로 등록제를 취하고 있다고 볼 수 있다. 독일은 전통 있는 비영리단체의 경우에는 설립 허가 시 모금할 수 있는 권한까지 허가를 받았다고 볼 수 있으나, 그 외 기관들은 모금을 하기 위해서는 허가를 받아야 한다. 프랑스는 허가제를 취하고 있지만 활동은 자율적으로 이뤄지고 있다.

셋째, 기부자의 의연금의 용도 지정 여부다. 미국은 기부자가 의연금의 사용 용도를 지정해서 기부하나, 일본은 의연금의 사용 용도를 지정하지 않고 기부한다. 독일은 기부자가 기부하고 싶은 프로젝트명을 지정해서 기부하므로 구체적 지원 방식의

표 16-1 미국, 일본, 독일, 프랑스의 재해의연금품 모금 및 지원 체계 비교

구분	미국	일본	독일	프랑스
모금 및 배분에의 정부 개입 여부	의연금에 대해서는 정부와 조정 및 협의는 없으며, 모집기관 자체에서 결정하고 배분. 단, 의연품과 자원봉사 서비스에 대해서는 NGO, FEMA, 주정부 간 조정 및 협의를 함.	모금은 해당 지방자치단체 수준에서 이뤄지고, 배분은 모금기관 대표들로 구성된 배분위원회가 수행. 정부의 간여는 없음.	자선단체 중심으로 이뤄지고 있으며, 정부는 지방정부와 재해구호단체에 예산 지원을 해주는 데 그침.	정부는 UNOGEP 등 자선단체를 통해 2차적이고 간접적 역할 수행. 배분에도 정부의 개입 없음.
모집기관의 허가제 및 등록제	연방 차원: 허가나 등록 사항은 아니고 주 차원: 주별로 다르나 노스캐롤라이나 주는 의연금 모집 및 배분기관 등록제임.	허가가 등록 사항은 아니나, 국세청에서 적십자사를 포함해서 구성하는 위원회에 등록되어 있어야 세제 혜택을 받음.	이중적임. 전통 있는 비영리단체들은 설립 허가 시 모금권까지 허가를 받음. 그러나 의료봉사단체 등 민간조직은 모금 시 따로 허가를 받아야 함.	허가제지만 활동은 자율적임.
기부자의 의연금 용도 지정 여부	기부자가 의연금의 사용 용도 지정해서 기부	기부자가 의연금의 사용 용도 지정하지 않고 기부	기부자가 기부하고 싶은 프로젝트명을 지정해서 기부	기부자가 돕고 싶은 재해나 지역을 선택해서 기부
재해의연금의 운영비 사용 여부	명확하지 않으나 노스캐롤라이나 주의 경우는 일반적으로 9~10%를 운영비로 사용하나 의연금 원금의 이자를 사용하는 경우도 있음.	운영비에 대한 규정은 없으나, 국민 정서상 재해성금은 운영비로 사용하지 않음.	재해성금으로 운영비를 사용할 수 없고, 국가가 지원하는 보조비로 운영비를 충당함.	UNOGEP 등 자선단체의 경우에는 재해성금으로 운영비를 사용하지 않고, 국가보조금이나 일반적 기부금으로 충당함. 적십자사도 재해성금은 전액 재해구호에 사용하고 운영비는 일반성금에서 충당
지원 내용	지방정부마다 다름. FEMA는 재해구호기금으로 집수리비, 가재도구 구입비, 장례비 등을 지원하고 있음.	의연금에서의 현금 지원과 생활지원법을 통한 지원금이 있음.	자선단체들이 개인, 병원, 제약 회사, 식료품 회사 등 기부를 원하는 곳에 물품 지원을 요청하면 현장으로 바로 지원되고, 자선단체에서 사후 정산함.	돈으로 주지 않고, 집을 지어 주거나 심리적 치료, 바우처 등으로 지원. 그리고 물품 지원은 직접 전달하지 않고 개인이나 기업에게 판매해 개인이나 기업이 전달함.

내용을 정하지는 않지만 어떤 재해나 어떤 사업에 지원을 해야 하는지는 정해서 기부한다고 볼 수 있다. 프랑스는 돕고 싶은 지역이나 재해를 지정해서 기부한다.

넷째, 재해의연금을 운영비로 사용할 수 있는지다. 미국은 명확하지 않다. 다만 조사 대상이었던 노스캐롤라이나 주의 경우는 9~10%를 운영비로 사용하는 경우도 있고, 어떤 경우는 원금은 건드리지 않고 원금에서 나오는 이자를 활용해 운영비로 사용하고 있었다. 일본은 운영비에 대한 규정은 따로 없으나, 국민 정서상 재해성금으로 운영비를 사용하는 것은 용납되지 않으므로 운영비로 사용하지 못한다. 독일도 재해성금으로 운영비를 사용할 수는 없고 국가가 지원하는 보조비로 운영비를 충당한다. 프랑스도 UNOGEP 등 자선단체와 적십자의 경우 재해성금으로 운영비를 사용하지는 못한다. 다만 UNOGEP 등 자선단체는 국가 보조금과 일반적 기부금으로 운영비를 충당하고, 적십자는 일반성금으로 운영비를 해결한다.

마지막으로 지원 내용이다. 미국은 지방정부마다 지원 내용이 다르다. 연방 차원에서는 FEMA의 경우 재해구호기금이라는 예산 항목이 있어 이 기금으로 집수리비, 가재도구 구입비, 장례비 등을 지원하고 있다. 일본은 의연금으로 현금을 지원하고, 이것이 부족하면 생활지원법을 통해 소득 수준에 따라 지원금이 지원된다. 독일은 자선단체들이 개인, 병원, 제약 회사나 식료품 회사 등 기부를 원하는 곳에 필요한 물품 지원을 요청하고, 요청받은 개인이나 기관은 필요한 물품을 바로 현장으로 지원한다. 그리고 들어간 비용은 사후에 정산받는다. 프랑스는 돈으로 주지 않고, 집을 지어주거나 심리적인 치료나 바우처 제공 등을 통해 지원한다. 그리고 물품의 지원도 직접 전달하거나 수행하지 않고 개인이나 기업에게 필요한 물품을 판매해 개인이나 기업이 전달한다.

참고 문헌

국내 문헌

감사원(2003). 「자연재해 대비실태 감사 결과」, 감사원.

강원도(2003). 「태풍 '루사' 극복 자원봉사 활동사례집」.

강창현(2001). 사회복지서비스 공급 네트워크에 관한 연구: 서울시 노인지역보호서비스의 정부·시장·NGO 간 협력을 중심으로. 연세대학교 박사학위 논문.

강호규(1995). 우리나라 재해관리행정 과정의 비교분석: 중앙재해대책본부의 주무부처 변경 전후를 중심으로. 경상대학교 대학원 석사학위 논문.

국립국어연구원(1999). 「표준국어대사전」, 서울: 국립국어연구원.

국립방재교육연구원(2006). 재해구호사업 지침. 「이재민구호과정 교재」, 185-236.

국립방재연구소(2001). 「방재훈련 프로그램 개발」, 행정자치부 국립방재연구소.

권건주(2003). 한국 지방정부 재난관리 행정체제의 개선 방안에 관한 연구. 강원대학교 대학원 박사학위 논문.

권용희(2003). 수해지역 노인의 외상후 스트레스 조사연구. 서울대학교 석사학위 논문.

김광섭(1994). 우리나라 재해구호 정책에 관한 연구. 한양대학교행정대학원 석사학위 논문.

김국도(1985). 「법인 설립과 조세문제」. 서울: 한국법인문제연구소.

김기원(2000). 「공공부조론」. 서울: 학지사.

김동원(2002). 도시정부의 재난관리에 있어서 민관파트너쉽에 관한 연구: 시민안전봉사대 사례를 중심으로, 서울시립대학교 대학원.

김만두(1993). 「현대사회복지개론」. 서울: 홍익재.

김병준(2000). 「한국지방자치론」. 서울: 법문사.

김상규 외(1994). 「사회복지론」. 서울: 형설출판사.

김석준·이선우·문병기 외(2000). 「뉴 거버넌스 연구」, 서울: 대영문화사.

김수영 · 이정호(1993). 「사회복지학 기초지식」. 서울: 학지사.

김승권(2002). 「전국재해구호협회의 중 · 장기 발전 방안. 한국보건사회연구원 정책보고서 2002-38」. 한국보건사회연구원 · 전국재해구호협회.

———(2005). 한국 재해구호의 현황 및 문제점과 발전 방안. 「한국위기관리논집」. 1(2): 61-77.

김승권 · 김수봉 · 이자경(2000). 효율적 재해구호대책을 위한 정책 방안. 재해구호대책협의회. 한국보건사회연구원.

김영수 · 조석주(1993). 국가재난 대비 행정 체제의 구축 방안. 한국지방행정연구원.

김종국(1992). 농업재해대책과 지원 체계에 관한 연구. 고려대학교 자연자원대학원 석사학위 논문.

김진현(2004). 위험사회, 재난지구, 어떻게 예방할 것인가. 아산재단 창립 27주년 기념심포지엄. 아산사회복지재단.

김태환(2003). 안전문화 정착을 위한 시민단체의 역할 및 참여 방안, 「안전사회 구현을 위한 시민대토론회」, 국립방재연구소.

김형석(2004). 지방정부와 NGO 간 로컬 거버넌스 형성에 관한 연구. 전북대학교 행정대학원 석사학위 논문.

김효진(2002). 수해 관련 재난 보도. 「방송연구」. 2002. 12.

남궁근(1995). 재해관리행정 체계의 국가 간 비교연구: 미국과 한국의 사례를 중심으로. 「한국행정학보」, 29(3): 957-981.

남세진(1997). 「역할놀이」. 서울: 서울대학교출판부.

노동부(http//www.molab.go.kr).

노춘희 · 송철호(1998). 도시 재난관리시 민간자원 활용 방안에 관한 연구, 「도시행정학보」 제11집, 한국도시행정학회.

다산연구회 역주, 정약용 저(1988). 「역주 목민심서 6」. 서울: 창작과비평사.

류상열(2003). 「사회복지역사」. 서울: 학지사.

박경국(1994). 지방정부의 재난관리 행정체제 구축 방안에 관한 연구. 충북대학교 행정대학원 석사학위 논문.

박상필(2002). 「NGO와 정부 그리고 정책」, 서울: 도서출판 아르케.

———(2005). 「NGO학」. 아르케.

박석희 · 노화준 · 안재승(2004). 재난관리 행정에 대한 네트워크적 분석, 「행정논총」 제42권 제1호, 서울대학교 행정대학원.

박철하(1999). 1925년 서울지역 수해이재민 구제활동과 수해대책. 「서울학연구」. 13(1): 153-190.

박태유(2001). 「의용 소방활동 이론과 실무」, 서울: 도서출판 에프피엔(주).
박희봉(2000). 지역사회 사회자본과 거버넌스 능력. 「한국행정학보」.
배응환(2002). 지역거버넌스 네트워크, 사회자본 그리고 지역정책. 「정부학연구」, 제8권.
백인식(1999). 재해관리행정 체계의 개선 방안에 관한 연구: 자연재해 중 수해를 중심으로. 건국대학교 행정대학원 석사학위 논문.
백종만(1994). 사회복지 서비스에서 국가와 민간 간의 역할 분담 유형 개발과 적용에 관한 연구. 서울대학교 박사학위 논문.
법무부(http//www.moj.go.kr).
보건복지부(2004). 「2004 재해구호사업지침」.
———(2006). 「국민기초생활 보장사업 안내 지침」.
———(http//www.mohw.go.kr).
성기환(2004). 「도시방재를 위한 민관협력 체제 구축 방안에 관한 연구」, 서울시립대학교 대학원.
소방방재청(2004a). 「긴급구조 표준대응계획」, 소방방재청.
———(2004b). 「2003년도 재난연감」.
———(2005a). 「방재 관련 법령 해설」.
———(2005b). 「재난 및 안전 관련 법령집」.
———(2005c). 「복권기금자체평가서」.
———(2005d). 「2005년도 재해구호사업지침」.
———(2006a). 「2006년도 재해구호사업지침」.
———(2006b). 「2006년도 세입세출예산안 각목명세서」.
———(2011). 「소방방재 주요 통계 및 자료」. 소방방재청.
시민자치정책센터(2002). 「풀뿌리는 느리게 질주한다」. 서울: 갈무리.
신은성(2003). 국가재난관리 효율 제고를 위한 자율방재 체제 구축과 발전 방안, 「방재연구」 제5권 제3호, 국립방재연구소.
심성화(2004). 우리나라의 이재민 구호정책에 관한 연구: Gilbert와 Specht의 정책분석틀을 중심으로. 충북대학교행정대학원 석사학위 논문.
———(2006). 정부 지원 이재민 구호급여 기준에 관한 연구. 「제3차 위기관리 이론과 실천 학술회의 발표논문집」. 위기관리 이론과 실천.
양기근(2004). 위기관리 조직학습 체제에 관한 연구: 한국과 미국의 위기관리 조직학습 체제 비교 분석. 경희대학교 대학원 행정학 박사학위 논문.
어윤배(1975). 「공동모금의 방향과 대책. 몽산 하상락 교수 송수 논문집」. 서울: 동원출판사.

엣센스국어사전(1985). 서울: 민중서림.
오재호(2005). 「국가위기관리의 학문적 발전 방안에 관한 학술대회 논문집」. 한국 정책포럼.
오지훈(2006). 안전한국 실현의 현주소는?. 「재난과 안전」, 6: 54-60.
왕일상(1983). 우리나라의 재해 현황 및 개선 방향에 관한 연구: 특히 산업재해를 중심으로. 한양대학교 경영대학원 석사학위 논문.
유남재(1997). 우리나라 자연재해의 최근 경향에 관한 연구. 중앙대학교 건설대학원 석사학위 논문.
유재원(2000). 사회자본과 자발적 결사체, 「한국정책학회보」 9(3), 한국정책학회.
유태용(1999). 한·일 자연재해관리 조직 체계의 비교와 한국방재협회의 향후 활동 방향. 「건설교통」 제181호. 대한건설진흥회.
윤영득(1997). 파트너십과 네트워킹을 통한 지역산업정책. 「경제학논집」. 6(2): 251-277.
윤용남(1996). 국내 재해대책의 현황 및 문제점과 향후 방재정책의 개선 방향. 「토목」 제195호. 대한토목학회.
이대희(2004). 「정부 혁신을 위한 옛 제도 연구」. 광운대학교 산학협력단.
이민수(2002). 조선 초기 사회정책연구: 자연재해를 중심으로. 「경주사학」, 경주사학회.
이백희(2000). 재해복구 대책의 집행과정 분석. 서울대 학교행정대학원 석사학위 논문.
이병설(1979). 자연재해의 종류와 발생 원인: 재해대책 <특집>. 「지방행정」 제312호. 대한지방행정공제회.
이상팔(1989). 위기관리조직의 과업환경 관리에 영향을 미치는 변수에 관한 연구: 중앙재해대책본부를 중심으로, 고려대학교 대학원.
———(1996). 위기관리 체계의 지능적 실패에 의한 학습효과 분석: 삼풍백화점 사고 전·후의 제도 변화를 중심으로. 「한국행정학보」 30(2), 한국행정학회.
이상훈 외(1987). 우리나라와 일본의 재해대책 비교 연구. 「국토연구」 제8호. 국토개발연구원.
이성우(1996). 「행정의 위기관리 능력 제고 방안」. 한국행정연구원.
이재원(2000). 지방정부의 이재민 구호품 전달체계 개선 방안: 수해이재민 구호를 중심으로. 「부경대학교논문집」. 5(1): 67-87.
이재은(2000). 한국 지방정부의 인위재난관리정책에 관한 실증적 연구. 「한국행정학회 동계학술대회 논문집」. 한국행정학회.
———(2001). 한국의 인위재난관리정책에 관한 연구: 정책 내용과 업무 관계 분석

을 중심으로」. 「한국정책논집」: 1: 97: 113.
———(2003). 로컬 위기관리 거버넌스, 이은구 외 공저. 「로컬 거버넌스」. 서울: 법문사.
———(2004). 재난관리시스템 개편 과정 쟁점분석 및 향후 방향. 「행정논총」. 42(2): 147-169.
———(2005). 재해의연금은 시민의 품으로. 「충청리뷰」. 2005. 8.
이재은・양기근(2004). 재난관리의 효과성 제고 방안: 시민참여와 거버넌스, 「현대사회와 행정」, 제14권. (사)한국국정관리학회.
———(2005). 「재해의연금품의 효율적 모금 및 지원체계 구축 방안」. 전국재해구호협회.
이재은 외(2006). 「재난관리론」. 서울: 대영문화사.
이종수 편(2009). 「행정학사전」(개정판). 서울: 대영문화사.
이창원・강제상・이원희(2003). 국가 재해재난 관리 조직의 개편 방안에 관한 연구, 「재난 관련 조직개편 어떻게 할 것인가?」, 한국행정학회.
이혁구(1997). 우리나라 사회복지서비스 공급 체계에 있어서 민간 부문의 역할과 발전 방향. 「사회과학」(성균관대). 44: 85-104.
임송태(1997). 재난 유형별 대응계획 수립에 관한 연구. 한국지방행정연구원.
임송태 외(1996). 재난종합관리 체제에 관한 연구. 한국지방행정연구원.
임현진 외(2003). 「한국사회의 위험과 안전」. 서울: 서울대학교출판부.
전국경제인연합회(2004). 「재난관리와 경제계 네트워크」, 전국경제인연합회.
전국재해구호협회(2004a). 「2004 전국재해구호협회」. 서울: 전국재해구호협회.
———(2004b). 「재해구호활동에 관한 실태조사 보고서」.
———(2004c). 「경남지역 재해구호 자원봉사 리더교육 평가자료집」, Newton. 2006년 1월호.
———(2004d). 전국해재구호협회 연보.
———(2006). 「전국재해구호협회 2006 연보」.
전라북도(2006). 피해복구지원 자원봉사활동과 기관의 역할, 「전라북도 폭설피해 복구지원활동 평가자료집」. 전국재해구호협회.
전미라(2001). 「위기개입」. 나눔의 집.
———(2004). 국가위기 관리체계의 한계와 민간 부문의 활용, 「행정포커스」. 2004. 1/2. KIPA.
전진(2002). 재해법의 이념과 자연재해에서 보호를 구할 헌법상의 권리. 「동아대학교 대학원논문집」. 27: 153-167.
정호영(1990). 사회복지기관의 모금 실태에 관한 연구. 숭실대학교 석사학위 논문.

조명래(2001). NGO와 정부 간 파트너십의 이해와 활성화에 관한 연구. 「지역사회 개발연구」 26(2).

조원철 외(1998). 중앙 및 지방정부의 자연재해관리 개선 방안. 「지방자치」 제122호. 현대사회연구소.

조휘일(2002). 「현대사회와 자원봉사」. 서울: 홍익재.

주성수(1999). 「공동생산과 자원봉사」. 서울: 한양대학교출판부.

———(2000). 「자원봉사와 시민사회」. 서울: 한양대학교출판부.

중앙일보(2005). 9. 7. 1면.

차미숙 · 박형서 · 정윤희 외(2003). 「지역발전을 위한 거버넌스체계 구축 및 운용 방안 연구」. 국토연구원.

채경석(2004). 「위기관리정책론」. 대왕사.

최권중(2002). 재난관리법제상 손해배상에 관한 연구. 단국대학교대학원 법학박사 학위 논문.

최성남(2000). 거버넌스(governance)에 대한 연구: 정부와 NGO의 관계를 중심으로 연세대학교 대학원 박사학위 논문.

최영출(2003). 로컬 거버넌스의 전략, 이은구 외 공저. 「로컬 거버넌스」. 서울: 법문사.

최창호(1995). 「지방자치학」. 서울: 박영사.

최철영(2001). 재난관리 행정체제에 관한 연구. 광운대학교 대학원 행정학과 석사 학위 논문.

최충익(1999). 지방자치단체의 자연재해관리에 대한 연구: 파주시 수해를 사례로. 서울대학교 환경대학원 석사학위 논문.

최항순(1993). 「복지행정론」. 서울: 신원.

최환기(1989). 재난관리행정에 관한 연구. 중앙대학교 대학원 석사학위 논문.

한국언론연구원(1995). 「일본의 위기대응 체제와 행위에 관한 연구」, 한국언론연구원.

한동우(2004). 우리나라 재해구호체계의 실태와 개선 방안, 「우리나라 재난관리 및 재해구호 체계의 실태와 개선 방안」, 서울: 강남대학교 사회복지연구소.

한동우 · 이재은 · 유태균 · 홍백의 · 노연희(2004). 「우리나라의 재해 · 재난관리 및 긴급지원 체계의 실태와 개선 방안」. 서울: 사회복지공동모금회.

한동우 · 이재은 · 유태균 외(2004). 「우리나라 재난관리 및 재해구호 체계의 실태와 개선 방안」. 사회복지공동모금회.

한인영(1998). 현대사회의 위기 상황과 정신보건사회사업 접근에 대한 고찰. 「한국정신보건 사회사업학회 8차 학술대회」.

한진만(2002). 재난·재해방송의 실태와 개선 방안: 태풍 '루사'와 집중호우 피해관련 방송을 중심으로. 「방송문화연구」.
행정자치부(2002). 「2003년도 방재집행계획」, 행정자치부 중앙재해대책본부.
행정자치부 국가재난관리시스템기획단(2003). 「국가재난관리 종합대책」. 서울: 행정자치부 국가재난관리시스템기획단.
행정자치부·국립방재연구소(2001). 「방재훈련 프로그램 개발」.
———(2002). 「효율적 재난관리를 위한 시민안전봉사자 활성화 방안 연구」
행정자치부·중앙재해대책본부(2003). 「재해연보 2002」.
황진수(1996). 「현대복지행정론」. 서울: 대영문화사.

●··· 국외 문헌

Bernard, Vincent(1996). How Government Fiscal Concessions can Strengthen Red Cross and Red Crescent Societies, *International Review of the Red Cross*, No 313, International Committee of the Red Cross.
Drabek, Thomas E.(1985). Managing the Emergency Response, *Public Administration Review*, Vol. 45(Special Issue).
———(1991). The Evolution of Emergency Management. Thomas E. Drabek & Gerard J. Hoetmer(eds). *Emergency Management Principles and Practice for Local Government*. Washington, DC: International City Management Association.
Gidron, Benjamin, Ralph M. Kramer, & Lester M. Salamon(1992). *Government and the Third Sector: Emerging Relationships in Welfare State*. San Francisco: Jossey-Bass Publisher.
Gillespie, David F.(1991). Coordinating Community Resources, in Thomas E. Drabek & Gerard J. Hoetmer(eds.), *Emergency Management: Principles and Practice for Local Government*, Washington, D.C.: International City Management Association.
Gronbjerg, K.(1993). *Understanding Nonprofit Funding: Managing Revenues in Social Services and Community Development Organizations*. San Francisco: Jossey-Bass Publications.
Heide, Erik Auf Der(1989). *Disaster Response: Principles of Preparation and*

Coordination, the C.V. Mosby Company.

Hy, Ronald John & William L. Waugh, Jr. (1990). The Function of Emergency Management. In Ronald John Hy & William L. Waugh, Jr. (eds.), *Handbook of Emergency Management: Program and Policies Dealing with Major Hazards and Disaster*, Westport, CT: Greenwood Press.

Kickert, Walter J. M.(1997). Public Governance in the Netherlands: An Alternative to Anglo-American Managerialism, *Public Administration*. Vol.75, Winter.

King, C. Wendell(1956). *Social Movement in the United States*. New York: Random House.

Kreps, Gary A.(1991). Organizing for Emergency Management. Thomas E. Drabek & Gerard J. Hoetmer(eds), *Emergency Management: Principles and Practice for Local Government*, Washington, DC: International City Management Association.

McLoughlin, David(1985). A Framework for Integrated Emergency Management, *Public Administrative Review*, Vol, 45, Jan.

Najam, Adil(2000). The Four-C's of Third Sector-Government Relations: Cooperation, Confrontation, Complementarity, and Co-optation. *Nonprofit Management & Leadership*. 10(4): 375-396.

NVNAD-News

Petak, William J.(1985). *Emergency Management: A Challenge for Public Administraton, Public Administrative Review*, Vol. 45, Special Issue.

Schneider, Saundra K. (1995). *Flirting with Disaster: Public Management in Crisis Situation*, Armonk, NY: M. E. Sharpe, Inc.

Smith, David H.(1988). The Nonprofit Sector. T. D. Connors(ed.). *The Nonprofit Organization Handbook*. New York: McGraw-Hill Book Company.

Smith, Loran B. & David T. Jervis(1990). Tornadoes. In William L. Waugh, Jr. & Ronald John Hy(eds). *Handbook of Emergency Mamagement: Programs and Policies Dealing with Major Hazards and Disasters*. Westport, CT: Greenwood Press.

Trattner, W.(1984). *From Poor Law to Welfare State*. New York: Free Press.

UNCRD(2004). *Sustainable Community Based Disaster(CBDM) Management*

Practices in Asia.

Young, D. R(1999). Complementary, Supplementary, or Adversarial? A Theoretical and Historical Examination of Nonprofit-government Relations in the United States, In E. T. Boris & C. E. Steuerle.(eds.). *Nonprofits & Government: Collaboration and Conflict.* Washington D.C.: The Urban Institute Press.

東京災害ボランティアネットワーク(2001).「東京災害ボランティアネットワーク 事業報告」.

———(2005).「東京災害ボランティアネットワーク 2004年度 事業報告」.

———(2006).「東京災害ボランティアネットワーク 2005年度 事業報告」.

牧秀一(2001).「被災地・神戸に 生きる人びと」. 東京都: 岩波書店.

山下祐介・菅磨志保(2002).「震災ボランティアの 社會學」. 東京都岩: ミネルバ書房.

三船康道(1998). 防災と市民ネツトワヮヶ, 京都市: 學藝出版社.

三宅島災害・東京ボランティア支援センタ-・歸島支援事業中間報告会. 2005.「歸島支援 事業中間報告書」.

室崎益輝(2005). 災害ボランティアの現狀と課題.「地域政策硏究」第33号. 地方自治硏究機構.

渥美公秀(1995). NVNの成立過程に關する考察.「ボランティアは いかに活動したか」. NHK出版.

———(2001).「ボランティアの知」. 大阪大學出版会.

野田隆(1997).「災害と社會システム」, 東京都: 恒星社厚生閣.

伊永勉(1998).「災害 ボランティア讀本」. 小學館.

林春南(2005). 災害ボランティアの活動環境整備の檢討.「地域政策硏究」第33号. 地方自治硏究機構.

中央防災会議(2003).「防災に關する人才の育成・活用について報告」.

總務省 消防庁(2002).「災害時のボランティア 活動のための 環境整備に關する檢討報告書」.

阪神・淡路 大震災 被災地の人々を応援する市民の会(1996).『震災ボランティア』.

http//www.dri.ne.jp

http//www.nvnad.or.jp

http://www.nema.go.kr/data/law/law/list.jsp

http://www.nvoad.org

http://www.cern.us http://www.ifrc.org http://www.fema.org

http://www.koreandb.net/Sam/SamInfo.htm

http://www.mohw.go.kr/index.jsp

기타 각 단체의 리플렛

찾아보기

저자 소개

이재은

연세대학교 행정학 박사
현 충북대학교 행정학과 교수
국가위기관리학회 회장 역임
위기관리 이론과 실천 대표
(사)이재민사랑본부 상임이사
『재난관리론』(2006, 대영문화사, 공저)
『태안은 살아 있다』(2010, 동녘, 공저) 등
e-mail: jeunlee@chungbuk.ac.kr

양기근

경희대학교 행정학 박사
현 원광대학교 소방행정학부 교수
『소방행정학개론』(2011, 대영문화사, 공저)
『태안은 살아 있다』(2010, 동녘, 공저)
『재난관리론』(2006, 대영문화사, 공저)
e-mail: withgg@wonkwang.ac.kr

이주호

충북대학교 행정학 박사
현 충북대학교 국가위기관리연구소 선임연구원
국가위기관리학회 총무이사
(사)이재민사랑본부 사무국장
『소방행정학개론』(2011, 대영문화사, 공저)
e-mail: ejuho@chungbuk.ac.kr

성기환

서울시립대학교 행정학 박사
현 서일대학 사회복지과 교수
대한적십자사 재난구호팀장 역임
『재난구호개론』(2009, 소방방재청, 공저)
『재난관리 자원봉사자의 임파워먼트』(2009, 대영문화사)
『재난관리론』(2006, 대영문화사, 공저)
e-mail: notwo@seoil.ac.kr

이은애

숙명여자대학교 행정학 박사과정 수료
현 전국재해구호협회 배분사무국 팀장
e-mail: analoglee@hanmail.net

심성화

충북대학교 행정학 박사과정 수료
현 국민건강보험공단 장기요양시설 인프라 담당
국립방재교육연구원 교수 역임
e-mail: a729650@hanmail.net

한동우

연세대학교 사회복지학 박사
현 강남대학교 사회복지대학원 교수
순천향대학교 사회복지학과 교수 역임
아름다운재단 기부문화연구소 연구위원
e-mail: dongwoo@kangnam.ac.kr

류상일

충북대학교 행정학 박사
고려대학교 사회정책학 박사과정
현 대불대학교 소방행정학과 교수
『소방행정학 개론』(2011, 대영문화사, 공저)
『재난관리론』(2006, 대영문화사, 공저)
e-mail: ryusi@db.ac.kr

변성수

충북대학교 행정학 박사
현 연세대학교 빈곤문제국제개발연구원 전문연구원
국가위기관리학회 편집이사
(사)이재민사랑본부 운영이사
e-mail: bss1542@yonsei.ac.kr

재해구호복지론

펴낸날 / 제1판 제1쇄 2012년 2월 25일
지은이 / 이재은 외
펴낸이 / 임춘환
펴낸곳 / 도서출판 대영문화사
주소 / 서울 용산구 청파동 1가 178-2 ㊮ 140-869
등록 / 1975년 12월 26일 제3-16호
전화 / (02)716-3883, (02)714-3062
팩시밀리 / (02)703-3839
우체국 온라인 / 011353-02-009106

ISBN 978-89-7644-379-3

〔값 15,000원〕